Psychological Testing

심리검사

개발과 평가방법의 이해

탁진국 저

2판

학지사

서 문

　심리검사 교재를 쓴 지 벌써 10년이란 세월이 흘렀다. 그동안 개정작업을 해야겠다는 생각을 한 적도 있었지만 생각만큼 쉽지 않았다. 그래도 많은 교수님들이 좋게 봐주셔서 매해 꾸준히 일정량을 발행해 왔다. 마침 2006년도 2학기 안식년을 맞아 4개월간 미시간 주립대학교 심리학과에서 아무런 방해도 받지 않고 혼자 보낼 수 있는 시간을 갖게 되어 이 기간 동안 개정작업을 하기로 마음먹었다.

　어떤 방향으로 개정작업을 할지 고민하다가, 이 책의 제목이 '심리검사: 개발과 평가방법의 이해' 이듯이 이 책은 심리검사를 개발하는 과정과 개발된 검사가 제대로 개발되었는지를 평가하는 방법에 초점을 두고 있기 때문에 개정작업도 그러한 방향에서 벗어나지 않는 것이 좋겠다는 생각을 하게 되었다.

　그동안 검사의 개발과정과 평가방법의 기본틀은 변하지 않았기 때문에 기존의 내용은 그대로 가고, 그동안 주변에서 요구한 국내에서 많이 사용되는 심리검사에 대한 해석내용을 추가하기로 결정하였다. 특히, 다른 심리검사 교재와는 달리 이 책은 개발과정과 평가방법에 초점을 두고 있기 때문에 심리검사의 해석도 다루기는 하지만 그보다는 이러한 심리검사가 어떠한 과정을 거쳐서 개발되었는지에 더 초점을 두고자 하였다.

이 책에서 추가된 내용은 개인의 태도, 적성, 성격 그리고 흥미를 측정하는 대표적인 검사의 개발과정 및 해석에 관한 것으로, 14장부터 17장까지 각각에 대해 1장씩 할애하였다. 태도검사와 관련해서는 필자와 연세대학교 이기학 교수가 개발한 직업미결정탐색 요인검사 개발과정에 관한 내용을 실었고, 적성은 성인용 적성검사, 성격은 MBTI, 그리고 흥미는 스트롱 흥미검사에 관한 내용을 기술하였다.

이 책이 나오는 과정에서 초판이 오래전에 나온 관계로 파일이 남아 있지 않아 과거 내용까지 다 새로 워드 작업을 하느라고 고생하신 이세희 선생님께 감사의 말을 전하며, 원고 교정을 꼼꼼히 해 준 광운대학교 산업심리학과 대학원생인 이동하, 박지현, 정병석, 김현해에게 고맙다는 말을 전하고 싶다.

2007년 2월
탁진국

차 례

◆ 서문

제1부

심리검사에 대한 이해

다양한 심리검사 개발과정

1부

심리검사에 대한 이해

검사와 측정에 대한 이해

1. 측정

1) 측정이란

심리검사를 정의하기에 앞서서 이와 관련된 몇 가지 용어를 살펴보도록 하자.

먼저 측정(measurement)이란 규칙에 의거해서 대상이나 사건에 수를 할당하는 과정(Stevens, 1946)이라고 정의된다. 그러나 엄격히 말하면 대상이라기보다는 대상의 속성(attribute)에 수를 할당하는 과정이라고 볼 수 있다. 예를 들어, 성인의 키, 몸무게와 같은 물리적 속성 또는 정직성, 언어능력 등과 같은 심리적 속성을 재는 것이지 성인 자체를 재는 것은 아니다. 한편, 키와 몸무게 같은 물리적 속성은 직접적으로 측정할 수 있으나 개인의 정직성 같은 심리적 속성은 직접적으로 측정할 수 없다.

따라서 물리적 속성과 구분하기 위하여 심리적 속성을 구성개념

(construct)이라고 부른다. 구성개념은 인간의 행동을 설명하기 위한 이론을 만들어 내기 위해 사회과학자들이 상상 속에서 만들어 낸 추상적이고 가설적인 개념이라 할 수 있다. 사실 개인의 정직성이라는 심리적 구성개념을 정확하게 측정할 수는 없다. 단지 개인의 행동을 관찰함으로써 정직성의 정도를 추론할 수 있을 따름이다.

구성개념이 어떠한 과정을 거쳐서 만들어지고 그 속성을 어떻게 측정하는지를 예를 들어 설명해 보자. 성격심리학자는 어린아이들의 행동을 관찰하면서 일부 아이들이 다른 아이들과 잘 어울리지 않고 서로 말도 잘하지 않고 수줍어하는 행동을 많이 보임을 발견해 냈다. 심리학자는 이러한 행동을 '내향성'이라고 명명했다. 이 심리학자는 몇몇 유사한 행동들을 묶어서 '내향성'이라는 심리적 구성개념을 만들어 낸 것이다.

심리적 구성개념을 만들어 냈으면 그것을 어떻게 측정할 것인지를 생각해야 한다. 우선 심리적 구성개념을 구체적인 행동용어로 정의하는 것, 즉 조작적 정의를 내리는 것이 필요하다. 조작적 정의를 통해서 특정 상황에서 보이는 어떠한 행동유형이 '내향성'을 특징화하는지 결정한 다음, 이와 관련해서 개인들이 보이는 행동들을 관찰하게 된다. 이러한 행동의 관찰을 통해서 하나의 검사가 만들어진다. 따라서 검사란 특정 영역에서 일련의 행동을 표집하는 표준절차라고 정의할 수 있다(Crocker & Algina, 1986).

심리적 속성을 측정한다는 것은 검사를 사용해서 측정대상이 심리적 속성과 관련된 행동을 얼마나 많이 보이는지를 숫자로 나타낸 것이다. 예를 들어, 초등학교 아이들을 대상으로 '공격성'이라는 속성을 측정하려고 할 때, 어떤 아이가 일정 시간 동안 보인 행동 중 '공격성'과 관련된 행동을 세어 숫자로 표시하면 그 값이 바로 그 아이가 어느 정도나 공격적인 속성을 가지고 있는지를 간접적으로 나타내는 것이 된다.

이와 같이 구성개념을 측정함으로써 심리학자들은 유사한 행동들을 한데 묶어서 하나의 이름으로 분류할 수 있다. 이러한 범주화 과정이 없다면 우리 주변의 수많은 행동들을 각각 해석해야 하는 아주 혼란스런 상황에 처하게 될 것이다. 예를 들어, 초등학교에서 선생님이 아이들의 행동을 관찰해서 생활기록부에 기록하는 경우, 일일이 하나의 행동 모두를 관찰·기록하는 것은 불가능하다. 그러나 구성개념을 사용해서 유사한 행동들을 한데 묶으면 그만큼 관찰하고 기록하는 것이 수월해진다.

또한 구성개념은 심리학자가 인간 행동에 관한 이론을 만들어 내는 데에도 도움을 준다. 예를 들어, 아이들의 공격성과 학업성취도라는 구성개념을 측정함으로써 아이들의 공격성이 학업성취도에 어떠한 영향을 주는지를 알 수 있고, 이를 통해 학업성취도에 영향을 주는 요인에 관한 바람직한 모형을 만들어 낼 수 있게 된다.

2) 구성개념 측정에서의 문제점

위에서도 언급했듯이 심리적 구성개념은 행동을 통해서 간접적으로 측정할 수밖에 없기 때문에 심리학자들은 심리적 구성개념 측정 시 다음과 같은 몇 가지 문제점에 직면하게 된다(Crocker & Algina, 1986).

① 구성개념을 측정하는 데 한 가지 방법만이 가능한 것은 아니다. 심리적 구성개념의 측정은 관련된 행동을 토대로 항상 간접적으로 행해지기 때문에, 동일한 개념이라 하더라도 개념을 다르게 정의할 수 있고 그에 따라 행동의 다른 측면에 초점을 둘 수 있다. 예를 들어, 검사개발자가 학생들의 나눗셈 능력을 평가하려는 경우 학생들이 보여 주는 행동을 통해서 그들의 나눗셈에 관한 지식 정도를 추론하게 된다. 이때 관찰 가능한 행동에는 여러 유형이 있을 수 있다. 먼저 학생들에게 나눗셈 문제들을 주고 풀게 한 후 몇 개나 맞혔는지 평가하는 방법이 가능하다.

또한 학생들이 나눗셈을 할 때 거치는 과정을 연속적으로 기술하게 하는 방법이 있다. 마지막으로 나눗셈 문제에 대한 해답을 제시하고 그 해답에서 잘못된 점이 무엇인지를 찾도록 하는 방법도 가능하다. 이와 같이 학생들의 나눗셈 능력이라는 심리적 구성개념은 서로 다르게 조작적 정의를 내릴 수 있고 그 측정방법도 여러 가지가 가능하다. 따라서 각각의 방법을 통해서 측정할 경우 학생의 나눗셈 지식수준에 관해 각기 다른 결론을 내릴 수 있다는 문제점이 발생할 수 있다.

② 심리측정은 전체 행동 가운데 제한된 행동만을 일부 선택해서 이루어진다. 어떠한 구성개념을 측정할 경우 모든 가능한 행동을 포함시킬 수는 없다. 위의 예에서도 나눗셈 문제를 무한정 낼 수는 없는 것이다. 적절한 수의 문제를 선택해서 내는 것이 일반적인 방법이다. 따라서 어느 정도의 문항을 택하고 어느 정도의 다양한 내용을 포함시킬지를 결정하는 문제는 검사개발에서 크게 고려해야 할 중요한 사항이다.

③ 측정은 항상 오차를 가져온다. 위의 나눗셈 시험을 두 번 연속해서 실시했다고 하자. 모든 학생들이 두 번 다 동일한 점수를 받을 가능성은 많지 않다. 피로, 따분함, 망각, 추측, 실수, 채점상의 오류 등의 요인 때문에 점수는 다르게 나올 가능성이 많다. 다른 유형의 나눗셈 시험을 치를 경우도 이러한 이유 때문에 학생들의 시험점수가 다르게 나타날 것이다. 이와 같이 내용이나 시간상의 차이 때문에 발생하는 개인 점수에서의 비일관성은 오차로 간주된다. 심리측정에서 이러한 오차는 항상 존재하며, 이 오차의 정도를 어떻게 추정할 것인지가 항상 문제가 된다.

④ 측정척도상에서 잘 정의된 단위는 없는 경우가 많다. 나눗셈 문제에서 영희가 한 문제도 맞히지 못했다면 나눗셈 능력이 전혀 없음을 의미하는 것일까? 수연이가 5개 맞히고, 지연이가 10개 맞히고, 미연이

가 15개 맞혔다면 수연이와 지연이의 능력 차이는 지연이와 미연이의 능력 차이와 같다고 할 수 있는가? 이 세 명의 나눗셈 능력 차원에서 동일한 간격으로 떨어져 있다고 결론지을 수 있는가? 심리검사 개발 시 심리학자는 이와 같이 측정척도의 속성을 정의하고 단위를 명명하며 값을 해석하는 등의 복잡한 문제에 직면하게 된다.

⑤ 심리적 구성개념은 단지 조작적 정의만을 가지고 완벽하게 정의될 수 없으며 다른 구성개념 또는 관찰 가능한 현상과의 관계가 입증되어야 한다. 심리적 구성개념이 관찰 가능한 행동으로 정의되었다고 해서 완전한 것은 아니다. 새로 얻어진 구성개념은 다른 구성개념과 논리적 또는 수학적 관계가 있다는 것을 경험적으로 보여 주어야만이 진정한 의미가 있는 것이다. 예를 들어, 아이들의 지능이라는 구성개념은 학업성적과 밀접한 관련이 있음을 보여 주는 것이다. 검사개발 시 다른 구성개념과 관련이 있다는 경험적 증거를 모으는 것은 검사개발에서의 궁극적 과제라 할 수 있다.

2. 심리검사

1) 심리검사란

전 세계적으로 현재 수많은 종류의 심리검사가 사용되고 있다. 심리검사의 유형에 관해서는 다음 절에서 설명하겠지만, 어떤 유형의 심리검사냐에 상관없이 모든 심리검사는 몇 가지 공통적인 특징을 갖고 있다.

(1) 행동표본

심리검사는 본질적으로 개인의 행동을 측정하기 위한 측정도구다. 수많은 개인의 행동 가운데 일부를 표본으로 삼아 측정하는 것은 쉬운 일이 아니다. 예를 들어, 개인의 내향성 정도를 측정하는 검사는 개인이 얼마나 내향적인 행동을 보이는지를 알아보는 것이다. 그러나 심리검사가 측정하려는 속성과 관련된 모든 행동을 측정하지는 못한다. 예를 들어, 개인의 작문 실력을 측정하려는 경우 정확한 측정을 위해서는 지금까지 특정 개인이 작문한 모든 내용(일기부터 보고서까지)을 모아서 분석해야 할 것이다. 그러나 한두 명도 아니고 많은 사람을 대상으로 한다면 시간과 비용 면에서 이러한 방법은 실용적이지 못하다. 따라서 정해진 주제에 관해 간략히 작문하게 하는 방법이 바람직하다.

이 상황에서 주의해야 할 점은 검사에서 측정하려는 행동표본이 얼마나 전체 행동을 잘 대표하는지의 여부다. 예를 들어, 개인의 지적 능력을 측정하는 지능검사에서 수리력은 빼고 어휘력만 포함시킨다면 이 검사는 완전한 검사가 되지 못할 것이다. 다른 예를 들어 보자. 한국의 현행 자동차 주행시험에는 길 옆으로 주차하는 부분이 빠져 있다. 최근 들어 주택가, 아파트, 백화점 등에서 주차하려면 차와 차 사이에 주차시켜야 하는 경우가 많이 발생하는데, 주행시험에서 이 능력을 검사하지 않기 때문에 시험에 합격한 초보운전자들은 이러한 상황에서 주차 시 많은 어려움을 겪게 된다. 따라서 지금의 자동차 주행시험이 자동차 운전에 필요한 모든 행동을 다 포함한다고 보기는 어려울 것이다.

(2) 표준화

두 번째 특징은 심리검사는 표준화(standardization)된 조건하에서 실시되어야 한다는 점이다. 이는 검사가 실시되는 장소의 소음, 조명, 습도, 온도, 검사반응 요령에 대한 설명 등이 모든 사람에게 동일하게 적용되어야 함을 의미한다. 동일한 검사를 실시할 때마다 검사시간, 소음, 조명, 온도 및 지시사항에서 많은 차이가 난다면 아무리 그 검사가 잘 만들어졌다 하여도 검사점수를 신뢰하기는 어려울 것이다. 이러한 차이는 심리검사의 점수에 큰 영향을 주기 때문이다. 예를 들어, 지능검사를 실시할 때 대부분의 피검사자는 외부에서 소음이 많이 나는 시끄러운 장소보다는 조용한 교실에서 검사를 받을 때 더 높은 점수를 얻을 수 있다. 얼마 전 대학진학 희망자들을 대상으로 실시한 수능검사에서 듣기평가 문제가 나왔을 때, 공항 주변에 있는 학교에서 시험을 치르는 학생들을 위하여 그 시간 중에는 일체의 비행기 이착륙을 통제한 경우가 있었다. 또한 매미소리가 지장을 줄 수 있다고 해서 시험을 치르는 학교마다 때아닌 매미잡이에 시간을 뺏긴 적도 있었다. 이러한 활동은 모두 검사가 표준화된 조건하에서 실시되도록 만들기 위한 것이다.

물론 모든 심리검사가 완벽하게 동일한 표준화 조건하에서 실시될 수는 없다. 실내 온도, 습도, 조명, 소음 등을 매번 동일하게 만들기도 어려울 뿐 아니라 설사 동일하게 만든다 하여도 검사를 실시하는 검사자도 동일한 사람으로 할 수는 없을 것이다. 물론 집단검사인 경우는 지시사항도 테이프를 틀어서 하게 되면 검사자가 검사에 미치는 영향을 상당히 줄일 수 있다. 그러나 웩슬러 지능검사와 같이 개인검사이면서 검사자가 계속해서 피검사자에게 설명을 해 주어야 하는 경우 검사자가 검사점수에 미치는 영향은 완전히 배제할 수 없을 것이다.

(3) 점수규칙

또 다른 심리검사의 특징은 검사를 채점하는 데 있어서 명확한 규칙이 있어야 한다는 점이다. 피검사자들이 동일한 반응을 했어도 채점규칙이 명확치 않아서 개인마다 점수에서 큰 차이가 난다면 그 검사는 올바른 심리검사라 할 수 없다. 지능검사와 같이 대부분의 심리검사는 객관적인 채점규칙이 있다. 따라서 개인의 반응을 여러 사람이 채점하더라도 언제나 동일한 점수가 계산된다. 반면에 주제통각검사(Thematic Apperception Test)

나 로르샤흐(Rorschach)의 잉크반점검사(inkblot test)와 같은 일부 심리검사는 주관적인 규칙에 의해서 점수가 계산되기도 한다. 주관적 채점규칙은 아무리 명확하게 마련해도 채점자의 주관적 판단이 점수에 영향을 미치게 마련이다. 따라서 피검사자의 동일한 반응에 채점자마다 다른 점수를 부여할 수 있을 것이다. 잘 만들어진 심리검사라면 이러한 점수 차이가 작게 나도록 채점규칙을 좀 더 명확하고 자세하게 만들어야 할 것이다.

2) 심리검사의 중요성

심리검사가 중요한 이유는 한마디로 검사결과가 사람들에 대한 중대 결정을 내리는 데 사용되기 때문이다. 예를 들어, 수능시험 성적에 따라 어느 대학에 들어가느냐가 결정되고, 기업체에서 실시하는 성격검사나 적성검사 결과에 따라 그 기업의 입사 여부가 결정되며, 행동장애를 보이는 사람을 대상으로 성격검사를 실시해서 그 검사결과에 따라 정신병원 입원 여부가 결정된다. 또한 고등학생 및 대학생에게 흥미검사나 적성검사를 실시하여 그들에게 어떠한 직업을 택하는 것이 바람직하다는 조언을 해 줄 수도 있다.

이러한 상황에서 실시된 심리검사가 엉터리라고 가정해 보자. 아마 상상할 수 없을 정도의 혼란이 벌어질 것이다. 실력도 없는 학생이 수능시험에서 높은 점수를 받아 좋은 대학에 특차로 들어갈 수도 있고, 정상적인 사람이 정신장애자로 몰려서 정신병원에 수용될 수도 있으며, 대학생에게 전혀 적성에 안 맞는 직업을 안내하여 정신적 고통을 겪게 하는 등의 엄청난 사회적 혼란이 야기될 수 있다.

물론 심리검사를 아무리 공들여 잘 만든다 하더라도 개인의 지적 능력, 성격, 흥미나 적성 등을 완벽하게 측정하는 것은 불가능하다. 그러나 위의 예와 같이 심리검사의 결과가 그 검사를 받는 개인에게 커다란 영향을 준다는 사실을 항상 유념하여 심리학자는 심리검사를 개발할 때 많은 정성을 기울여야 할 것이다.

일부에는 심리검사 사용에 회의를 갖고 있는 사람도 있다. 특히, 인사 선발 시 많이 사용하는 적성검사의 경우 입사 후 직무 수행능력과의 관련성이 그다지 높지 않기 때문에(보통 상관계수 0.3 정도), 이러한 적성검사나 성격검사를 사용해서 사람을 선발하는 방법에 의문을 표시하는 사람들이 있다. 그렇다면 문제는 과연 이러한 심리검사보다 더 바람직하고 더 공정하며 더 경제적인 대안이 있는가 하는 점이다. 아무리 심리검사가 문제점이 있다 하여도 응시자들 가운데 필요 인원을 무선적으로 선발하는 방법보다는 더 우수한 사람을 선발할 수 있을 것이다. 일부는 검사를 사용하지 말고 1차에서 서류전형을 한 후 면접을 실시해서 사람을 선발하자고 주장한다. 그러나 많은 연구결과에 따르면 면접이 심리검사보다 더 우수한 선발방법으로 보이지는 않는다. 또한 엄밀히 따져보면 면접도 심리검사의 영역에 속한다고 볼 수 있다. 면접 역시 사람의 행동을 관찰한 후 정해진 채점방식에 의거해서 개인의 점수를 계산하기 때문이다.

3) 검사의 종류

다양한 종류의 심리검사만큼이나 심리검사를 분류하는 방법 또한 다양하다. 이러한 분류방법을 살펴보면 다음과 같다.

(1) 수행양식에 따른 분류

검사를 유형별로 나누는 데 있어서 가장 중요한 분류방법은 개인의 수행양식에 따라 극대수행검사(maximum performance test)와 습관적 수행검사(typical performance test)로 나누는 방법이다. 극대수행검사란 일반적으로 능력검사라고도 하는데, 주어진 일정한 시간 내에 피검사자가 자신의 능력을 최대한 발휘해서 반응하도록 만들어진 검사다. 이러한 유형의 검사는 문항마다 정답이 있어서 피검사자의 점수는 주어진 시간 내에 몇 문제나 맞혔는지로 결정된다. 지능, 적성 및 성취 검사 등이 이 유형의 대표적 검사다. 이 검사들을 좀 더 자세히 살펴보면 다음과 같다.

- 지능검사: 지능이란 일반적으로 새로운 것을 학습하는 능력 또는 복잡하고 추상적인 자료를 적절히 취급하는 능력이라고 정의된다. 대개 아동용과 성인용으로 구분되며, 한 번에 한 명만 실시하는 개인용과 한 번에 많은 사람에게 실시하는 집단용으로 구분된다.
- 적성검사: 주로 산업체나 학교에서 많이 사용되며, 대부분 특수한 직종에 맞는 사람을 선발할 목적으로 사용된다. 크게 일반적성검사와 특수적성검사로 나눌 수 있다. 일반적성검사는 다양한 종류의 직무를 수행하는 데 포괄적으로 요구되는 기본 능력을 측정하며, 특수적성검사는 사람들이 특수한 직종에 요구되는 적성을 가지고 있는지를 측정한다(예: 사무, 기계, 운동적성 등, 부록 참조).
- 성취검사: 주로 특정 교육 및 훈련의 성과를 알아보기 위하여 실시하는 검사로서 학교에서 실시하는 다양한 형태의 시험 및 대입수능시험 등이 포함된다.

습관적 수행검사란 사람들이 특정 분야에서 얼마나 잘하는지 또는 얼마나 많이 알고 있는지의 능력을 측정하는 것이 아니라, 그들이 평소에 습관적으로 어떠한 행동을 보이는지를 측정하기 위한 검사다. 예를 들어, 개인이 정직성이 무엇을 의미하는지 아무리 잘 안다고 해도 그가 가진 그러한 지식이 그 사람이 평소에 정직하게 행동한다고 보장하지는 못한다. 습관적 수행검사는 사람들이 평소에 얼마나 정직한 행동을 보이는지를 측정하기 위한 검사다.

이러한 유형의 검사에는 성격검사, 흥미검사 및 각종 태도조사 등이 포함되며, 앞의 능력검사와는 달리 대개 일정한 시간 제한이 없고 각 문항에서 정답 또는 오답이 없다. 문항형식은 하나의 진술문이 주어지고 사람들이 그 진술문에 대해서 어떻게 생각하는지(맞다 혹은 틀리다, 또는 얼마나 동의하는지의 정도)를 답하게 된다. 이 유형에 속하는 검사들을 좀 더 자세히 살펴보면 다음과 같다.

- 성격검사: 개인이 가지고 있는 성향이나 기질 등을 측정하는 검사로, 대표적인 검사로는 Cattell이 개발한 16개의 성격요인을 측정하는 16성격요인검사(16 Personality factors: 16PF, 부록 참조), 캘리포니아 주립대에서 만든 캘리포니아 심리검사(California Psychological Inventory: CPI, 부록 참조), 그리고 행동장애가 있는 비정상인들을 구분하기 위해서 만든 미네소타 다면성격검사(Minnesota Multiphasic Personality Inventory: MMPI, 부록 참조), 성인의 임상적 문제를 평가하기 위한 성격평가 질문지(Personality Assessment Inventory: PAI, 부록 참조) 등이 있다. 이들 검사는 주어진 문항에 대해 '예' 또는 '아니요'로 답하게 되어 있으나 PAI의 경우에는 4점 척도(전혀 그렇지 않다, 약간 그렇다, 중간이다, 매우 그렇다)를 사용하고 있다.

  그러나 주제통각검사(Thematic Apperception Test: TAT)나 로샤검사(Rorschach test)와 같이 그림을 보고 자신의 생각을 기술하거나 말한 후에 전문가가 반응자들의 응답내용을 분석해서 성격유형을 측정하는 주관식 반응유형검사도 있다. 성격검사의 전반적 문제점은 사람들이 솔직하게 응답하지 않고 자신의 행동을 왜곡해서 사회적으로 바람직하다고 생각되는 방향으로 반응하는 경향이 있다는 것이다. 사람들이 이러한 왜곡반응을 했는지를 조사하기 위하여 심리학자들은 많은 노력을 기울이고 있다. 예를 들어, MMPI에서는 거짓말 척도를 만들어 응답자들이 얼마나 진실하게 응답했는지를 조사한다.

- 흥미검사: 사람들이 어떤 분야에 흥미가 있는지를 알아보는 검사로서 대표적인 검사로는 Strong과 Campbell이 개발한 스트롱–캠벨 흥미검사(Strong-Campbell Interest Inventory: SCII, 부록 참조)와 직업선호검사(Vocational Preference Inventory: VPI) 등이 있다. 검사문항은 대개 다양한 활동이나 직업을 나타내는 진술문이 주어지며, 주어진 활동이나 직업을 좋아하면(흥미가 있으면) '예'로, 좋아하지 않으면(흥미가 없으면) '아니요'로 답하게 되어 있다. 단순히 어떠한 분야 이외에 특정 직업에 관한 정보도 제공함으로써 적성검사와 더불어 사람들이 직업선택을 하는 데 도움을 줄 수 있다.
- 태도조사: 종업원들의 직무만족 또는 조직몰입을 측정하거나 대학생들의 성의식을 알아보려는 것과 같은 태도조사도 넓은 의미의 심리검사에 포함된다. 이러한 검사는 사람들의 의식 또는 태도를 나타내는 문항(예: 성의식 검사의 경우, '나는 결혼과 사랑은 별개라고 생각한다')이 주어지고, 응답자들은 주어진 문항의 내용에 동의하는 정도(예: '전혀 동의하지 않는다'부터 '전적으로 동의한다'까지)를 표시하게 된다.

(2) 인원 수에 따른 분류

검사를 실시할 때 검사를 받는 인원 수에 따라서 집단검사와 개인검사로 분류할 수 있다. 개인검사는 검사를 실시할 때 한 명만을 대상으로 실시하는 검사를 말한다. 프랑스의 심리학자인 Binet가 개발한 비네 지능검사와 미국의 Wechsler가 개발한 성인용 지능검사(Wechsler Adult Intelligence Scale: WAIS, 부록 참조)와 아동용 지능검사(Wechsler Intelligence Scale for Children: WISC), Kaufman이 개발한 카우프만 아동용 지능검사(Kaufman Assessment Battery for Children: K-ABC, 부록 참조) 등이 여기에 속한다. 개인검사는 좀 더 정확하게 측정할 수 있다는 장점이 있으나, 한 번에 한 명밖에 실시할 수 없기 때문에 많은 시간과 비용을 요구한다는 단점이 있다.

집단검사는 대부분의 성격, 지능 및 적성 검사 등과 같이 검사를 한 번 실시할 때 많은 인원들을 한 장소에 모아놓고 집단으로 실시하는 검사다. 집단검사의 효시는 아미-α(Army-α)라는 지능검사로, 미국의 심리학자인 Yerkes 등이 중심이 되어서 제1차 세계 대전 중 군인 선발을 위해 만들어진 검사다. 그들은 많은 인원을 대상으로 검사를 실시해야만 했기 때문에 한 번에 집단으로 실시할 수 있는 검사를 개발하는 데 관심을 두고 아미-α를 만들게 되었다.

(3) 도구에 따른 분류

심리검사는 검사도구에 따라서 지필검사(paper-and-pencil test)와 도구검사로 나눌 수 있다. 대부분의 심리검사는 지필검사라고 볼 수 있는데, 이 유형의 검사는 응답자들에게 질문지를 나누어 주고 질문지 문항에 답하게 하는 방식을 취한다. 질문지와 연필만 있으면 검사를 실시할 수 있기 때문에 지필검사라고 부른다. 반면에 도구검사는 단순히 종이와 연필이 아닌 다른 도구나 장비를 이용해서 검사하는 방법을 말한다. 예를 들어, 퍼듀 펙보드(Purdue Pegboard) 검사는 손가락의 민첩성과 같은 운동능력을 측정하기 위해서 만들어졌는데, 주어진 시간 내에 얼마나 많은 핀을 판 위에 나 있는 구멍에 끼우는지를 계산해서 점수화한다.

4) 심리검사의 역사

(1) 검사의 기원

본격적인 심리검사의 개발은 1905년 프랑스의 심리학자인 Alfred Binet가 동료인 Simon과 함께 프랑스 정부의 지원을 받아서, 공립학교에서 지능이 떨어지는 학생들을 파악해 반편성을 따로 하기 위한 목적으로 개발한 지능검사부터 시작되었다고 볼 수 있다. Binet의 지능검사는 주로 어휘력을 측정하는 문항들로 구성되었는데, 종래의 검사들보다 진일보한 몇 가지 특징이 있다.

먼저 종래의 검사는 문항을 만드는 과정에서 머릿속에서만 논리적으로 생각해서 만들었고 과학적인 형태의 문항분석을 시도하지 않았다. 이에 반해 Binet는 많은 문항을 만들어서 다양한 연령층에서 풀 수 있는 문제유형을 파악해 내어, 실제 연령(chronological age)이 낮은 아이들이 쉽게 풀 수 있는 문제부터 실제 연령이 높은 아이들이 풀 수 있는 문제까지 다양한 문제를 만들어 냈다.

또한 Binet는 각 연령층에서 풀 수 있는 문항이 평균 몇 개나 되는지를 계산한 일종의 규준표를 만들었다. 검사를 받으러 온 아이들은 처음부터 문제를 맞히기 시작해서 자신이 맞히지 못하는 문제가 나오면 검사를 그만두게 된다. 이때 검사자는 아이가 몇 개를 맞혔는지를 파악해서 규준표를 보고 그 아이의 정신연령(mental age)이 몇세에 해당되는지 알 수 있다. 어떤 아이가 실제연령은 7세라도 9세가 맞히는 정도의 문항들을 맞춘다면 그 아이의 정신연령은 9세라고 할 수 있다. 비록 전에 비해서 상당히 정교해진 측면은 있지만, 현재 검사개발자가 검사를 만들 때 사용하는 문항분석 및 규준표의 작성은 비네가 사용했던 방법에서 크게 벗어나지 않는다. Binet 검사는 여러 나라에서 번안 · 출판되었는데, 가장 많이 알려진 것은 미국 스탠퍼드 대학의 Terman과 그의 동료들이 번안한 스탠퍼드-비네검사(The Stanford-Binet Intelligence Scale)다.

앞에서도 잠시 언급했듯이 Binet의 지능검사는 한 번에 한 사람에게만 실시할 수 있는 개인용 검사라는 단점이 있다. 한 번에 많은 사람에게 실시할 수 있는 집단용 검사는 미국에서 본격적으로 개발되기 시작했다. 20세기 들어서 Cattell과 Thorndike 등에 의해서 심리검사의 이론이 발전하게 되었다. 특히, Thorndike가 1904년 검사이론에 관한 최초의 책인 『정신 및 사회 측정이론 입문서(An Introduction to the Theory of Mental and

Social Measurements)』를 발간한 이후 검사이론에 관한 연구가 활발하게 진행되었다. 이러한 움직임에 힘입어 마침내 1917년 Yerkes 등이 중심이 된 젊은 심리학자들은 미국 정부의 재정적 지원을 받아 최초의 집단검사인 아미-α를 만들어 내게 되었다. 이 검사는 주로 군인들을 선발하는 데 사용되었으며, 장교훈련에 적합한 지원자들을 가려내거나 정신적 능력이 떨어지는 군인들을 가려 제대시키는 데도 사용되었다. 후에 영어를 잘 읽지 못하는 사람들에게도 실시할 수 있도록 그림을 많이 추가한 아미-β(Army-β)라는 집단검사가 개발되었다.

집단검사가 개발되기 시작하면서 적성검사, 성격검사, 흥미검사 등 다양한 유형의 심리검사가 등장하기 시작해서 개인의 적성, 성격, 흥미 등을 측정하는 데 많은 도움을 주고 있다.

국내에서 심리검사의 발전은 주로 외국의 유명한 검사를 번안한 후 우리나라 실정에 맞게 표준화 작업을 거쳐 출판하면서 시작되었는데, 1960년대에 들어서면서 본격적인 검사의 제작이 이루어졌다. 지능검사로는 1970년 고려대학교의 전용신이 고대-비네검사라는 이름으로 비네검사의 한국판을 출판하였다. 이 검사는 만 4세부터 14세까지의 아동의 지능을 측정하도록 만들어졌다. 1963년에는 중앙교육연구소에 있던 전용신, 서봉연, 이창우가 함께 한국판 웩슬러검사(Korean Wechsler Intelligence Scale: KWAIS)를 만들었다. 이 검사는 만 12세부터 만 64세까지의 지능을 측정하였다. 1974년에는 이창우와 서봉연이 아동용으로 한국판 아동용 웩슬러 지능검사(Korean Wechsler Intelligence Scale for Children: KWIS)를 만들었다. 집단용으로는 1950년대에 서울대학교의 교육심리연구실에서 정범모를 중심으로 집단지능검사를 개발하기 시작했고, 현재 여러 유형의 검사들이 제작·판매되고 있다.

성격검사의 경우도 1965년 정범모, 이정균, 진위교 등이 MMPI를 번안·표준화 작업을 하여 사용되고 있다. 이 검사는 한국임상심리학회에서 새롭게 표준화 작업을 하여 사용되고 있다.

(2) 검사의 활용

군인들에게 실시해서 성공을 거둔 후에 심리학자들은 일반 사람들에게도 실시할 수 있는 다양한 검사를 개발하여 여러 분야에서 사람들이 의사결정을 하는 데 도움을 주고 있다. 교육 분야에서는 성취검사를 통해서 대학입학 허가나 학년진급 등을 결정하는 데 이용하고 있으며, 흥미 및 적성검사를 통해서 학생들의 진로를 상담하는 데 도움을 주고 있다. 학습부진아를 미리 파악해서 따로 교육시키는 것도 심리검사를 실시해서 응용할 수 있는 부분이다.

교육 분야 이외에도 심리검사는 산업체 및 정부기관 등에서 인사 선발용으로 많이 사용되고 있다. 이때 주로 사용되는 검사는 적성검사, 성격검사, 흥미검사 등이다. 선진국에서는 오래전부터 이러한 검사를 이용해 사람들을 선발해 왔는데, 한국에서도 최근 들어 대기업에서 신입사원을 채용할 때 전공시험이나 상식시험 대신 적성 및 성격 검사를 많이 실시하고 있는 실정이다.

한편, 심리검사는 상담 및 임상장면에서도 많이 사용되고 있다. 다양한 상담기관에서 여러 종류의 성격검사를 실시해서 정신적으로 안정을 이루지 못하는 사람들을 상담한다거나, 정신병원과 같은 임상장면에서 정신적으로 문제가 심각한 환자를 가려내어 그에 맞는 정신치료를 하는 데 심리검사는 커다란 도움을 주고 있다. 예를 들어, 상담 및 임상장면에서 많이 사용되는 미네소타 다면성격검사(MMPI)는 정신분열, 우울, 강박 등의 10가지 행동장애 요인을 측정하여 어떠한 정신적 장애가 있는지를 파악하는 데 큰 기여를 하고 있다.

3. 올바른 검사개발을 위한 안내서

올바른 심리검사를 만들어 낸다는 것은 쉬운 일이 아니다. 심리검사 개발 시 참고할 수 있는 안내지침을 제시하기 위해서 미국심리학회(American Psychological Association)는 1985년『교육과 심리검사를 위한 기준(Standards for Educational and Psychological Testing)』이라는 지침서를 발간했다. 이 지침서는 검사개발, 평가, 해석 및 응용 시 지켜야 될 내용들을 자세히 설명하고 있다. 또한 미국 산업 및 조직심리학회에서도 인사 선발 시 많은 심리검사를 사용하기 때문에 독자적으로 1987년『인사 선발절차의 타당화 및 사용 지침(Principles for the Validation and Use of Personnel Procedures)』이라는 책자를 발간했다. 이 책자는 위의 지침서가 다루지 못하는 인사 선발 상황에서의 문제점들을 상세히 다루고 있다.

그러나 한국에서는 아직도 미국에서와 같은 지침서가 마련되어 있지 못하고 위의 책들을 참고하거나 번역판을 활용하고 있다. 한국에서도 심리검사가 실시된 지 40년 가량 되었지만 아직도 선진국에 비하면 검사개발과정에서 부족한 점이 많은 것 같다. 먼저 시간과 비용 때문에 검사 개발 시 충분한 표집인원을 구하지 못한다는 문제점이 있다. 또한 심리검사는 일정 시간이 지나면 다시 규준표(제12장에서 설명)를 만들어야 하는데 몇 십 년 전에 만들어진 규준표를 그대로 사용하는 경우가 많다. 더 문제가 되는 것은 인사 선발 시 검사의 신뢰도와 타당도 분석을 충분히 거치지 않고 검사를 실시하는 우를 범하는 경우가 있으며, 설사 이러한 과정을 거친다 하여도 장기적으로 검사의 문제점을 파악하고 고쳐 나가는 과정이 전혀 이루어지지 못하고 있는 실정이다. 앞으로 보다 많은 심리검사를 제작·활용하여 많은 사람들에게 도움을 줄 수 있도록 심리학자들이 많은 노력을 기울여야 하겠다.

제2장

심리검사가 사회에 미치는 영향

　심리검사의 중요성은 제1장에서 잠시 언급한 바 있다. 심리검사가 제대로 만들어지지 않을 경우 개인에게 큰 손실을 끼침은 물론 사회적으로도 큰 물의를 일으킬 수 있다. 예를 들어, 한국과 같이 부모의 자녀에 대한 교육열이 강한 나라에서 대학입학 수능시험 문제가 잘못 출제되었다고 가정해 보자. 많은 수험생의 학부모들이 당장 교육부로 몰려가서 항의를 하는 것은 말할 것도 없고 여론에서도 1면 톱기사로 다루는 등 사회적으로 큰 혼란을 가져올 것이다.

　심리검사가 사회에 미치는 영향과 관련된 주제는 다양하다. 그 가운데서도 많이 논의되는 내용은 검사의 사용이 법률적으로 저촉되지 않는지, 검사가 얼마나 공정하게 사용되는지 또는 검사가 개인의 사생활을 침범하는지 등에 관한 것이다. 한국에서는 아직 이러한 주제가 심각하게 논의되지 않고 있으나 앞으로 논의될 소지가 충분하기 때문에 선진국의 실태를 자세히 알아보기로 한다.

1. 심리검사와 법률

만약 어떤 조직에서 자체 개발한 적성검사를 사용해서 신입사원을 선발했는데, 불합격한 사람이 회사에서 실시한 적성검사에 문제가 있다고 소송을 제기하면 어떻게 될까? 한국에서는 아직 이러한 문제 때문에 소송이 걸린 경우가 없다. 그러나 최근 들어 많은 기업에서 필기시험 대신 성격검사나 적성검사를 통해서 신입사원을 선발하고 있으며 이 경향은 앞으로도 계속될 전망이기 때문에 심리검사가 올바로 만들어졌는지에 대한 법률적 해석이 필요한 상황이 곧 온다고 볼 수 있다. 따라서 현재 미국에서는 이러한 문제가 생길 경우 어떤 과정을 거쳐서 처리가 되는지를 알아봄으로써 한국에서도 검사를 개발하는 심리학자가 주의해야 할 점에 관한 시사점을 얻을 수 있을 것이다.

미국에서 선발 시 사용되는 심리검사가 법률적 관점에서 조명되기 시작한 때는 1964년 시민법(Civil Rights Act)의 제정 이후라고 볼 수 있다. 본래 시민법의 제정은 여러 분야에서 차별을 받는 미국 내 소수민족을 보호하기 위한 것이었다. 예를 들면, 교육, 선발, 주거 등의 다양한 분야에서 소수민족에 대한 차별을 막기 위해서 만들어졌는데, 특히 시민법 제7장(Title VII)은 조직에서 사람을 고용할 때 특정 집단을 차별하지 않고 공정하게 선발할 것을 명시하고 있다. 즉, 개인을 고용할 때 그 사람의 인종, 피부색, 종교, 성별 및 국적 때문에 그를 차별하는 것은 불법임을 명확히 하고 있다. 이 조항은 민간기업뿐 아니라 국영기업 모두에 적용된다.

그러나 조직에서 우수한 사람과 그렇지 못한 사람을 잘 구별해 주는 선발절차(예: 심리검사)를 사용했다면 결과적으로 특정 집단(예: 흑인, 여성 등)에 속한 사람들이 적게 선발되었다 하더라도 크게 문제될 것은 없다. 즉, 조직에서 신뢰도나 타당도가 높은 심리검사를 사용해서 신입사원을 선발했다면 큰 문제될 것이 없다는 의미다. 문제는 신뢰도나 타당도가 충분히 입증되지 않은 심리검사를 사용했을 때다. 물론 이때도 응시자 가운데 아무도 심리검사에 대해 의문을 제기하지 않는다면 문제될 것은 없다. 그러나 만의 하나라도 불합격된 사람이 심리검사가 특정 집단에 불리하게 작용했다고 소송을 제기하면 문제는 복잡해진다.

미국에서는 시민법을 효과적으로 집행하기 위해서 고용기회균등위원회(Equal Employment Opportunity Commission: EEOC)를 구성하여 조직에서 사용한 고용절차(심리검사, 면접 등)가 얼마나 타당성이 있는지를 평가하는 기준을 마련하도록 하고 있다. 이러한 기준을 마련하기 위해 EEOC는 1966년 EEOC 지침서를 만들었다(1970년과 1978년에 개정됨). 이 지침서에는 특정 고용방법이 시민법을 위배하는지를 결정하기 위해 EEOC가 사용하는 원칙과 절차가 자세히 설명되어 있다. 따라서 조직에서 선발용으로 사용하는 심리검사가 시민법상 문제가 있는지의 여부를 결정하는 데도 이 지침서에 의존하게 된다(Arvey, 1979).

EEOC에서 하는 일을 좀 더 자세히 살펴보면 특정 조직에서 사용하는 심리검사 또는 다른 선발도구가 개인을 포함한 특정 집단에 불리하게 작용해서 결과적으로 차별했다고 판단할 경우(승진의 경우에서도 적용됨) EEOC에 제소할 수 있다. EEOC는 해당 조직의 최고경영자에세 그 사실을 알린 후, 그 제소가 타당하며 법률적 소송이 될 수 있는지를 자체적으로 분석한다. 만약 제소할 만한 합리적인 근거를 찾지 못하면 제소를 취하한다. 그러나 합리적인 근거가 있다고 판단되면 법적 소송을 걸기 전에 제소를 한 자와 고용주가 서로 합의 조정할 수 있는 기회를 마련한다. 이러한 시도가 실패로 돌아갈 경우 EEOC는 고용주를 상대로 시민법을 위반했다는 소송을 제기하게 된다. 물론 EEOC가 첫 단계에서 제소를 취하할 경우 개인은 사설 변호사에게 의뢰하여 소송을 제기할 수도 있다.

조직에서 고용과 관련해서 사용한 심리검사에 대한 법적 소송이 걸리고 세인의 주목을 받게 된 최초의 판례는 그릭스 V. 듀크 파워(Griggs V. Duke Power)사(1971)에 대한 것이다. 이 판례는 듀크 파워사가 종업원을 관리직으로 승진시킬 때 사용하는 일종의 지능검사인 원더릭 인사검사(Wonderlic Personnel Test)와 버넷 기계이해검사(Bennett Mechanical Comprehension Test)에서 흑인들이 전반적으로 낮은 점수를 받아 승진하기가 어려워지자, 그들이 두 심리검사가 해당 직무를 수행하는 데 필요한 능력을 측정하지 못한다고 주장하며 소송을 제기한 것이다. 고용주는 이 검사를 실시함으로써 극소수의 흑인만이 승진 또는 고용되고 있음을 인정했으나 그들을 차별하려는 의도는 없었다고만 주장하였다. 이에 원고측은 실제 흑인과 백인을 비교할 때 승진비율에서 유의한 차이가 있음을 입증하는 자료를 제시하면서 이 심리검사가 흑인들에게 불리하게 작용함을 주장하였다. 대법원은 만장일치로 원고승소 판결을 내렸는데, 판결문의 내용 가운데 획기적인 지침을 마련한 부분은 공정한 검사란 무엇을 의미하는지를 밝혔다는 점이다. 그 내용을 살펴보면 공정한 검사란 특정 직무에서 필요로 하는 지식이나 능력을 공정하게 측정해야 하며, 검사점수가 직무와 관련된 작업행동과 유의하게 관련되어 있음을 보여 주어야 한다는 것이다. 이 판결문 내용은 바로 EEOC 지침서에 나와 있는 규정에 입각한 것이다.

심리검사가 특정 집단에 불리하게 작용했다는 소송이 걸렸을 경우 법원에서 판결하는 데 가장 중점을 두는 내용은 과연 그 검사가 실제 직무를 수행하는 데 필요한 능력을 얼마나 정확하게 측정하는지, 즉 검사의 타당도가 얼마나 높은지에 관한 것이다. 예를 들어, 소방공무원 선발시험에서 응시자의 신체적 힘을 측정하는 검사를 실시한다고 가정해 보자. 소방공무원의 직무를 제대로 수행해 나가기 위해서는 불이 났을 때 무거운 소방 호스를 들고 뛰어야 하고 부상당한 사람을 업고 나오는 등 일정 수준 이상의 신체적 힘을 필요로 한다. 물론 검사를 실시할 경우 여성이 남성에 비해 전반적으로 신체적 힘에서 떨어지기 때문에 여성에게는 불리하게 작용할 것이다. 그럼에도 불구하고 이 검사는 소방공무원이 된 후 직무를 수행하는 데 필요한 부분을 제대로 측정하고 있기 때문에 소송이 걸린다 하더라도 소방 기관에서 승소할 가능성이 높다.

반면에 선발용 검사가 직무를 수행하는 데 필요한 능력을 제대로 측정하고 있지 못하다면, 결국 검사에서 높은 점수를 받고 합격한 사람이 직무를 잘 처리하지 못하는 경우가 발생할 수 있으며, 낮은 점수를 받아 불합격한 사람 가운데서도 합격이 되었다면 직무를 잘 수행할 수 있는 사람이 있을 수 있다. 예를 들어, 컴퓨터 관련 회사에서 컴퓨터 프로그래머를 선발하는 데 소방공무원 선발시험에서의 신체적 힘을 측정하는 검사를 사용한다고 가정해 보자. 상식적으로 생각해도 이 검사에서 높은 점수를 받은 사람이 프로그램을 더 잘 만든다고 가정하기는 어려울 것이다. 따라서 이 검사를 사용하는 것은 상대적으로 신체적 힘이 약한 여성 응시자를 부당하게 차별하는 결과를 가져오며, 이에 불합격한 여성이 회사를 상대로 법적 소송을 제기할 경우 회사가 패소할 가능성이 높다.

미국의 경우 인사 선발 시 심리검사를 사용할 때 적용되는 이러한 규제 때문에 각 조직에서는 심리검사가 제대로 만들어졌음을 입증할 수 있는 자료를 가지고 있어야 한다. 이를 위해서 심리검사는 반드시 신뢰도와 타당도 분석을 거쳐야만 한다. 이러한 분석을 위해서는 전문적인 지식을 가지고 있는 산업심리학자 또는 일반심리학자의 도움이 필요하다. 그만큼 심리학자가 이바지할 수 있는 외적 환경이 조성되어 있다고 볼 수 있다.

이와 같은 과정을 거쳐서 부적절한 검사를 없애고 올바른 검사를 사용하는 풍토를 조성해 나가는 것은 바람직한 일이다. 앞에서도 잠시 언급했듯이 한국에서도 최근 기업에서 인사 선발 시 심리검사를 사용하는 경우가 많아지고 있다. 그러나 많은 기업에서 신뢰도나 타당도가 충분히 입증되지 않은 심리검사를 그대로 사용하고 있는 실정이다. 머지않은 미래에 한국에서도 미국에서와 같이 기업이 사용하고 있는 심리검사를 두고 법적 소송이 제기될 소지는 충분히 있다. 이때를 대비해서라도 기업에서는 심리검사가 제대로 만들어졌음을 객관적으로 입증할 수 있는 자료를 가지고 있어야 할 것이다. 법률적인 문제를 떠나서라도 자신의 회사에서 선발용으로 사용하고 있는 검사가 선발 후 직무수행을 얼마나 잘할 수 있는지를 말해 줄 수 없다면, 무엇 때문에 심리검사를 사용하는 데 많은 돈과 시간을 들일 필요가 있는지 곰곰이 생각해 봐야 할 것이다.

2. 심리검사와 윤리

심리학자가 자신의 전문지식을 이용해 사회에 이바지할 수 있는 부분은 많이 있다. 임상심리학자로서 정신적 장애로 고통받고 있는 환자를 치료하거나, 상담심리학자로서 대학생활에서 애정문제로 심리적 갈등을 겪고 있는 대학생을 상담하거나, 또는 산업심리학자로서 특정 조직을 위해 인사선발에 사용될 적성검사를 개발해 주는 등의 활동이 그 예라고 볼 수 있다. 이와 같은 활동을 하면서 심리학자는 윤리적으로 잘못된 행동을 범하게 될 가능성이 있다. 예를 들어, 임상심리학자가 자신의 환자와 애정관계를 유지하거나, 산업심리학자가 엉터리 적성검사를 만들어 주는 등이다. 사회의 윤리적 측면에서 저촉되는 행동을 범하지 않도록 하기 위해서는 개인의 부단한 노력이 필요할 것이다.

1) 윤리강령

미국 심리학회는 심리학자가 자신의 전문지식을 이용해 고객에게 서비스를 제공하는 과정에서 고객에게 발생할 수 있는 피해를 줄이기 위해 심리학자들이 지켜야 할 『심리학자의 윤리강령(Ethical Principles of Psychologists)』

(1981)을 만들었다. 모두 10가지로 구성된 윤리강령에서 심리검사와 관련된 부분만을 간단히 살펴보기로 하자.

윤리강령 8은 '평가기법'에 관련된 내용을 다루고 있다. 이 내용을 번안하면 다음과 같다.

> 심리학자는 평가도구의 개발, 출판, 활용 시 고객의 복지와 이익을 위해서 최선의 노력을 기울인다. 심리학자는 평가결과가 잘못 사용되지 않도록 노력해야 한다. 심리학자는 고객이 검사 결과와 해석, 그리고 결론 및 제언의 근거에 대해 알려는 권리를 존중한다. 심리학자는 법률이 정하는 범위 내에서 검사와 다른 평가도구의 기밀을 유지하는 모든 노력을 기울인다. 또한 다른 사람이 평가도구를 적절히 사용하도록 돕는다.

이 윤리강령의 세부사항을 자세히 살펴보면 다음과 같은 여섯 개의 하부 강령으로 되어 있다.

① 평가기법을 이용할 때 심리학자는 고객이 그 기법의 본질 및 목적에 관해 이해할 수 있는 용어로 충분히 설명받을 권리가 있음을 존중하며, 이러한 권리에 대한 예외가 있을 경우는 사전에 동의를 받아야 한다.
② 심리학자는 심리검사와 다른 평가기법을 개발하고 표준화할 때 기존의 과학적 절차를 따르고 심리학회의 관련 기준을 준수한다.
③ 평가결과를 보고할 때 심리학자는 평가환경이나 규준의 부적절성 때문에 타당도나 신뢰도에 다소 문제가 있을 수 있음을 지적해야 한다. 또한 심리학자는 다른 사람이 평가 결과와 해석을 잘못 사용하지 않도록 노력한다.
④ 심리학자는 평가결과가 시대에 뒤떨어질 수 있음을 인정해야 한다. 이러한 측정치가 잘못 사용되는 것을 피하는 동시에 막는 노력을 해

야 한다.

⑤ 심리학자는 채점과 해석 시 그러한 해석을 내리는 데 사용된 프로그램 및 절차의 타당성에 대한 증빙자료를 제시할 수 있어야 한다. 또한 일반인에게 결과를 해석해 주는 것은 전문적인 상담으로 간주해야 한다. 심리학자는 결과보고서가 잘못 사용되지 않도록 노력해야 한다.

⑥ 심리학자는 충분히 훈련받지 않았거나 자격이 없는 사람이 심리평가 기법을 사용하지 않도록 해야 한다.

이 밖에 '비밀보장(confidentiality)'을 다루는 윤리강령 5도 심리검사와 관련이 있다. 이 강령에 따르면 심리학자는 심리학자로서의 일을 수행하는 과정에서 얻은 개인 정보의 비밀을 보장해 줄 의무가 있다. 심리학자는 본인의 동의하에서나 법이 요구할 경우에 한해서 정보를 공개해야 한다. 그러나 예외적으로 정보를 공개하지 않으면 당사자나 타인에게 명백한 위험을 초래할 가능성이 있는 경우에 한해서는 그 정보를 공개할 수 있다. 필요하다면 심리학자는 고객에게 비밀보장이 갖는 법률적 한계점을 설명해 준다.

비밀보장에 관한 윤리강령은 사실 현장에서 적용하는 데 어려운 점이 한두 가지가 아니다. 당사자나 타인에게 명백한 위험을 초래할 가능성이 있다고 판단되는 경우에는 본인의 동의 없이도 정보를 공개할 수 있다고 되어 있으나, 주어진 위험을 초래할지 안 할지를 정확하게 판단하는 것은 쉬운 일이 아니다. 다음의 예를 살펴보자.

미국 모 대학에 근무하던 임상심리학자의 환자로 있던 학생이 자신이 짝사랑하던 여학생을 권총으로 살해한 사건이 발생한 적이 있다. 희생자의 부모는 임상심리학자를 상대로 피해보상 소송을 제기했다. 임상심리학자는 상담하는 과정에서 그 학생이 희생자에게 무시당한 데 대해 반감을 가지고 있었으며, 희생자에게 어떤 보복을 가하려는 생각이 있음을 사전에 알고 있었는데도 희생자에게 사전에 조심하라는 정보를 주지 못했다. 이에 희생자의 부모는 그로 인해 비참한 결과가 일어났으므로 임상심리학자가 그에 대한 책임을 져야 한다고 주장하였다. 임상심리학자의 입장에서 보면 환자에 관한 정보를 환자의 동의 없이는 타인에게 알릴 수 없다는 심리학자로서의 윤리강령을 따랐다고 볼 수도 있다.

결국 심리학자는 상황판단 없이 무조건 고객에 관한 정보를 비밀로 해서는 안 되며, 상황에 따라 고객의 정보를 공개할 필요가 있다. 그러나 어떠한 상황에서 정보를 공개해야 하는지 명확한 판단이 서지 않는 경우, 미국에서는 윤리위원회에 그 판단을 요청할 수 있다.

국내에서도 최근(2003년) 한국심리학회에서 심리학자 윤리규정을 제정한 바 있으며 모두 6개의 장과 65조의 규정이 명문화되어 있다. 이 중 심리검사와 관련된 부분은 5장인 '평가관련 윤리'에서 다루고 있으며 내용은 미국심리학회 윤리강령 8인 '평가기법'과 유사하다.

2) 사전동의

심리검사를 실시하기 전에 검사자는 수검자에게 검사의 목적과 절차에 관해 사전에 명확하게 설명해서 수검자가 충분히 이해하도록 만들어야 한다. 물론 수검자에게 미리 검사문항을 보여 줄 필요는 없다. 수검자가 설명을 듣고 심리검사를 받겠다고 할 경우에 한해서만 심리검사를 실시해야 한다. 이러한 과정을 사전동의(informed consent)라고 한다.

그러나 실제 상황에서 항상 이 원칙을 지켜 나가는 것은 쉬운 일이 아니다. 상황에 따라서는 검사의 목적을 정확하게 설명하면 수검자가 솔직하게 반응하지 않고 왜곡해서 반응하는 경우가 생길 수 있다. 예를 들어, 어떤 물품을 만드는 제조업체의 공장장은 종업원이 물품을 조금씩 빼돌린다는 의심을 하고 있다. 종업원의 정직성을 의심하고 있기 때문에 그들에게 정직성 검사를 실시하여 일정 점수 이하를 받은 사람은 해고시키려는 계획을 세워 놓고 있다. 검사를 실시할 때 검사의 목적을 자세히 알려 준다면 어떠한 결과가 나타날까? 아마도 거의 모든 사람이 솔직하게 반응하지 않을 것이다. 결과적으로 정직성 검사를 실시해도 아무런 효과를 거두지 못할 것이다.

수검자가 사전에 심리검사에 대한 사전정보를 알 권리와 검사자가 수검자에게 솔직하고 타당성 있는 정보를 얻을 권리 사이의 균형을 맞추는 것은 쉬운 일이 아니다.

3. 심리검사와 사회

심리검사 결과가 사회 전반에 미치는 영향은 앞에서 대입수능시험의 예를 통해 설명한 바 있다. 여기서는 좀 더 전문적인 측면에서 접근해 심리검사가 얼마나 공정하게 사용되는지에 관해 논의해 보기로 한다. 심리검사가 공정하게 사용된다는 의미를 한마디로 정의하기는 어렵다. 공정성(fairness)이라는 용어 자체가 다양한 의미로 정의될 수 있기 때문이다. 일반적으로는 크게 검사과정의 공정성과 검사결과의 공정성으로 구분해 볼 수 있다(Greenberg, 1987).

1) 검사과정의 공정성

검사과정의 공정성에 관한 몇 가지 상황을 살펴보면, 먼저 어떤 검사가 특정 집단의 사람에게 불리한 장애가 있는데도 이를 방치한 채 그대로 실시될 경우 그 검사는 불공정한 것으로 볼 수 있다. 예를 들어, 대부분의 적성검사는 컴퓨터 채점을 위해 답안지에서 정답인 번호의 동그라미를 까맣게 칠하도록 되어 있는데, 이는 손동작이 느린 사람에게는 불공정하다고 볼 수 있을 것이다. 또한 타국에서 이민 온 지 얼마 되지 않아서 그 나라 언어에 익숙하지 않은 학생에게 그 나라 언어로 된 지능검사를 실시한다면 이 또한 특정 학생(들)에게는 불공정한 것이다.

한편, 지능검사와 같은 인지능력검사에서 인종, 민족, 성별의 차에 따라 평균점수에서 차이가 있는 것으로 나타났다(Gottfredson, 1988). 한국의 경우 단일민족이기 때문에 이 분야에 관한 연구는 시도되지 않았지만, 미국의 경우 흑인이 백인보다 지능점수에서 약 15점 가량이 낮은 것으로 보고된 바 있다. 일부 심리학자는 이러한 차이가 나타난 이유는 지능검사에서의 일부 문항이 백인에게 유리하게 만들어졌기 때문이라고 주장한다(Jensen, 1980). 즉, 백인 문화권에서 접하기 쉬운 단어를 포함하는 문항들이 많기 때문에 백인이 문항을 맞출 가능성이 높고 그만큼 백인의 지능점수가 높다는 주장이다. 만약 이러한 주장이 맞다면 지능검사도 불공정한 것으로 볼 수 있다.

2) 검사결과의 공정성

검사점수를 토대로 어떤 결정이나 행동을 취했을 때 바람직하지 못한 결과가 나타난다면 특정 검사는 공정하지 못하다는 판단을 내릴 수 있다. 예를 들어, 특정 적성검사의 신뢰도와 타당도가 높다 하여도 평균점수에서 남자가 여자보다 더 높기 때문에 많은 남성이 특정 회사에 더 많이 합격된다면 불합격된 많은 여성은 해당 검사의 사용은 불공정하다는 주장을 펼수 있을 것이다. 그러나 회사측 입장에서 보면 신뢰도와 타당도가 높은 검사를 사용해서 성별에 상관없이 능력이 우수한 사람을 뽑기 때문에 그 검사를 사용하는 것은 공정하다는 주장을 펼 수 있다.

결국 특정 검사의 사용이 공정하냐 그렇지 못하느냐에 관한 답은 보는 사람의 시각의 차에 따라 달라지게 된다. 조직에서 남녀 간의 비율을 국가

전체에서의 남녀비율과 어느 정도 비슷하게 조절해야 한다고 보는 사람에게는 점수순에 의한 선발방법은 불공정한 것으로 지각된다. 반면에 우수한 능력을 가진, 즉 높은 점수를 받은 사람을 우선적으로 선발해야 한다고 믿는 사람에게는 이러한 선발방법은 공정한 것으로 지각될 것이다.

최근 한국에서도 여성의 대학 진학률은 높아지는 데 반해 상대적으로 취업률은 여전히 향상되지 않음에 따라 정부 당국에서도 여성의 취업률을 높이기 위한 여러 가지 방안을 내놓고 있는 실정이다. 아직 일반 사기업에는 적용하지 못하고 있으나, 정부투자기관, 출자기관 및 출연기관의 채용시험에 응시하는 여성에게는 필기시험 만점의 5%에 해당하는 가산점을 주는 방안을 도입하려 하고 있다(동아일보, 1995). 또한 행정고시와 외무고시, 7급 행정직 등의 공무원시험에서도 여성의 합격률이 일정 수준까지 높아지도록 선발방식을 탄력적으로 운영하려는 방침을 가지고 있다. 이러한 채용방식의 변화도 성적순에 의해서 우수인력을 선발하는 것이 가장 이상적인 방법이라는 시각을 가진 사람에게는 불공정한 것으로 지각될 것이다.

결국 이것은 보는 사람이 효율성(efficiency)에 우선적 관심을 두느냐, 아니면 형평성(equity)에 우선적 관심을 두느냐의 문제로 볼 수 있다. 작업의 효율성에 우선적 관심을 둔다면 우수한 인력을 많이 채용해야 하므로 검사점수 순에 의해서 선발을 결정하게 되며, 그로 인해 여성이 채용될 가능성은 작아지게 된다. 반면에 형평성에 우선적 관심을 둔다면, 비록 검사점수에서는 떨어진다 하여도 일정 비율의 여성을 받아들이려 할 것이다. 이 두 가지 각기 다른 관점을 어떻게 균형을 맞추어 가면서 사람을 선발할 것인지는 기본적으로는 채용담당자의 철학에 달려 있다고 보겠다.

사실 심리학자로서도 두 가지 서로 다른 입장을 어떻게 균형을 맞출 것인지에 대한 정답을 제공할 수는 없다. 단지 이러한 문제가 존재한다는 사실을 부각시킬 수 있을 뿐이다. 이런 문제는 개인의 정치성향과도 밀접한 관련이 있다고 볼 수 있다. 보수적인 정치성향이 강한 사람은 효율성을 강조할 가능성이 높고, 개방적인 정치성향이 강한 사람은 형평성을 강조할 가능성이 높다고 볼 수 있다.

그렇다면 선발 시 심리검사의 사용이 일정하게 평균점수가 낮은 집단에게는 궁극적으로 불리한 것일까? 이 물음에 대한 답도 두 가지 입장에서 가능하다. 첫 번째는 심리검사가 존재하기 때문에 평균적으로 낮은 점수를 받는 특정 집단의 사람들에게는 그만큼 불이익을 가져다준다고 하겠다. 그러나 그러한 검사가 있기 때문에, 만약에 검사가 없었다면 들어가기 어려운 사람에게는 기회를 제공한다는 측면에서 긍정적으로 볼 수 있다.

최근 들어 한국 기업 중에서도 신입사원 채용 시 학력 및 성 차별을 없앤다는 광고를 대대적으로 하고 있는 기업이 있다. 서류전형이나 전공시험을 치르지 않고 적성검사와 TOEIC 점수만을 가지고 신입사원 채용을 결정하겠다고 한다. 적성검사라는 것이 능력검사의 일종이기 때문에 기본 인지능력검사인 지능검사 점수와의 상관관계가 높게 나타난다. 따라서 일부 대학 학생은 평균적으로 적성검사 점수에서 일류대 학생보다는 다소 떨어지겠지만, 그 가운데서도 일부 학생은 이러한 검사에서 높은 점수를 받아서 합격될 수 있을 것이다. 이와 같은 검사를 실시하지 않고 서류전형과 면접만을 통해서 신입사원을 채용한다면 특정 집단의 학생들에게는 더욱 불리할 것이다.

3) 검사 사용의 불공정성 감소방안

모든 심리검사가 사용과정이나 그 결과의 적용에서 모두에게 공정한 것으로 지각될 수는 없을 것이다. 상황에 따라서 심리검사의 사용이 불공정한 것으로 지각되는 경우가 있을 수 있으며 이를 완전히 막기는 어려울 것이다. 다소나마 불공정성을 줄이기 위해서 생각할 수 있는 방법은 먼저 중다평가 방법을 채택하는 것이다. 이는 하나의 검사에만 의존해서 사람을 평가할 것이 아니라 다양한 방법을 통해서 평가한 후 각 방법마다 동일한 결과가 나타나는지를 확인하는 방법이다. 예를 들어, 적성검사, 성격검사, 개인면접, 집단면접 및 생활사자료(biodata) 등의 검사를 모두 실시한 후 각 검사에서의 점수를 합한 총점을 구하여 평가기준으로 삼는 것이다. 이 방법을 사용하면 불공정한 검사에서 불리한 점수를 받는다 하여도 다른 검사에서 만회할 기회가 있기 때문에 불공정성을 줄일 수 있다.

또 다른 방법은 다단계 결정방법을 사용하는 것이다. 이것은 여러 검사를 동시에 실시하는 것이 아니라 단계별로 실시하는 방법이다. 예를 들면, 첫 단계에서는 얻은 검사점수에서 상위권 일부(예: 상위권 20%)를 선발하고 하위권 중 일부(예: 하위권 20%)를 탈락시킨다. 두 번째 단계에서는 나머지 응시자에게 다른 검사를 실시한 후 다시 상위권 일부를 선발하고 하위권 일부를 탈락시킨다. 이러한 단계를 계속적으로 진행하여 필요한 인원을 채우게 된다. 특정 검사에서 잘못 해도 아주 나쁜 점수를 받지 않는다면 다음 단계로 넘어가고 그 단계의 검사에서 잘할 기회를 갖게 되며 최종적으로 선발될 수 있는 가능성이 있다는 점에서 일부 검사에서 불리한 점수를 받는 사람들에 대한 불공정성을 어느 정도 줄일 수 있다.

제3장

심리측정에서의 기본 통계

이 장에서는 뒷부분에서 논의할 심리검사 개발 및 분석 과정을 이해하는 데 필요한 측정 및 통계에서의 기본 개념에 관해서 설명하고자 한다.

1. 척도의 종류

제1장에서 정의했듯이 측정이란 수(검사점수)를 인간 또는 사물에게 할당하는 과정을 말한다. 즉, 측정대상이 되는 인간의 특정 속성이 수의 어떤 특성에 의해서 나타나게 된다. 측정은 기본적으로 개인이 서로 다르다는 가정을 밑바탕에 두고 있다. 개인이 어떠한 특성에서 차이가 있으며, 이러한 개인의 차이를 어떻게 수로 표시하느냐가 바로 측정이 할 일이다. 수를 할당한다고 할 때 할당된 모든 수가 다 동일한 특성을 가지고 있는 것은 아니다. 운동선수 길동이의 백넘버가 13이고, 개똥이의 키가 170cm이며, 영자의 지능이 130이라고 하자. 13, 170, 130 모두가 숫자이기는 하지만 수

의 속성에서는 모두 다르다고 볼 수 있다. 예를 들어, 길동이에게 할당된 13이라는 수는 단지 길동이를 다른 사람의 포지션과 구별하게 해 주는 수에 불과하다. 길동이가 유명 선수라면 사람들은 백넘버가 13이라는 것만 보고도 그가 길동이임을 알 수 있을 것이다. 만약 같은 대학의 동료선수인 동우가 15번을 달고 있다면 이는 길동이의 포지션과 구분하기 위하여 다른 수를 할당했을 따름이다. 동우의 번호가 15라고 해서 동우가 길동이보다 키가 크다거나 몸무게가 더 많이 나감을 의미하지 않는다. 즉, 이 경우에는 수를 가지고 상대적인 비교를 할 수 없다.

그러나 키나 지능의 경우에는 개인에게 할당된 수를 가지고 다른 개인과 상대적인 비교가 가능하다. 예를 들어, 수연이의 키가 150cm이면 개똥이의 키가 수연이보다 큼을 알 수 있다. 이와 같이 개인에게 할당된 수는 그 수의 특성에 따라 다양한 정보를 얻을 수 있는 정도가 달라진다. 척도란 바로 이러한 수의 특성을 다루는 것으로서 측정의 기본 단위가 된다. 척도의 유형에는 다음과 같은 네 가지 유형이 있다.

1) 명명척도

명명척도(nominal scale)는 주로 사람을 분류하기 위해서 사용된다. 예를 들어, 국가대표 축구선수들의 백넘버의 경우 개인마다 다른 번호를 가지고 있다. 여기서 번호라는 수치가 나타내는 의미는 단지 철수와 영수가 서로 다른 사람이라는 사실뿐이다. 번호가 크다고 해서 축구를 더 잘한다거나 더 오랜 동안 축구를 했다거나 하는 것을 의미하지 않는다. 이 번호들의 총점이나 평균을 계산할 수는 있겠지만 그 값은 아무런 의미도 갖지 못한다. 따라서 개인에게 할당된 수가 명명척도인 경우 통계기법을 적용해서 그 수를 분석할 필요는 전혀 없게 된다.

2) 서열척도

명명척도와는 달리 개인에게 할당된 수를 통해서 개인 간의 순위에 관한 정보를 알 수 있는 경우가 있다. 예를 들어, 미스터코리아 선발대회에서 길동이가 1등, 영수가 2등, 철수가 3등이라면 각자에게 할당된 수인 1, 2, 3을 가지고 우리는 명명척도에서와 같이 길동, 영수, 철수가 서로 다른 사람임을 알 수 있다. 더불어 길동이가 육체미에서 영수나 철수보다 앞서며, 영수는 철수보다 앞선다는 정보를 얻을 수 있다. 어떠한 수가 서열척도(ordinal scale)의 특성을 가진 경우, 우리는 제한된 통계기법을 적용해서 수를 분석할 수 있다. 예를 들어, 사람들의 육체미 순위와 노래실력 순위 간의 관계를 알아보려면 Spearman의 상관계수공식을 이용하면 된다.

그러나 이 척도가 갖는 문제점은 단위 사이의 동간(equal distance)에 관한 정보가 없다는 점이다. 즉, 위의 선발대회의 예에서 길동이와 영수의 순위 차이는 1이고 영수와 철수의 순위 차이도 1이다. 수치상으로 보면 같은 1이지만 그 수치가 갖는 의미는 다를 수 있다. 길동이와 영수는 육체미에서 우열을 가리기 힘들 정도로 차이가 없는 반면, 영수와 철수는 차이가 커서 심사위원도 2등과 3등을 가리는 데 별다른 어려움을 겪지 않을 수 있다.

3) 동간척도

동간척도(interval scale)는 명명척도와 서열척도가 제공하는 정보 이외에 추가로 수치 사이의 간격이 동일하다는 정보를 제공한다. 예를 들어, 하루 중 온도를 아침 6시, 7시, 8시의 세번에 걸쳐 측정했더니 각기 10, 13, 16℃가 나왔다고 하자. 이 세 수치는 각 온도를 측정한 시점이 서로 다르다는 명명척도의 정보를 말해 주는 동시에, 16℃가 13℃나 10℃에 비해서 더 따뜻하다는 서열정보도 알려 준다. 또한 16과 13 간의 차이인 3은 13과 10 간의 차이인 3과 같은 의미를 지닌다. 즉, 온도가 높거나 낮을 경우에 상관없이 3° 차이가 나면 그 차이는 동일한 의미를 갖게 된다. 그러나 동간 척도에서 수치 간의 비율적 정보는 가능하지 않다. 즉, 16℃가 10℃의 1.6배라고 말할 수 없다. 어떤 수가 다른 수의 몇 배라는 비율적 정보를 말하기 위해서는 그 단위에서 절대영점의 존재가 필요하다. 그러나 온도에서 0°는 온도가 없는 상태를 의미하는 것이 아니라 단지 물이 어느 온도를 의미할 뿐이다. 즉, 0°는 절대영점이 아니라 임의로 정한 영점을 나타낸다.

4) 비율척도

비율척도(ratio scale)는 이상의 세 가지 척도가 제공하는 정보 이외에 추가로 수의 비율에 관한 정보를 제공한다. 예를 들어, 수연, 지연, 미연이의 몸무게가 각각 30, 45, 60kg이라고 하자. 이 세 수치를 통해서 우리는 세 명이 서로 다른 사람임을 알 수 있는 동시에 미연이가 수연이나 지연이 보다 몸무게가 더 무거움을 알 수 있다. 또한 미연이와 지연이의 몸무게 차이인 15kg은 지연이와 수연이의 몸무게 차이인 15kg과 동일함을 말해 준다. 마지막으로 이 수치들이 동간척도가 제공하지 못했던 비율정보를 제공하는 것이 가능하다. 즉, 미연이의 몸무게는 수연이의 2배라고 말할 수 있다. 그 이유는 몸무게의 단위에서는 무게가 전혀 없는(예: 기체) 절대영점이 존재하기 때문이다.

5) 행동과학에서의 측정척도

그렇다면 심리학에서 사용되는 수치는 어느 척도에 속하는 것일까? 흔히 사용하는 성격검사나 적성검사 또는 지능검사에서의 점수는 어느 척도에 해당되는 것일까? 대부분의 사람들이 혼돈스럽게 생각하는 부분은 이러한 검사점수가 서열척도에 해당하는 것인지 동간척도에 해당하는 것인지의 여부다. 심리검사에서의 점수를 비율척도로 해석하기는 어렵다. 예를 들어, 지능지수에서 지적 능력이 전혀 없는 사람은 없을 것이며 또 성격검사에서도 어떠한 유형의 성격을 측정하느냐에 상관없이 특정 성격 특성이 전혀 없는 사람은 거의 없을 것이다. 예를 들어, 외향성을 측정하는 성격검사에서 외향적인 특성이 전혀 없는 사람은 없을 것이다.

심리검사 점수가 서열인지 동간인지를 결정하는 것은 다음의 물음에 어떻게 답하느냐에 달려 있다. 지능검사 점수에서 120과 130의 차이인 10점은 50점과 60점의 차이인 10점과 같은 의미일까? 내향성/외향성 정도를 측정하는 성격검사에서 (가능한 전체 점수가 1점에서 70점 사이라고 가정할 때) 내향성이 강한 10과 5의 차이는 외향성이 강한 70과 65의 차이와 같은 의미일까?

이 물음에 대한 답은 쉽지 않은데, 일반적으로 검사의 표준화가 잘 되었으면 대부분의 심리검사척도는 동간으로 해석하는 경향이 있다. 척도가 서열이냐 동간이냐를 따지는 것이 중요한 이유는 척도수준이 자료를 분석하는 통계기법을 선택하는 데 영향을 미치기 때문이다. 예를 들어, 일부 학자는 심리학에서 흔히 사용하는 t검증이나 변량분석(analysis of variance)은 척도가 동간이나 비율인 경우에 한해서만 적용해야 한다고 주장한다. 또한 상관분석도 변수의 척도가 서열인 경우 Pearson의 적률상관계수를 사용하지 않고 Spearman의 등위상관계수와 같은 비모수적 방법(non-parametric method)을 사용해야 한다고 주장한다. 그러나 얻어진 자료가 어떤 척도이건 자료가 정규분포 가정에 위배되지 않는다면 다양한 통계기법을 적용할 수 있다고 주장하는 학자도 있다.

2. 심리검사와 관련된 기초 통계

여기서는 심리검사의 신뢰도, 타당도 및 문항분석과 같은 통계분석을 이해하는 데 반드시 알아두어야 할 기본적 통계개념을 정리해 보기로 한다.

1) 평균

한 집단의 특성을 측정하여 점수화하였을 때 그 집단의 점수분포를 하나의 수치로서 나타내는 방법에는 여러 가지가 있는데 그중의 하나가 평균이다. 평균이란 간단히 말해서 한 집단에 속하는 모든 사람들의 점수를 더하여 집단의 사람 수로 나눈 값이다. 이를 수식으로 표시하면 다음과 같다.

$$\overline{X} = \frac{X_1 + X_2 + \cdots\cdots X_n}{n}$$

2) 표준편차

한 집단을 대표하는 점수로서 그 집단의 평균뿐 아니라 그 집단에 속한 사람들의 점수가 서로 어느 정도나 다른지를 나타내는 수치 또한 중요한 정보다. 이 수치는 그 집단에 속한 사람들의 점수가 평균값 근처에 몰려 있는지, 아니면 상하 골고루 분포되어 있는지를 말해 준다. 즉, 그 집단이 동질적(homogeneous)인지 이질적(heterogeneous)인지를 나타내 준다. 예를 들어, 각기 5명으로 구성된 두 집단의 평균지능이 똑같이 100이라 하더라도 한 집단의 점수분포는 100, 102, 98, 101, 99와 같이 평균에 몰려 있을 수 있다. 즉, 이 집단의 구성원들은 지능이 서로 비슷하여 개인차가 작은 동질적인 집단임을 나타낸다. 반면, 다른 집단의 점수분포는 100, 85, 115, 70, 130과 같이 그 변화폭이 클 수가 있다. 즉, 이 집단의 구성원들은 개인차가 큰 이질적인 집단임을 알 수 있다. 따라서 두 집단의 평균이 같다 하더라도 각 집단에 속한 사람들의 특성은 서로 다를 수 있다.

이와 같이 한 집단에 속한 사람들의 점수들이 서로 다르게 분포된 정도를 나타내 주는 수치가 표준편차이며, 이를 자승한 값을 변량(variance)이라 한다. 표준편차는 각 사람의 점수가 그 집단의 평균에서 떨어진 거리를 평균한 것으로서 그 공식은 다음과 같다.

$$\sigma = \sqrt{\frac{\sum_{i=1}^{n} (x_i - \bar{x})^2}{N}}$$

N: 표집의 크기

3) 상관

일반적으로 우리는 사람의 키와 몸무게가 서로 관련이 있다고 생각한다. 이는 키가 큰 사람은 대개 몸무게가 많이 나가고, 반대로 키가 작은 사람은 몸무게가 적게 나가는 경향이 있음을 의미한다. 이와 같이 키와 몸무게의 두 변수(variable)가 서로 관련되어 있는 것을 상관이라 하며, 두 변수 사이의 관련된 정도는 상관계수라는 수치로 표시한다. 상관분석은 검사의 신뢰도 및 타당도 분석에서 매우 유용하게 사용된다.

상관계수는 −1.0에서 1.0 사이의 값을 갖는다. 상관계수가 1.0인 경우는 두 변수가 완전하게 관련되어 있음을 뜻한다. 이는 사람들의 키 순서와 몸무게 순서가 완전히 동일함을 의미한다([그림 3-1] 참조). 상관계수가 0.0인 경우는 두 변수가 전혀 관련이 없음을 의미한다. 이는 키가 큰 사람이 몸무게가 많이 또는 적게 나갈 수도 있고, 키가 작은 사람도 몸무게가 적게 또는 많이 나갈 수 있음을 뜻한다. 상관계수가 −부호인 경우 주의할 점은 부적 계수가 0.0보다 작음을 뜻하는 것이 아니라는 것이다. 상관계수는 부호에 상관없이 절대치의 값이 클수록 두 변수 간의 관련된 정도가 더 크다. 예를 들어, 키와 몸무게 사이의 상관계수가 −1.0이면, 이는 사람들의 키 순서와 몸무게 순서가 정반대임을 의미한다. 즉, 키가 제일 큰 사람이 몸무게가 제일 적게 나가고 키가 제일 작은 사람이 몸무게가 제일 많이 나가는 경우라고 할 수 있다([그림 3-2] 참조).

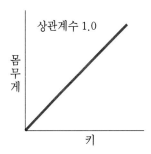 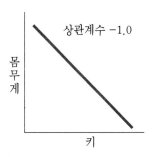

[그림 3-1] 상관계수가 1.0인 경우   **[그림 3-2]** 상관계수가 −1.0인 경우

   상관계수의 해석 시 한 가지 주의할 점은 상관계수가 높다고 해서 그것이 반드시 두 변수 간에 인과관계가 있음을 의미하는 것은 아니라는 점이다. 예를 들어, 과거 10년 동안 매년 서울에서 사망한 사람 수와 컴퓨터가 팔린 수 사이의 상관이 정적으로 높게 관련되어 있다고 가정하자. 즉, 사망한 사람이 많은 해에는 컴퓨터가 많이 팔렸고, 사망한 사람이 적은 해에는 컴퓨터가 적게 팔렸다. 이 경우 사망한 사람의 수가 원인이 되어서 컴퓨터가 많이 또는 적게 팔렸다고 생각하기는 어렵다. 두 변수 사이의 상관이 높다는 것은 한 변수에서의 값이 변화할 경우 그에 따라 다른 변수에서의 값도 일정하게 변화함을 나타낼 뿐이다. 그러한 변화가 우연에 의해서 나타날 수도 있고, 둘 사이에 인과관계가 있어서 나타날 수도 있다.

   두 변수 간의 상관계수를 구하는 공식은 두 변수의 특성에 따라 다양한 방법이 있다. 개발한 심리검사의 신뢰도 및 타당도를 분석하는 데 주로 사용되는 상관계수는 두 변수가 모두 연속적 변수임을 가정할 때 사용하는 피어슨(Pearson)의 적률상관계수(product moment correlation coefficient)다. 이 계수의 공식은 다음과 같다.

$$r_{xy} = \frac{\Sigma(X_i - \bar{X})(Y_i - \bar{Y})}{\sqrt{[\Sigma(X_i - \bar{X})^2][\Sigma(Y_i - \bar{Y})^2]}}$$

상관계수는 직선적 변형형태를 취하는 한 원자료를 다른 값으로 바꾸어도 그 크기가 변하지 않는 특성이 있다. 여기서 직선적 변형은 a+bX 형태로의 변형을 의미한다(b가 영이 아니어야 함). 이 특성이 중요한 이유가 있다. 예를 들어, A라는 산업심리학자가 조직구성원의 직무만족을 측정하기 위해 단순히 "당신은 얼마나 직무에 만족하십니까?"라고 묻고, 종업원은 다음의 양식에 따라 적당한 번호에 동그라미를 치도록 했다고 가정하자.

1	2	3	4	5
전혀 만족하지 않는다	만족하지 않는 편이다	그저 그렇다	만족하는 편이다	매우 만족한다

만약 이 산업심리학자가 점수규칙을 다음과 같이 −2점에서 +2점으로 바꾸었다면(응답자가 동일하게 반응했다고 가정) 계산된 상관계수의 크기에는 어떠한 변화가 있을 것이라고 생각하는가?

−2	−1	0	+1	+2
전혀 만족하지 않는다	만족하지 않는 편이다	그저 그렇다	만족하는 편이다	매우 만족한다

이 물음에 대한 해답은 '변화가 없음'이다. 비록 점수화하는 규칙이 다르지만 두 번째 점수규칙은 첫 번째 점수규칙을 직선적으로 변형한 형태이기 때문이다. 즉, 두 번째 점수규칙은 첫 번째 점수규칙을 −3.0+1.0X(X는 첫 번째 규칙에서의 점수)의 형태로 바꾸어 나타낸 것이다. 예를 들어, 첫 번째 규칙에서 +1점에 1.0을 곱하고 −3.0을 더하면 −2.0이 된다. 따라서 −2.0에서 +2.0이 아닌 다른 점수규칙을 사용한다 해도 직선적 변형원칙을 지키면 상관계수의 크기는 동일하게 나타난다. 가령, 점수규칙을 100, 150, 200, 250, 300으로 바꾸어서 상관계수를 계산해도 그 값은 변하지 않는다. 이 역시 50+50X의 직선적 변형형태로 나타낼 수 있기 때문이다.

다음 장에서 표준점수에 관해 설명하겠지만 원점수를 표준점수인 Z점수

(표준편차 1과 평균 0을 가진 점수)로 바꾸는 경우가 종종 있다. 표준점수로 바꾸어도 계산된 상관계수의 크기는 원자료 때와 동일하다. Z점수 역시 원점수를 직선적 변형방법을 이용하여 변화시킨 것이기 때문이다. 즉, Z점수는 다음과 같이 나타낼 수 있다.

$$Z = \frac{X-\bar{X}}{S} = \frac{-\bar{X}}{S} + \frac{1}{S}X$$

따라서 Z점수는 원자료를 $a+bX(a = -\bar{X}/s, b = 1/s)$ 형태로 변형시킨 것이다.

마지막으로 상관계수를 제곱한 값은 어떤 의미를 갖는지 알아보자. 예를 들어, 서울 강서지역 중학생의 국어점수와 영어점수 간의 상관계수가 0.5로 나왔다고 하자. 이 값을 제곱하면 0.25로 되는데, 이 값은 영어점수에서의 변량 가운데 25%가 국어점수에서의 변량과 관련이 있음을 뜻한다. 다시 말해, 영어점수의 변량 가운데 25%가 국어점수에 의해서 설명되며 나머지 75%는 국어점수가 아닌 다른 변수에 의해서 설명됨을 뜻한다.

4) 회귀방정식

위의 상관계수와 관련이 깊은 다른 통계분석은 회귀분석(regression analysis)이다. 회귀분석은 어느 한 변수의 값을 통해서 다른 변수에서의 값이 어느 정도나 되는지를 추정할 때 사용하는 기법이다. 예를 들어, 개인의 키를 알 경우 그 사람의 몸무게가 어느 정도나 되는지를 예측하고자 할 때 사용하는 방법이다. 그림을 통해서 이를 자세히 설명하면 다음과 같다.

[그림 3-3]은 모 대학 신입생 10명의 대학입학 수능시험 성적이 1년이 지난 후 그들의 1년 동안의 학점과 어떠한 관계에 있는지를 나타낸 것이다. 그 그림에서 보여지는 선은 회귀선(regression line)으로서 10개의 점을 가장 잘 대표하는 선이라고 볼 수 있다. 이 회귀선은 최소자승화의 법칙(least

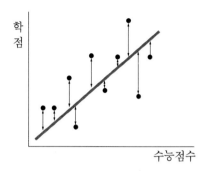

[그림 3-3] 수능성적과 학점 간의 회귀선

squared criterion)을 기준으로 해서 그려지게 된다. 최소자승화의 법칙은 그림에서 보듯이 회귀선에서 각 점수 간의 거리를 자승하여 합한 값이 최소가 되도록 하는 것이다. 이러한 기준에 의해 얻어진 회귀선은 10개의 점을 가장 잘 대표하게 된다.

이 회귀선을 통해서 우리는 개인의 수능시험 성적을 알 경우 그 사람의 1년 후 학점이 어느 정도나 될지 예측할 수 있다. 이러한 예측을 하기 위해서는 다음과 같은 회귀방정식이 필요하다.

$$Y' = a + bX$$

Y': Y(학점)의 예측치
X: 예언변수에서의 점수(수능시험 점수)
a: 절편
b: 기울기

만약 10명의 자료를 통해서 다음과 같은 회귀방정식이 얻어졌다고 하자.

$$Y' = .8 + .018X$$

만약 어떤 학생이 수능시험을 150점 받았다고 하면 이 학생의 1학년 학점은 회귀방정식을 통해서 3.5(.8+.018×150)가 되리라고 예측할 수 있다. 이러한 예측이 얼마나 정확한지는 수능시험 점수와 학점 간의 상관계수의 크기에 달려 있다. 극단적으로 상관계수가 1.0 또는 −1.0인 경우 예언은 100% 정확하다.

5) 측정과 통계 간의 관계

이 장에서는 측정과 통계에서의 기본 개념에 관해서 간단히 살펴보았다. 마지막으로 측정과 통계 간의 관련성을 알아보면서 이 장을 끝내기로 한다. 측정이란 앞에서도 설명했듯이 대상에 수치를 부여하는 과정을 말하며, 통제란 이러한 수치를 이용해서 분석하는 과정을 말한다. 우리는 흔히 연구에서 얻어진 자료를 가지고 어떠한 통계기법을 사용해서 분석하면 좀 더 정확하고 유의한 결과를 얻을 수 있을까 고민하는 경우가 많다. 단순한 일원변량보다는 공변량분석(analysis of covariance)으로 분석한다거나, 중다회귀를 이용해 분석한 결과를 LISREL을 통해서 다시 분석하는 것 등이 바로 이러한 경우다.

그러나 여기서 한 가지 짚고 넘어가야 할 중요한 점은 아무리 우수한 통계기법을 사용한다 해도 먼저 특정 변수에 대한 측정이 제대로 이루어지지 못했다면 그 통계기법의 우수성은 빛이 바랠 것이다. 예를 들어, 어느 유아원에서 유아들의 지능을 향상시키기 위해 6개월 과정의 특수영재 프로그램을 도입해서 실시한다고 가정해 보자. 이러한 프로그램이 효과가 있는지를 알아보기 위해서는 먼저 실험집단과 통제집단으로 구분하여, 실험집단의 아이들은 영재 프로그램으로 교육시키고 통제집단의 아이들은 종래의 프로그램으로 교육시킨다. 6개월이 지난 후 지능검사를 실시해서 양 집단의 지능점수 평균에 유의한 차이가 있는지를 t검증으로 분석하면 된다. 만약 실험집단의 지능 평균이 통제집단의 지능 평균보다 유의하게 높을 경우 연구자는 특수영재 프로그램이 효과가 있다는 결론을 내리게 된다.

과연 이러한 결론에 문제점은 없는 것일까? 정말로 영재 프로그램이 효과가 있는 것일까? 여기서 많은 연구자들이 간과하는 부분은 아이들의 지능을 측정하는 지능검사가 얼마나 신뢰 있고 타당성이 있는지에 관한 점이다. 만약 지능검사 자체에 문제점이 있다면, 즉 신뢰도나 타당도가 낮다면 지능검사 점수를 토대로 분석한 통계결과는 신뢰 있는 결과라고 보기 힘들다. 극단적으로 지능검사가 지능이 아닌 엉뚱한 다른 심리 구성개념을 측정하고 있다면 지능점수를 가지고 분석한 결과는 전혀 믿을 수 없을 것이다.

결론적으로 어떻게 하면 우수한 통계기법을 사용해서 자료를 분석할지 고민하기 이전에, 과연 연구에서 사용된 변수(심리검사)의 점수가 얼마나 신뢰 있고 타당성이 있는지를 먼저 파악해서 가능한 변수의 신뢰도와 타당도를 높이는 데 노력해야 할 것이다. 즉, '통계 이전에 측정이 제대로 이루어져야 한다.'는 점을 명심해야 한다.

제4장

척도화 방법

1장에서 측정이란 어떤 대상에 수를 부여하는 과정이라고 정의한 바 있다. 길동이의 키를 측정했더니 170cm라고 하자. 이는 길동이에게 170이라는 수를 부여한 것으로 이러한 수를 척도치(scale value)라고 한다. 수를 할당하기 위해서는 먼저 어느 정도의 길이를 1cm라고 할 것인지가 결정되어야 한다. 즉, 1cm라는 단위의 길이가 정의되어야만 170이라는 수를 길동이에게 할당할 수 있는 것이다. 대상의 특성을 수량화하기 위해서는 체계적인 규칙과 의미 있는 단위의 개발이 필요하다. 이러한 과정을 척도화(scaling)라고 한다. 초기 이집트인들은 길이를 측정하는 데 큐빗(cubit)이라는 단위를 사용했는데, 이 단위는 팔꿈치부터 가운뎃손가락까지의 거리를 나타낸다고 한다. 따라서 이러한 단위의 수가 몇 개인지를 계산함으로써 특정 대상의 길이를 측정할 수 있었다. 이와 같이 의미 있는 단위의 개발을 통해서 대상의 길이를 측정하게 된다.

척도화 규칙이란 대상의 속성에 수치를 부여하는 방법을 의미한다. 예를 들어, 길이가 다른 여러 개의 연필이 있다고 가정하자. 이 연필들을 척도화하는 규칙에는 여러 가지 방법이 가능하다. 연필의 길이를 서로 맞추어 본 다음 가장 짧은 연필에서 가장 긴 연필 순으로 배열하여 가장 짧은 연필에 1, 그 다음 짧은 연필에는 2라는 수치를 부여하는 방법을 사용할 수 있다. 또한 연필의 길이를 cm와 같은 표준단위를 사용해서 실제 길이를 측정하여 그에 따르는 수치를 부여할 수 있다. 어떤 방법을 사용하든지 수치가 각 대상에게 부여되며, 이 수치를 척도치라고 명명한다. 척도치가 갖는 수의 속성에 따라 명명, 서열, 동간, 비율 등의 척도로 구분된다. 이들 척도에 대한 설명은 제3장에서 기술한 바 있다.

이 장에서는 구체적으로 척도화하는 방법을 알아보기로 하자. Togerson (1958)은 사람중심(subject-centered), 자극중심(stimulus-centered) 그리고 반응중심(response-centered)의 세 가지 접근방법으로 나누어 설명하였다. 사람중심 방법은 자극(문항)은 척도화하지 않고 직접 사람을 척도화하는 방법이고, 자극중심 방법은 자극을 먼저 척도화한 후 사람을 척도화하는 방법이며, 반응중심 방법은 자극과 사람을 동시에 척도화하는 방법을 말한다. 각 방법에 대해 자세히 알아보기로 하자.

1. 사람중심 방법

검사개발자가 사람들을 각자의 점수에 따라 하나의 연속선상에 배열하려는 것이 목적인 경우에 사용하는 방법으로서, 대부분의 적성·성취·성격·태도 검사에서 사용된다. 예를 들어, 검사개발자가 사람들의 불안을 측정하기 위해서 30개의 문항을 개발하고, 반응자들은 각각의 문항에 대해서 '예' 또는 '아니요'로 답하도록 하였다. 각 문항에서 '예'라고 대답했으면 1점, '아니요'라고 대답했으면 0점으로 계산되었다. 사람들의 불안 정도는 각 문항에서의 점수를 더한 총점으로 계산해서 점수가 높은 사람이 불안 정도가 더 심한 것으로 해석하였다.

리커트(Likert) 척도를 이용하여 대학생의 성의식을 측정하는 경우도 이와 동일하다. '전혀 동의하지 않는다' '동의하지 않는 편이다' '그저 그렇다' '동의하는 편이다' '전적으로 동의한다' 가운데 하나를 선택하게 한 후에 각 선택반응에 1점(전혀 동의하지 않는다)부터 5점(전적으로 동의한다)까지의 점수를 할당한다. 개인의 성의식에서의 점수는 각 문항에서의 점수를 더하면 된다.

이 경우 중요하다고 생각되는 특정 문항에 비중을 더 두어서 계산하기도 하지만 대부분 모든 문항을 동등하게 취급하는 것이 일반적이다. 왜냐하면 사람중심 방법의 주요 목적은 사람들을 척도화하는 것, 즉 그들을 한 연속선상에 점수순으로 늘어놓는 것이기 때문이다. 이러한 편리성 때문에 이 방법은 가장 널리 사용되고 있다.

그러나 이 방법에서 문제점으로 제기될 수 있는 것은 얻어진 점수의 속성을 검증하지 못한다는 점이다. 예를 들어, 위의 성의식 검사에서 개인이 각 문항에서 얻을 수 있는 점수는 1에서 5까지인데, 여기서 5점은 1점보다 높고 각 점수 간의 차이는 동일하다(즉, 2점과 1점의 차이는 4점과 3점의 차이와 같다)는 가정을 한 채 각 문항에서의 점수를 더해서 총점을 계산하다. 따라서 '전적으로 동의하지 않는다'(1점)와 '동의하지 않는 편이다'(2점) 간의 차이와 '동의하지 않는 편이다'(2점)와 '그저 그렇다'(3점) 간의 차이가 정말로 동일한지를 검증하지 않은 채 사용한다는 문제점이 지적될 수 있다.

2. 자극중심 방법

자극중심 방법은 연구자가 자극들(또는 문항들)을 심리적 연속선상에 배열하는 것이 주요 목적인 경우 사용하는 방법이다. 자극중심 척도화 방법은 1800년대부터 독일의 지각심리학자들에 의해서 발전되었다. Weber와 Fechner 등의 정신물리학자들은 사람이 감지할 수 있는 물리적 자극(예: 빛, 소리 등)에서의 차이를 알아내는 데 관심을 기울였다. 예를 들어, 그들은 밝기가 다른 두 전등을 사람들에게 제시하고 두 전등 가운데 어느 전등이 더 밝은지를 말하게 하는 실험을 하였다. 물론 전등의 밝기는 물리적으로 측정 가능하다. 그러나 그들의 주요 관심은 사람이 주관적으로 느끼는 '밝음' 이라는 심리적 연속선을 척도화시키는 방법을 찾는 데 있었다. 만약 두 전등 가운데 각 전등이 더 밝은 것으로 선택되는 비율이 동일하다면(즉, 50%) 두 불빛은 '밝음' 이라는 척도상에서 동일하다고 볼 수 있다. 그들은 한 전등이 다른 전등에 비해서 더 밝다고 선택되는 빈도가 75% 이상 될 때 심리적 척도상에서 두 자극 간의 차이를 '지각가능 최소차(just noticeable difference: JND)' 라고 명명하고 이를 측정단위로 사용했다. 75%라는 기준을 사용한 이유는 이 비율이 우연에 의해 맞힐 가능성인 50%와 완벽하게 맞히는 100% 사이의 중간 지점이기 때문이었다.

이러한 척도화 방법을 통해서 Weber(1846)는 물리적 자극의 강도와 사람의 감각반응 간의 관계는 자승관계에 있다는 웨버의 법칙(Weber's law)을 발표했다. 즉, 물리적 자극의 강도가 증가하면 사람이 그 자극을 지각할 가능성이 높아지는데 그 관계가 일정한 자승관계에 있다는 것이다. 한편, Fechner(1860)는 이 관계를 일부 수정해서 물리자극 강도의 증가와 감각반응의 관계는 로그관계에 있다고 주장하였다. 그들은 모두 물리적 자극의 강도를 증가시킬 때 사람들의 지각반응에서 어떠한 변화가 있는지를 연구하는 데 초점을 두었다.

이와 같이 초기의 정신물리학자들이 물리적 자극만을 척도화하는 데 관심을 기울였던 것과는 달리, Thurstone(1927)은 태도를 측정하는 데 있어서 사용되는 자극의 척도화 방법에 관심을 기울였다. 예를 들어, 사형제도에 대한 태도를 나타내는 문항들, 헌혈에 대한 사람들의 감정을 나타내는 문항들을 척도화시키는 데 노력을 기울였다. Thurstone은 먼저 각 문항의 척도치를 구하고, 이 문항들로 구성된 설문지로 태도조사를 실시해서 각 사람들의 특정 대상에 대한 태도점수를 구하였다.

Thurstone(1928)은 먼저 짝비교법(the method of paired comparisons)을 통해서 태도측정이 가능함을 보여 주었다. 그 후 동료와 함께 동등간격법 (equal appearing intervals: Thurstone & Chave, 1929)과 연속간격법 (successive intervals: Saffir, 1937)을 발표하여 태도측정에 커다란 기여를 하였다.

Thurstone의 척도화 방법은 먼저 특정 대상에 대한 선호도를 표현하는 문항들을 만드는 과정부터 시작한다. 문항은 호의적인 내용만이 아니라 비호의적인 내용과 중립적인 내용도 포함할 수 있도록 많이 작성해야 한다. 문항 작성이 끝나면 해당 평가 차원에서 각 문항이 놓이는 위치를 알아보기 위해 평가자가 문항을 평정하도록 한다. 평정하는 방법은 위의 세 가지 방법 가운데 하나를 택하여 실행한다.

기본적으로 Thurstone의 척도화 방법은 평가자들이 특정 차원에서 각 자극에 대해 평정한 값의 분포는 정규분포를 이룬다는 가정을 토대로 하고 있다. 이는 동일한 자극(동일한 문항)이라 하더라도 개인마다 문항에 대한 선호도에서 차이가 있을 수 있으며, 동일한 개인 내에서도 평정시기에 따라 달라질 수 있기 때문이다. 예를 들어, 사형제도에 관한 태도조사 문항 가운데 '특정 범죄에만 사형을 적용해야 한다.'라는 문항이 있다면, 이 문항에 대한 평가자의 평정치들은 정규분포를 이루게 되며 이 평정치들의 평균 또는 중앙치가 바로 그 문항의 척도치가 된다.

이제 위에서 기술한 세 가지 척도화 방법에 관해서 구체적으로 알아보도록 하자.

1) 짝비교법

Thurstone이 태도측정에 응용하기 위해 자극을 척도화하는 과정에서 처음에 만들어 낸 이론은 비교판단 법칙(law of comparative judgment)인데, 이 법칙은 짝비교법(method of paired comparisons)에 의해 자료를 모으는 방법이다. 이 방법은 모든 자극(문항)을 짝을 지어 한 번에 한 쌍의 문항을 평가자에게 제시하고, 평가자는 두 자극 가운데 어느 자극이 평가 차원에서의 위치가 더 높은지를 판단하는 것이다. 예를 들어, 〈표 4-1〉에 제시된 사형제도에 대한 문항의 경우 두 문항씩 짝을 만들면 모두 12(12-1)/2 = 66개의 쌍이 가능하다. 만약 첫 번째 문항('사형은 절대 정당화될 수 없다')과 두 번째 문항('우리가 사형제도를 가지고 있는 한 문명화되었다고 할 수 없다')을 짝을 지어 평가자에게 제시했다면 평가자는 두 문항 가운데 어느 문항이 사형제도에 대해서 더 호의적인지(여기서 평가 차원은 '사형제도에 대한 선호도' 임)를 판단하게 된다. 다음에는 각 문항이 더 호의적인 것으로 평정된 경우가 몇 번이나 되는지를 계산해 낸다. 이 횟수가 많을수록 그 문항은 다른 문항에 비해서 사형제도에 대해 좀 더 호의적인 내용을 갖는 문항이 되어 문항의 척도치가 높게 된다.

태도측정 시 문항 수가 많을 경우 이 짝비교법은 사용되지 않기 때문에 여기서 구체적이고 자세한 척도치 계산방법은 생략하기로 한다. 자세한 방법은 Torgerson(1958)의 책을 참고하기 바란다. 문항의 수가 많을 경우 이 방법은 커다란 단점을 갖게 된다. 만약 문항 수가 20개라면 짝의 수는 190쌍이 되고, 문항 수가 30개라면 짝의 수는 435쌍으로 크게 증가하기 때문이다. 대부분의 태도측정 척도의 경우 문항의 수가 20개 이상 되는 경우가 많다. 이 경우 평가자가 너무나 많은 쌍을 평정해야 하기 때문에 현실적으로 이 방법을 실시하는 것은 무리가 따른다. Thurstone은 이 방법의 단점을 보완하고자 다음의 동등간격법과 연속간격법을 개발하게 되었다.

2) 동등간격법

동등간격법(method of equal-appearing intervals)은 태도측정 시 많이 사용되는 방법으로 짝비교법이 갖는 단점을 보완하기 위해 시도되었다. 이 방법에서는 평가자가 하나의 문항에 대해 한 번의 판단을 하기 때문에 적용이 간단하고 시간이 절약된다. 그 과정을 살펴보면, 먼저 특정 문항을 평가자들에게 주고 그 문항이 얼마나 호의적인지 또는 비호의적인지를 평가하게 한다. 대개 11점 척도를 많이 사용하게 된다. 예를 들어, 사형에 대한 태도를 측정하려고 할 때 '사형은 결코 정당화될 수 없다.' '사형은 정당하고 필요하다.' 와 같은 문항을 만들었다고 하자. 평가자는 이러한 문항이 사형에 관해서 얼마나 호의적 또는 비호의적임을 나타내는 문항인지를 7점 또는 11점 등의 척도를 이용해서 평가하게 된다. 평가에서 각 점수 간의 간격은 동일한 것으로 간주한다. 이때 연구자는 평가자들에게 사형에 관한 자신의 견해를 표현하는 것이 아니라 단지 문항 자체가 사형에 관해서 표현하는 호의성 정도만을 평가한다는 점을 강조해야 한다.

각 문항의 척도치는 평가자들이 특정 문항에 할당한 점수들의 중앙치를 구하면 된다. 〈표 4-1〉은 Himmelfarb(1993)가 Peterson과 Thurstone(1970)이 사형에 관한 태도를 측정하기 위해 개발한 문항들을 가지고 이 방법을 이용해 각 문항의 척도치를 구한 것이다. 이 척도치는 0~11점 척도(0: 매우 비호의적, 11: 매우 호의적)를 이용해서 얻어졌다.

각 문항의 척도치를 통해서 우리는 사형에 대한 태도를 측정하는 많은 문항들 가운데 어떠한 문항이 사형에 대해서 호의적인 또는 비호의적인 정도가 높은지 알 수 있다. 이와 같은 문항의 척도화를 통해서 개발한 문항들을 사형에 대한 태도 차원의 연속선상에 위치시킬 수 있다.

대부분의 경우 이 단계에서 끝나는 것이 아니라 여러 단계를 거쳐서 궁극적으로 사람들의 사형에 대한 태도를 측정하게 된다. 이를 위해 먼저 개

〈표 4-1〉 사형제도에 대한 태도문항의 척도치

척도치	문 항
0.0	사형은 절대 정당화될 수 없다.
1.5	우리가 사형제도를 가지고 있는 한 문명화되었다고 할 수 없다.
2.4	사형은 범죄를 다루는 데 있어서 현명한 방법으로 간주할 수 없다.
3.4	사형보다는 종신형이 더 효과적이다.
3.9	나는 사형보다는 태형이 더 효과적이라고 생각한다.
5.5	우리가 사형제도를 가지고 있느냐 없느냐는 나에게 중요한 문제가 아니다.
6.2	나는 사형이 필요하다고는 생각하나, 사형이 없기를 바란다.
7.9	사형은 계획된 살인죄에만 적용해야 한다.
8.5	특정 범죄에만 사형을 적용해야 한다.
9.1	사형은 현재보다 더 많이 실행되어야 한다.
9.6	사형은 정당하고 필요하다.
11.0	모든 범인은 사형에 처해야 한다.

주: Himmelfarb(1993), p. 31에서 발췌.

발된 문항들 가운데 일부를 선택한다. 선택할 때는 가장 비호의적인 척도 치를 나타내는 문항부터 가장 호의적인 척도치를 나타내는 문항에 이르기 까지 골고루 선택해야 한다. 다음은 선택된 문항을 무선적으로 사람들에게 제시하고(각 문항의 척도치 없이) 동의하는 문항들을 고르게 한다. 각 반응자의 태도점수는 각자가 동의한 문항들의 척도치들의 평균값 또는 중앙치로 계산한다. 만약 길동이가 〈표 4-1〉에 있는 12개 문항들 가운데 10, 11, 12번 문항에만 동의한다면 길동이의 사형에 대한 태도점수는 9.90(9.10+9.60+11.00/3)가 된다. 반면에 동수는 1번과 2번 문항에만 동의한다면 동수의 사형에 대한 태도점수는 .75(0.00+1.50/2)가 된다. 따라서 길동이가 동수에 비해서 사형에 대해 상당히 호의적인 태도를 가지고 있음을 알 수 있다.

3) 연속간격법

동등간격법을 통한 척도화 방법도 일부 문제점이 있는 것으로 나타났다. 척도치가 양 극한에 있는 문항(즉, 척도치가 작거나 큰 문항)의 경우 다른 문항에 비해서 평가자가 평정한 점수들의 변량이 작게 나타났다. Thurstone은 이 문제점을 보완하기 위해서 연속간격법이라는 척도화 방법을 제안하였다. 처음에 Saffir(1937)에 의해서 보고된 이 방법은 문항을 만들고 평정하는 방법은 동등간격법과 동일하다. 그러나 점수 간의 간격이 동일하지 않을 수도 있다는 것을 가정한다.

이 방법을 이용해 문항의 척도치를 구하는 방법을 알아보면, 먼저 평정자는 각 문항이 특정 대상(예: 사형제도)에 대해 얼마나 호의적 또는 비호의적인지를 판단해서 1에서 5까지의(간격의 크기는 연구자가 조절할 수 있음) 간격(또는 범주) 가운데 하나로 범주화시킨다. 이 자료로부터 평정자 가운데 각 문항을 간격 1부터 5까지 각각의 간격으로 범주화한 사람의 비율을 구한다. 예를 들면, 문항 i를 간격 1로 범주화한 사람의 비율은 .05이며, 간격 2는 .12, 간격 3은 .35, 간격 4는 .45, 간격 5는 .03이다. 다음에는 각 간격의 누가비율을 구한다. 바로 앞의 예에서 간격 1은 .05, 간격 2는 .17(.05+.12), 간격 3은 .52(.17+.35), 간격 4는 .97(.52+.45) 그리고 간격 5는 1.00(.97+.03)이 된다. 이 누가비율을 Z점수로 변환시키는 작업이 다음 단계에서 할 일이다. Himmelfarb(1993)가 제시한 표를 보면서 설명해 보자.

〈표 4-2〉는 5개의 문항을 6개의 간격으로 범주화한 후 누가비율을 구한 표이고, 〈표 4-3〉은 이 비율을 Z점수로 변환한 것이다. 예를 들어, 문항 1의 간격 1에서의 비율 .30은 Z점수로 -.52가 된다. Z점수의 분포에서 점수가 -.52보다 작은 값의 분포비율은 30%가 되기 때문이다. 〈표 4-3〉에서는 간격 6에 해당하는 Z점수가 나타나 있지 않은데 비율 1.00에 해당하는 Z점수를 결정할 수 없기 때문이다(Z점수는 $+\infty$가 됨). 만약 간격 1에서

⟨표 4-2⟩ 5개 문항의 각 간격에서의 누가비율

문항	간격					
	1	2	3	4	5	6
1	.30	.55	.75	.85	.95	1.00
2	.20	.50	.85	.90	.96	1.00
3	.20	.45	.85	.85	.95	1.00
4	.10	.20	.40	.70	.85	1.00
5	.05	.15	.30	.50	.90	1.00

⟨표 4-3⟩ ⟨표 4-2⟩의 누가비율을 Z점수로 변환한 값

문항	간격					합	평균	척도치
	1	2	3	4	5			
1	−.52	.13	.67	1.04	1.64	2.96	.59	−.35
2	−.84	.00	1.04	1.28	.75	3.23	.65	−.41
3	−.84	−.13	.84	1.04	1.64	2.55	.51	−.27
4	−1.28	−.84	−.25	.52	.52	−81	−.16	.40
5	−1.64	−1.04	−.52	.00	1.28	−1.92	−.38	.62
합	−5.12	−1.88	1.78	3.88	7.35	1.20	.00	
평균	−1.02	−.38	.36	.78	1.47	.24		

주: Himmelfarb(1993), p. 38에서 발췌.

비율이 .00이면 Z점수는 −∞가 되기 때문에 역시 Z점수를 구할 수 없다.

각 문항의 척도치를 구하기 위해서 ⟨표 4-3⟩에서 보듯이 먼저 각 문항의 Z점수를 다 합한 다음 그 평균값을 구한다. 예를 들어, 문항 1에서 각 간격에 해당하는 다섯 개의 Z점수를 더하면 2.96이 되고, 이를 5(간격의 수)로 나누면 평균치 .59가 된다. 이와 같이 평균치를 구하는 이유는 계산상의 편의를 위해서다.

그 예로 문항 1과 문항 2 사이의 척도치에서의 차이를 구하는 데 있어서는 간격 1의 Z점수인 −.52와 −.84 간의 차이뿐 아니라 간격 2, 3, 4, 5에

서의 Z점수 간의 차이도 척도치 차이의 추정치가 될 수 있다. 이러한 추정
치를 모두 계산하지 않고 간편하게 척도치를 얻기 위해서 각 문항의 평균
을 계산했다. 이는 문항 1과 2 간의 각 간격에서 Z점수 간의 차이를 평균한
값은 문항 1과 2의 평균 사이의 차와 동일하다는 논리에 따른 것이다.

각 문항의 최종적인 척도치를 계산하기 위해서는 '0' 점이 선정될 필요
가 있는데, 가장 간단한 방법은 각 문항의 횡렬평균의 값들을 평균한 값인
.24를 '0' 점으로 두는 것이다. 각 문항의 최종척도치는 .24에서 횡렬평균
을 빼면 된다. 예를 들어, 문항 1의 척도치는 .24에서 .59를 뺀 값인 −.35
가 된다. 각 간격의 위치도 동일한 논리에 의해서 각 간격에서의 Z점수들
을 평균한 값으로 나타낼 수 있다. 그 예로 간격 1의 위치는 Z점수 −.52,
−.84, −.84, −1.28, −1.64를 평균한 값인 −1.02가 된다.

이와 같은 방법에 의해 각 문항의 척도치가 결정되면 이 척도치를 이용
해 응답자들의 태도를 측정할 수 있다. 측정과정은 앞서 설명한 동등간격
법에서의 과정과 동일하다.

4) Thurstone 기법을 통한 문항 선정

동등간격법과 연속간격법을 이용해서 연구자는 최종 질문지에 포함시킬
문항 수보다 더 많은 수의 문항을 쉽게 척도화할 수 있다. 이 가운데 부적
절한 문항을 제거하기 위해서 Thurstone과 Chave(1929)는 두 가지 준거
를 제시했다. 하나는 애매한 문항을 제거하기 위해서 사용되는 준거로서
각 문항에 대한 평가자들의 평정치의 분포 정도다. 문항이 애매할수록 어
떤 평가자는 호의적인 문항으로 판단하는 데 반해, 어떤 평가자는 비호의
적인 문항으로 판단할 가능성이 높아진다. 그 결과 특정 문항에 대한 평정
치의 표준편차가 커지게 되므로 이러한 문항은 제거하는 편이 바람직하다.
Thurstone과 Chave는 문항의 표준편차 대신 Q(사분편차)값을 계산할 것

을 제안하였으나, 문항평정치의 분포가 편포가 아닌 한 표준편차를 계산해도 큰 문제는 없다. 따라서 척도치가 같거나 비슷한 문항들이 있을 경우 표준편차나 Q값이 작은 문항을 최종 척도에 포함시키는 것이 바람직하다.

또 다른 준거는 관련 없는 문항을 제거하기 위해서 사용된다. 관련이 없는 문항이란 특정 주제에 대한 태도에서 차이가 있는 사람들을 제대로 변별하지 못하는 문항을 말한다. 예를 들어, 종교에 대한 선호도를 측정하는 문항 중 하나가 '나는 미적 생활을 강조하는 교회에 관심이 있다.'라고 하자. 이 문항은 종교에 호의적인 사람과 종교 자체보다 미적 측면을 선호하는 사람 사이를 명확히 구분해 주지 못한다. 양측 모두 이 문항을 종교에 대해 호의적인 문항으로 판단할 가능성이 높기 때문이다.

이러한 문항을 제거하기 위해서 각 문항이 응답자들의 태도와 어떻게 관련되어 있는지를 분석할 필요가 있다. 이를 위해서는 문항의 특성운영곡선 (operating characteristic curve)을 검토해야 한다. 이 곡선을 얻기 위해서는 먼저 응답자들을 전체 척도상에서의 태도점수별(예: 1, 2점)로 범주화한다. 분류된 각 집단에서 특정 문항에 동의하는 사람의 비율을 계산하여 태도점수별로 그림을 그릴 때 이상적인 곡선은 [그림 4-1]의 (a)와 같다.

그림에서 보듯이 태도점수가 중간 정도인 사람은 그 문항에 대해 동의할

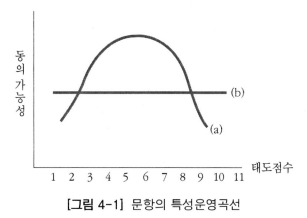

[그림 4-1] 문항의 특성운영곡선

가능성이 높으나, 태도가 양 극한에 가까울수록 그 문항에 동의할 가능성
은 적어진다. 따라서 이 문항은 예컨대 사형에 대해 호의적인 정도가 중간
인 사람과 아주 호의적이거나 아주 비호의적인 사람을 잘 변별해 줄 수 있
기 때문에 최종 문항으로 선택한다. 만약 곡선이 (b)와 같이 수평하다면 문
항은 사형에 대한 태도가 아주 비호의적이거나 아주 호의적인, 또는 중간
정도인 사람을 제대로 변별하지 못함을 뜻하므로 최종 문항에서 제외한다.

5) Thurstone 기법의 평가

앞에서도 언급했듯이 짝비교법은 자극의 수가 비교적 작은 경우에 척도
화하는 방법이고, 가장 많이 사용되는 동등간격법은 점수 간격이 동일하다
는 것을 검증하기 어렵고 비현실적인 가정을 토대로 하고 있다. 특히,
Thurstone의 척도화 방법에 의문을 제기하는 사람은 평가자의 태도가 평
가자가 자극을 평정할 때 영향을 미칠 수 있다고 주장한다. 예를 들어, 위
의 사형에 관한 태도문항이 얼마나 호의적인지를 평가할 때, 사형에 대해
아주 호의적인 평가자는 사형에 대해 아주 비호의적인 사람과는 다르게 평
정할 가능성이 있다고 보는 것이다. 흑인에 대한 태도(Hinckley, 1932), 전
쟁과 평화에 대한 태도(Ferguson, 1935) 등을 다룬 초기의 연구는 평가자의
태도가 영향을 미치지 않았음을 보여 주었다. 그러나 Hovland와
Sheriff(1952)는 평가자의 태도에 따라 평정과정에서 편파가 있음을 보여
주었다.

Thurstone의 척도화 방법을 여기서는 자극중심 방법으로 분류했다. 그
러나 엄밀히 말하면 자극을 척도화하는 것으로 끝나는 것이 아니고, 앞서
언급했듯이 최종적으로 사람도 척도화하는 기법이기 때문에 다른 태도 측
정방법보다 시간이 많이 걸리고 지루한 측면이 있다. 하지만 최근 컴퓨터
의 발달로 인해 자극의 척도치를 쉽게 구할 수 있기 때문에 이 문제는 다소

해결되었다고 보겠다.

3. 반응중심 방법

이 장의 서두에 언급했듯이 이 방법은 자극과 사람을 동시에 척도화하는 방법이다. Guttman(1941, 1944)이 개발한 척도화 방법이 이에 속하는 대표적 기법으로서 스칼로그램 분석(scalogram analysis)이라고 부른다. 예를 들면, 길이가 150cm에서 180cm 사이의 긴 막대가 5개 있고(각 막대의 정확한 길이는 모름), 이 막대를 이용해서 6명의 키를 척도화하려고 한다.

Guttman 방식의 척도화를 위해서는 먼저 〈표 4-4〉와 같이 횡렬에는 사람, 종렬에는 막대를 나타내는 표를 만든다. Guttman은 이와 같은 표를 스칼로그램이라고 명명했으며, 이 표를 이용한 척도화 방법을 스칼로그램 분석이라 명명했다. 이 표에서 어떤 사람이 특정 막대보다 키가 더 크면 1, 키가 더 작으면 0을 할당했다. 예를 들어, 사람 3은 막대 C, E, D보다는 크나 막대 B와 A보다는 작다.

다음 단계는 〈표 4-4〉의 내용을 재배치하는 작업이다. 먼저 막대를 기

〈표 4-4〉 Guttman의 스칼로그램 분석을 위한 원자료

사 람	자극(막대)				
	C	E	B	D	A
2	1	1	1	1	0
4	0	1	0	1	0
3	1	1	0	1	0
6	0	0	0	0	0
5	0	1	0	0	0
1	1	1	1	1	1

주: Himmelfarb(1993), p. 45에서 발췌.

준으로 가장 1이 많은 막대를 맨 오른쪽에, 가장 1이 적은 막대를 맨 왼쪽에 배치한다. 그리고 사람을 기준으로 가장 1이 많은 사람을 맨 윗줄에, 가장 1이 적은 사람을 맨 아랫줄에 배치한다. 이 결과는 〈표 4-5〉에 제시되어 있다.

표에서 보면 6명 가운데 사람 1이 가장 크고 사람 6이 가장 작으며, 막대 중에서는 막대 A가 가장 크고 B, C, D, E 순으로 작다. 즉, 자극(막대)과 사람이 '길이'라는 차원을 기준으로 순서화(척도화)되었음을 알 수 있다. 흥미로운 사실은 이 결과가 사람과 사람 간에 키를 직접 대보거나 또는 막대와 막대 간의 길이를 재보지 않고도 얻어졌다는 점이다.

이 점이 가능한 이유에 대해 Guttman은 '길이'라는 차원이 누가속성 (cumulative property)을 지니고 있기 때문이라고 주장하였다. 여기서 누가속성이란 길이가 긴 막대가 길이가 짧은 막대를 포함함을 의미한다. 예를 들어, 사람 1은 막대 A와 B보다 크며, 사람 2는 막대 A보다는 작으나 막대 B보다는 크다고 하자. 이 경우 사람 1은 사람 2보다 더 크며, 막대 A는 막대 B보다 더 크다는 것을 알 수 있다.

〈표 4-5〉의 맨 오른쪽에 있는 점수는 각 사람이 각 막대와의 비교에서 얻은 점수를 더한 것이다. 예를 들어, 사람 2의 점수는 4인데, 이는 사람 2

〈표 4-5〉 Guttman의 스칼로그램 분석을 위해 재배치된 자료

사람	자극(막대)					점수
	A	B	C	D	E	
1	1	1	1	1	1	5
2	0	1	1	1	1	4
3	0	0	1	1	1	3
4	0	0	0	1	1	2
5	0	0	0	0	1	1
6	0	0	0	0	0	0

주: Himmelfarb(1993), p. 45에서 발췌.

가 6개의 막대 가운데 4개, 즉 막대 B, C, D, E보다 크다는 것을 말해 준다.

　다음은 물리적 자극이 아닌 태도측정에서 Guttman의 척도화 방법에 대해 설명하기로 하자. 한 예로 공공기관에 종사하는 종업원들의 파업에 대한 태도를 알아보기 위해 만들어진 문항은 다음과 같다.

　　A. 일반 행정직 공무원은 파업할 권리가 없다.
　　B. 공립학교 선생은 파업할 권리가 없다.
　　C. 시립이나 도립 병원의 간호사는 파업할 권리가 없다.
　　D. 소방공무원은 파업할 권리가 없다.

　여기서 알아보려는 것은 문항과 사람을 동시에 척도화하려는 것이다. 즉, 어떤 문항이 파업에 대한 태도를 측정하는 데 가장 강한 문항이며 어떤 문항이 가장 약한 문항인지를 알아보는 동시에, 사람들의 파업에 대한 태도에서 누가 가장 반대하고 누가 가장 찬성하는 태도를 가지고 있는지의 순서를 알아보려는 것이다. 완벽한 거트만 척도가 되기 위해서는 위의 물리적 자극인 길이에서와 같이 한 문항에 동의했다면 그보다 더 긍정적인 문항에는 모두 동의해야 하고, 그보다 더 부정적인 문항에는 모두 동의하지 않아야 한다. 예를 들어, 위의 문항 D에 동의한다면 다른 문항 A, B, C에도 모두 동의해야 하며, A에 동의하지 않는다면 나머지 문항 B, C, D에도 모두 동의하지 않아야 한다. 또한 문항 C에 동의한다면 문항 A와 B에 동의해야 하며 문항 D에는 동의하지 않아야 한다. 이와 같은 이상적 유형을 허용반응 유형(allowable response pattern)이라고 한다. 〈표 4-6〉은 이러한 유형을 보여 준다.

　이 표에서 (+)는 응답자가 문항에 동의하는 것을, (-)는 동의하지 않은 것을 나타낸다. 문항 중에서는 D가 파업에 대한 태도를 측정하는 데 가장 강한 문항이며, 다음으로는 C, B, A의 순임을 알 수 있다. 사람 중에서는 응답자 1이 파업에 대해서 가장 반대하고 다음으로는 2, 3, 4, 5의 순임을

〈표 4-6〉 공공기관 종사자의 파업에 대한 태도측정을 위한 거트만 척도의 이상적 유형

응답자	문 항			
	A	B	C	D
1	+	+	+	+
2	+	+	+	−
3	+	+	−	−
4	+	−	−	−
5	−	−	−	−

알 수 있다.

달리 말해, Guttman의 척도화 방법을 사용하기 위해 필요한 문항의 이상적인 특성곡선은 [그림 4-2]와 같다. 즉, 전체 태도점수에서 특정 점수 이하의 사람은 모두 특정 문항에 대해 동의하지 않으며, 특정 점수 이상의 사람은 모두 그 문항에 동의함을 의미한다.

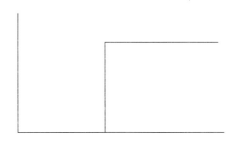

[그림 4-2] 거트만 척도의 이상적 문항특성곡선

물론 현실적으로 모든 상황에서 이러한 이상적 유형이 나타나지는 않는다. 따라서 스칼로그램 분석을 통해서 문항들이 〈표 4-6〉과 같은 이상적 유형에 어느 정도 접근해 있는지를 검토해야 한다. Guttman은 이를 알아보기 위한 방법으로 다음과 같은 재생산계수(coefficient of reproducibility)를 제시했다.

$$재생산계수 = 1 - \frac{오류수}{전체반응수}$$

이 공식에서 오류 수는 〈표 4-6〉의 이상적 유형(삼각형 유형)에서 이탈한 반응의 수를 말한다. 예를 들어, 표에서 응답자 3이 D에서도 동의하고 응답자 4는 C에도 동의했다면 오류 수는 2개가 된다. 오류 수가 작을수록 재생산계수는 커지게 된다. 이는 응답자의 반응이 Guttman의 척도화가 가능한 이상적 유형에 접근함을 말한다. Guttman(1950)은 이 계수의 값이 적어도 .90 이상이 되어야 척도로 사용할 수 있다고 주장했다.

그러나 Guttman의 재생산계수는 처음의 생각과는 달리 척도화를 결정하는 기준으로 적합하지 못한 부분이 있는 것으로 나타났다. 특히, 재생산계수의 값이 문항에 동의하는 사람의 비율에 의해 큰 영향을 받는다는 단점이 지적되었다. Nunnally(1978)는 3개의 문항으로 구성된 거트만 척도의 경우, 이 문항들이 동일한 내용을 측정하지 않는다 하여도 응답자의 반응비율에 따라 1.00에 가까운 재생산계수를 얻을 수 있음을 보여 주었다. 예를 들어, 응답자의 10%가 첫 문항에 동의하고, 50%가 두 번째 문항에 동의하며, 90%가 세 번째 문항에 동의한 경우, 얻어진 재생산계수는 1.00에 근접했다.

제5장

검사 개발과정

이 장에서는 문항개발에서 시작하여 최종적으로 검사가 완성되어 일반 사람들에게 실시할 수 있는 단계까지 검사개발의 전 과정에 대해서 설명하려고 한다. 이를 통해 독자들은 하나의 검사가 어떠한 과정을 거쳐서 완성되는지 대략적인 윤곽을 잡게 될 것이다. 특히, 이 장에서는 검사 개발과정 중에서 문항 개발과정에 관해서 자세히 설명하고, 나머지 부분들은(신뢰도, 타당도, 문항분석, 규준표 작성 등) 이후의 각 장에서 자세히 설명하고자 한다.

1. 검사의 사용목적 파악

검사를 개발할 경우 가장 먼저 생각해야 할 점은 과연 내가 개발하려는 검사의 사용목적이 무엇이냐 하는 것이다. 왜냐하면 검사의 사용목적에 따라서 검사를 개발하는 기본 방향이 결정되기 때문이다. 예를 들어, 고등학교 졸업생들을 위한 대학입학시험(예: 현재의 수능시험)을 개발하려는 경우,

검사의 기본 방향은 다양한 능력을 가진 학생들을 정확하게 변별하는 데 초점을 두어야 한다. 따라서 검사문항의 난이도는 중간 정도로 하는 것이 바람직할 것이다. 그러나 초등학교에서 전반적으로 능력이 떨어지는 학생들이 크게 어려움을 겪는 영역이 무엇인지 알아보기 위한 진단용 검사라면 비교적 쉬운 문항들을 많이 포함시켜야 할 것이다.

또한 개인의 검사점수를 다른 사람들과 비교해서 얼마나 높은지 또는 낮은지의 상대적 정보를 얻는 것이 주요 목적인 검사가 있는 반면, 연구자가 미리 설정한 기준점수와 비교해서 그 점수보다 높은지 또는 낮은지의 정보를 얻는 것이 주요 목적인 검사가 있다. 전자와 같이 상대적 비교가 주요 목적인 경우의 검사를 규준참조검사(norm-referenced test)라고 하는데 대부분의 성격, 성취 및 적성 검사 등이 이에 속한다. 예를 들어, 고등학생들을 대상으로 한 적성검사에서 중요한 정보는 특정 적성요인(예: 기계적성)에서 개인이 다른 사람들과 비교해서 더 높은지 또는 낮은지의 정보가 중요하게 된다.

반면에 대학생들을 대상으로 워드프로세서 프로그램을 다룰 수 있는 교육을 1주일 가량 시킨 후 교육의 효과를 평가하기 위한 검사를 개발한다고 생각해 보자. 교육을 담당한 강사는 수강생들이 교육을 제대로 받았다면 검사점수가 적어도 70점 이상은 되어야 한다는 생각을 가지고 있다. 이 경우에는 개인이 다른 사람들과 비교해서 얼마나 잘했는지에 관한 상대적 정보보다는 전체 수강생 가운데 70점 이상이 되는 사람은 몇 명이나 되는지의 정보가 더 중요할 것이다.

이러한 검사를 준거참조검사(criterion-referenced test)라고 한다. 규준참조검사의 경우 일반적으로 중간 정도의 난이도가 적합하나, 준거참조검사의 경우는 좀 더 많은 사람들이 기준 이상의 점수를 얻는 것이 바람직하기 때문에 비교적 쉬운 문제들이 적합하다.

이 장에서는 위에서 언급한 저능력 학생들을 진단하기 위한 특수 목적의 검사가 아니라 일반적인 검사의 개발의 기본 원칙을 설명하려고 한다. 여기서 일반적인 검사란 태도조사, 성취검사, 적성검사나 성격검사와 같이 우선적으로 개인차를 연구하는 데 초점을 둔 검사를 의미한다. 또한 규준참조검사의 개발을 중심으로 설명하고 준거참조검사에 관해서는 이 책의 후반부에서 잠시 언급하기로 한다.

2. 구성개념을 대표하는 행동 파악

대부분의 검사에서 다음 단계는 검사가 측정하려고 하는 심리 구성개념(psychological construct)을 표현하는 하나 또는 그 이상의 행동유형을 생각하고 이러한 행동을 나타내는 문항들을 만들어 내는 것이다. 예를 들어, 조직구성원들의 조직몰입 정도를 알아보려는 경우, 조직몰입이라는 심리구성개념을 나타내는 몇 가지 대표적 행동유형을 생각한다. 여기에는 조직의 가치관을 자신의 것으로 받아들이려는 자세나 조직을 위해서 무엇이든 하려는 노력 정도 등의 행동유형이 가능하다. 다음은 이러한 대표적 행동유형에 적합한 문항들을 여러 개 만들어 내면 된다. 그러나 이러한 방법은 검사개발자의 주관적 판단에 크게 의존하기 때문에 경우에 따라서는 중요한 행동유형을 포함시키지 않거나 중요하지도 않은 영역을 포함시키는 결과를 초래할 수 있다. 예를 들어, 위의 예에서 조직을 떠나지 않고 계속해서 남아 있으려는 마음가짐도 조직몰입의 중요한 요소로 볼 수 있으나 검사개발자가 모르고 포함시키지 않을 수도 있는 것이다. 이러한 문제점을 개선할 수 있는 방법으로는 다음의 몇 가지가 있다.

• 내용분석(content analysis): 개방형(open-ended) 질문법을 통해서 사람들에게서 측정하려는 구성개념과 관련 있다고 생각하는 행동들을 자유

롭게 쓰게 한 후, 그 반응들을 몇 개의 범주로 구분하는 방법이다. 이 방법을 통해 구분된 범주들은 심리 구성개념의 주요 구성요소가 된다.

- 관찰법: 검사개발자가 직접관찰을 통해서 심리 구성개념과 관련 있는 행동을 파악하는 방법이다. 예를 들어, 간호사에게 스트레스를 주는 직무 스트레스원(job stressor)이 무엇인지 알아보는 검사를 개발하려는 경우, 병원에 직접 가서 간호사들의 행동을 관찰함으로써 필요한 정보를 얻을 수 있다.
- 문헌연구: 현재 측정하려는 심리 구성개념과 관련된 내용을 다루는 과거 문헌을 참고하여 검사의 주요 행동범주에 관한 정보를 획득한다.

검사개발자는 여러 방법 가운데 한 가지 또는 그 이상의 방법을 병행하여 측정하려는 심리 구성개념의 주요 행동범주를 파악하는 데 충분한 정보를 가져야 한다.

3. 범주별 상대적 중요도 결정

검사를 구성하는 주요 행동유형(또는 구성요소)을 파악했으면, 다음은 각 범주의 상대적 중요도를 결정해야 한다. 검사개발자가 좀 더 중요하다고 생각하는 범주는 더 비중을 두어서 다른 범주보다 더 많은 문항을 개발하는 것이 필요하다.

4. 문항개발

각 범주별 문항 수가 결정되었으면, 다음 단계는 문항을 작성하는 과정이다. 문항개발을 위해서 거쳐야 할 과정을 보면 다음과 같다.

1) 문항의 반응양식 결정

문항에 대해 반응하는 양식에는 여러 가지 유형이 있다. 크게 분류하면 개방형 질문지와 같이 조사대상자들이 내용을 쓰도록 하는 방법이 있고, 진위형이나 사지선다형과 같이 조사대상자에게 각 문항당 여러 가능한 반응을 주고 그 가운데서 적합한 것을 선택하게 하는 방법이 있다. 여기서는 검사개발자가 일단 문항을 만든 후의 문제를 논하기 때문에 후자의 방법에 관해서 자세히 알아보기로 한다. 먼저 성취검사에서 주로 사용되는 진위형과 중다선택형에 관해서 알아보면 다음과 같다.

(1) 진위형

진위형(true/false)은 다음과 같이 하나의 문항에 대해 두 가지 선택지가 주어지고 조사대상자가 두 선택지(예-아니요 또는 진-위) 가운데 하나를 선택하게 하는 방법이다. 이 방법의 장점은 다른 방법에 비해서 문항을 만들기가 쉽다는 것이다. 또한 채점하기가 간단하며 문항을 분석하는 데 어려움이 없다. 그러나 반응자들이 추측에 의해서 정답을 맞출 가능성이 높다(50/50)는 단점이 있다.

예) 오전 8시에서 다음날 오후 1시까지의 시간은 27시간이다.　　　　　진위

(2) 중다선택형

중다선택형(multiple choice)은 다음의 예와 같이 하나의 문항에 대해서 보통 네 가지 또는 그 이상의 선택지가 주어지고 그 가운데 정답 하나를 선택하게 한다.

예) [4+(6×2)]/2의 값은? (　　　)

　　①5　　　　②6　　　　③7　　　　④8

중다선택형 문항의 장점은 점수화가 쉽다는 점 이외에도 가능한 선택지가 많아짐에 따라 추측에 의해 정답을 맞출 확률이 감소되며, 채점자의 주관적 판단을 배제할 수 있다는 점이다. 그러나 정답 이외에 정답과 유사한 다른 선택지를 만들기가 어렵고 시간이 많이 걸리며, 여전히 추측에 의한 정답 가능성이 존재한다는 단점이 있다.

(3) 이분화 동의 · 부동의 양식

성취검사가 아닌 태도측정이나 성격검사의 경우, 위와는 다른 반응양식이 사용된다. 주로 사용되는 반응양식은 이분화 동의-부동의 양식(dichotomous agree-disagree format), 리커트 양식, 양극형용사 체크양식(bipolar adjective checklist) 등이다.

먼저 이분화 동의-부동의 양식을 예를 들어 설명하면, 연구자가 청소년들의 성의식에 관한 조사를 하려고 10개의 문항을 만들었는데 그 가운데 몇 가지의 문항은 다음과 같다.

① 결혼 전 순결은 반드시 지켜야 한다.	동의	부동의
② 사랑과 결혼은 별개의 문제다.	동의	부동의
③ 사랑하면 혼전 성관계를 가져도 무방하다	동의	부동의

이러한 문항에서 연구자가 개인의 점수가 높을수록 개방적 성의식을 나타내도록 하기 위해서는 '동의'에 체크하면 1점, '부동의'에 체크하면 0점을 할당하면 된다. 개인의 점수는 각 문항에서의 점수를 합산한 값이 된다. 위에서 첫 번째 문항은 밑의 두 문항과 내용이 반대가 되기 때문에 개인의 점수 계산에서 '동의'에 표시하면 1점이 아닌 0점을 할당해야 한다. 물론 연구자가 개인의 점수가 높을수록 보수적 성의식을 나타내도록 하기 위해

서는 '동의'에 0점, '부동의'에 1점을 할당하면 된다. 대부분 태도조사나 성격검사의 경우 전체 문항의 약 10% 정도는 문항내용이 다른 문항들과 반대가 되는 문항을 포함시킨다. 이는 조사대상자들이 성의 있게 대답했는 지를 판가름하는 기준으로 사용할 수 있기 때문이다.

(4) 리커트 양식

다음으로 태도조사나 성격검사에서 많이 사용되는 반응양식은 Likert (1932)가 제안한 방법이다. 이 방법은 측정하려는 구성개념에 관한 긍정 또는 부정의 내용을 담은 문항을 제시하고, 반응자들은 이 문항에 대해서 어느 정도나 동의하는지를 5점 또는 7점(전적으로 동의함에서부터 전혀 동의하지 않음까지) 척도를 이용해서 답하게 된다. 위에서 제시한 예를 사용해서 설명하면 다음과 같다.

> 다음은 여러분의 성의식이 얼마나 개방적인지를 알아보려는 검사입니다. 주어진 문항에 대해서 얼마나 동의하는지 아래 방식에 의거해 적당한 번호에 동그라미 하십시오.
>
> 1 : 전혀 동의하지 않는다
> 2 : 동의하지 않는 편이다
> 3 : 그저 그렇다(동의하지도 동의하지 않는 것도 아니다)
> 4 : 동의하는 편이다
> 5 : 전적으로 동의한다
>
> ① 결혼 전 순결은 반드시 지켜야 한다.　　　1 2 3 4 5
> ② 사랑과 결혼은 별개의 문제다.　　　　　　1 2 3 4 5
> ③ 사랑하면 혼전 성관계를 가져도 무방하다.　1 2 3 4 5

이 성 개방의식 척도에서 개인의 점수는 각 문항에 동그라미 한 번호를 다 더하면 되며, 점수가 높을수록 성에 대해 개방적임을 나타낸다. 개인이 각 문항에 반응한 점수를 다 더해서 개인별 총점을 계산하기 때문에 합산적 평정방법(method of summated ratings)이라고도 한다.

(5) 양극형용사 체크양식

마지막으로 많이 사용되는 양식은 양극형용사 기법으로 Osgood, Suci 및 Tannenbaum(1957)이 가장 먼저 사용하였다. 이 방법은 각 문항에서 진술문이 아닌 한 쌍의 형용사(의미가 서로 반대되는)가 양극에 주어지며, 그 사이에 5점 또는 7점의 연속선이 있어서 반응자는 적당한 곳에 표시하면 된다. 예를 들어 설명하면 다음과 같다.

> 다음은 국진 기업의 이미지를 알아보기 위한 조사입니다. 각 문항마다 양끝에 주어진 형용사를 잘 읽고 국진 기업의 이미지가 어느 형용사와 더 부합되는지 그 정도에 따라 적당한 곳에 표시(∨)하십시오.
>
> ① 차갑다 ___ ___ ___ ___ ___ 따뜻하다
> ② 더럽다 ___ ___ ___ ___ ___ 깨끗하다

이 경우 각 개인의 반응은 맨 좌측에 표시하면 1점, 맨 우측에 표시하면 5점을 할당하여 점수화한다.

2) 문항 작성

구체적인 문항 작성에서 고려해야 할 점들을 동의–부동의 양식이나 리커트 양식에 초점을 맞추어 살펴보면 다음과 같다(Crocker & Algina, 1986).

① 문장을 현재 시제로 작성할 것
② 사실적이거나 사실적인 것으로 해석될 수 있는 문장을 사용하지 말 것
　(예: 규칙적인 운동은 몸에 좋다)
③ 한 가지 이상으로 해석될 수 있는 문장은 피할 것
④ 거의 모든 사람이 '예' 또는 '아니요'라고 답할 가능성이 많은 문장을 피할 것(예: 나는 화가 날 때가 가끔 있다)
⑤ 긍정적인 감정과 부정적인 감정을 표현하는 문항 수를 되도록이면 비

숫하게 할 것

⑥ 될 수 있으면 문장의 길이를 짧게 할 것

⑦ 문법상의 오류가 없는 문장을 사용할 것

⑧ 모두, 항상, 전혀, 결코와 같이 전체긍정이나 전체부정을 나타내는 낱말은 혼돈을 일으킬 수 있으므로 가능하면 피할 것

⑨ 단지, 거의, 많은 등의 형용사 사용을 피할 것

⑩ 가능한 문장을 '만약 ～한다면' 또는 '～하기 때문에'와 같은 절을 포함하는 형태를 피하고 단순하게 할 것

⑪ 이해하기 쉬운 문장을 사용할 것

⑫ 부정(예: 전혀 아니다, 결코 아니다)의 사용을 피할 것

⑬ 이중부정의 문장은 피하도록 할 것

이 밖에 문항의 수는 처음에 많은 수의 문항을 만든 후, 나중에 문항분석을 통하여 줄여 나가는 방법을 사용하는 것이 바람직하다. 그러나 문항의 수가 너무 많을 경우 응답자들이 성의껏 반응하지 않는 경향이 있으므로 주의해야 한다.

한편, 검사를 실시할 때 모든 응답자가 성심성의껏 반응하리라고 기대하기는 힘들다. 어떤 응답자들은 문항을 제대로 읽어 보지도 않고 적당히 반응하는 경우가 있다. 이 경향은 특히 태도조사인 경우에 많이 발생한다. 리커트 양식에서 응답자가 모든 문항을 동일한 번호에만 표시했다면 이 응답자의 반응은 분석에서 제거하면 된다. 그러나 응답자가 문항을 제대로 읽지 않고 여기저기 적당한 번호에 대충 동그라미 친 경우, 연구자는 그 사람이 문항을 제대로 읽고 반응했는지 아닌지를 파악하기 어렵게 된다.

이러한 문제점을 없애기 위하여 모든 사람에게 맞거나 틀리는 내용을 담은 문항을 포함시키거나, 다른 문항들과 내용상으로 반대가 되는 부적문항들을 포함시킨다. 예를 들어, '예' 또는 '아니요'로 반응하게 되어 있는 성

격검사의 경우 '나는 숨을 쉴 수 있다.' 또는 '나는 배고프거나 목마를 때가 있다.'라는 문항을 포함시킨다. 이 문항들에 '아니요'로 답한 사람은 분명 문항을 제대로 읽지 않고 반응한 것으로 간주할 수 있다.

또한 조직구성원의 조직몰입을 측정하기 위하여 5점 리커트 양식으로 반응하게 한 경우, 대부분의 문항이 긍정적 문항이라면(예: '나는 조직을 위하여 열심히 노력할 각오가 되어 있다') 나머지 몇 문항(대략 전체 문항의 10~15% 정도)은 부적 문항을 만드는 것이 바람직하다(예: '나는 가까운 시일 내에 이 조직을 떠나려 한다'). 만약 어떤 응답자가 긍정 문항에 '전적으로 동의한다'를 나타내는 번호(5)에 표시했는데 부적 문항에도 '동의하는 편이다' 또는 '전적으로 동의한다'에 표시했다면, 응답자는 그 문항을 제대로 읽지 않고 대충 반응한 사람으로 간주할 수 있으므로 그 응답자의 반응 역시 분석에서 제외시켜야 한다.

응답자의 반응에서 발생 가능한 또 다른 문제점은 그들이 문항을 자세히 읽고 사회적으로 바람직한 방향으로 답한다는 점이다. 예를 들어, 자신은 회사를 위해서 열심히 일할 생각이 없으면서도 열심히 일할 각오가 되어 있는 것처럼 응답하는 것이다. 이러한 경향은 응답자의 이름을 쓰게 하는 경우에 발생할 가능성이 높은데, 특히 응답결과가 개인에 대한 피드백 제공목적이 아닌 선발 또는 평가 목적으로 사용되는 경우 더 강해진다.

일부 성격검사의 경우 이러한 경향을 줄이기 위해 나름대로의 대책을 마련하고 있다. MMPI의 경우 전체 문항 가운데 거짓말 척도(lie scale)를 마련하여 응답자들이 어느 정도나 거짓으로 반응하였지를 나름대로 추론하고 있다. 이 척도에 속하는 문항으로는 '나쁜 짓을 결코 하지 않는다.'와 같은 문항이 있다. 일상생활에서 나쁜 짓을 한 번도 하지 않은 사람은 아무도 없을 것이다. 선의의 거짓말, 횡단보도 아닌 곳에서 길 건너기, 주행속도 위반 등 우리는 생활하면서 누구나 한 번 이상은 잘못된 행동을 범할 수 있다. 따라서 이 문항에 '예'라고 응답한 사람은 솔직하게 응답했다고 보기 어렵다. 거짓말 척도는 이러한 문항들로 구성되어 있고, 이 척도에서 높은 점수를 받은 사람은 전체 문항에 대해 솔직하게 답했다고 보기 어렵다. 검사자는 성격검사를 실시하기 전에 검사문항 가운데 응답자들이 솔직하게 답하지 않은 것을 알 수 있는 문항이 포함되어 있다고 말해 줌으로써 응답자들의 좀 더 솔직한 반응을 이끌어 낼 수 있을 것이다.

Edwards는 또 다른 방법을 이용해서 응답자들이 사회적으로 바람직한 방향으로 응답하는 경향을 감소시키려 했다. Edwards(1954)는 Murray의 욕구이론을 토대로 개인의 15가지 욕구성향을 측정하기 위한 일종의 성격검사(에드워즈 성격선호검사, Edwards Personal Preference Schedule: EPPS, 부록 참조)를 개발하였다. 그가 사용한 문항 응답방법은 각 문항에서 두 가지 선택안을 주고 응답자가 그 가운데 하나를 선택하게 하는 방법이었다. 여기서 Edwards가 사용한 독특한 방법은 두 선택안 모두가 사회적으로 바람직한 내용이라는 점이다. 문항의 예를 들면, '친구가 곤경에 빠졌을 때 돕는다.'와 '내가 맡은 일에 최선을 다한다.'의 두 선택안이 주어지고 이 가운데 응답자가 더 선호하는 선택안을 고르는 것이다. 두 선택안 가운데 어느 것을 골랐는지에 따라 응답자가 어떠한 욕구가 강한지를 알아볼 수 있는 검사인데, 두 선택안이 모두 사회적으로 바람직한 내용이기 때문에 응답자가 무조건 사회적으로 바람직한 방향으로 응답하려는 경향성을 어느 정도 감소시킬 것으로 기대할 수 있다.

그러나 아무리 문항을 잘 만든다 해도 여기에는 한계가 있게 마련이다. 성격검사의 경우 응답자가 문항을 자세히 읽고 단순히 사회적으로 바람직한 방향으로 응답하는 경향을 벗어나 의식적으로 철저하게 위장해서 자신의 성격과는 다르게 반응한다면 그것을 정확하게 찾아내는 데는 상당한 어려움이 따를 것이다.

5. 문항검토

문항을 다 작성하였으면, 다음은 그 방면의 전문지식이 있는 사람들에게 부탁해서 문항이 정확한지, 적절한 낱말을 사용했는지, 문법적으로 문제가 없는지, 애매모호한 점은 없는지, 문항이 검사의 목적과 일치하는지, 문항내용을 반응자가 이해하는 데 어려움은 없는지 등을 검토해 보는 것이 좋다.

6. 사전검사 실시

문항에 대한 검토가 끝났으면, 다음 단계로 전체 문항들을 소수의 응답자들에게 실시하여 어떠한 문제점이 없나를 파악하는 과정이 필요하다. 보통의 경우에는 20~30명 정도의 인원이면 충분하나 상업적 용도로 사용하려는 경우는 더 많은 인원이 필요하다(약 100~200명 정도). 문항이 많은 경우는 문항을 나누어서 여러 집단에 실시해도 무방하다.

사전검사(pilot-test)를 통해서 검사개발자는 응답자가 검사에 어떠한 반응을 보이는지 자세히 관찰할 필요가 있다. 예를 들어, 반응하는 도중에 장시간 쉬는 행동을 보인다거나, 자세히 읽지 않고 대충 반응하는 것 같아 보이거나, 답을 자주 바꾼다거나(문항에 대한 이해가 부족함을 나타낼 수 있음) 하는 등의 행동을 보이는지를 파악할 필요가 있다.

검사를 실시한 후 응답자에게 검사에 관한 전반적인 피드백을 받는 절차를 거치는 것이 바람직하다. 그들에게서 특정 문항에서 이해가 잘 안 가는 부분이 있었는지, 실시시간은 어떠했는지, 검사를 향상시키기 위해서 제언할 내용은 있는지 등에 관한 정보를 얻을 수 있다.

또한 그들의 반응을 분석하여 각 문항에 대한 간단한 기술통계치를 얻는 것이 바람직하다. 이 자료를 통해서 검사개발자는 문항의 난이도가 어느 정도이며, 문항에 대한 반응에서 개인차가 어느 정도나 되는지를 파악할 수 있다(문항의 표준편차를 보면 됨). 물론 자세한 문항분석은 나중에 많은 사람들에게서 자료를 얻은 후에 실시하여 특정 문항을 제거할 것인지 아닌지를 결정하게 된다. 그러나 문항에 대한 표준편차가 너무 적다면(즉, 개인차가 너무 없다면) 그 문항을 제거하거나 대폭 수정한 후에 자료를 다시 모으는 것이 바람직하다.

7. 검사 실시

사전검사를 통해서 전체적으로 검사 자체에 별다른 문제점이 없는 것으로 나타났으면, 이제 본격적으로 검사가 잘 만들어졌는지를 분석하기 위하여 많은 사람들을 표집해서 검사를 실시한다. 이때의 표집은 나중에 검사를 실시할 대상들에게 얻어야 한다.

심리검사를 실시하는 과정에서 소음이나 조명과 같은 물리적 환경뿐 아니라 피검사자가 불안해하지 않고 안심한 가운데 검사를 치를 수 있는 분위기 조성과 같은 심리적 환경이 검사점수에 상당한 영향을 미치게 된다. 일반적으로 심리검사를 실시할 때의 주의사항을 살펴보면 다음과 같다.

1) 물리적 환경

검사 시 물리적 환경이 열악한 경우 직·간접적으로 피검사자에게 영향을 주게 되고 궁극적으로는 검사점수에도 영향을 미치게 된다. 검사 실시에 앞서 검사자가 일반적으로 고려해야 할 물리적 환경을 살펴보면 다음과 같다.

① 검사 실시시기: 피검사자의 심리적 상태가 좋은 상태에서 실시하는 것이 바람직하기 때문에 오전 중에 실시하는 것이 좋다.

② 소음: 외부의 소음으로 인해 정신을 집중하기 어려운 상황이 되지 않도록 해야 한다.

③ 책상 및 의자: 엎드려 검사를 받는 일이 없도록 개인당 책상과 의자를 확보해야 하며, 책상의 경우 움푹 파이거나 울퉁불퉁함이 없도록 해야 한다

④ 필기구: 필기구를 갖고 오지 않은 사람들을 위해서 여분의 연필이나 볼펜을 준비하는 것이 좋다.

⑤ 실내 온도 및 채광: 검사장소로서 너무 덥거나 추운 곳은 피해야 하며 너무 어두운 곳도 피해야 한다.

2) 심리적 환경

피검사자가 검사를 받는 과정에서 심리적으로 불안해하거나 긴장하지 않고 검사에만 몰두할 수 있도록 만드는 것은 매우 중요하다. 피검사자를 편안하게 만들기 위해서는 위에서 언급한 물리적 환경 외에도 검사자와 피검사자의 사이에 편안한 분위기를 형성하기 위하여 심리검사의 목적 및 활용방법 등에 관해서 이야기를 해 주고 검사결과가 절대로 악용되지 않을 것임을 명백히 할 필요가 있다. 또한 피검사자가 검사 실시요령을 충분히 이해했는가를 파악하고, 성격검사의 경우 허위로 작성하지 않도록 주의를 환기시킬 필요가 있다. 검사 실시과정에서 검사 실시자가 주의해야 할 구체적인 사항은 다음과 같다.

검사 실시요령은 검사지 내에 인쇄되어 있으므로 그것을 피검사자에게 읽어 주도록 한다. 중요한 것은 반드시 모든 피검사자가 반응요령을 숙지

해야 하므로 시간이 좀 걸리더라도 모두가 정확히 이해했는가를 파악한 후
에 다음 단계로 넘어가는 것이 좋다. 특히, 능력검사처럼 연습문제가 있는
경우에는 반드시 그 문제를 피검사자와 같이 풀어보고 모든 피검사자가 정
답을 이해한 후에 다음으로 넘어가도록 한다.

　또한 성격검사의 경우 각 문항에 너무 오랜 시간을 보내지 않고 또 허위
로 반응하지 않도록 주의를 환기시켜 주어야 한다(문항 중에 허위 정도를 검사
하는 문항이 있음을 알려 준다). 보통 한 문항당 2~3초의 속도로 진행해 나가
는 것이 좋고, 이를 위해 처음 몇 문항은 검사자가 문항을 읽어 주고 2~3초
후에 반응하는 실습과정을 거치는 것이 좋다.

8. 자료분석

　검사를 실시하여 자료를 얻었으면 먼저 문항분석(제8장 참조)을 문항별로
실시하여 문제가 있는 문항을 제거 또는 수정한 후, 검사의 신뢰도(검사결과
가 얼마나 일관성이 있는지의 정도. 제6, 7장에서 다룸)와 타당도(검사가 원래 측정
하려고 했던 내용을 얼마나 정확하게 측정하는지의 정도. 제9, 10, 11장에서 다룸)를
분석하여 검사가 원래 목적에 적합하게 잘 만들어졌는지를 확인한다.

9. 검사의 규준화

　앞 단계까지의 과정을 통해서 검사개발자가 의도한 대로 검사를 잘 만들
었다는 것이 검증되었다면 이제 검사를 규준화하는 과정이 필요하다. 이
과정은 먼저 검사를 실시하게 될 대상(모집단)을 대표할 수 있는 집단(규준
집단, norm group)을 선택하는 것이 중요하다. 대표 표집이 되지 못할 경

우, 여기서 나온 결과는 신뢰롭지 못하게 된다. 대표 표집에서 얻은 자료를 토대로 규준표(norm table)를 작성하게 된다(자세한 방법은 제12장 참조). 규준표는 사람들의 점수를 가장 낮은 점수에서 가장 높은 점수순으로 늘어놓고, 그 옆에 각 점수가 전체 사람들 중에서 어느 정도의 위치에 있는 점수인가를 나타내는 지표를 표시한 것이다. 예를 들어, 사람들의 언어적성을 알아보려는 경우, 표집에서 얻은 사람들의 점수를 크기 순서에 따라 위에서 아래로 늘어놓고 그 옆에 각 점수의 백분위를 표시한다. 가능한 점수가 0점에서 150점인 경우, 90점의 백분위가 70이라고 하면 그 점수는 전체 사람들 중에서 상위 30%에 해당되는 점수임을 알 수 있다.

규준표가 필요한 이유는 검사를 다 만들어 놓은 다음에 어떤 사람이 자신의 적성을 알아보려는 경우, 검사를 실시해서 그 사람이 언어적성에서 또래의 다른 사람들과 비교해 과연 어느 정도의 능력이 있는지를 말해 주어야 한다. 이때 규준표가 없으면 그 사람의 절대적인 검사점수만 알 수 있을 뿐, 다른 사람과 비교해서 언어적성에서 얼마나 능력이 있는지는 알 수 없다. 미리 만들어 놓은 규준표가 있다면 그 사람의 점수를 규준표에 나와 있는 점수와 비교해 봄으로써 그 사람이 얼마나 능력이 있는지를 쉽게 알 수 있다.

물론 검사마다 다 규준표 작성이 필요한 것은 아니다. 조직구성원들의 직무만족도, 대학생들의 보수적 정치성향, 개방적 성의식 정도와 같은 태도조사의 경우나 연구의 주요 목적이 개인들의 검사점수와 다른 변수점수 간의 관련성 등을 파악하는 데 초점을 두는 것이라면 규준표의 작성은 필요하지 않다. 그러나 성격검사나 적성검사와 같이 검사의 주요 목적이 개인의 성격이나 적성을 상담 또는 진단해 주는 것이라면 규준표의 작성은 반드시 필요하다. 규준표가 있어야만 개인별로 검사를 실시한 후 개인의 점수를 규준표와 비교함으로써 그 개인의 성격이나 적성이 어느 수준에 있는지를 알 수 있기 때문이다.

10. 발행과 수정

규준표의 작성이 끝났으면 검사의 개발과정은 거의 마무리가 된 상태다. 마지막으로 이상의 과정들을 종합해서 안내서(manual)를 작성하는 단계가 필요하다. 이 안내서에는 검사목적부터 검사개발 과정, 검사 실시, 채점 및 해석 방법, 신뢰도 및 타당도, 규준화 과정 및 규준표 등의 내용이 포함되어야 한다. 또한 검사시간, 채점방법, 검사 실시과정에 대한 설명 등을 포함해서 이들이 검사점수에 영향을 줄 수 있는 가능성을 최대한 배제함으로써 검사가 표준화될 수 있도록 만들어야 한다.

한편, 처음에 작성한 규준표를 영원히 사용해서는 안 된다. 시대가 변화함에 따라 검사대상자들의 점수가 전반적으로 향상될 수 있다면 규준표도 시대의 변화에 맞게 다시 새로운 규준집단에게서 자료를 얻어서 수정되어야 한다. 예를 들어, 여성들의 자기실현 욕구를 알아보기 위하여 1960년대에 만들어진 규준표를 30년이 지난 1990년대까지 사용해서는 안 될 것이다. 여성들의 교육향상 및 개방화 등의 여러 여건에 의해서 현재 여성들의 자기실현 욕구는 과거 30년 전보다는 많이 높아졌으리라 생각할 수 있기 때문이다. 따라서 자기실현 욕구검사에서 50점을 받은 여성은 30년 전의 규준표에 의하면 상위 30%에 속했으나 현재도 전체 여성 가운데 상위 30%에 속한다고 보기는 어렵다. 전반적인 점수의 향상으로 아마도 현재는 중간 정도의 점수일 수 있다. 이러한 점을 고려하여 규준표는 대략 10년 정도마다 다시 자료를 얻어서 수정하는 것이 바람직하다.

제6장

신뢰도의 기본 개념

대부분의 검사에서 검사가 본래 측정하려고 하는 속성은 변화하지 않는데도 여러 번 실시할 때마다 검사점수가 계속 변화하는 경우가 있다. 초등학교 5학년인 길동이가 학기 초에 아동용 지능검사를 받았는데 지능지수가 120이 나왔다고 하자. 그런데 길동이가 한 달 후에 동일한 지능검사를 받았더니 이번에는 135가 나왔고 다시 한 달 후에는 105가 나왔다. 아동의 지적 능력이 짧은 시간에 이와 같이 큰 폭으로 변화할 수 있는가? 물론 측정 시 오차 때문에 매번 동일한 점수를 얻기는 어려울 것이다. 그러나 이와 같이 검사점수의 변화가 클 경우 길동이의 부모는 틀림없이 지능검사가 엉터리라고 생각할 것이다. 이러한 결과를 전문적 용어로는 심리검사의 신뢰도가 낮다고 표현한다. 심리검사의 신뢰도(reliability)란 검사점수가 시간의 변화에 따라 얼마나 일관성 있게 나타나는지의 정도를 의미한다.

처음에 문항을 개발했으면 문항분석을 통해서 나쁜 문항들을 제거한 다음 나머지 문항들을 가지고 검사의 신뢰도를 분석한다. 따라서 순서상으로 보면 문항분석을 먼저 하게 되는데, 문항분석 시 신뢰도에 관한 내용이 많이 나타나므로 여기서는 검사의 신뢰도를 먼저 설명하고 문항분석은 다음 장에서 설명하기로 한다.

검사의 신뢰도는 검사가 제대로 만들어졌는지를 판단하는 데 가장 기본이 되는 분석이다. 만약 검사의 신뢰도가 매우 낮게 나타난다면 검사의 타당도를 분석할 필요 없이 그 검사를 사용하지 않는 것이 바람직하다. 이 장에서는 검사의 신뢰도를 이론적으로 설명하는 모형과 신뢰도를 분석하는 다양한 방법들에 관해서 설명하고자 한다. 신뢰도를 분석하는 방법에 있어서 이 장에서는 규준참조검사에 국한해서 설명하기로 한다. 준거참조검사의 신뢰도를 구하는 방법(많은 차이가 있음)은 준거참조검사를 다루는 제13장에서 설명하기로 한다.

1. 검사점수의 변량에 영향을 미치는 요인

아무리 잘 만든 검사라 하더라도 검사를 치를 때마다 검사점수가 동일하게 나오기는 어렵다. 그만큼 검사점수에 영향을 주는 요인이 많다고 할 수 있다. 검사점수의 변량(variability)에 영향을 주는 요인에는 어떠한 것들이 있을까? 이 요인들은 〈표 6-1〉에 제시되어 있다.

첫째, 개인의 지속적이며 일반적인 특성이다. 예를 들어, 어떤 초등학교 학생이 다른 학생에 비해서 국어 단어시험에서 항상 높은 점수를 받는다고 하자. 그 이유는 이 학생이 본래 단어실력이 뛰어나거나 시험을 치르는 요령이 뛰어나기 때문이다. 이 학생은 어떠한 단어시험을 치르든지 별다른 점수의 변화가 없이 비교적 일관성 있는 점수를 얻게 될 것이다.

둘째, 개인의 지속적이나 독특한 특성이다. 예를 들어, 전반적으로 단어 실력이 뛰어나지 않은 아이들이라 하더라도 운 좋게 자신들이 잘 아는 단어들로 이루어진 시험에서는 좋은 점수를 받을 가능성이 있다. 그러나 다른 단어로 구성된 시험에서는 낮은 점수를 받게 될 것이다. 즉, 동형검사를 개발한다고 해도 시험을 치를 때마다 자신이 아는 범위 내에서 나왔는지 아닌지에 따라 점수가 달라질 가능성이 있다.

셋째, 개인의 일시적이나 일반적인 특성이다. 예를 들어, 검사 당일 아프거나 매우 피곤해서 낮은 점수를 얻게 되는 경우가 있다. 그러나 이 학생이 건강하거나 충분한 휴식을 취한 상태에서는 높은 점수를 얻게 된다. 즉, 시험 볼 때 일시적으로 개인의 상태에 따라 다른 점수를 얻게 된다. 일반적으로 개인의 상태가 좋으면 높은 점수, 나쁘면 낮은 점수를 얻을 가능성이 높기 때문에 일반적 특성으로 분류된다.

넷째, 개인의 일시적이며 독특한 특성이다. 예를 들어, 동화책을 읽으면서 모르는 단어들의 뜻을 엄마한테 물어보아서 알게 되었는데, 그 단어들이 다음날 시험에서 나왔다면 그 학생은 그만큼 시험점수에서 일시적으로 이득을 보게 된다. 시험 전에 동화책을 읽어서 새로운 단어들을 알게 되었다 하여도 그 단어들이 매번 시험에서 나오는 것은 아니므로 일반적인 특성이 될 수 없다.

다섯째, 검사환경에 관한 요인이다. 검사 시 소음이나 조명의 밝기에 따라서 학생들의 점수가 달라지게 될 가능성은 많다. 소음이 많거나 어두운 환경에서 시험을 치른 학생은 낮은 점수를 얻게 될 것이다.

마지막으로 잘 모르는데 추측해서 답한 것이 맞는 운 또한 점수에 영향을 줄 수 있다.

이와 같이 검사점수에 영향을 줄 수 있는 다양한 요인들이 있다. 이 가운데 검사점수에서 검사가 본래 측정하려는 개인의 속성 또는 특성(여기서는 학생들의 단어실력)을 정확히 반영하는 부분은 바로 첫 번째 요인이다. 이것은 개인이 검사에서 일관성 있는 점수를 얻는 데 기여하는 요인이다. 다른 요인들은 본래 검사가 측정하려는 부분(단어실력)이 아닌 다른 부분을 점수에 반영하게 되고 그 부분이 항상 일어나는 것이 아니라 상황에 따라 달리

〈표 6-1〉 검사점수의 변량에 영향을 미치는 요인

개인의 지속적이며 일반적인 특성	① 여러 검사에서 지속적으로 유지되는 일반적 특성에서의 능력수준 ② 검사를 치르는 능력 및 기법 ③ 검사 지시사항을 이해하는 능력
개인의 지속적이나 독특한 특성 (상황에 따라 모든 검사에 영향을 미치는 요인)	① 검사 전체에 대한 독특성 • 특정 검사에서 요구되는 특성에서의 능력수준 • 특별한 검사문항 유형에 적합한 지식 • 안정성 있는 반응습관 (예: 사지선다에서 주로 3번을 고르는 경향) ② 검사문항에 대한 독특성 • 특별한 사실을 아는 '우연' 요소 • 일부 사람에게만 익숙한 문항유형
개인의 일시적이나 일반적인 특성	① 건강 ② 피로 ③ 동기 ④ 정서적 긴장 ⑤ 검사요령(일시적으로 지속되는 경우) ⑥ 검사의 메커니즘 이해 ⑦ 온도, 조명, 환기 등의 외적 요소
개인의 일시적이며 독특한 특성	① 검사 전체에 대한 독특한 특성 • 독특한 검사과제의 이해 • 특별한 검사내용을 다룰 수 있는 독특한 기술 • 정신운동검사와 같이 특별한 연습에 의한 영향 • 특별한 검사에 대해 일시적으로 독특하게 반응하는 습관 ② 검사문항에 대한 독특성 • 기억의 변화 • 예기치 못하게 주의집중이 잘 안 되는 경우
검사의 실시에 영향을 미치는 요인	① 검사상황, 검사시간 준수, 지시사항의 명확성 등 ② 검사자와 피검사자의 성격, 성별 및 종교에 따른 상호작용 ③ 평가에서의 부정확성 또는 편견
기타 요인	① 단순한 추측에 의해서 맞히는 운 ② 일시적인 주의산만

Thorndike(1949)에서 인용.

일어나기 때문에 검사점수가 매번 다르고 비일관성 없이 나타나는 데 기여하는 요인이다.

검사가 아무리 신뢰롭게 잘 만들어졌다 하더라도 위의 다양한 요인 때문에 검사점수는 매번 조금씩 달라지게 된다. 검사의 신뢰도 분석이란 검사점수 가운데 이러한 요인이 차지하는 부분이 얼마나 되는지를 계산해 내는 과정이라고 할 수 있다. 이 부분을 제외하면 나머지 부분이 바로 검사가 본래 측정하려고 했던 개인의 속성이기 때문이다. 신뢰도 모형은 검사점수가 일정하게 나타나게 하는 데 기여하는 부분과 일정하지 않게 나타나게 하는 데 기여하는 부분으로 나눔으로써 만들어진다. 이 논리를 토대로 한 신뢰도 모형을 고전적 진점수 모형이라 한다.

2. 고전적 진점수 모형

고전적 진점수 모형(classical true score model)은 Spearman에 의해서 발전되기 시작했다. Spearman은 변수 간의 상관계수에 관한 설명에서 검사점수는 사람의 특성을 정확하게 측정한 점수가 아니기 때문에 오류가 있는 두 검사점수 간의 상관은 실제의 객관적 점수 간의 상관보다 낮다고 주장했다(Spearman, 1904). 이러한 주장을 바탕으로 검사에서 개인이 얻은 관찰점수(observed score)는 다음과 같이 진점수(true score)와 무선오차(random error)의 두 가지 요소로 구성된다는 고전적 진점수 모형이 등장하게 되었다. 간단히 말하면, 진점수는 검사점수의 일관성에 기여하는 부분으로 본래 측정하려는 개인의 특성을 말하며, 무선오차는 비일관적인 검사점수에 기여하는 부분으로 본래 측정하려는 속성과는 관련이 없는 부분을 말한다.

$$관찰점수 = 진점수 + 측정오차 \ (X = T + E)$$

1) 진점수

여기서 관찰점수는 검사에서 개인이 얻은 점수를 말한다. 예를 들어, 20개의 사지선다형 문항으로 구성된 수학시험에서 길동이가 16개를 맞았다면 80점이 된다. 이 점수가 길동이의 관찰점수가 된다. 이 점수는 길동이가 시험내용에 대해서 아는 정도를 정확하게 반영할 수도 있고 그렇지 못할 수도 있다. 길동이가 실제는 60점 정도의 실력밖에 안 되는데 추측으로 답한 네 문항이 더 맞아서 80점이 될 수도 있고, 실제는 90점 정도의 실력인데 답안지에 옮겨 쓰는 과정에서 실수를 범해 두 문항이 더 틀릴 수도 있다. 길동이의 관찰점수는 매번 검사를 치를 때마다 조금씩 차이가 있을 것이다 (길동이가 시험 후 답안을 맞추어 보지 않는다는 가정하에).

길동이가 시험내용에 관해 아는 지식을 정확히 반영하는 점수를 진점수라 한다. 진점수가 얼마나 되는지를 정확히 안다는 것은 불가능하다. 단지 어느 정도일 것이라고 추측할 수 있을 뿐이다. 고전적 신뢰도 모형에서 개인의 진점수는 특정 검사를 무수히 반복해서 실시할 경우 얻어지는 모든 관찰점수의 평균으로 정의한다. 따라서 관찰점수에 일관성 있게 영향을 주는 요인은 모두 진점수를 추정하는 데 포함이 된다.

심리적 변수에서의 진점수와 생물학적 또는 물리적 변수에서의 절대적 진점수는 차이가 있다. 예를 들어, 소아과의사가 어떤 아동이 백혈병에 걸렸을지 모른다는 생각하에 다양한 검사를 실시한다고 가정하자. 검사마다 측정오차 때문에 조금씩 다른 검사결과가 나타날 수 있다. 이 경우 환자가 백혈병에 걸렸는지 아닌지를 알아보기 위해서 모든 검사결과의 평균치를 구해서 결론을 내리는 것은 무의미하다. 환자의 입장에서 보면 백혈병에 걸렸거나 안 걸렸거나 둘 중의 하나일 뿐이다. 즉, 이 아동은 검사결과가 어떻게 나오느냐에 상관없이 병에 걸렸거나 안 걸린 단 하나의 절대적인 진점수를 갖게 된다.

그러나 심리적 변수의 경우 개인의 진점수는 측정과정의 영향을 크게 받는다. 즉, 심리적 변수에서의 진점수는 물리적 변수에서와 같이 측정과정에 상관없이 항상 동일하게 존재하는 절대적 점수가 아니라 모든 가능한 관찰점수들을 평균한 통계적 개념의 점수다. 예를 들어, 웩슬러 지능검사의 경우 응답자는 검사자가 하는 설명을 충분히 듣고 답을 해야 한다. 만약 응답자가 청각장애가 있다면 이 검사에서 낮은 점수를 받게 될 것이다. 그러나 이 응답자가 검사자의 별다른 설명이 필요 없는 다른 지능검사를 치른다면 그 검사에서는 웩슬러 지능검사보다 훨씬 높은 점수를 받게 될 것이다. 어떤 점수가 이 응답자의 지적 능력을 정확하게 반영하는 진점수일까?

여기서 주의해야 할 점은 개인의 진점수란 해당 검사에서의 진점수를 말한다는 것이다. 따라서 두 가지 검사가 있기 때문에 개인은 두 개의 서로 다른 진점수를 가질 수 있다. 결론적으로 심리적 변수에서의 진점수는 오직 하나의 진점수가 존재하는 생물학적 또는 물리적 변수에서와는 달리 측정과정에 따라서 각기 다른 점수가 존재하게 된다.

2) 측정오차

고전적 진점수 모형에서 측정오차는 관찰점수와 진점수 간의 차이다. 측정오차는 일정하게 나타나는 것이 아니라 매우 다양하게 무선적으로 발생한다. 측정오차가 작을수록 검사의 관찰점수는 진점수에 근접하게 된다. 따라서 좀 더 신뢰로운 결과를 얻게 된다. 신뢰도이론의 목적은 바로 이러한 측정오차를 추정하여 최소화하기 위한 방법을 개발해 내는 것이다.

측정오차의 원인은 워낙 다양하고 복잡해서 언제 어떤 원인이 발생해서 오차가 될지 정확히 예측할 수 없다. 측정오차가 무선적으로 나타나는 이러한 특성 때문에 다음과 같은 몇 가지 가정이 가능하다.

① 모집단에서 오차점수의 평균은 '0'이다. 측정오차는 무선적으로 일

어나기 때문에 관찰점수가 실제 진점수보다 높게 또는 낮게 나오도록 작용할 수 있다. 따라서 이 오차점수를 평균하면 '0'이라는 기대값을 갖게 된다.

② 모집단에서 진점수와 오차점수와의 상관은 '0'이다: 오차점수가 무선적인 값을 갖기 때문에 진점수와 오차점수 간에는 체계적인 관련성이 있을 수 없다. 즉, 진점수와 오차점수 간의 공변량은 '0'이 된다. 따라서 관찰점수의 변량은 진점수의 변량과 오차점수의 변량만을 더하면 된다.

③ 두 동형검사(또는 동일검사 2회 시행)에서 오차점수 사이의 상관은 '0'이다. 오차점수는 무선적인 값을 갖기 때문에 두 오차점수 사이에는 아무런 체계적인 관계도 없게 된다.

3. 신뢰도 추정방법

검사의 신뢰도를 추정하는 방법에는 여러 가지가 있다. 어떠한 방법으로 추정하든지 기본적인 목표는 검사점수 변량 가운데 어느 정도가 측정오차에 의한 것이고 어느 정도가 진점수의 변량에 의한 것인지를 알아내는 것이다. 즉, 검사의 신뢰도계수(reliability coefficient)는 다음과 같이 관찰점수 변량에 대한 진점수 변량의 비율로서 정의된다. 검사의 신뢰도계수가 0.75라면 관찰점수 변량의 75%는 진점수 변량에 의한 것이라는 해석이 가능하다. 그러나 정확한 진점수를 얻는 것은 불가능하기 때문에 측정오차가 어느 정도일지를 추정해서 신뢰도를 구하게 된다. 따라서 정확한 신뢰도를 구할 수 없기 때문에 신뢰도 추정치라고 한다.

$$r_{XX} = \frac{\sigma_T^2}{\sigma_X^2}$$

모든 신뢰도 추정방법은 이론적으로 동형검사모형(parallel test model)에 근거하고 있다. 동형검사모형이란 하나의 검사가 있을 때 이론적으로 그와 동질인 검사를 개발한다고 가정하는 것이다. 동질적인 검사를 개발한다는 의미는 한 검사에서 개인들의 진점수가 다른 검사에서의 진점수와 동일함을 뜻한다. 두 검사가 동질적이라고 가정할 경우 두 검사에서 개인이 다른 점수를 얻게 된다면 그것은 검사 자체의 문제가 아니라 측정오차에 의한 것으로 가정할 수 있다. 점수가 다른 정도, 즉 측정오차가 어느 정도인지를 계산함으로써 검사의 신뢰도를 추정하게 된다. 그러나 완벽하게 동질인 검사를 개발한다는 것은 거의 불가능하기 때문에 실제로는 동형검사의 특징을 갖는 검사를 통해서 신뢰도를 추정한다. 검사의 신뢰도를 추정하는 구체적인 방법에 관해서 알아보도록 한다.

1) 검사-재검사법

검사-재검사법(test-retest method)은 사람들이 하나의 검사에 대해 서로 다른 시점에서 얼마나 일관성 있게 반응하는지를 알아봄으로써 신뢰도 추정치를 구하는 방법이다. 새로 개발된 검사를 한 집단에게 실시하고 동일한 검사를 일정한 시간이 경과한 후 동일한 집단에게 다시 실시해서 두 검사점수 간의 상관계수를 구하면 이 계수가 바로 신뢰도 추정치가 된다. 상이한 시점에서 실시된 두 검사 사이의 상관계수이기 때문에 안정도계수(coefficient of stability)라고도 부른다.

동일한 검사가 두 번 실시되기 때문에 두 번째 검사는 첫 번째 검사와 동형(parallel)이다. 따라서 두 검사점수 사이의 차는 측정오차에 기인한다고 가정할 수 있다. 이 상황에서 검사점수의 변화에 영향을 미친 주요 측정오차는 개인의 일시적인 기분상태의 변화가 되겠고, 이외에도 일반적인 실시상의 오류를 비롯해 추측, 실수, 채점 등의 오류도 영향을 줄 수 있다.

이 방법에서 가장 고려해야 할 점은 과연 두 검사 간의 시간간격을 어느 정도로 두느냐 하는 점이다. 너무나 짧아서 사람들이 답을 기억하면 안 되고, 반대로 너무 길어서 성숙효과가 나타나서도 안 된다. 이 물음에 대한 명확한 답은 없으나 검사목적에 따라서 신중하게 고려되어야 한다는 점을 밝힐 필요가 있다. 예를 들어, 유아의 정신운동 발달수준을 평가하려는 검사라면 너무 어리기 때문에 처음에 했던 반응을 기억할 염려는 거의 없다고 볼 수 있다. 그러나 검사 사이의 시간이 너무 길 경우(예: 6개월), 아이들이 정신적으로 성숙되어서 검사점수에 큰 영향을 미칠 수 있다. 따라서 하루에서 일주일 정도가 적절하다고 하겠다.

반면에 성인용 직업적성검사인 경우, 시간간격을 짧게 두면 처음 검사에서의 반응이 기억되어 다음 검사에서의 반응에 영향을 줄 수 있다. 그러나 유아용 검사와는 달리 시간간격을 길게 둘 경우 특별히 문제될 점은 없어 보인다. 성인들의 직업에 대한 적성이 단기간에 변화될 가능성은 없기 때문이다. 또한 직업적성검사는 주로 고등학생 또는 대학생에게 실시해서 몇 년 지나 그들이 졸업한 후 어떠한 직업을 택하는 것이 바람직하다고 말해 주는 상담용으로 사용되기 때문에, 6개월에서 2년 정도의 시간간격을 두고 검사를 다시 실시하는 것이 바람직하다.

검사-재검사법으로 신뢰도 추정치를 구할 경우 몇 가지 단점이 있다.

첫째, 위에서도 언급했듯이 두 검사 사이의 시간간격을 너무 길게 할 경우 측정대상의 속성이나 특성이 변화될 가능성이 높다는 점이다. 예를 들어, 초등학교 저학년의 독해력을 측정하기 위해서 개발한 검사를 3월에 처음 실시하고 9월에 재실시한다고 하자. 6개월 동안 아이들의 독해실력은 개인의 노력 또는 부모들의 극성으로 인해 개인에 따라 상당한 변화가 있을 가능성이 있다. 만약 6개월 동안에 특정 아이들의 독해력이 향상된다면 이는 독해검사에서 그들의 진점수가 변화함을 뜻한다. 따라서 두 번째 검사에서 아이들은 첫 번째 검사와 매우 다른 점수를 받을 가능성이 높고, 이로 인해 두 검사점수 간의 상관계수가 낮아질 가능성이 있다.

이 결과만을 가지고 해석하면 낮은 상관계수 때문에 우리는 검사의 신뢰도가 낮다는 결론을 내리게 된다. 그러나 이러한 결과가 나타난 이유는 실제로 검사 자체에 문제가 있기 때문이 아니라 두 검사 사이의 기간을 너무 길게 두었기 때문이라고 할 수 있다. 검사 간의 시간간격을 너무 길게 둘 경우 신뢰도 추정치가 낮게 나올 가능성이 있으므로 이 결과를 해석하는 데 신중을 기해야 한다.

둘째, 검사를 치르는 경험이 개인의 진점수를 변화시킬 가능성이 있다는 점이다. 이를 반응민감성(reactivity)이라 한다. 예를 들어, 학교에서 화학시험을 치른 후 일부 학생들은 확실하지 않은 답에 대해서 책을 찾아볼 수 있다. 이로 인해 그들의 화학에 관한 지식이 늘게 되어(진점수의 변화) 두 번째 시험점수에 큰 영향을 미치게 된다. 첫 시험에서 점수가 낮은 학생이 열심히 답을 찾아본다면 다음 시험에서는 높은 점수를 받을 수 있고, 처음에 좋은 점수를 받은 학생이 답을 더 찾아보지 않고 그대로 시험을 치른다면 별다른 점수의 변화가 없을 것이다. 두 시험에서 개인의 점수가 이와 같이 변화할 경우 두 검사점수 간의 상관계수는 낮게 되며, 검사의 신뢰도 추정치가 낮아지는 잘못된 결론을 내리게 된다.

정답이 없는 성격검사의 경우에도 이와 같은 경향을 엿볼 수 있다. 예를 들어, 처음에 불안검사를 받고 나서 일부 사람들은 내가 불안수준이 높지나 않을까, 또는 높으면 어떻게 하나와 같은 불필요한 생각 때문에 오히려 처음보다 불안수준이 증가될 가능성(진점수의 변화)이 있다. 이로 인해 일부 사람들의 경우 두 번째 불안검사에서의 점수가 높아질 가능성이 있고, 결과적으로 검사의 신뢰도계수는 낮게 나올 것이다.

셋째, 만약 두 검사 사이의 시간간격이 짧다면(예: 하루) 검사대상자들 가운데는 재검사 시 첫 번째 검사에서 자신이 답했던 것을 기억해서 그대로 답을 쓰는 사람들이 다수 있을 것이다. 이러한 방법으로 처음의 검사가 재검사에 미치는 영향을 이월효과(carry-over effect)라고 한다. 물론 이 상황에서 사람들의 진점수의 변화는 없다. 많은 사람들이 이와 같이 답했다면 그들의 첫 검사에서의 점수와 재검사에서의 점수는 유사하게 되고, 결과적으로 두 검사점수 사이의 상관계수는 높아진다. 이 경우 검사의 신뢰도가 과대 추정되어 이를 그대로 믿을 수 없다는 문제점이 생겨나는 것이다.

끝으로 동일검사를 두 번 실시하는 것은 시간도 오래 걸리고 경비도 이중으로 든다는 단점이 있다.

단, 검사점수가 오랜 시간이 흐른 후에 어떠한 결과가 나타나는지를 알아보려는 경우에는 검사–재검사법이 바람직하다. 예를 들어, 새로운 선발검사를 개발할 때 검사개발자는 이 검사를 통해서 조직에 들어온 사람들이 일정한 시간이 흐른 후에 일을 제대로 수행할지에 가장 큰 관심이 있을 것이다. 이 경우 선발검사의 신뢰도를 알아보기 위해서는 검사–재검사법을 사용하는 것이 바람직하다.

2) 동형법

동형법(alternate form methods)은 연구자가 개발한 검사와 가능한 여러 면(내용, 반응과정, 통계적 특성 등. 예: 일반 지능검사의 다양한 유형)에서 동일한 다른 검사를 개발하고, 두 검사점수 간의 상관계수를 구해서 검사의 신뢰도를 알아보는 방법이다. 완전하게 동질적인 검사를 만들어 냈다면 사람들의 두 검사점수는 동일해야 한다. 만약 점수에서 차이가 있다면 그것은 측정오차에 기인한 결과라는 결론을 내리게 되고, 그 측정오차가 어느 정도나 되는지를 추정함으로써 검사의 신뢰도를 구하게 된다.

신뢰도를 구하는 과정은 개발한 검사 A를 한 집단에게 실시하고, 동형의 검사 B를 바로 이어서 응답자들이 피곤을 느끼지 않을 정도의 시간을 주고 동일 집단에게 실시한 후, 두 검사점수 사이의 상관계수를 구하면 이 계수가 바로 신뢰도 추정치가 된다. 이 계수를 동등계수라고 하는데 이 계수가 클수록 두 검사를 상호 교환해서 사용할 수 있다.

한편, 검사를 두 번 실시할 때 발생할 수 있는 순서효과가 있는지 알아보기 위하여 전체 응답자를 무선적으로 반으로 나누고, 첫 번째 집단에는 검사 1, 검사 2의 순으로 실시하고, 두 번째 집단에는 반대로 검사 2, 검사 1의 순으로 실시하여 두 상관계수를 구하는 것도 바람직하다. 이 방법의 장점은 검사-재검사법에서 문제점으로 지적된 요인들을 상당히 완화시킬 수 있다는 점이다. 먼저 두 검사 사이의 기간이 짧기 때문에 측정속성에서의 변화가 일어날 가능성이 작고, 자신이 답한 문제를 찾아볼 시간이 없기 때문에 반응민감성이 미치는 영향도 크게 줄게 된다. 또한 문제가 유사하기는 하나 서로 다르기 때문에 이월효과도 상당히 줄일 수 있다.

그러나 동형의 검사를 개발하는 데 시간과 비용이 많이 들고, 그러한 검사를 개발하기가 쉽지 않으며, 두 검사가 서로 동질적이라는 보장을 하기가 어렵다는 단점이 있다.

3) 단일검사 시행

검사-재검사법이나 동형검사법은 검사의 신뢰도 추정치를 구하기 위해서 모두 동일 또는 동형의 검사를 재실시해야 한다는 단점이 있다. 검사를 한 번만 실시해서 신뢰도 추정치를 구할 수 있다면 시간과 비용 면에서 상당한 절약을 할 수 있을 것이다. 여기서는 검사를 한 번만 실시해서 신뢰도 추정치를 구하는 방법에 관해서 설명하기로 한다.

(1) 반분법

반분법(split-half method)은 검사를 한 집단에게 실시하고 전체 검사문항들을 반으로 나누어 하위검사 1, 2로 만든 다음, 모든 사람들이 두 하위검사에서 얻은 점수 사이의 상관계수를 구하는 방법이다. 이 방법은 하위검사 2를 동형검사로 간주한다. 이 방법의 장점은 무엇보다 검사를 한 번만 실시하면 되기 때문에 시간과 비용 면에서 많은 절약을 할 수 있다는 점이다. 또한 한 번의 검사 실시로 측정속성의 변화, 이월효과, 반응민감성 등의 문제점을 극복할 수 있다.

그러나 전체 문항들을 반으로 나누는 데 많은 방법이 있으며, 각 방법에 따라 신뢰도 추정치가 달라진다는 단점이 있다. 이상적으로는 모든 방법을 통해서 계산된 상관계수들의 평균값을 신뢰도 추정치로 삼는 것이나, 문항 수가 많을수록 반으로 나누는 방법이 너무 많아지기 때문에 이 역시 현실적으로 좋은 방법은 못된다. 참고로 전체 문항 수가 20개인 경우 이를 반으로 나누는 방법은 총 190가지($_{20}C_2 = 20 \times 19/2 = 190$)나 된다.

또한 전체 문항을 반으로 나누는 방법에서 전반부 문항 반과 후반부 문항 반으로 나누는 경우 신뢰도를 구하는 데 있어서 문제가 생긴다. 예를 들어, 응답자들이 후반부의 문항에 대해 반응할 때 전반적으로 피로나 집중력의 저하로 인해 전반부에 비해서 낮은 점수를 받을 가능성이 있다. 또한 학교에서 치르는 시험과 같은 경우 일반적으로 후반부의 문항들이 어려운 경향이 있다. 이로 인해 상당수의 응답자들이 후반부 검사점수에서 낮은 점수를 받을 가능성이 있다.

적성검사나 지능검사와 같은 경우도 충분한 시간이 주어지지 않기 때문에 후반부의 문항에 답할 시간이 없어서 후반부 검사에서 낮은 점수를 받게 된다. 이와 같이 상당수 응답자들이 후반부에서 얻은 점수가 전반부에서 얻은 점수와 일관성이 없을 경우, 두 검사점수 간의 상관계수는 낮아지게 되어 검사의 신뢰도를 낮게 추정하게 된다.

이러한 문제점을 극복하기 위해서 전체 문항을 나눌 때 홀수번호 문항을 하위검사 1, 짝수번호 문항을 하위검사 2로 나누는 방법을 많이 사용하고 있다.

반분법의 경우 실제적으로는 전체 문항의 반만을 사용해서 검사의 신뢰도를 추정하기 때문에 검사의 신뢰도를 과소추정하게 된다. 이 장의 뒷부분에서 자세히 설명하겠지만 검사문항이 많을수록 신뢰도는 높아지기 때문이다. Spearman과 Brown은 이러한 문제점을 해결하기 위해서 다음과 같은 교정공식을 통하여 반분법을 이용해서 구한 신뢰도를 교정하도록 권고하고 있다.

$$r_t = \frac{2r_s}{1+r_s}$$

r_s: 반분법에서 구한 신뢰도계수
r_t: 원검사의 신뢰도계수

(2) 내적 일관성 방법

반분법이 검사를 반으로 나누는 방식의 수만큼이나 신뢰도 추정치가 많아진다는 문제점을 지적하였다. 이러한 문제점을 제거하고 단일 추정치를 계산해 내기 위한 방법들이 모색되었는데, 내적 일관성 방법(internal consistency method)은 바로 이에 대한 해답을 제공한다.

반분법은 반으로 나누어진 하위검사 2가 하위검사 1과 동형이라는 가정하에 신뢰도계수를 구하였다. 따라서 이는 동형법과 동일한 개념하에서 이해할 수 있다. 내적 일관성 방법도 문항 하나하나를 검사로 생각하면 동형법과 같은 개념이라고 이해할 수 있다. 검사의 신뢰도란 검사를 실시할 때마다 사람들의 점수가 얼마나 일관성 있게 나타나는지의 정도를 뜻한다고 했다. 만약 문항들이 동질적이라면 사람들이 각각의 문항에 얼마나 일관성 있게 답했는지를 파악함으로써 검사의 신뢰도를 추정할 수 있을 것이다. 물론 각 문항에서 사람들의 점수가 일관성 있게 나타날수록 그 검사의 신뢰도는 높을 것이다.

〈표 6-2〉 성의식 척도에 대한 응답자들의 반응

	문항 1	문항 2	문항 3	문항 4	검사점수 (문항점수의 합)
응답자 1	4	5	5	4	18
응답자 2	1	1	2	1	5
응답자 3	3	4	3	3	13
응답자 4	3	2	2	2	9

예를 들어, 리커트식 5점 척도를 이용해서 대학생의 성의식을 측정하는 검사에 대한 응답자들의 반응이 〈표 6-2〉와 같이 나왔다고 하자.

이해를 쉽게 하기 위해서 문항 수는 4개이고 응답자 수도 4명이라고 가정한다. 문항점수가 높을수록 성의식이 개방적임을 의미한다. 표에서 보듯이 4명 모두 각 문항에 대해서 일관성 있게 반응했음을 알 수 있다. 응답자 1은 문항점수가 일관성 있게 높고, 응답자 2는 문항점수가 일관성 있게 낮다. 각 문항점수를 하나의 검사점수로 생각한다면 응답자들의 검사점수가 일관성이 있다는 의미이므로 검사의 신뢰도는 높다고 할 수 있다.

① 크론바 α

내적 일관성 방법에 의해서 신뢰도계수를 추정하는 데는 여러 방법이 있다. 그중 가장 많이 사용되는 방법은 Cronbach(1951)가 만들어 낸 크론바 α다. 이 공식은 다음과 같다. 공식에서 k는 문항 수이고 σ^2_i는 각 문항의 변량, σ^2_x는 전체점수의 변량이다.

$$\alpha = \frac{k}{k-1}\left(1 - \frac{\sum\sigma^2_i}{\sigma^2_x}\right)$$

〈표 6-2〉의 예를 통해 α를 계산해 보면, k = 4, σ^2_1 = 1.67, σ^2_2 = 1.58, σ^2_3 = 3.33, σ^2_4 = 2.00, σ^2_x = 30.92이기 때문에 α는 .96이 된다.

$$\alpha = \frac{4}{3}\left[1 - \frac{(1.67+1.58+3.33+2.00)}{30.92}\right] = 0.96$$

크론바 α는 리커트식의 태도조사나 적성검사와 같이 정답/오답으로 이분채점화되는 검사 등 다양한 검사에 적용할 수 있다. 또한 α는 SPSS-WIN과 같은 컴퓨터 통계 패키지를 이용해서 쉽게 계산할 수 있기 때문에 가장 많이 사용되는 대표적인 내적 일관성계수다.

SPSS-WIN을 이용해서 α를 구하는 방법에 관해 간단히 설명하면 먼저 분석할 데이터 파일을 불러온 후 상단의 메뉴 바에서 [분석(Analysis)]을 선택한 후 하단에 나타나는 다양한 통계분석방법 중에서 [척도화분석]을 선택하고 오른쪽 박스에 나타나는 여러 통계기법 중 [신뢰도분석]을 선택한다. 화면이 바뀌면서 새로운 박스가 뜨는데 박스의 왼쪽에는 데이터 파일에서 사용한 모든 문항들과 변수의 이름이 열거되어 있다. 이 가운데 신뢰도를 계산해야 할 문항들을 선택해서 오른쪽의 빈 공간으로 이동시킨다. 다음은 현재 화면의 박스 하단에서 [통계량]을 선택한 후 새롭게 또는 박스의 왼쪽에서 [문항제거시 척도]를 선택한 후 [계속]을 클릭하여 이 박스에서 빠져 나온다. 마지막으로 문항을 선택한 박스에서 [확인]을 클릭하면 분석 결과(out put) 화면이 뜨면서 α계수와 다른 관련 정보가 나타난다.

〈표 6-3〉은 탁진국(1995)의 연구에서 사용된 Rosenberg(1965)의 자존심 척도를 분석한 결과다. 이 척도는 10개의 문항으로 구성되어 있으며, 각 문항은 리커트식 5점 척도(1: 전혀 동의하지 않는다, 5: 전적으로 동의한다)를 이용해서 측정하도록 되어 있다. 자료는 105명의 남녀 대학생을 대상으로 얻어졌다. 여기서 자존심 문항은 ESTEEM1에서 ESTEEM10으로 명명했다.

각 문항에 대한 통계자료는 다음 장의 문항분석에서 자세히 설명하기로 한다. 여기서 필요로 하는 정보는 맨 마지막 줄에 있는 α계수다. 이 수치가

〈표 6-3〉 자존심 척도의 신뢰도 분석결과

	Corrected Item Total Correlation	Squared Multiple Correalation	Alpha If Item Deleted
ESTEEM1	.6590	.5253	.8692
ESTEEM2	.6862	.5297	.8685
ESTEEM3	.6334	.5421	.8709
ESTEEM4	.6831	.5617	.8684
ESTEEM5	.7003	.5983	.8657
ESTEEM6	.7926	.6683	.8605
ESTEEM7	.5424	.3481	.8778
ESTEEM8	.3114	.2713	.8918
ESTEEM9	.5818	.4571	.8752
ESTEEM10	.6202	.4755	.8732

Reliability Coefficients 10 items

Alpha = .883600 Standardized item = .8866

바로 크론바 α를 나타낸다. 따라서 이 척도의 신뢰도 추정치인 내적 일관성계수는 .88임을 알 수 있다. 옆에 나와 있는 'standardized item alpha'는 각 문항을 표준점수로 변형했을 때의 α를 뜻한다.

Cronbach(1951)는 α계수의 올바른 해석에 대해서 다음과 같이 논의하고 있다. 첫째, 검사의 α계수가 높은 것은 문항 간의 정적 상관이 높음을 의미한다. 따라서 내적 일관성의 지표로만 사용될 뿐이지 검사점수의 안정성이나 동형검사에서 점수의 동등성에 관한 정보는 주지 못한다. 둘째, α계수는 모든 가능한 반분법으로 구한 신뢰도계수들의 평균과 같다. 셋째, α계수가 높다고 해서 검사문항들이 반드시 하나의 차원만을 측정하는 것은 아니다. α계수는 문항 간 공변량의 영향을 받게 되는데, 문항 간 공변량이 크다는 말은 하나 이상의 요인이 존재할 가능성이 있음을 뜻한다. 하나의 요인만이 존재할 경우 응답자의 각 문항에 대한 값은 일정하게 되므로 문항 간 공변량은 낮아진다.

    Cortina(1993)는 문항 수, 문항상호상관들의 평균 및 차원 수가 α계수에 어떠한 영향을 미치는지를 조사했다. 문항 수는 6, 12, 18개로 두고, 문항 상호상관의 평균은 각각 .30, .50, .70으로 조작하였으며, 차원 수는 하나에서 셋까지 정하였다. 분석결과는 〈표 6-4〉에서 보듯이 문항 수가 많을수록, 평균 문항상호상관이 클수록, 그리고 차원 수가 작을수록 α계수가 증가했다.

    이 결과를 좀 더 자세히 살펴보면, 먼저 문항 수는 평균 문항상호상관이 작을 때 α계수에 큰 영향을 미쳤다. 예를 들어, 문항상호상관이 .30인 경우, 문항 수를 6에서 12로 늘렸을 때 α계수는 .72에서 .84로 .08이 증가했다. 그러나 문항상호상관이 .70인 경우 α계수는 .93에서 .96으로 .03만이 증가했다.

    두 번째로 차원이 하나인 경우 평균 문항상호상관이 낮더라도(.3 정도) 문항 수가 충분하면(약 20개 가량) 높은 α계수를 얻을 수 있다. 이는 α계수가 문항 수에 의해서 큰 영향을 받음을 시사한다. 이러한 시사점은 차원이 둘인 경우를 보면 더 명확해진다. 차원이 둘인 경우 평균 문항상호상관이

〈표 6-4〉 문항상호상관의 평균, 문항 수 및 차원 수의 변화에 따른 계수의 변화

	문항 수	평균 문항상호상관		
		r = .30	r = .50	r = .70
		α	α	α
1차원	6	.72	.86	.93
	12	.84	.92	.96
	18	.88	.95	.98
2차원	6	.45	.60	.70
	12	.65	.78	.85
	18	.75	.85	.90
3차원	6	.28	.40	.49
	12	.52	.65	.74
	18	.64	.76	.84

낮아도 문항이 약 14개 이상이면 .70 이상의 α계수를 얻을 수 있음을 알수 있다. 〈표 6-4〉의 결과는 각 차원이 서로 독립적임을 가정했기 때문에 만약 두 차원이 서로 관련되어 있다면(사회과학에서 차원들은 대부분 관련되어 있음) α계수는 더 커지게 된다. 차원이 셋인 경우도 문항 수만 충분하다면 (18개 이상) 평균 문항상호상관이 낮아도 α계수는 최소한의 기준(.60)은 넘게 된다.

α계수가 높다는 의미는 단순히 평균적으로 전체 검사를 반으로 나눈 두 하위검사의 점수가 높은 상관이 있음을 의미할 뿐이다. 두 하위검사가 검사자가 본래 측정하려 했던 구성개념을 제대로 측정하는지는 말해 주지 않는다. 다시 말해, 검사는 무엇인가를 일관성 있게 측정할 뿐이지 무엇을 측정하고 있는지는 정확히 알 수 없으며, 이를 정확하게 알기 위해서는 검사의 타당도를 분석해야 한다.

한편, α계수가 큰 경우 검사의 차원이 하나를 의미하는 것으로 해석되는 경향이 있다. 이 문제를 해결하기 위해서는 먼저 주성분분석(principal component analysis, 이 책 10장의 요인분석에서 설명)을 실시해서 요인의 수가 하나로 나타나면 α계수는 검사가 하나의 차원을 나타낸다고 결론지을 수 있다. 즉, 주성분분석 결과만으로는 그 특성상 요인이 하나라는 결론을 내리기 어려운 점이 있는데, 이 경우 α계수는 검사의 차원이 하나임을 검증하는 확인적 방법으로 사용될 수 있다(Cortina, 1993).

② 쿠더-리처드슨 공식

크론바 α나 리커트식 척도나 이분채점 문항에 상관없이 사용될 수 있는 방법인 데 반해서 쿠더-리처드슨 20(KR 20)은 이분채점 문항에만 사용될 수 있는 방법이다. 즉, 적성검사의 사지선다형과 같이 정답/오답이 있어 특정 문항에서 정답을 하면 1점, 오답을 하면 0점으로 점수를 할당하는 경우, 이 검사의 내적 일관성계수를 구할 때 사용하는 방법이다. 이 방법은

Kuder와 Richardson(1937)이 생각해 낸 것으로서 KR 20과 KR 21의 두
가지 공식이 있다. KR 20라고 명명한 이유는 그들이 새로운 공식을 만들
어 내기 위해서 애를 많이 썼는데, 19번 실패했다가 20번째에 가서 공식을
만들어 냈다고 해서 그렇게 부른다. KR 20 공식은 다음과 같다.

$$KR_{20} = \frac{K}{K-1}\left(1-\frac{\Sigma pq}{\sigma^2_x}\right)$$

여기서 k는 문항 수이고, σ^2_x는 전체 검사점수의 변량이며, pq는 문항 i
의 변량을 의미한다. 또한 p는 각 문항의 난이도이고, q는 (1−p)와 동일
하다. 이분채점 문항인 경우 문항점수의 변량은 문항의 난이도인 p×(1−
p)에 의해서 구하게 된다. Σpq는 각 문항의 변량을 다 더한 값을 뜻한다.
　모든 문항의 난이도가 동일하다면 각 문항의 변량을 구하지 않고 좀 더
쉽게 내적 일관성계수를 구할 수 있는데, 이를 구하기 위한 공식이 바로
KR 21이다. KR 21 공식은 다음과 같다.

$$KR_{21} = \frac{k}{k-1}\left(1-\frac{\overline{x}(k-\overline{x})}{k\sigma^2_x}\right)$$

여기서 $\overline{x}$는 검사점수의 평균을 의미한다.
　모든 문항의 난이도가 동일할 때 KR 20와 KR 21 공식에 의해서 구한 내
적 일관성계수는 같다. 그러나 문항마다 난이도가 다를 때 KR 21에 의해서
구한 계수는 KR 20에 의해서 구한 계수보다 과소추정되는 경향이 있다. 따
라서 검사의 내적 일관성계수를 보고할 때 KR 21만을 보고해서는 안 된다.

4) 신뢰도계수 해석 시 유의사항

이 장의 서두에서 언급했듯이 신뢰도란 검사점수가 시간의 변화에 따라

얼마나 일관성 있게 나타나는지의 정도를 의미한다. 즉, 시간에 따른 안정도(stability)를 말한다. 따라서 단일검사 시행에서 설명한 반분법이나 내적 일관성 방법은 모두 이러한 정의에서 벗어난 것이다. 만일 반분법과 내적 일관성 방법에 의해 특성 검사의 신뢰도를 구한 결과 1.0이 나왔다고 한다면, 이는 검사의 모든 문항들이 동일한 특성(속성)을 측정하고 있음을 시사한다. 그러나 검사가 시간의 변화에 따라 얼마나 안정도가 있는지에 관한 정보는 알 수 없다. 반대로 검사점수가 시간의 변화에 따라 거의 비슷하게 나왔다 하더라도 이 검사문항들이 모두 내적으로 동일한 개념을 측정하고 있다고 말할 수는 없을 것이다. 결론적으로 단일검사법에 의한 신뢰도계수 추정치는 검사-재검사법이나 동형법에 의한 신뢰도계수 추정치를 100% 완벽하게 대치하지 못한다는 점에 주의해야 한다(Campbell, 1990).

4. 일반화이론

앞에서의 신뢰도계수 추정방법은 모두 고전적 진점수이론에 근거한 것이다. 그러나 이러한 방법들이 모든 상황에서 검사의 신뢰도를 계산하는 데 적용될 수 있는 것은 아니다. 예를 들어, 고등학교 국어시험에서 대학입시의 논술시험에 대비해 20점짜리 작문문제를 내고, 이 답안의 채점을 공정성을 기하기 위해 세 사람의 국어교사에게 맡긴다고 가정해 보자. 이 상황에서 앞서 언급한 검사-재검사법, 동형법 및 내적 일관성과 같은 신뢰도 추정방법을 적용하기는 어려울 것이다. 왜냐하면 개인의 시험점수에 영향을 주는 요인은 세 국어교사가 얼마나 일치되게 점수를 주느냐에 있기 때문이다.

또 다른 예로 세 명의 심리학자가 투사법을 이용해서 개인의 권력욕구를 세 번의 다른 시점에 걸쳐서 평가하여 점수를 얻었다고 하자. 이러한 검사

점수에서의 측정오차에 영향을 줄 수 있는 요소는 여러 번의 시점뿐만 아
니라 세 명의 심리학자 사이의 차이도 포함될 수 있다. 여러 번의 검사 실
시에 따른 요소(예: 검사-재검사법)만이 측정오차에 영향을 주는 고전적 진
점수이론은 이 상황에 쉽게 적용하기 어렵게 된다. 여기서의 관심사는 물
론 검사가 신뢰도가 있느냐는 것인데, 이에 대한 해답이 고전적 이론과 같
이 단순하지 않다. 즉, 검사의 신뢰도는 검사의 시간적 차이와 심리학자 간
의 차이인 두 가지 측면에서 고려할 수 있기 때문이다.

　일반화이론(Cronbach, Gleser, & Rajaratnam, 1963; Gleser, Cronbach, &
Rajaratnam, 1965: Rajaratnam, Cronbach, & Gleser, 1965)은 이러한 상황에
서 적용할 수 있는 신뢰도이론이다. 한 검사점수가 다른 조건하에서도 일
반화될 수 있는지가 일반화이론(generalizability theory)에서 초점을 두는
부분이다. 위의 예에서 한 심리학자가 채점한 점수가 다른 심리학자에게도
일반화될 수 있는지, 또는 한 시점에서 채점한 점수가 다른 시점에도 일반
화될 수 있는지에 관심이 있는 것이다. 달리 말하면, 검사시점에 상관없이
세 심리학자들의 평가점수가 비슷한지, 또는 어느 심리학자가 평가하느냐
에 상관없이 검사시점마다 비슷한 점수를 얻는지를 분석하는 것이다.

　이 경우 검사의 신뢰도계수는 어떠한 방법으로 추정할 수 있을까?
Cronbach와 그의 동료들(1963)은 변량분석을 통해서 검사점수의 일관성
에 미치는 변수들의 영향을 조사할 수 있다고 한다. 위의 권력욕구 측정 예
에서 특정 개인에 대해서 평가한 점수의 평균이 〈표 6-5〉와 같이 나왔다

〈표 6-5〉 세 명의 심리학자가 세 번에 걸쳐 평가한 결과

시 기	김	이	박	평 균
1월	77	88	70	78.30
2월	86	86	74	82
3월	92	84	72	82.60
평균	85	86	72	81

고 하자.

표에서 보면 1, 2, 3월의 평균은 비슷해서 시간에 따른 차는 작다고 볼
수 있다. 반면에 심리학자 박은 김과 이와는 큰 차이를 보인다. 따라서 검
사점수에서의 변화는 대부분 심리학자 사이의 차와 관련이 있다. 결국 검
사가 신뢰성이 있는가에 대한 답은 시간적 측면에서 보면 검사의 신뢰성이
있다고 볼 수 있으나 심리학자 측면에서 보면 검사의 신뢰성이 높지 않다.
달리 말하면, 검사점수가 서로 다른 시간으로는 일반화되기 쉬우나 서로
다른 심리학자들로는 일반화되기 어렵다.

일반화이론에서 구체적으로 신뢰도계수를 구하는 방법은 변량분석을 통
해서 가능하다. 위의 〈표 6-5〉에서 시기와 심리학자를 독립변수로, 평가
점수를 종속변수로 두고 이원 변량분석한 결과가 〈표 6-6〉에 제시되어
있다(상호작용 효과는 관심대상이 아니므로 분석대상에서 제외함). 표에서 보듯
이 심리학자 간의 차이는 유의한 것으로 타났으나 시간 차이는 유의하지
않았다. 따라서 검사점수는 시간별로는 신뢰도가 높았으나 평가자별로는
신뢰도가 낮음을 알 수 있다.

일반화이론을 고전적 신뢰도이론과 비교해 보면, 고전적 신뢰도이론은
측정 시 무선오차가 어느 정도 되는지를 추정하는 데 어떠한 신뢰도 추정
방법을 사용하느냐에 따라서 측정오차를 결정하는 요인이 달라진다는 문
제점이 있다. 그러나 일반화이론은 검사점수에서 측정오차를 찾기보다는
검사점수가 어떻게 사용되는지에 관심을 두기 때문에 다양한 상황에 폭넓

〈표 6-6〉 변량분석 결과

변 수	자유도	자승화	F
사람	2	366,00	7.52**
시간	2	32.67	.67

** p < .05

게 적용될 수 있다는 장점이 있다. 즉, 동일한 검사점수가 위의 예에서와 같이 사용의도(예: 시간 또는 심리학자)에 따라서 다른 정도의 신뢰도를 나타나게 된다. 또한 주제통각검사(TAT)와 같이 평가자의 주관적 판단을 요하는 검사에도 사용될 수 있다.

제7장

신뢰도의 응용

앞 장에서는 검사의 신뢰도란 무엇이고 신뢰도를 측정하는 방법에는 어떠한 것들이 있는지 알아보았다. 이 장에서는 검사의 신뢰도계수가 응용되는 상황과 신뢰도계수의 크기에 영향을 주는 요인들 그리고 추가로 고려해야 할 점들에 관해 설명하기로 한다.

1. 측정의 표준오차

검사의 신뢰도는 상대적 측정정보만 제공할 뿐(예: .9는 .7보다 더 신뢰롭다) 점수 자체가 얼마나 정확한 것인가에 관한 절대적 정보는 제공하지 못한다. 각 검사점수의 정확도를 파악하기 위해서는 표준 측정오차를 알아야 한다. 예를 들어, 길동이의 지능을 측정하기 위하여 지능검사를 100번 반복 실시했다고 가정하자. 다양한 유형의 측정오차 때문에 검사의 신뢰도가 완벽하기는 어려우므로 매번 지능점수는 조금씩 다르게 나타난다. 이 점수

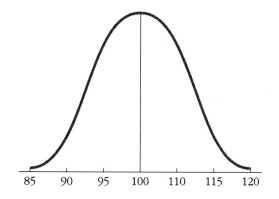

[그림 7-1] 지능지수 100인 길동이의 반복 실시한 지능검사의 분포

들의 분포를 그려 보면 길동이의 진점수를 중심으로 정규분포를 이루게 된다([그림 7-1] 참조, 길동이의 진점수를 100으로 가정).

이 분포의 평균을 진점수, 표준편차를 측정의 표준오차(standard error of measurement: SEM)라고 한다. 표준오차를 구하는 공식은 다음과 같다. 이 공식에서 보듯이 검사의 신뢰도가 높을수록 표준오차의 값은 작아진다.

$$SEM = \sigma_X \sqrt{1 - r_{XX}}$$

σ_x: 검사점수의 표준편차
r_{xx}: 검사의 신뢰도 계수

표준오차는 주로 개인의 관찰점수의 신뢰구간을 설정하는 데 사용된다. 정규분포곡선에서 평균과 ±1σ 사이에 전체 사례 수의 68%가 포함되고 ±1.96α 사이에는 사례 수의 95%가 포함된다. 예를 들어, 성격검사에서 길동이의 진점수가 50이고 표준오차가 5라고 가정하자. 이는 길동이의 성격을 100번 측정할 경우, 길동이의 100개의 관찰점수 가운데 68개의 점수는 진점수 50에서 ±5를 한 점수인 45에서 55점 사이의 값을 갖게 되고, 32개의 점수는 45에서 55점 사이를 벗어날 것이다. 달리 해석하면, 길동이를 한 번만 측정한다면 길동이의 관찰점수가 45에서 55점 사이의 값이 될 가능성이 68%라고 할 수 있다.

2. 신뢰도와 타당도

검사의 신뢰도가 낮은 경우 검사자는 더 이상 검사의 타당도를 분석할 필요 없이 먼저 검사의 신뢰도를 높이기 위한 방법을 모색해야 한다. 문항 분석 결과 좋지 않은 문항을 제거하고 새로운 문항을 추가함으로써 신뢰도를 높이는 노력을 기울여야 한다. 그래도 검사의 신뢰도가 낮은 수준에 머물 경우 그 검사는 폐기처분하는 것이 바람직하다.

검사의 신뢰도가 높지는 않지만 .60 이상은 되어서 다음으로 타당도를 구했더니 타당도계수가 낮게 나왔다고 하자(예: .20 정도). 타당도가 너무 낮게 나와서 실망하기 전에 연구자가 적극적인 사고의 소유자라면 타당도 계수를 좀 더 올릴 수 있는 방법이 없는가를 생각해 보아야 한다. 검사의 신뢰도를 이미 계산했기 때문에 신뢰도계수는 타당도계수를 증가시키는 데 관련이 없는 것으로 생각하기 쉽다. 그러나 원래의 검사에 문항을 더 추가하거나 일부 문항을 변경하는 등의 방법을 통해 검사의 신뢰도를 전보다 높임으로써 검사의 타당도를 증가시킬 수 있다.

검사의 타당도계수가 신뢰도계수의 변화에 따라 어느 정도나 증가하는 지를 알아보기 위하여 Spearman(1904)의 공식을 사용한다. Spearman은 측정오차가 두 검사 X와 Y 사이의 상관계수를 낮추는 작용을 하기 때문에 신뢰도가 낮은 두 검사 간의 상관은 실제의 상관계수(X와 Y가 완벽하게 측정되었을 경우)보다 낮아진다고 주장하였다. 이 공식은 검사 X와 Y의 신뢰도가 완전할 경우(신뢰도계수 1.0) 두 검사 사이에 기대되는 최대의 타당도계수를 구하는 방법을 보여 준다.

$$r'_{xy} = \frac{r_{xy}}{r_{xx} \times r_{yy}}$$

r_{xy}: 현재의 타당도계수(검사 X, Y 간의 상관계수)
r'_{xy}: 새로운 타당도계수(공식에 의해 교정된 상관계수)
r_{xx}: 검사 X의 신뢰도계수
r_{yy}: 검사 Y의 신뢰도계수

〈표 7-1〉은 이 공식에 의하여 새로 계산한 타당도계수를 보여 준다. 표에서 보듯이 검사 X와 Y의 신뢰도가 낮을 경우 타당도계수가 증가하는 폭은 크다.

그러나 현실적으로 검사의 신뢰도를 1.0이 되도록 만드는 것은 불가능하기 때문에 위의 공식보다는 X와 Y의 신뢰도가 증가할 때 타당도계수가 어느 정도나 향상되는지를 계산하는 다음의 공식이 더 많이 사용된다. 다음 공식에서 현재 검사의 X와 Y의 신뢰도가 각각 .70과 .75이고 두 검사 사이의 상관이 .40인 경우, 두 검사의 신뢰도를 모두 .90으로 증가시키면

〈표 7-1〉 교정된 타당도계수

현재 상관계수	X의 신뢰도	Y의 신뢰도	교정된 상관계수
.30	.90	.80	.353
	.70	.60	.462
	.50	.40	.671
	.40	.30	.867
.20	.90	.80	.235
	.70	.60	.308
	.50	.40	.447
	.40	.30	.578
.10	.90	.80	.117
	.70	.60	.154
	.50	.40	.223
	.40	.30	.289

두 검사 간의 상관은 .50으로 상향조정된다. 〈표 7-2〉는 이러한 관계를 자세히 보여 준다.

$$r'_{xy} = \frac{r_{xy}\sqrt{newr_{xx} \times newr_{yy}}}{\sqrt{oldr_{xx} \times oldr_{yy}}}$$

〈표 7-2〉 두 검사 X와 Y의 신뢰도계수 증감에 따른 타당도계수의 변화

신뢰도 증가		교정 상관계수	신뢰도 감소		교정 상관계수
r_{xx}	r_{yy}	r'_{xy}	r_{xx}	r_{yy}	r'_{yy}
.75	.80	.43	.65	.70	.37
.80	.85	.45	.55	.60	.31
.85	.90	.48	.45	.50	.26
.90	.90	.50	.45	.45	.25
.95	.95	.52	.40	.40	.22

$r_{xy} = .40, r_{xx} = .70, r_{yy} = .75$

3. 신뢰도에 영향을 주는 요인

1) 개인차

만약 사람들의 개인차가 존재하지 않는다면 모든 사람들은 동일한 검사 점수를 받게 되고 검사점수의 변량이 0이 되기 때문에 신뢰도계수는 0.0이 된다. 반면, 검사대상이 되는 집단의 개인차가 클수록 검사점수의 변량은 커지며 신뢰도계수도 커지게 된다. 따라서 검사의 신뢰도는 검사대상에 따라 달라지게 된다. 예를 들어, 대입수능시험을 과학고 학생들에게만 실시한다면 시험점수의 변량은 작아지고 신뢰도계수는 낮아질 것이다. 반면에 일반 고등학교 학생들에게 실시한다면 시험점수의 변량은 커지고 신뢰도계수도 커질 것이다.

검사의 신뢰도가 이와 같이 대상집단에 따라 달라지기 때문에 검사의 신뢰도를 다른 논문에서 인용할 때는 주의해야 한다. 현재 연구자가 표집대상으로 삼은 사람들이 전의 연구에서의 표집과 차이가 난다면 과거 연구에서 검사의 신뢰도가 높게 나왔다고 해서 그 검사를 아무런 검증 없이 현재의 연구에 사용하는 것은 문제가 될 소지가 있다. 따라서 논문이나 검사요강에 기술된 표집의 구성이 어떻게 되어 있는지를 자세히 살펴볼 필요가 있다.

2) 문항 수

볼링을 처음 배우는 사람이 첫 게임에서 처음에 던진 볼로 스트라이크를 냈다고 하자. 이 결과 하나만 가지고 그 사람의 볼링 실력이 뛰어나다고 결론을 내릴 수 있을까? 아마도 대부분의 사람은 그렇지 않다고 생각할 것이다. 물론 천부적인 재능으로 스트라이크가 날 가능성이 전혀 없는 것은 아니다. 그러나 그 사람의 볼링 실력에 대해 신뢰성 있는 결론에 도달하기 위해서는 여러 게임에 걸쳐서 그가 어떤 점수를 기록하는지를 관찰해야 할 것이다.

심리검사의 경우도 마찬가지다. 개인의 성격을 측정하는 데 하나의 문항만을 가지고 검사를 구성한다면 그 검사점수의 결과가 신뢰성 있다고 기대하기는 어려울 것이다. 검사문항의 수가 많을 때 우리는 그 검사결과의 신뢰성에 더 많은 확신을 갖게 될 것이다.

수리적으로도 검사문항이 많을수록 검사점수의 총점은 커지고 점수들의 표준편차는 증가할 가능성이 높다. 따라서 검사의 변량이 커지게 되며 신뢰도계수는 높아지게 된다.

현재 20개 문항으로 구성된 내향성 성격검사의 신뢰도가 .60일 경우, 문항을 20개 더 추가하면 검사의 신뢰도는 얼마나 증가할까? 다음의 스피어만-브라운(Spearman-Brown) 공식을 이용하면 이 물음에 쉽게 답할 수 있다. 다음 공식에서 r_{xx}는 원검사의 신뢰도를, r'_{xx}는 문항을 늘렸을 때의 교정된 신뢰를 말한다. n은 문항을 추가해서 새로 만든 검사의 문항이 추가하기 전 검사문항의 몇 배인지를 나타낸다.

$$r'_{xx} = \frac{n \times r_{xx}}{1+(n-1)r_{xx}}$$

위의 예에서 새로운 검사의 전체 문항 40개는 처음에 20개로 구성된 문항의 2배이므로 n은 2가 된다. 공식에 대입하면 새로운 검사의 신뢰도는 다음과 같이 .75가 된다.

$$r'_{xx} = \frac{2 \times .60}{1+(2-1) \times .60} = .75$$

반대로 20개 문항으로 구성된 적성검사의 신뢰도가 .60인데 이를 .75로 만들고 싶은 경우 문항을 몇 개나 추가해야 될지 알고 싶은 때가 있다. 이를 좀 더 쉽게 계산하기 위해서 위의 공식을 다음과 같이 변형시킬 수 있다.

$$n = \frac{r'_{xx}(1-r_{xx})}{r_{xx}(1-r'_{xx})}$$

이 공식에 위의 수치를 대입하면

$$n = \frac{.75(1-.60)}{.60(1-.75)} = \frac{.30}{.15} = 2$$

n = 2이므로 문항은 두 배로 증가시켜야 한다. 따라서 20개 문항의 두 배인 40개 문항으로 증가시키면 신뢰도계수 .75를 얻을 수 있다.

문항 추가 시 몇 가지 고려할 점은 우선 검사문항의 수가 증가함에 따라 그 검사의 신뢰도가 정비례해서 증가하는 것은 아니라는 점이다. 어느 정도까지는 문항 수를 늘림으로써 신뢰도를 증가시킬 수 있으나 한계에 도달하면 문항 수를 많이 늘리더라도 신뢰도는 조금밖에 증가하지 않는다. 따라서 문항을 늘려 신뢰도를 증가시키는 데 따르는 손익을 충분히 고려해야 한다.

예를 들어, 어떤 검사의 신뢰도가 .60일 경우, 문항 수를 2배로 늘리면 신뢰도는 .75로 증가하고, 3배로 늘리면 신뢰도는 .81이 되며, 5배로 늘리면 신뢰도는 .88이 된다. 여기서 문항을 2배로만 늘려 신뢰도 .75에 만족할 것인지, 아니면 시간과 비용이 많이 들더라도 5배로 늘려서 신뢰도를 .88로 만들 것인지를 심각하게 고려해야 한다.

또한 문항을 추가할 경우 추가되는 문항은 원래의 문항과 내용과 난이도에서 유사해야 한다. 내용이 다른 문항을 추가할 때에는 검사의 신뢰도가 증가하는 것은 아니라 오히려 낮아지게 된다.

3) 문항반응 수

개인의 직무만족, 조직몰입 및 경력몰입 등과 같은 태도를 조사하려는 경우 대부분 리커트(Likert) 척도를 이용하게 된다. 이 경우 많은 사람들은 5점 또는 7점 척도를 이용해 개인의 태도를 측정한다. 만약 5점 또는 7점이 아닌 11점 또는 15점 척도를 사용하면 검사의 신뢰도에 어떤 영향을 주게 될까? 검사의 신뢰도는 계속해서 높아질까, 별다른 변화가 없을까? Cicchetti, Showalter 및 Tyrer(1985), Jenkins와 Taber(1977) 등의 컴퓨터 시뮬레이션 연구에 따르면 문항에 대한 반응 수가 5나 7을 넘게 되면 검사의 신뢰도는 더 이상 올라가지 않고 평행선을 긋게 된다고 한다. 따라서 리커트 척도를 이용하는 경우 검사의 신뢰도를 높이기 위해서 문항에 대한 반응 수를 크게 늘리는 것은 바람직하지 못한 결정이라고 볼 수 있다.

4) 검사유형

검사는 실시시간을 기준으로 속도(speed)검사와 역량(power)검사로 나눌 수 있다. 속도검사는 지능검사와 같이 문항의 난이도에서는 쉬운 편이나 문항 수가 많고 주어진 시간이 제한되어서 시간 내에 다 풀 수 없는 문제로 구성된 검사를 말한다. 즉, 몰라서 문제를 풀지 못하는 것이 아니라 시간이 부족해서 풀지 못하게 되는 것이다. 반면에 역량검사는 학교에서 실시하는 중간·기말시험과 같이 시간이 부족하다기보다는 문제의 답을 몰라서 풀지 못하게 되는 검사를 말한다.

속도검사의 경우 전후반분법을 이용해 신뢰도를 추정하는 방법은 적합하지 못하다. 속도검사는 충분한 시간이 주어지지 않기 때문에 후반부의 문항에 답할 시간이 없어서 검사의 후반부에서 낮은 점수를 받게 된다. 따라서 전반부와 후반부 점수 사이의 상관계수는 낮아지게 된다. 이 문제점을 해결하기 위해서 검사 전체를 전반, 후반으로 나누지 않고 짝수번호와 홀수번호로 분류하여 상관계수를 구한다.

속도검사의 경우 검사-재검사법을 이용하여 신뢰도계수를 구하는 방법은 적합하다고 볼 수 있다. 속도검사는 문항 수가 많고 쉬우며 별로 중요하지 않은 내용이기 때문에 피검사자가 일일이 문항을 기억하기 어렵다. 따라서 다시 재검사를 실시한다 해도 처음의 검사를 치른 경험이 별다른 영향을 주지 못할 것이다.

5) 신뢰도 추정방법

신뢰도를 추정하는 방법에는 여러 가지가 있다고 앞 장에서 설명한 바 있다. 각 방법에 따라 측정오차가 조금씩 차이가 있는데, 예를 들어 검사-재검사법을 이용해 신뢰도를 추정하는 경우 두 검사 실시 사이의 시간이 길어짐에 따라 일부 개인의 속성에서 변화가 일어날 수 있어 이것이 측정오차로 작용한다. 그러나 내적 일관성 방법을 사용하는 경우 이러한 측정 오차는 나타나지 않게 된다.

측정오차가 클수록 신뢰도계수는 그만큼 작게 계산될 가능성이 높다. 따라서 내적 일관성 방법이 동형법을 이용한 경우보다 신뢰도계수가 더 높고, 동형법은 검사-재검사법을 이용한 경우보다 신뢰도계수가 더 높을 수 있다. 그 이유는 내적 일관성 방법을 이용해 신뢰도계수를 구할 경우 측정오차에 기여하는 부분이 가장 적기 때문이다(자세한 측정오차에 관한 설명은 제6장의 신뢰도 추정방법을 참고할 것). 물론 검사-재검사법을 이용해 구한 신뢰도계수의 크기가 내적 일관성 방법을 이용한 경우보다 더 큰 경우도 있을 것이다. 예를 들어, 피검사자가 첫 검사에서 모든 문항에 대한 반응을 기억해서 두 번째 검사에서 동일하게 답했다면 검사-재검사 신뢰도계수는 1.00이 된다.

4. 기타 고려해야 할 점

1) 검사점수 차의 신뢰도

기업의 연수교육 담당자가 비서직을 대상으로 새로운 워드프로세서를 다루는 교육을 실시한 후, 교육 전과 비교해서 어느 정도의 효과가 있는지를 알아보려 한다. 교육 후의 검사점수에서 교육 전의 검사점수를 빼서 개인의 점수를 구성했다고 하자. 이 점수의 신뢰도는 어느 정도나 될까? 각 검사의 신뢰도가 높다고 해도 두 검사 간의 상관이 높다면 두 검사점수 차의 신뢰도는 낮게 된다. 이 상황에서 신뢰도계수를 구하는 공식은 다음과 같다.

$$r_d = \frac{\dfrac{r_{xx}+r_{yy}}{2} - r_{xy}}{1-r_{xy}}$$

r_d: 두 검사점수 차의 신뢰도
r_{xx}: 검사 X의 신뢰도
r_{yy}: 검사 Y의 신뢰도
r_{xy}: 검사 X와 Y의 상관

이 공식에서 차이점수의 신뢰도가 높기 위해서는 각 검사의 신뢰도가 높아야 하고 두 검사점수의 상관은 낮아야 한다. 이를 이론적으로 설명해 보면, 고전적 신뢰도이론에서 언급했듯이 X와 Y에서의 관찰점수는 각각 진점수와 측정오차로 구성되어 있기 때문에 X와 Y의 관찰점수 사이의 차는 다음의 식과 같이 진점수에서의 차와 측정오차에서의 차로 구성된다.

$$X-Y = (T_X - T_Y) - (e_X - e_Y)$$

X와 Y의 상관이 높을 경우 X의 진점수 부분은 Y의 진점수 부분과 많이 일치하게 된다. 그 결과 두 점수차의 대부분은 진점수에서의 차가 아니라 측정오차에 기인하게 된다. 따라서 X와 Y의 상관이 높을수록 두 점수차의 신뢰도는 측정오차로 인하여 낮아지게 된다.

흔히 사전검사와 사후검사를 사용해서 특정 교육의 성과를 측정하는 경우가 많다. 이때 개인의 사후검사 점수에서 사전검사 점수를 뺀 점수를 토대로 개인의 교육성과(누가 가장 많이 배웠고 누가 가장 배우지 못했는지 등)를 측정한다면 이는 결과해석에서 오류를 범할 가능성이 있다. 두 검사점수의 상관이 높을 가능성이 많기 때문에 나타난 결과의 신뢰성을 의심할 수 있다. 예를 들어, 어떤 사람의 점수차가 가장 클 경우 그 사람이 가장 많이 학습했다는 결론의 신뢰성은 떨어지게 된다. 그 사람이 만약 동형의 다른 사후검사를 받게 된다면 비슷한 점수를 받지 못할 가능성이 높을 것이다. 따라서 개인의 두 검사점수에서의 차를 이용해서 변화의 정도를 측정하려는 경우 해석에 상당한 주의가 필요하다.

2) 검사점수 합의 신뢰도

두 검사점수를 빼는 대신에 합해서 하나의 점수를 만들면 그 점수들의 신뢰도는 어떻게 될까? 결론부터 말하면 앞의 경우와는 반대로 검사 간의 상관이 높을수록 합한 점수의 신뢰도는 높아진다.

신뢰도를 구하는 공식은 다음과 같다.

$$r_{ss} = \frac{k-(k \times r_{ii})}{1-k+[(k^2-k)r_{ij}]}$$

r_{ss}: 검사점수 합의 신뢰도
k: 검사의 수
r_{ii}: 각 검사의 신뢰도 평균
r_{ij}: 검사 간의 상관 평균

검사 간의 상관이 높을수록 검사점수 합의 신뢰도가 높아지는 이유는 내적 일관성 방법과 관련해서 쉽게 이해할 수 있다. 서로 개념이 비슷한(즉, 문항 간 상관이 높은) 문항의 수를 늘리면 내적 일관성계수는 증가한다고 앞 장에서 설명한 바 있다. 여러 문항점수를 합해서 하나의 검사점수를 얻는 방법이나 여러 검사점수를 더해서 하나의 통합점수를 만드는 방법은 본질적으로 동일하다. 따라서 하나의 검사보다는 서로 상관이 있는 여러 검사를 합해서 하나의 통합점수를 만들면 신뢰도는 증가하게 된다.

3) 신뢰도 크기

검사의 신뢰도는 어느 정도가 되어야 안심하고 사용할 수 있을까? 검사의 신뢰도가 높을수록 좋다는 사실은 새삼 강조할 필요가 없다. 그러나 검사의 신뢰도를 높이는 데는 그만큼의 시간과 비용이 더 들어가게 된다. 검사를 완성하기까지 여러 번 실시해서 나쁜 문항은 제거하고 좋은 문항은 살리고, 그래도 신뢰도가 높아지지 않을 경우에는 새로운 문항을 추가해야 하기 때문이다.

일률적으로 신뢰도의 크기가 얼마 이상이어야 한다는 기준은 마련되어 있지 않다. 먼저 검사가 사용되는 상황에 따라 다소 차이가 있을 수 있다. 만약 대학수능시험이나 입사시험과 같이 검사점수가 중요한 결론을 내리는 데 사용되는 경우 높은 수준의 신뢰도가 필요하다. 반면에 입사시험에서 응시자가 너무 많아 일차적으로 수준이 매우 낮은 사람(예: 하위 20%)들을 탈락시키기 위해서 실시하는 검사인 경우 신뢰도가 다소 낮아도 받아들일 수 있을 것이다.

지금까지 나와 있는 다양한 유형의 심리검사들이 보고한 신뢰도 크기를 종합해 보면 〈표 7-3〉과 같이 정리할 수 있다(Murphy & Davidshofer, 1991). 대체로 .90 이상이면 높은 수준의 신뢰도로 보고, .80 이상이면 중간 수준 이상으로 본다. 그리고 .70 정도면 낮은 수준으로 간주하고, .60 이하면 받아들이기 어려운 검사로 볼 수 있다.

〈표 7-3〉 다양한 심리검사의 신뢰도 크기

신뢰도 추정치	검사유형	해 석
.95		측정오차가 거의 없음
.90	표준화된 지능검사	높은 수준의 신뢰도
.85	표준화된 성취검사	
.80		중간 수준의 신뢰도
.75	사지선다 시험	
.70	평정척도	
.65		
.60	투사법 검사	낮은 수준의 신뢰도
.55		
.50		

4) 신뢰도와 검사내용의 범위

검사의 신뢰도와 그 검사가 다루고자 하는 내용의 범위는 어떠한 관련이 있을까? 우선적으로 검사의 신뢰도를 높이는 것이 목적이라면 검사가 다루어야 하는 내용의 범위를 좁히는 것이 바람직하다. 예를 들어, 직무만족을 측정하기 위한 척도를 개발하려는 경우 승진에 관한 문항만을 포함하는 척도가 승진과 상사에 대한 만족 문항을 함께 넣어 구성한 척도보다 신뢰도계수(내적 일관성계수)가 더 높게 나타날 것이다.

승진에 관한 문항만을 포함할 경우 동일한 내용의 문항을 다루기 때문에 전반적으로 문항 간 상관은 높게 되고, 그에 따라 내적 일관성계수도 커지게 된다. 반면에 승진과 상사에 대한 만족 문항을 다 포함하는 경우 승진에 대해서는 만족하나 상사에 대해서는 만족하지 않은 사람도 있기 때문에 문항 간 상관이 낮은 문항도 있게 된다. 결과적으로 내적 일관성계수는 다소 낮아지게 될 것이다.

물론 모든 검사에서 신뢰도계수를 높이는 것만이 능사는 아니다. 완벽한 신뢰도계수를 갖는 것은 좋으나 그렇다고 제한된 범위만의 내용을 다루는 것은 그 희생이 너무 클 수도 있다. 양자의 균형을 어떻게 맞출 것인지는 결국 검사개발자가 판단할 문제다. 검사개발자는 한 면만을 보고 다른 면은 간과해 버리는 우를 범해서는 안 될 것이다.

제8장

문항분석

새로운 검사개발 시 모든 검사개발자가 바라는 바는 가능한 작은 수의 문항으로 높은 수준의 신뢰도와 타당도를 얻는 일이라고 할 수 있다. 이는 신뢰도와 타당도를 낮추는 데 기여하는 문항들은 제거하고 높이는 데 기여하는 문항들만을 포함시킴으로써 가능해진다. 어떠한 문항이 좋은(즉, 신뢰도와 타당도를 높이는) 문항인지를 알기 위해서는 문항 하나하나를 분석하는 과정을 거쳐야 하는데, 이러한 과정을 문항분석(item analysis)이라고 한다. 이 장에서는 다양한 문항분석 기법에 관해서 설명하기로 한다. 그리고 다양한 문항분석 기법 중에서 규준참조검사의 경우에만 국한시켜서 설명하기로 한다. 준거참조검사에서의 문항분석은 제13장에서 설명하기로 한다.

1. 반응분포분석

반응분포분석(distractor analysis)은 적성검사나 성취검사의 경우와 같이 정답이 있는 선다형의 문항에서 각각의 선택지를 택한 사람들이 몇 명인지를 분석하는 기법을 말한다. 바람직한 문항이라면 응답자들이 정답 이외에 다른 선택지를 택할 확률은 비슷해야 한다. 예를 들어, 사지선다형의 경우 특정 문항에서 정답을 한 사람들의 비율이 40%라면 나머지 각 선택지를 택하는 사람의 비율도 동일하게 20%(60/3)가 되는 것이 바람직하다. 만약 사지선다형이라도 두 선택지가 정답과 큰 차이가 있다면, 응답자의 입장에서는 넷 중에 하나를 고르는 것이 아니라 둘 중에 하나를 고르는 결과가 된다.

2. 평균 및 표준편차

문항의 평균과 표준편차도 문항이 잘 만들어졌는지를 분석하는 데 참고해야 할 통계치다. 예를 들어, 대학생의 성의식을 알아보기 위하여 리커트(Likert)식 5점 척도를 사용했는데 어떤 문항의 평균이 4.8이 나왔다면, 이는 대부분의 응답자들이 그 문항에 대해서 '5'에 표시한 것이라고 볼 수 있다. 달리 말하면, 성의식이 개방적이든 보수적이든 거의 모든 응답자들이 동일한 번호인 '5'를 선택한 것이다. 따라서 그 문항은 응답자들의 성의식 성향을 충분히 변별해 주지 못하는 문항이라 해석할 수 있으므로 제거하는 편이 바람직하겠다.

만약 다른 문항에서 평균치가 3.20이 나왔다면 이는 사람들이 그 문항에 대해 다양하게 대답했으리라는 간접추론이 가능하다. 그러나 이러한 추론이 정확한지를 알아보기 위해서는 문항의 표준편차를 살펴보아야 한다. 만약 문항의 표준편차가 .10이라면 이는 응답자들이 그 문항에 대해서 다양한 번호를 선택한 것이 아니라 대부분 '3'을 선택했음을 입증하는 것이다. 따라서 그 문항 역시 바람직한 문항이 못된다.

결국 문항의 평균과 표준편차도 특정 문항을 살릴 것인지 제거할 것인지를 결정하는 데 참고자료로 사용될 수 있다. 문항의 평균이 극단적인 값을 갖고 있거나(예: 리커트 5점 척도에서 1.0 또는 5.0에 가까운 수치) 표준편차가 지나치게 작은 경우, 이는 그 문항에서 점수들의 분산이 작다는 의미이므로 바람직한 문항이라고 볼 수 없다.

3. 문항의 난이도

문항의 난이도(item difficulty)는 특정 문항을 맞춘 사람들의 비율로서 보통 P로서 표시한다. 이것은 .00에서 1.00 사이의 값을 가지며, 값이 높을수록 문항이 쉬움을 의미한다. 문항의 난이도는 성취검사나 적성검사와 같이 정답이 있는 사지선다형의 문항분석에 주로 사용된다. 이 비율이 너무 낮거나(아주 어렵거나) 높은 경우(너무 쉬운 경우) 좋은 문항이 못된다. 대부분의 사람이 해당 문항을 거의 맞히지 못했거나 거의 모든 사람이 맞혔다는 의미이므로 개인의 능력을 잘 변별해 주지 못하는 문항이 된다. 즉, 문항이 너무 어려우면 능력의 높고 낮음에 상관없이 문항을 맞히기 어렵고, 문항이 너무 쉬우면 능력수준에 상관없이 많은 사람들이 문항을 맞히게 된다는 문제점이 있다. 이 경우 검사점수의 변량이 작아져서 결국 검사의 신뢰도나 타당도는 낮아지게 될 것이다.

제3장의 기초 통계개념 부분에서 언급했듯이, 점수들의 표준편차(변량)의 값이 커야만 상관계수도 커질 수 있고 결과적으로 검사의 신뢰도계수나

타당도계수도 커지게 된다. 검사점수들의 변산도(variability)는 문항의 난이도가 .50일 때 최대값이 된다. 논리적으로 생각하면 문항마다 문항을 맞히는 사람들이 반, 못 맞히는 사람들이 반 정도 되면 그만큼 사람들의 전체 점수에서 변화폭이 클 가능성이 많아질 것이다. 또한 수리적으로 본다면 문항이 이분적으로 점수화되는 경우(맞히면 1점, 틀리면 0점), 문항의 변량을 구하는 공식은 $P \times (1-P)$이다. 여기서 P는 문항을 맞힌 사람들의 비율, 즉 문항의 난이도를 의미한다. P가 .50일 때 문항의 변량은 최대값 $.50 \times .50 = .25$가 된다. P가 .30이거나 .10인 경우를 비교해 보면 P가 .30일 때의 변량은 $.21(.30 \times .70)$이 되고, .10일 때의 변량은 $.09(.10 \times .90)$가 된다.

따라서 문항의 난이도는 중간 정도의 수준(P = .50)이 가장 바람직하다. 그러나 모든 문항들의 난이도를 중간 정도로 하기는 어려울 것이다. 이에 모든 문항들의 난이도 평균이 중간 수준이 되게끔 만들 필요가 있다.

한편, 모든 상황에서 문항의 난이도가 중간 수준인 것이 바람직한 것은 아니다. 예를 들어, 초등학교에서 영재교육을 시키기 위해서 우수한 학생들을 선발하고자 할 경우에는 난이도가 낮은 어려운 문항들을 많이 포함시키는 것이 바람직하다. 반면에 회사에서 중졸 이상의 학력을 가진 생산직 근로자를 선발하기 위해서 응시자들이 직무를 수행하는 데 요구되는 기본적인 독해능력이 있는지를 알아보려는 경우, 전반적으로 문항의 난이도가 높은 쉬운 문항들을 검사에 많이 포함시키는 것이 바람직하다.

문항의 난이도에서 중요하게 고려해야 할 사항은 대부분의 성취 및 적성 검사에서 문항난이도가 .50보다 다소 높은 .60에서 .80 사이의 값을 갖는 경우가 많다는 점이다. 이것은 정답이 있는 선다형의 문항인 경우 응답자들이 추측으로 문항을 맞히는 경우가 많이 발생하기 때문이다. 특정 문항의 분산은 정답을 아는 응답자가 반, 그리고 정답을 모르는 응답자가 반일 경우 최대가 될 것이다. 그러나 정답을 모르는 반이나 되는 응답자 중에서도 추측에 의해서 문항을 맞히는 사람들이 상당수 있을 것이다. 즉, 엄밀히 따지면 문항의 난이도는 응답자가 문항에 대해서 아는 본래의 지식과 추측에 의해서 영향을 받게 된다. 문항을 추측에 의해서 맞힐 확률은 선택 번호가 m개 있다면 1/m이 된다. 따라서 이상적인 P값은 단순히 .50가 아니다. 추측해서 맞히는 경우를 고려할 때 P값이 얼마나 더 높아지는가는 다음과 같은 공식에 의해서 알 수 있다.

$$P = .50 + .50/m$$

〈표 8-1〉은 선다형의 유형에 따라서 얻어지는 이상적인 P값을 보여 준다. 문항의 선택지 수가 작을수록 P값은 커짐을 알 수 있다. 그러나 실제로 문항의 정답을 몰라서 추측해서 맞히려고 할 때, 그 문항을 맞힐 확률은 1/m이 아니라 그보다 더 큰 값인 1/m-1 또는 1/m-2일 가능성이 높다. 그 이유는 가령 사지선다형의 문항에서 응답자가 정답은 모른다 해도 네 개의 선택지 가운데 하나 또는 둘은 확실히 정답이 아니라는 생각을 가질 수 있기 때문이다. 이 경우 응답자가 문항을 맞힐 확률은 1/4이 아니라 1/3 또는 1/2이 될 수 있으며, 선택지 수에 따른 바람직한 P값은 표에서 보여 주는 값보다 좀 더 큰 값이 될 수 있다.

〈표 8-1〉 선택의 수가 다른 선다형 문항에서의 이상적인 P값

선책지 수	정답을 아는 응답자 비율	추측해서 맞히는 응답자 비율	난이도
4지선다형	.50	.50/4	.50+(.50/4) = .62
3지선다형	.50	.50/3	.50+(.50/3) = .67
2지선다형	.50	.50/2	.50+(.50/2) = .75

4. 문항의 변별력

문항의 변별력(item discrimination)이 높다는 의미는 그 문항이 전체검사에서 높은 점수를 받은 사람과 낮은 점수를 받은 사람을 잘 변별(또는 구분)해 준다는 뜻이다. 달리 말해, 문항의 변별력이 높다면 전체검사에서 높은 점수를 받은 사람이 그 문항을 맞힐 확률이 높거나(예: 적성검사의 선다형과 같이 정답이 있는 경우) 그 문항에서도 높은 점수를 받을 가능성이 높음(예: 태도조사의 리커트 척도)을 의미한다. 그리고 검사에서 낮은 점수를 받은 사람은 그 문항을 맞힐 확률이 낮거나 문항에서 낮은 점수를 받을 가능성이 높게 된다.

또한 변별력이 높은 문항은 문항점수를 통해서 검사점수가 높은지 낮은지를 정확하게 아는 데 기여한다. 이는 문항과 검사가 동질적이라는 것을 의미한다고 볼 수 있다. 문항이 검사와 동질적인 내용을 측정하고 있다면 그 문항은 검사의 신뢰도를 높이는 데 기여하는 문항이라고 해석할 수 있다. 즉, 문항의 변별력이 높다면 그 문항은 검사의 신뢰도를 향상시킬 것이다. 문항의 변별력을 알아보는 방법은 다음과 같다.

1) 변별지수

이 수치는 정답이 있는 선다형의 경우와 같이 맞으면 1점, 틀리면 0점을 부여하는 점수의 이분화가 가능한 문항에 적용하는 문항분석 기법이다. 변별지수(item discrimination index)를 구하는 공식과 과정을 살펴보면 다음과 같다.

$$D = U/N_u - L/N_L$$

U: 상위집단에서 문항을 맞힌 사람들의 수
L: 하위집단에서 문항을 맞힌 사람들의 수
N_U, N_L: 상 · 하위집단의 사람 수

① 먼저 검사를 받은 집단을 상위점수 집단과 하위점수 집단으로 나눈다
   (보통 상·하위 25~33% 사이에서 결정).

② 각각의 상·하위집단에서 주어진 문항을 맞힌 사람들의 백분율을 구
   한다.

③ 두 백분율 간의 차이값이 바로 변별지수다.

공식에서 보듯이 가능한 변별지수의 값은 −1.00부터 1.00까지다. 여기서 정적인 차이값이 클수록 그 문항은 변별력이 높음을 의미한다. 변별력이 높다는 의미는 능력이 높은 사람과 낮은 사람을 잘 구분해 준다는 의미다. 이는 전체 검사에서 낮은 점수를 받은 사람들(하위집단)보다 높은 점수를 받은 사람들(상위집단) 가운데 그 문항을 맞힌 사람들의 수가 더 많음을 뜻한다. 만약 높은 점수를 받은 사람들과 낮은 점수를 받은 사람들의 특정 문항을 맞힐 확률이 비슷하다면 그 문항은 능력이 뛰어난 사람과 그렇지 못한 사람을 잘 변별해 주지 못하는 문항이 된다. 또한 문항의 변별지수가 부적인 값이 나온다면 능력이 부족한 사람들에게 문항이 더 쉽다는 것을 뜻하기 때문에 바람직한 문항이라 할 수 없다.

Ebel(1965)은 변별지수의 값이 어느 정도 되어야 그 문항을 안심하고 사용할 수 있는지에 관한 기준을 다음과 같이 제시하고 있다.

① 변별지수가 .40 이상이면 그 문항은 만족할 만한 수준이다.

② .30~.40이면 만족할 정도는 아니나 수정하지 않고 그대로 사용할 수
   있다.

③ .20~.30이면 문항내용의 일부를 수정할 필요가 있다.

④ .20 미만이면 그 문항을 제거하거나 완전 수정하여야 한다.

앞서 밝힌 것처럼 문항의 변별력이 높으면 검사의 신뢰도는 높아지게 된다. [그림 8-1]은 이러한 문항의 변별지수와 검사의 신뢰도 간의 관계를

보여 준다(Hopkins, Stanley, & Hopkins, 1990). 그림에서 문항 수가 10, 25, 50, 100개인 경우 문항들의 평균 변별지수가 높아짐에 따라 검사의 신뢰도계수가 증가함을 알 수 있다. 여기서 신뢰도계수는 Kuder–Richardson의 공식인 KR–21을 이용해서 구했으며, 문항들의 평균 난이도는 .80 정도다.

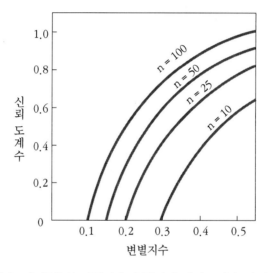

[그림 8-1] 문항의 변별지수와 검사의 신뢰도계수 간의 관계

2) 문항전체 상관

문항전체 상관(item-total correlation) 역시 문항의 변별력을 나타내 주는 지수로서, 변별지수와는 달리 주로 리커트 척도를 이용한 태도조사와 같은 경우에 사용하는 문항분석 기법이다. 그러나 변별지수와 같이 정답이 있는 성취검사나 적성검사에서도 사용 가능하다.

문항전체 상관은 문항점수와 전체 검사점수 간의 상관계수를 말한다. 예를 들어, 대학생의 성의식을 알아보기 위하여 리커트식의 5점 척도를 이용해 10개의 문항에 반응하게 한 경우, 모든 사람들의 각 문항점수와 10개 문항점수를 다 더한 총점수 간의 상관계수를 구하면 된다. 한편, 총점수를 계산할 때 총점수에서 해당 문항의 점수를 빼고 나머지 문항점수들만을 더하는 경우도 있다. 검사의 문항이 많을 경우(대개 25개 이상) 두 방법을 통해서 얻어진 상관계수는 거의 비슷하다.

문항전체 상관이 높으면 문항에서 높은 점수를 받은 사람이 전체점수에서도 높은 점수를 받을 가능성이 높다. 반면 문항에서 낮은 점수를 받은 사람은 전체점수에서도 낮은 점수를 받을 가능성이 높다. 이는 개인이 특정 문항에서의 점수가 높은지 낮은지를 알 경우 그 사람의 전체점수가 높은지 낮은지를 가려낼 수 있음을 뜻하기 때문에 문항의 변별력이 높음을 말해준다. 문항전체 상관이 낮으면 개인이 특정 문항에서 높거나 점수 낮은 점수를 받았는지 안다고 해도, 그 사람이 전체적으로 어느 정도의 점수를 받았는지 말하기 어렵기 때문에 문항의 변별력은 낮다고 할 수 있다.

문항전체 상관은 앞에서도 언급했듯이 리커트 척도를 이용한 태도조사뿐 아니라 성취나 적성 검사와 같이 정답이 있는 선다형의 경우에도 적용 가능하다. 예를 들어, 문항을 맞히면 1점, 틀리면 0점을 부여함으로써 특정 문항에서의 점수와 모든 문항점수를 더한 총점수 간의 상관을 구할 수 있다. 이러한 유형의 상관계수를 이분상관계수(point-biserial correlation coefficient)라 부른다.

문항전체 상관은 변별지수보다 적용폭이 더 넓을 뿐 아니라 좀 더 구체적인 정보를 제시한다. 문항전체 상관은 상관계수이기 때문에, 만약 이 값이 .50이라면 이는 특정 문항이 검사점수 변량의 25%를 설명한다고 해석할 수 있다.

또한 전반적으로 모든 문항들의 문항전체 상관이 높을수록 각 문항이 전체검사와 동일한 특성을 측정함을 의미하기 때문에 검사의 신뢰도는 높게 된다.

3) 문항 제거 시 검사의 신뢰도

문항분석의 기본 목적은 검사의 신뢰도와 타당도를 낮추는 데 기여하는 문항들을 제거해서 결과적으로 검사의 신뢰도와 타당도를 향상시키는 데 있다. 만약 전체 문항 가운데 특정 문항을 제거하고 나머지 문항들로 다시 계산한 신뢰도가 처음의 신뢰도보다 높아졌다면 어떻게 하겠는가? 이는 특정 문항이 좋지 않은 문항이기 때문에 그 문항이 검사에 포함됨으로써 검사의 신뢰도를 낮추는 데 기여했다고 해석할 수 있다. 따라서 이러한 문항은 과감히 제거하는 것이 검사의 신뢰도를 높일 수 있는 방법이다. 반대로 특정 문항을 제거했을 때 검사의 신뢰도가 떨어진다면 그 문항은 검사의 신뢰도를 높이는 데 기여하고 있는 문항이므로 반드시 검사에 포함시켜야 한다.

SPSS-WIN 통계패키지 프로그램을 통해 문항-전체상관과 문항제거 시 신뢰도를 구하는 방법은 제6장에서 크론바 α계수를 계산할 때 사용했던 방법과 동일하다. 추가로 각 문항의 평균과 표준편차를 알고 싶다면 [통계량]을 클릭한 후 나타나는 박스의 왼쪽 상단 맨 위에 있는 [문항]을 선택하면 된다.

다음의 〈표 8-2〉와 〈표 8-3〉은 6장에서 사용했던 자존심척도 자료를 가지고 분석한 것이다.

먼저 〈표 8-2〉에서 각 문항의 평균과 표준편차를 살펴보면 특별히 문제가 될 만한 문항은 발견되지 않는다. 평균에서 아주 높거나 아주 낮은 값을 가진 문항은 없으며, 표준편차에서도 낮은 값을 갖는 문항은 없다.

다음은 문항전체 상관과 문항 제거 시 검사의 신뢰도를 보여 주는 결과다. 이 경우 주의해야 할 점은 각각의 결과를 따로따로 보는 것보다는 두 결과를 종합해서 문항의 제거 여부를 결정하는 것이 바람직하다는 점이다.

먼저 〈표 8-3〉에서 각 문항의 문항전체 상관은 'corrected item-total correlation'을 보면 된다. 이 값들의 크기는 .31(문항8)에서 .79(문항6)까

〈표 8-2〉 자존심 척도의 문항평균과 표준편차

	문 항	평 균	표준편차	사례 수
1	ESTEEM1	4.0388	.9992	103.0
2	ESTEEM2	3.8932	.8846	103.0
3	ESTEEM3	3.9903	1.0431	103.0
4	ESTEEM4	4.1650	.9085	103.0
5	ESTEEM5	3.6311	1.1025	103.0
6	ESTEEM6	3.9417	.9479	103.0
7	ESTEEM7	3.4369	1.0907	103.0
8	ESTEEM8	3.8544	.9436	103.0
9	ESTEEM9	3.7961	1.1492	103.0
10	ESTEEM10	3.8738	1.2733	103.0

〈표 8-3〉 자존심 척도의 문항분석

	Corrected Item-Total Correlation	Squared Multiple Correlation	Alpha If Item Deleted
ESTEEM1	.6590	.5253	.8692
ESTEEM2	.6862	.5297	.8685
ESTEEM3	.6334	.5421	.8709
ESTEEM4	.6831	.5617	.8684
ESTEEM5	.7003	.5983	.8657
ESTEEM6	.7926	.6683	.8605
ESTEEM7	.5424	.3481	.8778
ESTEEM8	.3114	.2713	.8918
ESTEEM9	.5818	.4571	.8752
ESTEEM10	.6202	.4755	.8732

Reliability Coefficients 10 items

Alpha = .8836 ㅇ ㅇ Standardized item alpha = .8866

지 비교적 높은 수치이기 때문에 문항전체 상관결과만을 고려한다면 제거해야 할 문항은 없다고 볼 수 있다.

문항제거 시 검사의 신뢰도는 'Alpha if item deleted'의 결과를 보면 된다. 여기서 각 문항의 값과 결과 맨 하단에 나와 있는 검사 전체의 신뢰도를 나타내는 α값(.8836)을 비교하면서 그 문항을 어떻게 할 것인지 결정하게 된다.

거의 모든 문항들에서 해당 문항을 제거하고 나머지 9개 문항으로 검사를 구성했을 때의 신뢰도가 처음의 10개 문항의 신뢰도보다 떨어짐을 알 수 있다. 하나의 예외는 문항 8이다. 문항 8을 제거한 후 9개 문항으로 이루어진 검사 신뢰도는 .88에서 .89로 .01 정도 증가함을 볼 수 있다. 따라서 이 문항은 검사의 신뢰도를 낮추는 데 기여하는 문항이라고 볼 수 있다.

여기서 문제는 검사의 신뢰도가 어느 정도 증가했을 때 그 문항을 제거할 것이냐 하는 점이다. 여기서는 .01 증가했는데 이것이 과연 애써 만든 문항을 과감히 버릴 정도의 큰 증가분이냐 하는 점이다. 명확하게 제시된 기준선은 마련되어 있지 않기 때문에 이 문제는 결국 연구자의 판단에 달려 있다고 할 수 있다. 문항 8의 문항전체 상관을 보면 .31로서 그다지 나쁜 편은 아니지만 다른 문항전체 상관들보다 상당히 떨어지기 때문에 이 문항을 제거하기로 한다.

5. 문항특성곡선

이상의 여러 가지 문항분석 기법은 다양한 능력, 성향 또는 태도수준에 있는 사람들이 특정 문항에 대해서 어떻게 반응했는지에 관한 정보를 제공하지 못한다. 예를 들어, 문항난이도는 모든 응답자 가운데 그 문항을 맞힌 사람의 비율만을 말해 줄 뿐 능력이 높은 사람이 더 많이 맞혔는지는 말해

주지 못한다. 문항전체 상관이나 변별지수는 특정 문항에서의 값이 높으면
능력이 높거나 태도수준이 높은 사람이 낮은 사람에 비해서 특정 문항을
맞히거나 그 문항에서 높은 점수를 얻음을 알려 준다. 그러나 응답자들의
검사점수가 높을수록 특정 문항에서 어떻게 반응했는지의 연속적 정보는
제공하지 못한다.

Hulin, Drasgow 및 Parsons(1983), Lord(1980) 등이 주장한 문항반응
이론(Item Response Theory)은 바로 이러한 정보를 제공해 준다. 이 이론은
응답자들의 문항에 대한 반응을 응답자들의 잠재특성(latent trait)에 따라
나타내는 데 초점을 두고 있으며, 이를 위해서 문항마다 문항특성곡선
(item characteristic curve)을 통해서 문항의 특성을 보여 준다. 예를 들어,
[그림 8-2]는 초등학생의 언어능력을 측정하는 검사를 개발하려고 하는
경우 응답자들이 가지고 있는 언어능력 수준에 따라서 특정 문항을 맞힐
확률이 어느 정도나 되는지를 보여 준다. 여기서 응답자들의 언어능력이
바로 그들의 잠재특성이 된다. 그림에서 보듯이 A, B, C 세 문항의 문항특
성곡선은 응답자들의 언어능력 수준이 높아질수록 특정 문항을 맞힐 확률
이 점차 많아지다가, 어느 수준 이상이 되면 그 확률이 일정해지는 'S' 자형

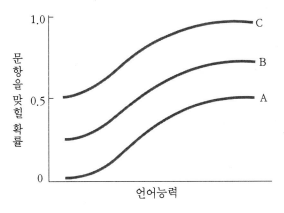

[**그림 8-2**] 난이도가 다른 세 문항의 문항특성곡선

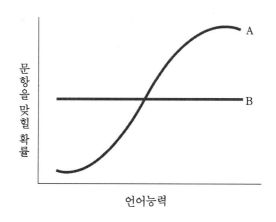

[그림 8-3] 변별력이 다른 두 문항의 문항특성곡선

의 모양을 이룬다. 따라서 언어능력이라는 연속선상에서 다양한 수준에 있는 응답자가 특정 문항을 맞힐 확률이 어느 정도나 되는지 일목요연하게 알 수 있다.

문항특성곡선은 문항의 난이도와 변별력에 관한 정보도 제공한다. [그림 8-2]에서 문항 A가 문항 B나 C보다 어려운 문항임을 알 수 있다. 왜냐하면 응답자들의 언어능력 수준에 상관없이 전반적으로 응답자들이 문항 A를 맞힐 확률이 문항 B나 C를 맞힐 확률보다 낮기 때문이다. 또한 [그림 8-3]에서 문항 A의 경우에는 사람들의 언어능력이 높아짐에 따라 그 문항을 맞힐 확률이 높아지나, 문항 B의 경우는 사람들의 언어능력이 높아도 그 문항을 맞힐 확률에는 별다른 변화가 없음을 알 수 있다. 이는 문항 A가 문항 B보다 변별력이 매우 높은 문항임을 말해 준다.

문항특성곡선은 정답이 있는 능력검사뿐 아니라 성격검사나 태도조사와 같은 경우에도 적용 가능하다. 예를 들어, '예' 또는 '아니요'와 같은 반응양식을 통해 직무만족을 측정하려는 경우, 가로축은 응답자들의 직무만족 수준이 되고 세로축은 특정 문항에 대해 '예'라고 답할 확률이 된다. 이 경우에도 'S' 자형이 이상적인 그림이 된다. 이러한 형태의 그림에서는 직무만족 수준이 높을수록 특정 문항에 대해서 '예'라고 답할 확률이 높음을 뜻한다. 그것은 이 문항의 변별력이 높다는 것을 의미하기 때문이다.

6. 표집크기

문항분석을 하기 위해서 최소한 몇 명 이상의 표집이 필요하다는 명확한 기준은 마련되어 있지 않다. 일반적으로 전국규모의 적성검사와 같은 문항분석은 수천 명 정도의 사람들이 필요하고, 단순히 대학원생의 석사논문에서 설문조사에 필요한 문항을 개발하려고 하는 경우는 인원 수가 적어도 무방한데, 대부분의 경우에는 최소한 200여 명 정도의 인원이 필요하다 (Crocker & Algina, 1986). 또한 문항 수의 5배에서 10배 정도의 조사대상자가 필요하다는 기준선을 제시하는 학자(Nunnally, 1967)도 있다.

한편, 문항분석 시 고려해야 할 점은 하나의 표집자료를 가지고 문항분석한 결과가 다른 표집에도 얼마나 효과적으로 적용되느냐 하는 점이다. 예를 들어, 직무만족도 측정을 위해서 개발한 30개 문항을 특정 회사의 구성원에게 실시하여 문항분석한 결과 8개 문항이 제거되었다고 하자. 과연 다른 표집에서 자료를 얻어 문항분석을 해도 동일한 결과를 얻을 수 있을까? 문항분석한 결과의 일반화를 위해서는 교차타당화(cross-validation)가 필요하다. 교차타당화를 실행하는 절차는 한 표집자료의 문항분석을 통해서 최종적으로 얻어진 문항들을 다른 표집에 적용해 그 문항들의 신뢰도 및 타당도를 평가하는 것이다. 다른 표집에서도 여전히 검사의 신뢰도와 타당도가 높게 나온다면 처음 표집에서 문항분석한 결과는 믿을 만한 것이 된다.

교차타당화를 실시하기 위해서는 좀 더 많은 인원 수가 필요하다. 일반적으로는 처음에 많은 인원에서 자료를 얻은 후 전체 인원을 무선적으로

5:5 또는 6:4 정도의 비율로 나눈다. 예를 들어, 개발한 문항이 30개라면 500명 정도에서 자료를 얻어 이를 250명씩 두 집단으로 나눈 후, 한 집단의 자료를 문항분석해서 나쁜 문항들을 제거한다. 만약 이 과정에서 제거된 문항이 5개라면 나머지 25개 문항을 가지고 다른 집단에서 그 문항들의 신뢰도와 타당도를 알아본다. 상황에 따라서는 집단 1의 자료를 문항분석하고 집단 2에 적용해서 교차타당화를 검토한 후, 다시 집단 2의 자료를 문항분석해서 집단 1에 교차타당화시키는 경우도 있다. 이러한 절차를 이중 교차타당화(double cross validation)라고 한다.

여기서 전체를 두 집단으로 나누는 데 있어 그 비율을 어느 정도로 하느냐에 의문을 가질 수 있다. 대부분 50/50으로 나누는 것이 일반적이나, 다른 비율로 나누는 것이 더 바람직한 경우도 있다. 예를 들어, 문항 수가 50개이고 인원 수가 400명이라면, 250명과 150명으로 나누고 250명을 대상으로 문항분석한 후 나머지 150명을 대상으로 교차타당화를 실행하는 것이 바람직하다. 왜냐하면 문항분석을 하기 위해서는 조사대상자 수가 문항 수의 5배 이상 되는 것이 바람직하기 때문이다.

제9장

내용타당도와 구성타당도

제6, 7장에서 검사의 신뢰도에 관해 설명하였다. 검사의 신뢰도가 높다고 해서 그 검사가 완성단계에 이른 것은 아직 아니다. 앞에서도 설명했듯이 높은 신뢰도는 검사를 여러 번 실시했을 때 단지 검사점수가 일관되게 나온다는 것을 의미한다. 완전한 심리검사가 되기 위해서는 신뢰도 이외에 검사의 타당도를 분석해야 한다. 검사의 타당도란 그 검사가 원래 측정하려 했던 것을 실제로 잘 측정하는 정도를 말한다. 가령, 새로운 지능검사를 개발했을 경우 그 검사가 지능이라는 특성을 제대로 측정하는지, 아니면 지능과는 무관한 특성을 측정하는지를 말해 준다.

검사의 신뢰도와 타당도 사이에는 밀접한 관련이 있다. 많은 경우에 검사의 신뢰도가 높으면 타당도도 높게 되나, 반드시 그렇지는 않다는 사실에 주의해야 한다. 즉, 검사의 신뢰도가 높아도 타당도는 낮게 나올 수 있다. 예를 들어, 성인의 지능을 측정하기 위한 검사를 만드는데 지능과는 관련이 없는 성격특성을 묻는 문항들로 검사를 만들었다고 하자. 이 경우 검사의 신뢰도는 높을 수 있지만 타당도는 낮게 된다. 왜냐하면 이 검사는 원래 측정하려 했던 지능이 아닌 성격특성을 재고 있기 때문이다. 따라서 심리검사가 얼마나 잘 만들어졌는지를 평가하기 위해서는 검사의 신뢰도 분석만으로는 충분하지 못하다. 반드시 검사의 타당도를 분석해야 한다.

엄격히 말해, 심리검사의 경우에는 검사의 타당도 분석을 한다고 해도 그 검사가 본래 측정하려 했던 특성을 얼마나 제대로 측정하는지를 평가할 명확한 외적 기준이 없다. 물리적 특성을 측정하는 경우 이러한 기준은 존재한다. 예를 들어, 30cm 자를 만든다면 그 자가 정확한지는 쉽게 평가할 수 있을 것이다. 그 자를 정부에서 인정하는 공신력 있는 기관에 가서 기존의 정확한 자와 비교해 보면 되기 때문이다. 그러나 심리검사의 경우, 길동이에게 지능검사를 실시하여 지능지수 110이 나왔다면 이 점수가 정확한 것인지를 평가할 직접적인 외적 기준이 없다. 따라서 심리학자는 간접적인 방법을 통하여 심리검사의 타당도를 분석하게 된다. 나중에 다시 언급하겠지만 이와 같이 간접적인 방법을 통해서 심리검사의 타당도를 평가하기 때문에 한 가지 방법보다는 다양한 방법을 통해 분석하고 그 분석자료를 종합하여 최종 결정을 내리는 것이 바람직한 방법이라 하겠다.

검사의 타당도를 분석하는 방법에는 여러 가지가 있다. 크게 나누어 내용타당도, 구성타당도 및 준거관련 타당도의 세 가지로 구분된다. 검사의 특성과 검사가 사용되는 상황에 따라 더 중요한 타당도 분석방법이 존재할 수 있으나, 일반적으로 가장 이상적인 방법은 이 세 가지 분석방법을 다 사용해서 검사의 타당도를 분석하는 것이다. 나중에 다시 설명할 기회가 있겠지만 이러한 방법들은 다른 형태의 타당도 분석이라기보다는 단지 타당화하는 데 있어서 방법상의 차이를 나타낼 뿐임을 알아야 한다. 먼저 내용타당도와 구성타당도에 관해서 설명하고 제11장에서 준거관련 타당도에 관해서 설명하기로 한다.

1. 내용타당도

내용타당도(content validity)는 검사문항들이 측정하고자 하는 내용영역을 얼마나 잘 대표하는지의 정도를 평가하는 방법이다(Crocker & Algina, 1986). 예를 들어, 초등학교 저학년을 대상으로 실시하는 수학시험에서 미분과 적분 공식을 적용해야만 풀 수 있는 문제보다는 10 더하기 15는 얼마인지를 묻는 문제가 초등학생의 수학능력을 더 정확하게 평가할 수 있다. 이 경우 수학전문가가 아닌 일반인이 문제를 살펴보기만 해도 어떤 문제가 더 타당한 내용을 포함하고 있는지 쉽게 알 수 있을 것이다. 물론 검사의 내용타당도 분석은 검사가 측정하려는 내용영역에 관해 지식이 있는 전문가들의 판단에 의존하게 된다. 전문가들이 검사문항을 보고 각 문항이 검사가 측정하려는 전체 내용을 적절하게 나타내고 있는지를 평가하게 된다.

1) 내용타당도 분석절차

검사의 내용타당도를 분석하는 구체적 과정은 연구자마다 조금씩 차이가 있을 수 있으나 일반적으로 많이 사용하는 절차에 관해서 설명하기로 한다.

(1) 내용영역의 정의

내용타당도를 평가하는 방법을 설명하기 전에 먼저 내용영역이란 무엇인지를 자세하게 기술할 필요가 있다. 내용영역이 정확하게 기술되어야만 내용타당도를 올바로 분석할 수 있기 때문이다. 내용영역(content domain)은 특정한 속성이나 특성을 측정하기 위해 사용 가능한 모든 행동들을 나타낸다. 예를 들어, 야구선수로서 얼마나 잘하는지를 측정하려는 검사라면 야구경기에 포함되는 모든 행동영역(예: 수비, 타격, 주루 등)을 포함해야 할 것이다. 이러한 영역의 크기는 독해력과 같이 그 범위가 클 수도 있고, 두 수를 더해서 10 이하가 되는 수를 찾는 수학능력과 같이 그 범위가 작을 수도 있다.

내용영역은 나름대로의 경계가 있게 마련이며 모든 검사문항은 그 경계 안에 포함되어야 한다. 수학능력을 측정하려는 검사에서 단어의 뜻을 묻는 문제는 수학능력이라는 영역의 경계 안에 속하지 못한다. 한편, 내용영역은 구조화되어 있어서 가능한 여러 범주로 나눌 수 있다.

예를 들면, 고등학교 세계사 선생님이 기말시험을 출제하는 경우 측정영역은 물론 수업시간에 다루었던 세계사 지식이 될 것이다. 문제를 내기 전에 세계사 선생님은 이 영역에 포함되는 많은 내용을 〈표 9-1〉과 같이 먼저 몇 가지 범주(주제, 지역, 시대)로 나누어 볼 수 있다. 이 범주들을 다시 세부 범주(주제: 사회, 정치, 문화)로 나눈 다음, 각 세부 범주가 상대적으로 얼

〈표 9-1〉 세계사 내용영역의 예

1. 영역에 포함되는 범주

1) 주제	① 사회	② 정치	③ 문화
2) 지역	① 유럽	② 미주	③ 아시아
3) 시대	① 18세기	② 19세기	

2. 범주별 상대적 중요도(%)

		사회	정치	문화
유럽	18세기	5	10	3
	19세기	5	8	2
미주	18세기	6	17	2
	19세기	9	13	5
아시아	18세기	2	0	0
	19세기	6	5	2
				100

마나 중요한지를 결정하고(〈표 9-1〉의 2) 여기서 더 중요하다고 판단된 부분은 문항작성 시 더 큰 비중을 두어야 한다.

물론 모든 검사개발 시 내용영역을 이 표와 같이 자세하고 구체적으로 나타내기는 어렵다. 일반적으로 학교에서 실시하는 성취검사(각종 시험)의 경우에는 검사의 내용영역을 기술하기가 수월한 편이지만 그 밖에 다른 검사의 경우 내용영역을 표와 같이 상세하게 기술하기는 어렵다. 예를 들어, 언어능력을 측정하는 검사를 개발하려는 경우 구체적인 내용영역을 정하기는 쉽지 않을 것이다. 검사개발자가 언어능력에 관해 일반적인 정의는 내릴 수 있다 하여도 언어능력의 범주에 관해 확신할 수 있는 정보를 갖기는 어려울 것이다. 일반적으로는 언어능력이라면 독해력, 단어 이해, 동의어/반의어, 언어추리 등 다양한 유형의 과제가 그 범주에 속한다고 가정해 볼 수 있다. 그러나 이 가운데 어떤 부분이 상대적으로 더 중요한지를 결정하는 것 또한 쉬운 일이 아니다.

(2) 검사문항의 분류

〈표 9-1〉과 같이 전체 내용영역을 자세하게 범주별로 분류하게 되면 검사문항이 내용타당도가 있는지(검사문항이 내용영역을 잘 대표하는지)를 판단하는 데 많은 도움이 된다. 일단 내용영역이 잘 정리되면 그에 따라서 문항을 개발하게 된다. 개발한 문항의 내용타당도를 평가하기 위해서는 그 분야에 관해서 잘 알고 있는 전문가들을 선정해야 한다. 그들이 바로 개발된 문항들의 내용타당도를 분석하는 일을 담당하게 된다. 검사개발자는 그들에게 검사의 내용영역을 충분히 설명한 뒤 검사문항을 읽고 각 문항이 내용영역 범주 내에 속하는지 그렇지 않은지와 또 속한다면 구체적으로 어떤 범주에 속하는지를 평가하게 한다. 예를 들면, 앞의 세계사 시험문항에서 특정 문항을 보고 이 문항은 정치를 다루며, 특히 18세기 유럽의 정치를 다룬다고 평가한다.

(3) 검사내용과 내용영역 간의 비교분석

내용타당도 분석의 마지막 단계는 앞의 단계에서 얻은 각 문항의 분석결과를 최종 정리하는 것이다. 만약 대부분의 검사문항들이 내용영역의 범주 내에 속하지 않는다면 그 검사는 내용타당도가 전혀 없다는 결론을 내리게 된다. 그러나 대부분의 문항들이 내용영역의 범주 내에 포함된다 하더라도 특정 범주에만 국한된다면 그 검사 역시 내용타당도가 높다고는 할 수 없을 것이다. 검사의 내용타당도가 높다는 말은 검사문항들이 내용영역을 잘 대표할 수 있음을 의미하는데, 이러한 경우라면 검사문항들이 내용영역을 충분히 대표하는 표집이 되지 못하기 때문이다.

2) 내용타당도 분석과 관련된 주제

위에서 검사의 내용타당도 분석을 위해 거쳐야 하는 과정에 관해 설명했다. 앞에서도 언급했듯이 검사의 내용타당도 분석은 주로 관련 전문가들의 주관적 판단에 의존하며, 엄격히 말해 검사의 내용타당도를 분석하는 통계치는 없다고 할 수 있다(Murphy & Davidshofer, 1991). 그러나 몇몇 연구자는 수치를 계산하는 방법을 제시하였다. 그들 가운데 Lawshe(1975)는 문항의 내용타당도를 평가할 수 있는 방법의 하나로 내용타당도 비율(content validity ratio)이라는 공식을 발표했다.

$$내용타당도\ 비율 = \frac{Ne-N/2}{N/2}$$

여기서 Ne는 특정 문항이 내용영역을 잘 측정한다고 평가한 사람의 수를, N은 전체 평가자 수를 뜻한다. 공식에서 볼 수 있듯이 만약 5명의 전문가 가운데 3명이 특정 검사문항이 검사의 내용영역을 잘 측정한다고 평가했다면 이 문항의 내용타당도 비율은 (3-2.5)/2.5 = 0.2가 된다. 이와 같

은 공식 외에도 전체 평가자 가운데 몇 명 정도가 특정 문항의 내용타당도
에 동의했는지를 계산하는 방법이 있다. 그러나 구체적으로 그 값이 얼마
이상이어야 된다는 명확한 기준도 없을 뿐더러, 이러한 방법들 자체가 엄
밀히 말하면 검사문항의 내용타당도를 평가한다기보다는 문항에 대한 평
가자들의 단순한 일치도를 나타내는 것이라고 해석할 수 있다.

검사의 내용타당도를 수량화할 수 있는 방법을 찾는 것도 중요하지만,
내용타당도 분석의 신뢰성을 높이기 위해서는 내용영역을 얼마나 자세하
고 정확하게 기술하느냐가 더 중요하다. 내용영역의 범주를 상세하게 기술
할 수 있다면 검사의 내용타당도 분석은 이미 반 이상 끝난 것이나 다름없
다. 후에 검사문항을 읽고 내용영역의 범주와 일치하는지를 평가하는 과정
은 그리 어려운 작업이 아니기 때문이다.

그러나 내용영역에 관한 기술이 상세히 이루어지고 검사문항이 내용영
역을 잘 대표한다는 평가가 내려진 후에도 100% 안심할 수 있는 것은 아
니다. 예를 들면, 문항작성 시 이중부정을 사용한다거나 애매한 반응양식
을 사용함으로써 응답자들이 문항에 정확하게 반응하는 데 장애가 되는 경
우가 발생할 수 있기 때문이다. 결론적으로 검사의 내용타당도가 높다고
해서 그 검사의 타당도에 대한 분석이 끝났다고 할 수는 없다. 반드시 다음
에 구성타당도나 준거관련 타당도의 분석을 추가로 실시해서 검사의 타당
도에 대한 최종 결론을 내려야 한다.

2. 안면타당도

얼핏 내용타당도 분석과 비슷하지만 사실은 차이가 있는 타당도 분석방
법이 있어 간단히 설명하고 넘어가고자 한다. 안면타당도(face validity) 방
법은 검사문항을 전문가가 아닌 일반인들이 읽고 그 검사가 얼마나 타당해

보이는지를 평가하는 방법이다. 일반인이 그 검사가 타당도가 있게 보인다고 대답한다면 그 검사는 안면타당도가 있는 것이다. 물론 그 분야의 전문가가 아니고 일반인이기 때문에 전문적인 분석은 불가능하다. 그러나 일반인의 눈에 타당도가 있게 보인다면 그 검사는 최소한의 타당도가 있다고 볼 수 있다. 예를 들어, 어휘능력을 측정하는 검사문항으로 산수문제가 나왔다면 일반인의 눈에도 이 검사는 타당하지 못한 엉터리 검사라고 판단될 가능성이 높다. 따라서 이 경우 다른 타당도 추가분석은 할 필요도 없을 것이다. 내용타당도 분석은 전문가가 문항을 자세하게 검토·평가한 후 판단을 내리는 방법임에 비해서, 안면타당도 분석은 비전문가가 검사문항을 잠깐 살펴본 후 판단을 내리는 방법이라고 할 수 있다.

3. 구성타당도

한 심리학자가 성인용 지능검사를 개발하려 한다고 하자. 지능은 물리적으로 존재하는 것이 아니므로 객관적으로 관찰 가능한 대상이 아니다. 지능은 추상적인 개념을 뜻한다. 지능뿐 아니라 심리학에서 측정하려는 많은 직무만족, 동기, 내향성과 같은 성격특성 모두가 추상적 개념이고, 이를 구성개념(construct)이라 한다. 이 구성개념은 직접적으로 관찰할 수는 없지만 개인의 행동을 이해하고 예측하는 데 중요하다. 구성개념 자체가 본질적으로 추상적이기 때문에 이를 측정하는 심리검사의 타당도를 분석하는 방법 또는 복잡하다. 심리검사가 심리적 구성개념을 제대로 측정하고 있는지를 평가하는 방법을 구성타당도(construct validity) 분석이라고 한다. 그러면 구성타당도를 분석하는 방법에 관해서 알아보도록 하자.

1) 상관분석

상관분석은 연구자가 개발한 검사와 다른 검사 간의 상관을 구해서 개발한 검사의 구성타당도를 평가하는 방법이다. 어떤 유형의 검사와 비교를 하는지에 따라서 다음의 두 가지 방법으로 구분해 볼 수 있다.

(1) 수렴타당도

수렴타당도(convergent validity) 분석은 연구자가 새로 개발한 검사를 동일하거나 유사한 특성을 측정하는 기존의 검사들과 비교해서 두 검사 간의 상관계수를 구하는 방법이다. 만약 새로운 검사의 구성타당도가 높다면 이미 신뢰도와 타당도가 입증된 기존의 유사 검사들과의 상관계수가 높게 나타날 것이다. 예를 들어, 새로 개발한 지능검사를 기존의 지능검사와 비교해서 두 검사 간의 상관계수가 높게 나타났다면 새로운 지능검사는 지능이라는 구성개념을 제대로 측정하고 있다는 간접 결론을 내릴 수 있다. 이때 이 검사의 수렴타당도가 높다고 한다. 반면에 두 검사 간의 상관계수가 낮게 나왔다면 새로운 지능검사의 수렴타당도는 낮을 것이다.

여기서 명심해야 할 것은 새로운 검사와 비교되는 기존 검사의 신뢰도와 타당도가 반드시 높아야 한다는 점이다. 기존 검사에 문제가 있다면 그 때문에 두 검사 간의 상관계수가 낮게 나타날 가능성이 있기 때문이다. 그러나 유사한 개념을 측정하는 검사와 비교한다 해도 경우에 따라(예: 범위축소. 제11장 준거관련 타당도에서 다룸) 상관계수가 낮게 나타날 가능성이 있기 때문에 수렴타당도 분석결과만 가지고 새로운 검사의 구성타당도에 대하여 결론을 내리는 것은 바람직하지 못하다.

(2) 변별타당도

변별타당도(discriminant validity) 분석은 수렴타당도 분석과는 달리 새로운 검사와 이와는 다른 특성을 측정하는 기존 검사의 상관계수를 구해서 분석하는 방법이다. 만약 새로운 검사의 구성타당도가 높다면 다른 특성을 측정하는 검사와의 관련성은 낮아야 한다는 가정을 세울 수 있다. 이 가정이 입증되었을 경우 새로운 검사의 변별타당도가 높다는 결론을 내릴 수 있다.

예를 들어, 새로운 지능검사를 개인의 신장과 비교해서 둘 간의 상관계수를 구하려 한다고 하자. 개인의 키가 크거나 작을수록 지능이 높거나 낮다는 가정을 할 만한 근거는 전혀 없기 때문에 지능과 신장 간의 관련성은 낮다고 가정할 수 있다. 따라서 둘 사이의 상관계수가 낮게 나온다면 이러한 가정은 맞게 되고 검사의 변별타당도가 높다는 결론을 내리게 된다. 그러나 상관계수가 높게 나온다면 이는 지능검사가 지능을 제대로 측정하지 못했기 때문에 나타난 결과라고 결론내릴 수 있다.

물론 여기서도 새로운 검사와 비교가 되는 다른 검사의 신뢰도와 타당도가 높다는 것이 사전에 입증되어야 한다. 그래야 상관계수가 높게 나올 경우 문제가 다른 검사에 있지 않고 새로운 검사에 있다는 결론을 내릴 수 있을 것이다. 한편, 다른 특성을 측정하는 검사와도 우연에 의해서(예: 응답자들이 반응을 엉터리로 한 경우) 상관계수가 높게 나올 수 있기 때문에 변별타당도 분석만을 가지고 새로운 검사의 구성타당도에 관한 결론을 내리는 것은 성급하다고 할 수 있다. 추가 분석을 통해 얻은 여러 결과들을 종합해서 결론을 내려야 한다.

(3) 요인분석

검사의 구성타당도를 평가하는 또 다른 방법은 요인분석을 실시하는 것이다. 요인분석을 통해서 검사개발자는 검사개발 시 가정했던 이론적 구성개념이 얼마나 정확하게 나타나는지를 분석할 수 있다. 예를 들어, 검사개발자가 지능이라는 추상적 개념은 크게 수리적 능력과 언어적 능력으로 구성된다고 가정한 후 문항을 만들었다고 하자. 요인분석을 통한 분석결과 지능검사가 수리력과 어휘력의 두 가지 요인으로 나타난다면 그 검사의 구성타당도는 높다고 할 것이다. 반면에 처음에 가정한 두 가지 요인이 제대로 나타나지 않는다면 만들어 낸 문항들이 검사개발자가 가정한 추상적 개념을 제대로 대표하지 못한다는 의미이므로 검사의 구성타당도는 좋지 못하다고 할 것이다. 요인분석은 검사의 구성타당도를 알아보기 위하여 가장 많이 사용되는 대표적 방법이기 때문에 제10장에서 자세한 분석과정에 대해 알아보기로 한다. 요인분석이 학부수준에서는 이해하기 어려운 개념이라고 판단되면 학생들에게 간단히 설명한 후 제11장의 준거관련 타당도로 넘어갈 수 있다. 그러나 학생들에게 구성타당도 개념을 명확히 이해시키려면 제10장의 요인분석을 충분히 설명하고 실습할 수 있는 기회를 주는 것이 바람직할 것이다.

제10장
요인분석

　이 책은 다변량 통계분석을 위한 교재가 아니기 때문에 요인분석 기법을 상세하게 설명할 필요는 없으나, 앞 장에서도 언급했듯이 검사의 구성타당도를 밝히는 작업은 매우 중요하고 요인분석이 구성타당도 분석을 위해서 가장 널리 사용되는 통계기법이기 때문에 별도의 장으로 자세히 설명하고자 한다. 또한 이 책의 목적이 학생들이 검사를 개발하는 과정을 컴퓨터를 이용해서 실습하도록 하는 데 큰 비중을 두고 있기 때문에, 간단히 요인분석의 개념만을 설명하면 학생들이 검사의 구성타당도를 분석하기 위해서 구체적으로 무엇을 해야 하는지 이해하기 어렵게 된다. 이 문제를 해결하기 위해서도 요인분석에 대한 설명에 많은 지면을 할애하게 되었다. 먼저 요인분석이란 무엇인지를 설명하고 요인분석을 위한 통계 프로그램을 소개하고자 한다.

1. 요인의 정의

   요인을 정의하기 위해서는 먼저 이론변수와 측정변수의 차이점을 설명할 필요가 있다. 예를 들어, 심리학자가 지능검사를 만들기 위하여 수리력과 언어능력이라는 구성개념을 생각해 내고 각각을 측정하기 위하여 10개씩의 문항을 만들었다고 가정하자. 여기서 언어능력과 수리력은 지능과 마찬가지로 직접 관찰할 수 없는 추상적 개념인데, 이를 이론변수(theoretical variable) 또는 잠재변수(latent variable)라고 부른다. 20개 각각의 문항은 수리력과 언어능력을 측정하기 위한 문항으로, 이를 측정변수(measurement variable)라고 부른다. 10개의 측정변수를 통해서 하나의 이론변수가 탄생하는 것이다. 따라서 이론변수의 수는 항상 측정변수의 수보다 작거나 같아야 한다.

   대부분 이론변수의 수는 측정변수의 수보다 작게 된다. 그도 그럴 것이 추상적 개념인 이론변수를 하나의 측정변수로 정확히 측정한다는 것은 어려운 일이기 때문이다. 그렇다고 측정변수의 수가 이론변수의 수보다 무한정 큰 것도 바람직하지 못하다. 문항 수를 늘리면 그만큼 시간과 비용이 많이 들기 때문이다. 따라서 얼마나 적은 측정변수를 가지고 이론변수를 정확하게 측정할 수 있느냐 하는 것은 매우 중요한 일이다.

   요인은 바로 이러한 이론변수를 말한다. 즉, 지능이라는 추상적 개념을 구성하는 언어능력과 수리력이라는 이론변수 또는 잠재변수가 바로 요인을 의미한다. 간단히 말해, 요인분석이란 측정변수에서 이론변수인 요인을 추출해 내는 과정이다. 물론 그 과정은 그렇게 간단하지는 않다. 한편, 이 장에서 이론변수와 잠재변수는 요인을 뜻하고 측정변수는 문항을 의미하기 때문에 이들 용어를 병행해서 사용하니 독자들은 이해하는 데 혼동이 없기를 바란다.

2. 요인분석의 의미

　요인분석을 좀 더 전문적으로 설명하자면 측정변수 속에 숨어 있는 이론변수를 추출해 내는 과정을 말한다. 예를 들어, 지능검사 문항 가운데 동의어와 반의어를 찾는 문항과 언어추리를 다루는 문항(예: 아버지 : 아들 = 어머니 : ?)이 포함되어 있다고 하자. 이러한 문항을 측정변수라고 하는데, 이 문항들을 분석하여 외관상 보이지는 않지만 이들을 구성하고 대표하는 '언어능력'이라는 이론변수를 추출해 내는 과정을 요인분석이라 한다.

　요인을 추출하기 위해서는 요인구조를 얻을 필요가 있다. 요인구조(factor structure)란 요인과 측정변수 간의 관계를 나타낸 구조로서 컴퓨터 분석을 통해서 쉽게 구할 수 있다. 이러한 요인구조를 살펴봄으로써 측정변수를 구성하는 요인이 무엇인지 해석할 수 있다. 요인구조는 모든 측정변수 간의 상관행렬을 분석함으로써 얻어진다. 예를 들어, 지능검사 문항이 동의어 찾기, 언어추리, 산수추리 및 수열추리의 네 문항으로 구성되어 있다고 하자. 산수추리의 예로는 '1시간 앞서서 시속 45km의 버스로 출발한 사람을 택시로 3시간 만에 만나려고 하면 몇 km의 속도로 가야 되는가?' 가 있다. 또한 수열추리의 예로는 2, 4, 6, 8, 10과 같은 수를 나열하고 다음에 올 숫자가 무엇인지를 추리하는 문항이 있다.

　이 문항을 100명의 고등학생에게 실시한 결과 네 문항 간의 상관계수가 〈표 10-1〉과 같이 나왔다고 가정하자. 나중에 자세히 설명하겠지만 요인분석은 기본적으로 측정변수 간의 상관계수를 가지고 분석하는 방법이다. 일단 표의 예와 같이 문항의 수가 작은 경우에는 컴퓨터를 사용해서 요인분석을 할 필요가 없다. 대략 눈으로 보고서도 어떤 문항들이 서로 묶여서 하나의 요인을 구성하게 되는지를 알 수 있다. 동의어 문항은 언어추리 문항과 크게 관련되어 있으나(.70) 산수추리(.08)와 수열추리(.10)와는 별다

〈표 10-1〉 네 측정변수 간의 상관행렬

측정변수	동의어	언어추리	산수추리	수열추리
동의어	1.00			
언어추리	.70	1.00		
산수추리	.08	.05	1.00	
수열추리	.10	.09	.67	1.00

른 관계가 없음을 알 수 있다. 언어추리도 동의어(.70)와만 높은 관련이 있지 산수추리(.05)와 수열추리(.09)와는 낮은 관계에 있다. 반면, 산수추리는 수열추리와 높은 관련(.67)이 있는 반면에 동의어(.08)나 언어추리(.05)와는 낮게 관련되어 있다. 수열추리 문항도 동의어(.10)와 언어추리(.09)와는 낮게 관련되어 있다. 이 결과를 종합해 보면 동의어와 언어추리가 함께 묶이고 산수추리와 수열추리가 함께 묶임을 알 수 있다. 동의어와 언어추리는 '언어능력'이라는 요인을 나타내고, 산수추리와 수열추리는 '수리력'이라는 요인을 나타낸다고 해석할 수 있다.

그러나 문항 수가 많아지면 그만큼 문항 간의 상관계수 행렬은 커지게 되며, 이 행렬을 눈으로 보고 어떤 문항들이 서로 함께 묶이게 되는지를 파악하는 일은 매우 어렵게 된다. 예를 들어, 문항 수가 10개만 되어도 문항 간 상관계수의 수는 45개가 되며, 문항 수가 20개일 경우 상관계수의 수는 190개나 된다. 따라서 이러한 경우에 컴퓨터를 사용해서 분석해야 한다. 컴퓨터를 이용한 분석방법은 이 장의 후반부에서 설명할 것이다. 〈표 10-1〉의 상관계수 행렬을 컴퓨터에 집어넣고 요인분석을 실시하면 〈표 10-2〉와 같은 결과가 나온다. 〈표 10-2〉와 같이 각 측정변수와 요인의 관계를 나타낸 것을 요인구조라고 부른다(이 결과는 최초의 요인구조를 회전시킨 결과인데, 회전에 관해서는 이 장 3절의 5 요인구조의 회전 및 해석을 참고하기 바란다). 또한 각 측정변수와 요인의 관련성을 나타내는 수치를 요인계수(factor loading)라고 한다. 요인계수가 클수록 측정변수와 요인의 관련이 큼을 의미한다.

〈표 10-2〉에서 요인계수의 크기를 살펴보면 동의어와 언어추리는 요인 1과는 관련이 크나(각각 .83, .84) 요인 2와는 관련이 별로 없다(각각 .06, .04). 그리고 산수추리와 수열추리는 요인 1과는 별다른 관련이 없으나(각각 .03과 .07) 요인 2와는 높게 관련되어 있음을 알 수 있다(각각 .82와 .82). 따라서 요인 1은 '언어능력', 요인 2는 '수리력'이라고 명명할 수 있다.

〈표 10-2〉 〈표 10-1〉의 상관계수행렬의 요인분석 결과

측정변수	요인 1(언어능력)	요인 2(수리력)
동의어	.83	.06
언어추리	.84	.04
산수추리	.03	.82
수열추리	.07	.82

3. 요인분석 단계

위에서 요인이란 무엇을 의미하며 요인분석이란 어떠한 통계분석 방법을 의미하는지 간단히 설명하였다. 다음은 좀 더 체계적으로 요인분석 과정을 설명하려고 한다. 제한된 지면 때문에 수리적인 내용은 가능한 빼고 개념적인 내용중심으로 설명하고자 한다.

1) 측정변수 간의 상관계수 계산

앞에서도 언급했듯이 요인분석은 측정변수 간의 상관계수를 토대로 분석하는 통계기법이다. 물론 컴퓨터를 사용해서 분석하게 되면 컴퓨터가 자

동적으로 원자료를 토대로 측정변수 간의 상관계수를 계산해서 요인분석의 기초 자료로 삼게 된다. 다음 단계로 넘어가기 전에 이 단계에서 주의해야 할 점은 계산된 측정변수 간의 상관계수의 크기를 살펴볼 필요가 있다는 점이다. 만약 측정변수 간의 상관계수가 지나치게 크다면 이는 한 변수가 다른 변수에 의해 거의 완전하게 설명된다는 의미이므로 두 변수 모두를 사용할 필요가 없다. 이 상황을 전문적 통계용어로는 다중공선성(multicollinearity)이 높다고 한다. 해결방안으로는 두 변수를 합해서 하나로 만들거나, 아니면 두 변수 가운데 한 변수를 제거하는 방법이 있다. 반대로 상관계수의 크기가 대부분 0에 가까운 값들이라면 요인분석을 해도 의미 있는 결과를 얻기는 힘들 것이다.

2) 요인분석모형 결정

계산된 측정변수 간의 상관계수 행렬을 기초 자료로 삼아 요인분석을 실시하기 전에 과연 어떠한 요인분석모형을 선택할 것인지를 결정해야 한다. 요인분석모형에는 크게 주성분분석(principal component analysis)과 공통요인분석(common factor analysis)의 두 가지 모형이 있다. 두 모형의 분석과정에서 다소 차이가 있기 때문에 결과도 다르게 나타나므로 어떤 모형을 선택해서 분석할 것인지를 사전에 결정해야 한다. 두 가지 모형이 어떤 차이가 있는지를 설명하기 위해서 먼저 요인과 측정변수 간의 관계를 다음과 같은 수학적인 방정식으로 나타낼 필요가 있다.

$$Z_1 = a_{11} \times F_1 + a_{12} \times F_2 + U_1$$

이 식에서 F_1을 언어능력 요인, F_2을 수리력 요인, Z_1을 동의어 점수, 그리고 U_1을 고유요인(unique factor)이라 하자. 이 방정식을 말로 풀어서 설명하면 동의어 점수는 언어능력과 수리력 요인 및 고유요인에 의해서 결정된다고 할 수 있다. 언어능력과 수리력 요인 가운데 어떤 요인이 동의어 점수를 설명하는 데 더 중요한지는 각 요인 앞에 붙은 계수(a_{11}, a_{12})의 크기에 의해서 결정된다.

여기서 F_1과 F_2는 공통요인(common factor)이라고 부르는데, Z_1은 동의어 점수이므로 F_1과는 크게 관련되나 F_2와는 작게 관련될 것이다. 따라서 a_{11}의 크기가 a_{12}의 크기보다 더 클 것이다. 두 요인을 공통요인이라고 부르는 이유는 동의어라는 측정변수가 지능이라는 구성개념을 측정하기 위하여 만들어진 문항이기에, 지능의 한 요인이 언어능력과는 당연히 큰 관련이 있으며 수리력과도 작기는 하지만 약간의 관련성을 갖게 되기 때문이다. 즉, 동의어라는 측정변수의 속을 들여다보면 언어능력이라는 요인과 수리력이라는 요인이 공통적으로(물론 상대적 비중은 다르지만) 포함되어 있기 때문에 이들 요인을 공통요인이라고 부르는 것이다.

반면에 U_1은 고유요인으로서 동의어 점수 가운데 언어능력과 수리력의 두 요인으로는 설명될 수 없고 동의어 점수에만 고유한 그 무엇인가를 의미한다. 이 고유요인을 분석해 보면 동의어에 독특한 특성을 나타내는 부분과 무선오차로 나누어진다. 언어능력과 수리력과는 별도로 동의어 변수에만 나타나는 독특한 특성의 예로는 단순히 하나의 단어만을 포함하기 때문에 문제나 예제가 짧은 특성을 들 수 있다. 사람에 따라서는 문항이 언어능력이든 수리력이든 간에 문제와 예제가 짧은 문항을 잘 맞히는 사람이 있을 수 있을 것이다. 한편, 무선오차는 어떠한 변수를 측정하더라도 나타나는 부분으로서 공통요인과는 관련 없이 나타나는 부분이라 할 수 있다. 따라서 공통요인과 고유요인과도 서로 관련이 없는 독립적 관계에 있다고 볼 수 있다.

모든 측정변수는 다음과 같은 방정식으로 나타낼 수 있다. 따라서 언어추리 측정변수도 다음과 같이 표현할 수 있다.

$$Z_2 = a_{21} \times F_1 + a_{22} \times F_2 + U_2$$

또한 이러한 방정식은 검사를 치른 개인마다 만들어지기 때문에 50명이 지능검사를 받았다면 측정변수당 50개의 방정식이 만들어지게 되고, 전체적으로는 측정변수가 4개이기 때문에 200개의 방정식이 만들어진다.

이제 주성분분석과 공통요인분석 간의 차이점에 관해서 살펴보기로 하자. 수리적으로 보면 주성분분석은 위의 방정식에서 측정변수의 점수 가운데 공통요인과 고유요인을 모두 합한 점수를 토대로 분석하는 방법을 말한다. 그리고 공통요인분석은 측정변수의 점수 중에서 고유요인은 포함시키지 않고 공통요인만을 포함한 점수를 분석대상으로 삼는 방법을 말한다. 따라서 주성분분석과 공통요인분석의 분석결과는 다소 차이가 있게 마련이다. 그러나 만약에 고유요인이 0이라면 주성분분석과 공통요인분석은 모두 측정변수의 공통요인만을 분석하게 되므로 동일한 결과가 나타날 것이다. 그러므로 주성분분석은 공통요인분석에서 고유요인이 0에 해당하는 특수한 경우라고 볼 수 있다.

대부분의 사회과학에서 고유요인이 0인 경우는 그다지 많지 않을 것이다. 위의 예에서도 설명했듯이 각 측정변수에 독특한 특성이 있다고 가정하는 것이 타당할 것이다. 물론 자연과학에서는 몸무게나 키를 측정하는 경우 정확히 만들어진 체중계나 자를 이용한다면 조금의 측정오차를 제외하고는 측정된 수치의 대부분은 몸무게나 키라는 공통요인만을 나타낼 것이다.

따라서 많은 측정변수들이 공통적으로 갖고 있는 의미 있는 구조(공통요인)를 추출해 내는 것이 연구의 기본 목적이라면(사실 요인분석을 실시하는 주요 이유) 공통요인분석을 통해서 요인분석을 실시하는 것이 타당하다. 반면에 측정변수의 수가 많아서 그 수를 줄이기 위한 '자료축소'가 기본 목표라면 주성분분석을 실시하는 것이 타당한 방법이다. 엄밀히 말해, 주성분분석은 서로 관련 있는 측정변수들을 서로 독립적인 주성분으로 축소변형하는 의미 이상은 없다고도 볼 수 있다. 물론 이 주성분은 측정변수들의 전체 변량을 최대한 많이 설명할 수 있도록 추출된다. 반면에 공통요인분석은 측정변수들이 공유하는 공통변량(common variance)을 최대한 설명할 수 있도록 요인이 추출된다.

Pedhazur와 Schmelkin(1991)은 주성분분석 결과 처음의 둘 또는 셋까지의 주성분이 전체 변량의 50%를 넘지 않으면 주성분분석을 사용해서 얻을 것은 별로 없다고 주장하였다. 또한 추출된 주성분들을 회전(뒷부분에서 설명)시킬 필요가 없으며 주성분의 뜻이 무엇인지를 해석하는 데 큰 의미를 둘 필요가 없다고 하였다. 이는 바로 앞에서 설명하였듯이 주성분분석의 주요 목적이 단지 자료를 축소하는 데 있음을 시사하는 것이라 볼 수 있다.

이 장 후반부의 요인의 수를 결정하는 방법에서 자세히 설명하겠지만 공통요인분석을 사용해서 요인의 수를 결정하는 경우, 먼저 주성분분석을 실시하여 몇 개 정도의 주성분이 나타나는지를 살펴본 후 이 자료를 공통요인분석에서 요인의 수를 정하는 데 효과적으로 사용할 수 있다. 예를 들어, 주성분분석을 사용해서 주성분의 수가 5개 나왔다면 공통요인분석에서 요인의 수를 결정할 때 4개에서 6개 정도를 지정하고 어떤 상황에서 요인구조의 해석이 더 의미가 있는가를 판단하면 된다.

두 모형 간의 차이점을 수리적인 측면에서 좀 더 설명해 보자. 측정변수 간의 상관계수 행렬에서 대각선은 1.00이 되며 이 수치는 각 측정변수의 변량을 의미한다. 물론 이 변량에는 공통요인과 고유요인이 모두 포함되어 있다. 따라서 주성분분석은 상관계수 행렬에서 대각선 값을 1.00으로 두고 요인분석을 실시하게 된다. 그러나 공통요인분석은 상관계수 행렬에서 대각선상의 1.00 가운데 공통요인 부분만을 다루기 때문에 1.00보다 작은 값을 가지고 요인분석을 실시하게 된다. 이 값을 공통분(communality)이라고 부르는데, 구체적으로 어떤 값을 가지고 요인분석을 하게 되는지는 다음

절에서 설명하기로 한다.

마지막으로 Snook과 Gorsuch(1989)가 Monte Carlo 연구에서 측정변수의 수(9, 18, 36)와 모집단 요인계수의 크기(.40, .60, .80)를 달리하면서 주성분분석과 공통요인분석의 결과 간의 차이를 분석한 결과, 주성분분석의 경우 전반적으로 요인계수의 크기가 실제보다 크게 나타나는 경향이 있었다. 따라서 주성분분석을 실시했을 때 요인구조를 해석하기가 좀 더 쉬운 경향이 나타나는데, 이는 잘못된 결과일 수 있으므로 주의해야 한다. 반면에 공통요인분석 결과는 모든 조건에서 요인계수의 크기가 편향되지 않은 값을 보여 주었다. 특히, 두 분석모형의 결과 간의 차이는 측정변수의 수가 작고 모집단의 요인계수가 낮을수록 더 크게 나타났다. 또한 Snook과 Gorsuch는 그들의 연구결과를 토대로 측정변수의 수가 40개 이상이 될 경우 주성분분석과 공통요인분석을 실시해 얻은 결과가 서로 비슷해진다고 주장하였다.

3) 공통분 추정치 계산

주성분분석에서는 상관계수 행렬에서 대각선상의 값인 1.0을 그대로 사용하므로 문제가 없으나, 공통요인분석에서는 이 값에서 고유요인의 값을 빼고 측정변수들의 순수한 공통요인에 의해서 설명되는 부분인 공통분만을 사용하게 되므로 요인분석을 하기 전에 이 값을 따로 계산해서 대치시켜야 한다. 공통분을 계산하는 방법에는 여러 가지가 있다. 어떤 방법을 사용하든지 정확한 값을 얻어내는 것은 불가능하다. 그 이유는 고유요인의 값이 얼마인지를 정확히 알 수 없기 때문이다. 따라서 정확히 표현하면 공통분의 추정치라고 부르는 것이 타당하다.

여러 가지 방법 가운데 가장 많이 사용하는 방법은 중다상관제곱치(Squared Multiple Correlation: SMC)를 계산하는 방법이다. 이 방법은 각 측정변수를 준거변수로, 다른 측정변수들을 예언변수로 두고 중다회귀분석을 실시했을 때 계산되는 R^2값을 의미한다. 예를 들어, 앞의 지능검사의 예에서 동의어 변수의 공통분 추정치를 구하기 위해서는 동의어 점수를 준거로, 다른 세 문항점수를 예언변수로 두로 중다회귀분석을 실시한 후 R^2을 계산하면 된다. 언어추리 변수의 경우도 이 점수를 준거로 두고 다른 세 변수의 점수를 예언변수로 둔 후 중다회귀분석을 실시해서 나오는 R^2을 공통분 추정치로 한다. SPSS나 SAS 등의 컴퓨터 프로그램에서 자동적으로 이 값을 계산해서 요인분석을 할 수 있기 때문에 공통분 추정치로 더 많이 사용된다.

다른 방법은 상관계수 행렬에서 각 계수의 절대치 중에서 가장 큰 값을 구하는 방법이다. 예를 들어, 앞의 〈표 10-1〉에서 산수추리 변수의 공통분 추정치를 구하기 위해서는 산수추리와 다른 세 변수 간의 상관계수 가운데 절대치를 얻었을 때 가장 큰 값을 구한다. 이 경우 수열추리와의 상관인 .67이 추정치가 된다.

대부분 측정변수의 수가 20개 이상이면 중다상관제곱치를 공통분 추정치로 사용하는 데 별다른 문제점은 없다(Tabachnick & Fidell, 1989). 만약 공통분 추정치가 1.00이나 그 이상이 되면 요인분석 과정에 문제점이 있음을 의미한다. 표집이 너무 작거나 추출된 요인의 수가 잘못되었을 가능성이 있다. 이때는 요인을 새로 추가하거나 기존의 일부 요인을 제거함으로써 공통분을 1.00 이하로 떨어뜨릴 수 있다. 반면에 특정 변수의 공통분 추정치가 너무 작으면 이 변수는 극단치(outlier)로 간주하고 제거하는 편이 좋다.

4) 요인의 수 결정

연구자는 주성분분석이나 공통요인분석 모형 가운데 하나를 결정해서 요인분석을 실시해 나타난 결과를 보면서 측정변수들을 대표하는 요인의 수가 몇 개나 되며 각 요인은 무엇을 의미하는지를 판단해야 한다. 그러나 요인의 수를 결정하는 데 모든 학자가 다 동의하는 명확한 객관적인 기준은 없다. 단지 여러 가지 방법에 의해서 요인의 수를 판단할 수 있다. 가장 바람직한 방법은 다음에 설명하는 여러 방법을 모두 실시해 나온 결과를 보면서 종합적인 판단을 하는 것이다. 여기서는 다양한 방법 가운데 SAS나 SPSS와 같은 컴퓨터 프로그램을 통해서 쉽게 실시할 수 있는 방법만을 소개하고자 한다. 추가적인 방법에 관심이 있는 독자는 이순묵(1995)의 책을 참고하기 바란다. 또한 엄밀히 말해 주성분분석과 공통요인분석 가운데 어떤 모형을 선택했느냐에 따라서 요인의 수를 결정하는 방법이 다소 차이가 있기도 하나 여기서는 같이 묶어서 설명하고자 한다.

(1) 카이저 방식

이 방법을 설명하기 위하여 먼저 요인분석 결과 나타나는 몇 가지 용어를 이해할 필요가 있다. 이 용어들을 설명한 후 카이저 방식이 어떠한 방식인지 설명하기로 하자.

주성분분석 모형을 선정해서 요인분석을 실시하면 〈표 10-3〉과 같은 결과가 처음 나온다. 이 결과는 앞의 〈표 10-1〉의 상관계수를 토대로 SAS를 이용해서 요인분석을 실시한 것이다.

이 표에서 보면 고유치(eigen value)라는 용어가 나타나는데, 고유치란

〈표 10-3〉 주성분분석 결과 처음에 나타나는 고유치에 관한 정보

요인번호	1	2	3	4
고유치	1.846	1.525	.332	.297
변량비율	.46	.38	.09	.07
누가변량비율	.46	.84	.93	1.00

각 요인이 전체 측정변수들의 변량 가운데 어느 정도를 설명할 수 있는지를 나타내는 수치다. 각 측정변수의 변량은 1.00이기 때문에 전체 변량은 측정변수의 수와 같다. 이 경우 전체 변량은 4.00이 된다. 고유치를 전체 변량으로 나누면 각 요인이 설명하는 측정변수의 변량을 얻을 수 있다. 표에서 변량비율의 값은 바로 이 비율을 뜻한다. 즉, 요인 1의 경우 고유치인 1.846을 4.00으로 나누면 변량비율인 .46이 되며 이 값에 100을 곱하면 46%가 된다. 따라서 요인 1이 설명하는 측정변수의 변량은 46%가 된다.

각 요인이 설명하는 변량비율을 합한 것이 누가변량비율이 된다. 앞에서도 설명했듯이 최대로 추출 가능한 요인의 수는 측정변수의 수와 같다. 따라서 모든 요인이 추출된다면 누가변량비율은 1.0(100%)이 된다. 요인 1과 요인 2가 합해서 설명하는 측정변수의 변량은 84%가 되며, 여기에 요인 3까지 합하면 전체 변량의 93%, 마지막으로 요인 4를 합하면 변량의 100%를 설명한다.

어느 정도 배경 설명을 했으니 이제 카이저 방식이 어떤 방법인지를 설명해 본다. 이 방법을 Kaiser(1960)가 만들어 냈기 때문에 카이저 법칙(Kaiser rule)이라고 부르며, 한편으로는 Eigenvalues-greater-than-one-rule이라고도 부른다. 주성분분석을 실시하면 처음에 〈표 10-3〉과 같은 결과가 나타난다. 표준화된 측정변수의 변량은 1.00이기 때문에 고유치가 1.00이 안 되는 주성분은 변량의 크기에서 볼 때 하나의 측정변수의 양에도 못 미치기 때문에 그다지 중요하지 않다고 볼 수 있다. 반대로 고유치 1.00을 기준으로 해서 그 이상 되는 주성분의 수를 요인의 수로 정한다는 것이 카이저 방식의 해법이다.

일반적으로 고유치가 1.00 이상이 되는 주성분의 수는 전체 측정변수의 수를 3으로 나눈 값과 5로 나눈 값 사이가 되는 경우가 많다. 예를 들어, 측정변수의 수가 30개라면 주성분의 수는 10개에서 6개 사이가 되는 경우가 일반적이다. 만약 이 정도의 요인 수가 연구자가 생각했던 수와 비슷하고,

측정변수의 수가 40개 이하이고 표집의 크기가 크다면, 이 기준에 의해서 요인의 수를 결정하는 방법은 수용될 수 있다. 그렇지 않은 상황이라면 이 방식은 그다지 권유할 만한 방법이 못된다. 많은 경우에 요인의 수를 과소 또는 과대 추정할 수 있기 때문이다(Tabachnick & Fidell, 1989). 특히, 측정변수의 수가 많은 경우 고유치가 1.00 이상이 되는 주성분의 수가 연구자가 생각했던 것 이상으로 많아지는 경우가 자주 발생하는 경향이 있다.

한편, 공통요인분석에서 요인의 수를 정하고자 할 때 이 방식은 그다지 권장할 만한 방법이 못된다. 공통요인분석에서는 측정변수의 전체 변량이 아닌 공통분을 분석대상으로 삼게 되는데, 이 공통분은 1.00보다 작은 값을 갖게 된다. 따라서 고유치가 1.00 이상이 되는 요인의 수도 주성분분석 시와 비교해서 작아지게 되므로 공통요인분석에서 이 방식을 사용하게 되면 추출되는 요인의 수가 적어질 가능성이 많다.

(2) 스크리 검사

이 방법은 Cattell(1966)이 스크리 검사(scree test)라는 이름으로 발표한 것이다. 이 방법을 설명하기 위하여 앞의 〈표 10-3〉에서 나타난 각 요인의 고유치를 그래프로 그려 보자.

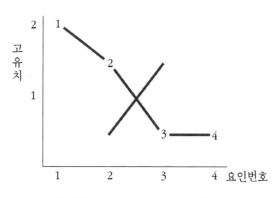

[그림 10-1] 스크리 검사 결과

[그림 10-1]에서 보면 요인 1에서 요인 2로 가면서 고유치는 조금밖에 떨어지지 않았으나 요인 2에서 요인 3으로 가면서 고유치가 많이 떨어져, 요인 2와 요인 3을 선으로 연결해 보면 그 경사가 급격함을 알 수 있다. 그리고 요인 3과 요인 4의 고유치는 비슷해서 거의 수평선상에 있음을 볼 수 있다.

이 그림에서 요인의 수를 정하는 기준은 고유치가 급격하게 떨어진 시점이 어디에 있는지를 밝히는 것이다. 이 그림에서는 요인 2와 요인 3에서 고유치가 급격히 떨어졌음을 알 수 있다. 여기서 요인의 수는 고유치가 급격히 떨어진 요인의 앞에서 끊는 것이 바로 Cattell이 제시한 기준이다. 따라서 이 그림에서는 요인 3의 앞에서 끊게 되므로 요인의 수는 2개로 보는 것이 타당하다. 그런데 측정변수의 수가 많은 경우 처음의 하나 또는 둘 정도의 요인의 고유치만 높고 나머지 요인들의 고유치는 이와는 뚝 떨어져서 서로 비슷한 값을 갖는 경우가 많기 때문에 요인의 수를 정하기 어려운 경우가 많다.

(3) 해석의 용이성

비록 탐색적 요인분석이라 하더라도 대부분의 경우 연구자는 요인분석을 하기 전 측정변수들로부터 대략 몇 개 정도의 요인이 추출되리라는 생각을 가지고 있다. 몇 개나 될지 전혀 감을 잡을 수 없다면 문항개발에서 문제점이 있다고 볼 수 있다. 문항이 제대로 만들어졌다면 요인의 수는 연구자가 생각하는 선에서 크게 벗어나지 않을 것이다. 따라서 연구자가 생각하는 수의 요인과 그와 비슷한 수의 요인을 지정하고 요인분석을 실시할 필요가 있다. 예를 들어, 연구자가 5개 정도의 요인을 생각하고 있다면 요인의 수를 5개와 4개 또는 6개(경우에 따라서는 3개와 7개까지 포함)로 지정하고 요인분석을 실시한다.

다음으로는 각 분석에서 얻어진 요인구조를 살펴보면서 요인의 수가 몇 개일 경우 요인구조를 가장 의미 있게 해석할 수 있는지를 검토한다. 만약 요인의 수가 4개일 경우 가장 요인구조의 해석이 용이하고 의미가 있다면 요인의 수를 4개로 정하는 것이 합리적일 것이다.

한편, 공통요인분석을 통해 요인분석을 하는 경우에는, 먼저 주성분분석을 사용해서 고유치가 1.0 이상인 주성분의 수가 몇 개인지를 파악한다. 다음은 주성분의 수와 이와 비슷한 수를 요인의 수로 지정하고 공통요인분석을 실시해서 어떤 상황에서 요인구조의 해석이 더 의미가 있는지를 판단하는 것도 하나의 방법이 될 수 있다. 예를 들어, 처음에 주성분분석 결과 주성분의 수가 5개 추출되었다면 다음에서 요인의 수를 4, 5, 6개로 지정하고 공통요인분석을 실시하면 된다.

(4) 종합

이상 요인의 수를 결정하는 여러 방식에 관해 논의했다. 과연 어떤 방식을 통해서 요인의 수를 결정하는 것이 가장 좋은지 의문이 생길 것이다. 결론적으로 말한다면 한 가지 방식만을 고집할 것이 아니라 세 가지 방식 모두를 참고해서 요인의 수를 결정하는 것이 최선의 방법이라고 할 수 있다. 요인분석을 할 때는 다른 통계기법과는 달리 분석자의 판단을 요하는 경우가 많다. 어떤 요인분석모형을 선택할 것인지, 만약 공통요인분석을 선택했다면 공통분 추정치는 무엇으로 할 것인지, 요인의 수를 어떻게 결정하며 요인의 해석은 어떻게 할 것인지, 요인구조의 회전은 어떠한 방법으로 할 것인지 등에 관해 분석자의 주관적 판단을 요구하는 경우가 많다. 따라서 정확한 결론을 내리기 위해서는 가능한 많은 정보를 얻어 판단의 기초자료로 삼아야 한다. 그저 한 가지 방법만 선택해서 요인분석을 한 번만 실시한 후에 분석을 끝냈다고 결론을 내린다면 큰 오류를 범하는 것임을 명심해야 한다.

5) 요인구조의 회전 및 해석

앞의 지능검사 예에서 네 측정변수의 공통요인이 무엇인지를 알아보기 위하여 〈표 10-1〉의 상관계수 행렬을 토대로 SAS를 이용한 공통요인분석을 실시했다고 하자. 그 결과 처음에 계산되어 나온 요인구조는 〈표 10-4〉와 같다.

표에서 측정변수와 요인 간의 관계를 나타내는 요인계수(factor loading)의 크기를 살펴보면 각 요인이 무엇을 뜻하는지 해석하기가 쉽지 않음을 알 수 있다. 일반적으로 요인계수의 크기가 .30 이상(보수적인 연구자는 .40 이상으로 함)일 때 측정변수와 요인의 관련성이 의미가 있는 것으로 해석하게 된다. 따라서 요인을 해석할 때 요인계수가 .30 이상이 되는 측정변수가 무엇인지를 파악한 후에 그 측정변수들을 대표할 수 있는 구성개념이 무엇일까를 판단함으로써 요인을 해석하게 된다.

그러나 〈표 10-4〉를 보면 동의어와 언어추리는 요인 1과 더 밀접하게 관련되어 있지만 요인 2와의 관련성도 무시할 수 없는 상황이다. 또한 산수추리와 수열추리 변수도 요인 2와의 관련성이 더 크지만 여전히 요인 1과도 의미 있게 관련되어 있다. 따라서 요인 1과 요인 2를 대표하는 측정변수가 무엇인지 말하기 어렵고, 결과적으로 두 요인의 의미가 무엇인지 해석하기가 쉽지 않다.

기껏 요인분석을 한 결과가 이렇게 나타난다면 연구자는 그야말로 난감

〈표 10-4〉 최초의 요인구조

	요인 1	요인 2
동의어	.68	-.49
언어추리	.67	-.51
산수추리	.55	.61
수열추리	.57	.59

할 것이다. 연구자는 두 요인을 해석하기 쉬운 어떤 방법이 없을까를 생각
해 보게 되는데, 바로 요인구조의 회전이 이러한 어려움을 극복할 수 있는
답이 된다. 요인구조의 회전(rotation)을 설명하기 위해서 〈표 10-4〉에 나
타난 요인계수를 2개의 요인을 축으로 하는 2차원 공간상에 표시해 보면
[그림 10-2]가 된다.

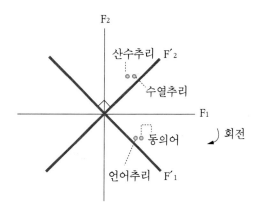

[**그림 10-2**] 〈표 10-4〉를 2차원 공간상에 표시한 그림

요인 1(F_1)과 요인 2(F_2)의 두 축에서 동의어 변수의 위치는 (.68, −.49)
가 되고 산수추리의 위치는 (.55, .61)이 된다. 만약 이 상황에서 F_1과 F_2라
는 두 축을 회전시키면 어떻게 될까? 서로 직각을 유지하면서 F_1과 F_2를 시
계방향으로 약 40° 정도 회전시키게 되면 [그림 10-2]와 같이 새로운 축이
만들어진다. 이 새로운 축을 F'_1과 F'_2라고 명명하자. 이제 네 개의 측정변
수가 새로운 축을 기준으로 했을 때 공간상에서 갖는 위치가 어떻게 변하
는지를 살펴보자. 동의어는 대략 축 F'_1상에서는 .70 정도의 값을 갖게 되
고 축 F'_2상에서는 .10 정도의 값을 갖게 됨을 볼 수 있다. 언어추리도 두
축에서 비슷한 값을 갖게 된다. 한편, 산수추리는 F'_1상에서 .10에 가까운
값을 갖게 되고 F'_2상에서는 .80에 가까운 값을 갖게 된다. 수열추리도 두
축상에서 산수추리와 비슷한 값을 갖게 된다. 컴퓨터를 통해서 각 측정변

〈표 10-5〉 회전 후의 요인구조

	요인 1	요인 2
동의어	.83	.06
언어추리	.84	.04
산수추리	.03	.82
수열추리	.07	.82

수가 새로운 두 축상에서 갖는 실제값을 구하면 〈표 10-5〉가 된다.

〈표 10-5〉에서 나타난 요인계수를 〈표 10-4〉의 결과와 비교해 보면 상당한 차이가 있음을 알 수 있다. 이제 각 요인이 어떤 측정변수와 밀접하게 관련되어 있는지(각 요인을 대표하는 측정변수가 무엇인지)를 명확히 알 수 있게 되었다.

표에서 보듯이 동의어와 언어추리는 요인 1과의 관련성은 높으나 요인 2와는 전혀 관련이 없으며, 산수추리와 수열추리는 요인 2와는 밀접하게 관련되어 있으나 요인 1과는 거의 관련이 없음을 알 수 있다. 즉, 요인 1을 구성하는 주요 변수는 동의어와 언어추리이고, 요인 2를 구성하는 주요 변수는 산수추리와 수열추리다.

따라서 요인 1과 요인 2가 무엇을 뜻하는지를 해석하기가 훨씬 쉬워졌다. 요인 1은 동의어와 언어추리로 구성되어 있기 때문에 '언어능력'이라고 명명하는 것이 가능하다. 그리고 요인 2는 산수추리와 수열추리로 구성되어 있기 때문에 모두 수리적 내용을 다루므로 '수리력'으로 명명하는 것이 가능하다.

이와 같이 축을 회전시킴으로써 요인구조의 해석이 전보다 훨씬 수월해졌음을 알 수 있다. 축을 회전시키는 이유는 바로 여기에 있다. 축을 회전시키는 이유는 전문적인 용어로 단순구조(simple structure)를 만들기 위한 것이라고 표현한다. 단순구조란 〈표 10-5〉의 결과와 같이 모든 변수들이 각각 하나의 요인하고만 밀접하게 관련되어 있고 다른 요인들과는 관련이 낮게 나타나는 요인구조를 말한다. 단순구조의 극단적인 형태는 모든 측정 변수가 각각 하나의 요인하고만 1.00의 요인계수를 갖고 다른 요인과는 0.00의 요인계수를 갖는 형태가 될 것이다. 요인구조가 단순구조가 될수록 요인의 해석이 쉬워짐은 두말할 필요가 없다.

회전을 하게 되면 각 요인이 설명하는 변량의 크기는 변하지만 모든 요인들이 설명하는 전체 변량의 크기는 변하지 않는다. 따라서 회전 후에 요인의 수나 요인이 설명하는 전체 변량의 크기는 변하지 않음을 명심해야 한다. 단지 요인구조를 변화시킴으로써 요인의 해석을 용이하게 할 뿐이다.

(1) 회전의 종류

[그림 10-2]에서는 축을 회전시킬 때 두 축의 각도를 직각으로 유지하면서 회전시켰다. 이를 직각회전(orthogonal rotation)이라고 부른다. 두 축의 각도가 직각이 되지 않게 하고 회전시킬 수도 있을까? 물론 그렇다. 두 축의 각도를 직각으로 유지하지 않고 회전시키는 경우를 사각회전(oblique rotation)이라고 한다. [그림 10-3]은 이것을 잘 보여 준다.

그렇다면 어떤 상황에서 직각회전 또는 사각회전을 선택해야 하는가? 요인축을 직각으로 회전시킨다는 의미는 요인이 서로 관련되어 있지 않고 독립적임을 시사한다. 반면에 요인축을 사각으로 회전시킨다는 의미는 요인이 서로 어느 정도 관련되어 있음을 시사한다. 따라서 연구자가 판단하여 추출하려는 요인들이 서로 독립적이라고 생각되면(요인 간의 상관계수가 0.00) 직각회전을 시키고, 요인들이 서로 관련되어 있다고 생각되면 사각회전을 시키는 것이 합리적이다. 사실 사회과학에서는 어떤 구성개념을 다루든 구성개념을 구성하는 요인들은 조금씩 서로 관련되어 있을 가능성이 많다.

경우에 따라서 연구자는 자신이 추출하려는 요인들이 서로 관련되어 있

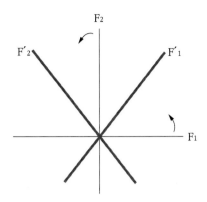

[그림 10-3] 사각회전의 예

는지 아닌지에 대해 판단을 내리기가 어려울 수 있다. 요인들이 서로 관련되어 있는지에 대해 조금이라도 미심쩍은 부분이 있을 경우는 일단 직각회전과 사각회전을 동시에 다 실시하는 것이 바람직하다. 컴퓨터 프로그램을 통해서 사각회전을 시키면 요인 간의 상관계수가 계산되어 나온다. 이때 그 계수값이 크면(대략 .30 이상) 사각회전을 통해 나온 요인구조를 해석하고, 계수값이 작으면 직각회전을 통해 나온 요인구조를 해석하면 된다(Pedhazur & Schmelkin, 1991). 자세한 설명은 뒤의 컴퓨터 프로그램을 통한 분석 예에서 다시 설명하기로 한다.

또 다른 방법은 컴퓨터 패키지에 있는 플롯(plot) 명령어를 사용해서 요인계수를 직각회전한 결과를 2차원 요인공간상에 위치시키는 것이다(Tabachnick & Fidell, 1989). 요인의 수가 2개라면 이 공간은 당연히 하나이고, 요인의 수가 3개면 2차원 공간은 3개가 된다. 만약 요인이 2개라고 가정하고 요인계수를 2차원 공간상에 위치시킨 결과가 [그림 10-4]의 (a)와 같이 나타난다면 사각회전을 하는 것이 바람직하다. 그러나 (b)와 같은 결과가 나타난다면 직각회전을 하는 것이 바람직하다.

앞에서 다룬 요인분석모형과 공통분 추정치에서 다양한 방법이 있었던

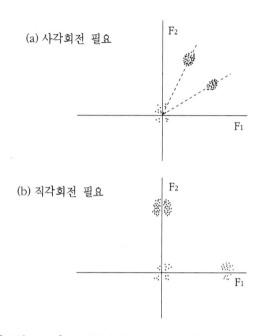

(a) 사각회전 필요

(b) 직각회전 필요

[그림 10-4] 요인계수의 2차원 공간상에서의 그림

것과 마찬가지로 요인구조를 회전시키는 방법도 다양하다. 크게 나누면 위에서 설명한 직각회전과 사각회전으로 나눌 수 있는데 각 회전방법에서도 다양한 기법이 존재한다. 각 기법들에 관해 좀 더 자세히 알아보도록 한다.

① 직각회전의 다양한 기법과 해석

컴퓨터를 이용해 분석할 수 있는 직각회전의 기법에는 베리맥스(vari-max), 쿼터맥스(quartimax) 및 이쿼맥스(equamax)의 세 가지가 있다. 이 가운데 베리맥스 기법을 가장 많이 사용하는데, 이 방법은 각 요인이 모든 측정변수들과 갖는 요인계수 제곱의 변량을 최대화하도록 회전시키는 방법이다. 예를 들어, 앞의 〈표 10-5〉에서 보면 요인 1과 각 측정변수 간의 요인계수인 .83, .84, .03, .07을 각각 제곱한 값들의 변량, 요인 2와 각 측정변수 간의 요인계수인 .06, .04, .82, .82를 각각 제곱한 값들의 변량을 최대화하도록 회전시킨다는 뜻이다. 극단적으로 변량이 최대가 되기 위해서는 각 요인과 모든 측정변수들 간의 요인계수가 1.00 또는 0.00의 값을 가지면 된다. 베리맥스 회전을 통해서 본래 요인과의 관계가 큰 변수의 요인계수는 더 커지고, 본래 요인과의 관계가 작은 변수의 요인계수는 더 작아진다. 따라서 다른 회전방법에 비해서 각 요인을 해석하기가 쉬우며 각 요인을 구성하는 변수의 수를 최소화할 수 있는 방법이다(Tabachnick & Fidell, 1989). 또한 단일 요인보다는 여러 요인이 추출되리라고 기대될 때 더 적합한 회전방법이다(Gorsuch, 1983).

쿼터맥스 기법은 베리맥스 기법과는 달리 각 변수가 요인들과 갖는 요인계수를 제곱한 값의 변량을 극대화하도록 회전시키는 방법이다. 앞의 〈표 10-5〉의 예를 들어 설명하면, 동의어 변수와 두 요인 간의 요인계수인 .83과 .06을 각각 제곱한 값들의 변량이 최대가 되도록 회전시킴을 뜻한다. 이 변량이 최대가 되기 위해서는 각 측정변수와 요인들 간의 요인계수가 1.00 또는 0.00의 값을 가지면 된다. 따라서 다른 회전방법에 비해서 요인의 수를 최소화할 수 있는 방법이라고 할 수 있으며, 특히 단일 요인이 기대되는 경우에 적합한 회전방법이라고 할 수 있다(Stewart, 1981).

이쿼맥스 기법은 베리맥스와 쿼터맥스 기법을 혼합한 것으로 잘 사용되지는 않는다. 베리맥스 기법은 직각회전 시 가장 많이 사용되며 컴퓨터 통계 패키지의 요인분석에서도 이를 기본(default)으로 하고 있다.

② 사각회전의 다양한 기법과 해석

통계 패키지 가운데 SPSS는 사각회전을 위하여 직접 오블리민(direct oblimin)이란 기법을 사용하며, SAS는 여러 가지 기법이 있으나 주로 오소블리크(orthoblique) 기법을 사용한다. 이 기법들을 설명하기 위해서는 복잡한 수리적 내용을 알 필요가 있기 때문에 이 책에서는 생략하기로 한다. 기본적으로 이 기법들은 요인 사이의 상관을 허용한 채 회전시키는 방법이다. 이 기법들에 관해 자세히 알고 싶은 독자는 이순묵(1995)의 책을 참고하기 바란다.

사각회전을 통해 나온 결과를 해석할 때는 직각회전 시와 달리 좀 더 주의를 요한다. 직각회전 시에는 요인들이 서로 독립적이라고 가정하기 때문에 각 요인에 독립적 의미를 부여하는 것이 가능하다. 그러나 사각회전에서는 요인들이 서로 관련되어 있다고 가정하기 때문에 각 요인을 해석할때 신중을 기해야 한다.

사각회전을 하게 되면 직각회전 때와는 달리 요인계수의 값을 두 가지 방법을 통해서 얻을 수 있다. 이 두 가지 요인계수를 구조계수(structure loading)와 형태계수(pattern loading)라고 부른다. 먼저 구조계수를 구하는 방법을 설명해 본다.

[그림 10-5]에서 보는 바와 같이 점 A가 두 요인축에서 갖는 값을 구하기 위해서 점 A로부터 요인 1에 수선을 내려 만나는 점을 a_1, 요인 2에 수선을 내려 만나는 점을 a_2라고 하면 점 A의 값은 (a_1, a_2)가 된다. 바로 이 값을 구조계수라고 한다. 또한 점 A에서 요인 2와 평행한 선을 그을 때 요인 1과 만나는 점을 b_1이라 하고, 요인 1과 평행한 선을 그어서 요인 2와 만나는 점을 b_2라 하면 점 A의 값은 (b_1, b_2)가 된다. 이 값이 곧 형태계수

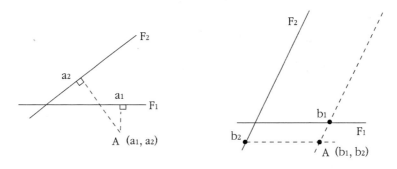

[그림 10-5] 사각회전 시 요인계수의 계산

〈표 10-6〉 사각회전을 통해 얻은 구조계수와 형태계수

변 수	구조계수		형태계수	
	요인 1	요인 2	요인 1	요인 2
동의어	.84	.11	.83	.01
언어추리	.84	.09	.84	-.01
산수추리	.08	.82	-.02	.82
수열추리	.11	.82	.02	.82

가 된다. 참고로 이 장에서 예를 든 지능검사의 네 측정변수를 사각회전시켜 나온 구조계수와 형태계수의 값을 〈표 10-6〉에 제시한다.

사각회전을 통해 추출된 요인을 해석하려고 할 때 구조계수를 참고로 할 것인지, 형태계수를 참고로 할 것인지에 대해 다소 엇갈린 의견이 있다. 형태계수는 기본적으로 각 요인이 측정변수의 변량에 기여하는 고유부분을 나타내는 값으로 일종의 표준회귀계수를 의미한다. 반면에 구조계수는 단순히 요인과 변수 간의 상관을 의미하는데, 수리적으로 구조행렬(structure matrix)은 형태행렬(pattern matrix)에 요인 간의 상관행렬(factor correlation matrix)을 곱해서 나온 결과다.

일반적으로는 요인의 의미를 해석하는 데 기본적으로 구조계수를 사용한다(Gorsuch, 1983). 그러나 요인 간의 상관이 클 경우 구조계수의 값이 필요 이상으로 커져 어떤 변수가 특정 요인과 관련이 있는지를 해석하기 어려운 경우가 발생할 수 있다(Tabachnick & Fidell, 1989). 이처럼 애매할 경우는 두 가지 계수를 모두 참고해서 요인을 해석하는 편이 바람직하다.

6) 요인분석 시 고려사항

(1) 표집의 크기

표집의 크기가 작을 때는 측정변수 간의 상관계수들의 신뢰도가 떨어지

기 때문에 요인분석 결과도 신뢰도가 떨어지게 된다. 이에 안정된 결과를 얻기 위해서는 표집의 크기가 충분해야 한다. Comrey(1973)는 표집의 크기가 50이면 매우 좋지 않고, 100이면 나쁜 편이고, 200 정도면 그런대로 괜찮은 편이며, 300 정도면 좋은 편이고, 500 정도면 매우 좋은 편이고, 1,000 정도면 더 이상 말할 필요가 없을 정도라고 한 바 있다. Guilford (1956)는 요인분석을 위해서 표집의 크기가 적어도 200은 되어야 한다고 주장했다. Barrett과 Kline(1981)은 1,200명을 대상으로 아이젱크 성격검사(EPQ: Eysenck & Eysenck, 1975)를 실시한 후, 전체 표집을 다양한 크기로 무선표집하여 요인분석을 시도하였다. 요인분석 결과 사례 수가 100 이상만 되면 명확하고 동일한 요인구조가 나타남을 발견하였다. 일반적으로는 사례 수가 얼마 이상이 되어야 한다는 주장보다 사례 수가 측정변수 수보다 몇 배 이상 되어야 한다는 주장을 더 수용하고 있다. 이 비율에 관해서도 논쟁이 없지는 않다. Nunnally(1978)는 적어도 사례 수 대 측정변수의 비율이 10 대 1은 되어야 한다고 주장하는 반면에, Guilford(1956)는 이 비율이 2 대 1 이상이면 된다고 말한 바 있다. Tabachnick과 Fidell(1989)은 사례 수가 측정변수 수보다 적어도 5배 이상은 되어야 요인분석 결과를 신뢰할 수 있다고 말하고 있다.

한편, Arrindel과 Ende(1985)는 사례 수 대 측정변수의 비율은 그다지 중요하지 않으며 중요한 것은 사례 수 대 요인 수의 비율이라고 주장하였다. 그들은 안정된 요인을 얻기 위해서는 표집의 크기가 추출되는 요인 수의 20배 이상은 되어야 한다고 하였다.

요인분석 시 필요한 표집의 크기에 관해서는 위에서 논의한 바와 같이 다양한 의견이 제시되고 있다. 대략 사례 수가 200 이상이거나 사례 수와 측정변수의 비율이 5 대 1 이상이면 안정권이라 볼 수 있다. 최소한으로 잡았을 경우 사례 수가 100 이상이거나 사례 수와 측정변수의 비율이 2 대 1 이상은 되어야 하겠다.

(2) 적절한 측정변수의 표집

아무리 적합한 요인분석모형을 선택하고 회전을 잘해서 요인구조가 명확하게 나타났다 하더라도 검사 개발과정에서 정말로 중요한 측정변수를 포함시키지 않았다면 추출된 요인은 의미가 없을 것이다. 즉, 연구자가 명심해야 할 점은 요인분석은 분석에 포함된 측정변수만을 가지고 이들을 잘 대표할 수 있는 요인을 추출해 내는 분석기법이라는 점이다. 만약 좋지 않은 측정변수가 많이 포함되었다면 추출된 요인도 역시 논의할 만한 가치가 없을 것이다. 이 논리를 GIGO(Garbage In Garbage Out)라고 한다.

(3) 표집의 특성

다른 분석에서와 마찬가지로 요인분석에서도 표집의 선택은 중요하다. 과연 서로 동질적인 집단이 더 바람직할까, 아니면 서로 이질적인 집단이 더 바람직할까? 사실 이 질문에 한마디로 대답하기는 쉽지 않다. Guilford(1956)는 일찍이 요인분석에 포함되는 표집이 서로 동질적이어야 하며 여러 집단의 구성원이 포함되어서는 안 된다고 주장하였다. 예를 들어, 연구자가 초등학생의 학업성적에 영향을 미치는 요인이 무엇인지 알아보기 위하여 아주 우수한 집단의 학생과 정신지체아들이 다니는 특수학교의 집단에서 자료를 모아 요인분석을 실시했다고 하자. 여기에 지능, 가정배경, 성격특성 등 다양한 변수가 포함될 수 있는데 그 가운데 지능을 예로 들어 보자.

두 집단은 지능에서 상당한 차이가 있게 된다. 한 집단은 아주 우수한 반면에 다른 집단은 아주 낮을 것이다. 따라서 두 집단의 지능을 평균한 값은 두 집단의 어느 누구의 지능과도 일치하지 않을 것이다. 한 측정변수를 평균한 값이 모든 집단구성원들이 그 측정변수에서 얻은 값과 상당한 차이가 있다면 요인분석의 결과는 신뢰성이 없을 것이다. 이러한 상황에서는 두 집단에서 개별적으로 자료를 모아 따로 요인분석을 실시하는 것이 합리적인 방법일 것이다.

한편, 집단이 너무 동질적인 경우도 문제가 될 수 있다. 만약 위의 예에서 표집집단을 아주 우수한 집단으로만 국한시켰다고 가정해 보자. 이 상황에서 요인분석한 결과 지적 능력과 관련된 요인은 중요한 요인으로 나타나지 않을 것이다. 아주 우수한 집단 개개인의 지적 능력은 높은 수준에서 서로 유사하기 때문에 이와 관련된 측정변수에서의 점수편차는 작게 나타나게 되어 이들 변수 간의 상관계수는 작게 나타날 것이다. 결과적으로 이 변수들이 하나의 요인으로 묶이기는 어려울 것이다. 이러한 상황에서는 다양한 지적 능력을 가진 초등학생들을 표집대상으로 삼는 것이 바람직할 것이다.

요컨대, 무조건 동질적인 집단을 표집으로 삼는 것만이 최선의 방법은 아니다. 중요한 명제는 연구자가 생각하는 모집단이 무엇인지를 명확히해서 그 모집단을 대표하는 집단을 표집하는 것이다. 또한 표집이 모집단을 잘 대표한다 하더라도 연구자 자신이 판단하기에 지나치게 다양한 집단들이 표집에 포함되었다면 좀 더 동질적인 하위집단으로 나누어 요인분석을 실시해 보는 것도 의미 있는 방법이다.

(4) 요인점수의 계산

요인분석의 주요 목적은 많은 측정변수들을 구성하고 있는 요인구조가 무엇인지를 밝히는 것이다. 그러나 요인구조를 밝힌 후에 연구자가 추가적으로 응답자들이 각 요인에서 어떤 점수를 갖게 되는지를 알게 되면 도움이 될 때가 있다. 사실 이 책에서 요인분석에 대해 많은 지면을 할애하는 이유는 검사의 구성타당도를 분석하는 데 요인분석이 가장 중요한 통계기법이기 때문이다. 요인점수는 검사의 구성타당도와는 관련이 없으나 연구자의 관심 주제에 따라서 효과적으로 사용될 수 있기 때문에 간략하게 설명하고자 한다.

요인점수를 필요로 하는 상황은 몇 가지가 있다. 먼저 중다회귀분석에서 요인점수가 예언변수로 사용되는 경우다. 만약 직장인의 직무만족과 조직 몰입 간의 관계를 알아보려 하는데, 직무만족을 요인분석하여 추출된 다섯 가지 요인(상사, 동료, 임금, 승진, 일) 가운데 어떤 요인이 조직몰입을 설명하는 데 더 중요한지를 알아보려는 경우가 있을 것이다. 이때 각 요인의 점수를 예언변수로, 조직몰입을 준거변수로 두고 회귀분석을 하면 된다. 또한 각 요인과 조직몰입 간의 단순상관계수를 알아볼 수도 있을 것이다. 마지막으로 남녀에 따라서 각 직무만족 요인에서 어떠한 차이가 있는지를 알아보려 한다면 남녀 성별을 독립변수로, 각 직무만족 요인점수를 준거변수로 두고 변량분석(ANOVA)을 실시하면 된다.

요인점수를 구하는 방법에는 여러 가지가 있다. 가장 간단한 방법으로는 각 요인과의 요인계수가 높은 변수들을 선택해서 개인이 이들 변수에서 얻은 점수들을 합하는 방법이다. 일반적으로 연구목적인 경우에는 이 방법을 사용해도 무방하다(Tabachnick & Fidell, 1989). 이 밖에 좀 더 정교한 통계적 방법을 통해서 요인점수를 구하는 방법들이 있다. 그 가운데 가장 많이 사용되는 방법은 회귀방법이다. 이 방법은 요인점수를 준거변수로, 모든 측정변수를 예언변수로 두고 각 측정변수의 회귀계수를 구해서 요인점수를 얻는 방법이다. 구체적으로 통계 패키지를 통해 요인점수를 구하는 방법은 뒤의 예(8) 컴퓨터 프로그램의 예)에서 설명하기로 한다.

7) 요인분석의 단점

지금까지 논의한 내용은 탐색적(exploratory) 요인분석에 관한 것이다. 즉, 연구자가 가정한 요인구조가 제대로 나오는지를 검증하는 데 우선적인 목적이 있다기보다는 사전에 특별한 가정이 없이 측정변수를 대표하는 요인구조가 무엇인지를 알아보는 데 기본적인 목적이 있다. 처음 요인분석을 실시할 때는 대개 탐색적 요인분석을 실시하게 된다. 그러나 나중에 표집을 달리하여 자료를 모은 후 동일한 요인구조가 나오는지를 확인하고자 할 때는 확인적(confirmatory) 요인분석을 실시해야 한다. 확인적 요인분석을 실시하면 요인구조가 연구자가 가정한 구조와 어느 정도나 일치하는지를 파악할 수 있는 수치를 얻을 수 있다. 주로 LISREL(Joreskog & Sorbom, 1988)이라는 기법을 이용해서 확인적 요인분석을 하게 되는데, 여기서는 지면 제약상 이를 통한 자세한 분석과정은 생략하기로 한다. 관심 있는 독자는 이순묵(1990)의 책을 참고하기 바란다.

문제는 탐색적 요인분석을 통해 나타난 요인구조가 연구자가 기대했던 것과 얼마나 일치하는지를 말해 주는 명확한 준거가 없다는 것이다. 다른 다변량 통계분석에서는, 예를 들어 중다회귀분석에서도 R^2이 계산되고 MANOVA에서도 F가 계산되어 통계적 유의성 검증이 가능하나, 탐색적 요인분석에서는 요인구조의 적절성을 평가할 수 있는 객관적 수치가 없다는 단점이 있다.

또 다른 문제점은 처음에 요인구조를 추출한 후에 요인 해석상의 편의를 위해서 이를 회전시키는 방법의 수가 너무 많으며, 각 방법이 요인의 해석에서 조금씩 다른 결과를 가져온다는 점이다. 일반적으로는 다른 연구자가 많이 사용하는 방법을 사용하는 경우가 많으며, 연구자가 회전방법을 선택할 수 있는 명확한 외적 준거는 없는 실정이다. 따라서 동일한 자료를 다른 회전방법을 선택해서 요인분석을 실시했을 경우 언제든지 다른 결과가 나올 수 있다는 단점이 있다.

마지막으로 연구자가 특별한 연구 아이디어가 없을 때도 언제든지 쉽게 적용할 수 있는 방법이 바로 요인분석이라고 할 수 있다. 나름대로 사전에 충분히 계획된 연구가 아니라 특정 수 이상의 문항과 사례 수만 있으면 자료를 모아서 요인분석을 실시할 수 있는 것이다.

8) 컴퓨터 프로그램의 예

이 절에서는 SPSS-WIN을 사용해서 요인분석을 실시하는 방법에 대해 간단히 설명하고자 한다. 먼저 SPSS 자료 파일을 불러들인 후 상단의 메뉴바에서 [분석]을 선택하면 나타나는 다양한 분석기법을 열거한 박스에서 [데이터축소]를 선택하고 다시 [요인분석]을 선택한다. 화면이 바뀌면서 나타나는 박스의 왼쪽에 있는 문항 또는 변수 이름 가운데 요인 분석을 실시할 문항이름을 선택하여 오른쪽의 빈 공간으로 보낸다.

이 화면에서 하단에 있는 [요인추출]을 선택하면 새로운 화면이 뜨게 된다. 새로운 화면의 맨 상단에는 [방법]이 있는데 이는 앞에서 설명한 주성분분석 또는 공통요인분석 중 어떤 방법을 사용할 것인지에 관한 것으로서 기본적으로는 [주성분]으로 나와 있다. 공통요인 분석기법을 원하는 경우 다른 분석방법을 선택해야 한다. 이 화면의 맨 아래쪽에는 [추출]이 있는데 이는 요인의 수를 정하는 것과 관련 있으며 [고유값 기준]을 선택하면 고유치가 1.0 이상인 요인의 수를 컴퓨터가 계산하여 결정하게 된다. [고유값 기준]이 아닌 그 바로 밑의 [요인의 수]를 선택하면 오른쪽 빈칸에 연구자가 생각하는 요인의 수를 적어야 한다. [계속]을 선택하고 [요인추출]과 관련된 화면에서 빠져나와 다시 원래의 화면으로 돌아간다. 만약 요인수를 결정하기 위해 앞에서 설명한 스크리검사를 해 보고 싶다면 이 화면의 중간에 있는 [출력]에서 [스크리도표]를 선택하면 된다.

다음은 [요인추출] 바로 오른쪽에 있는 [요인회전]을 선택한다. [요인회전]은 앞에서 설명한 바와 같이 요인을 직각 또는 사각으로 회전시키는 방법을 선택하는 것으로서 새로운 화면이 뜨게 되면 연구자사 원하는 방법을 선택한다. 직각회전인 경우 [베리맥스]를 선택하고 [계속]을 선택하여 빠져나오면 된다. 이 정도만 알고 있어도 기본적으로 요인분석 결과를 얻을 수 있고 결과를 해석할 수 있기 때문에 더 이상의 자세한 설명은 생략하기로 한다. 더 자세한 설명을 원하는 독자들은 시중에 나와 있는 SPSS-WIN 관련 책자를 참고하기 바란다.

제11장

준거관련 타당도

심리검사의 타당도를 평가하는 또 다른 방법은 준거관련 타당도 분석을 실시하는 것이다. 준거관련 타당도(criterion-related validity)란 간단히 말하면 심리검사와 준거의 관련성을 분석하는 방법이다. 준거란 검사를 평가하기 위한 기준을 의미한다. 심리검사를 개발하는 연구자는 응답자의 심리검사 점수를 통해서 그 사람이 다른 행동준거에서 어느 정도의 수행을 보일 것인지를 예언하는 데 큰 관심이 있다. 예를 들어, 대학입학 수능시험을 개발한 연구자들은 그 시험성적이 대학에서의 학생들의 학업성취 정도를 얼마나 잘 예언해 줄 수 있는지에 큰 관심을 갖고 있을 것이다. 또한 적성검사를 사용해서 신입사원을 선발하는 조직에서는 그 적성검사 점수가 신입사원이 들어와서 일을 잘하거나 못하는 것을 얼마나 잘 예언해 줄 수 있는지에 큰 관심을 갖게 된다. 이 상황에서 심리검사를 사용하는 주요 이유는 심리검사에서 높은 점수를 받은 사람이 준거에서도 높은 점수를 받을 수 있다고 생각하기 때문이다.

특히, 조직에서 사용하는 성격검사나 적성검사의 경우 바로 특정 성격이나 적성이 조직에 들어와서 일을 하는 데 중요한 특성이라고 판단되었기 때문에 신입사원 선발 시 그러한 검사를 사용하는 것이다. 따라서 검사가 본래 측정하려 했던 성격이나 적성을 제대로 측정하고 있다면, 즉 타당도가 높다면 검사에서 높은 점수를 받은 사람은 직무에서 요구되는 성격이나 적성을 갖고 있는 셈이 된다. 그리고 그러한 성격이나 적성을 가진 사람은 조직에 들어와서 맡은 일을 잘해 낼 수 있을 것이다. 예를 들어, 회사에서 기계직에 필요한 사람을 선발하기 위하여 기계적성을 측정하는 검사를 개발했다고 하자. 이 검사가 정말로 기계적성을 제대로 측정한다면, 우리는 이 검사에서 높은 점수를 받은 사람이 낮은 점수를 받은 사람에 비해 선발된 후 맡은 일을 더 잘해 나가리라 기대할 수 있을 것이다. 이 경우 검사성적과 직무수행 간의 관계는 높게 나타날 것이다.

이와 같이 검사와 준거 간의 관계를 분석해서 검사의 타당도를 평가하는 방법을 준거관련 타당도 방법이라 한다. 이 경우 검사와 준거 간의 상관계수를 구하게 되는데 이를 타당도계수라 한다. 타당도계수가 높으면 검사의 준거관련 타당도는 높고, 타당도계수가 낮으면 검사의 준거관련 타당도는 낮다는 결론을 내릴 수 있다. 타당도계수를 구하는 방법에는 크게 다음의 두 가지 방법이 있다.

1. 예언타당도

어떤 회사에서 신입사원 선발을 위해 개발한 적성검사의 예언타당도를 분석하려 한다고 가정해 보자. 이를 위해서는 타당도계수를 구해야 하는데 그 과정은 먼저 그 적성검사를 응시자 집단에게 실시하여 개인의 점수를 얻는 데서 시작한다. 다음은 현재 그 회사에서 실시하고 있는 검사를 통해 사람들을 선발하고, 그들이 회사에 들어온 후 일정 시간(약 6개월에서 1년 정도)이 지난 다음에 그들의 직무수행 점수를 얻는다.

직무수행 점수는 주로 회사에서 6개월 또는 1년에 한 번씩 실시하는 인사고과 점수다. 세일즈맨과 같이 직무수행량을 객관적 수치로 계산 가능한 경우에는 판매량을 직무수행 점수로 계산해도 상관없다. 마지막으로 그들의 입사 시 적성검사 점수와 직무수행 점수 사이의 상관계수를 얻으면 그 값이 바로 타당도계수가 된다.

타당도계수가 높게 나오면 이는 적성검사의 예언타당도(predictive validity)가 높음을 의미한다. 이 말은 적성검사에서 높은 점수를 받은 사람이 직무수행에서도 높은 점수를 받고, 적성검사에서 낮은 점수를 받은 사람은 직무수행에서도 낮은 점수를 받는 경향이 강함을 뜻한다. 즉, 개인의 적성검사 점수를 알면 그 사람의 직무수행이 어느 정도일지를 잘 예측할 수 있음을 뜻하므로 검사의 예언타당도가 높게 된다.

이 방법을 이용해 검사의 타당도계수를 구할 때는 몇 가지 고려해야 할 점이 있다. 첫째, 새로운 적성검사를 통해서 사람을 선발하는 것이 아니라 그 검사는 그냥 실시해서 개인의 점수만 알아두고 실제 선발은 기존의 검사를 가지고 한다는 점이다. 검사의 타당도가 아직 검증되지 않은 검사를 가지고 직접 사람을 선발하는 데 사용할 수는 없기 때문이다.

둘째, 대상자들이 회사에 입사한 후 바로 그들의 직무수행 점수를 얻어서는 안 된다는 점이다. 조직에 들어간 후 그 조직에 적응해서 자신의 능력을 발휘하는 데는 어느 정도의 시간이 필요하기 마련이다. 일정 시간을 기다리지 않고 직무수행점수를 얻었을 경우 그 점수는 개인의 능력을 제대로 반영하지 못할 것이며 그 점수를 토대로 계산된 타당도계수는 신뢰하기 어려울 것이다.

셋째, 검사의 타당도계수를 구하는 데 사용된 표집이 모집단을 얼마나 잘 대표하느냐는 점이다. 선발된 사람들만을 대상으로 직무수행 점수를 얻은 후 타당도계수를 계산하게 되는데, 그들이 일반 응시자를 얼마나 잘 대표할 수 있을지를 생각해 보자. 물론 그들이 새로 개발한 적성검사를 통해서 선발된 것이 아니기 때문에 선발된 사람 가운데는 새로운 적성검사에서 낮은 점수를 받은 사람도 일부 있을 수 있다. 그러나 엄격히 말해 전체 응시자를 잘 대표한다고 말하기는 어려울 것이다. 가장 이상적인 방법은 전체 응시자 모두를 선발하거나 무선적으로 사람을 선발하는 방법이다. 그러나 현실적으로 이러한 방법을 허용할 회사는 하나도 없을 것이다. 따라서 예언타당도 분석에 사용된 사람들이 전체 모집단을 잘 대표하고 있다고 보기는 힘들다.

2. 공존타당도

예언타당도 분석방법의 큰 단점은 검사의 타당도계수를 구하기 위해서 오랜 시간을 기다려야 한다는 점이다. 검사개발자뿐 아니라 회사의 인사담당자의 입장에서도 새로 개발한 검사의 타당도를 알아보기 위해 인내하면서 오랜 시간을 기다리기를 원하는 사람은 많지 않을 것이다. 물론 예언타당도 분석을 통해서 타당도계수를 구하는 것이 바람직하기는 하나, 사람들은 좀 더 빨리 타당도계수를 구할 수 있는 방법을 찾게 된다. 공존타당도(concurrent validity) 분석은 이 문제를 해결해 줄 수 있는 방법이다.

공존타당도 분석을 통해서 타당도계수를 구하는 과정을 위의 적성검사의 예를 통해 살펴보면, 적성검사를 현재 회사에 근무하는 조직구성원들에게 실시하고 바로 이어서 인사부서로부터 그들의 직무수행 점수를 얻은 다음 적성검사 점수와 수행점수 간의 상관계수를 구하면 된다. 이 상관계수가 바로 적성검사의 타당도계수가 된다. 타당도계수의 값이 크면 검사의 공존타당도가 높음을 의미한다.

이 방법은 타당도계수를 얻기 위해 오랜 시간을 기다리지 않아도 된다는 장점이 있으나, 응시자가 아닌 이미 선발된 사람을 대상으로 자료를 모은다는 단점이 있다. 앞으로 실제 적성검사를 받을 모집단의 사람은 일반 응시자들이지 현재 회사에 근무하고 있는 사람이 아니기 때문이다. 현직자들은 일반 응시자보다는 능력 면에서 더 우수한 사람일 수 있다. 따라서 자료를 얻은 표집이 모집단을 잘 대표한다고 보기 어려울 것이다. 이 경우 현직자들을 대상으로 얻어진 타당도계수를 일반 응시자들에게 그대로 적용할 수 있느냐는 문제점이 제기될 수 있다.

3. 준거관련 타당도 분석의 문제점

검사의 준거관련 타당도 분석에서 직면하게 되는 몇 가지 문제점들을 살펴보면 다음과 같다.

1) 준거오염

회사에서 어떤 부장이 부하들의 직무수행을 평가하는 데 우연히 부하들의 입사성적을 알게 되었다면 평가에 어떤 영향을 미치게 될지를 생각해 보자. 사람에 따라서는 전혀 영향을 받지 않고 공정하게 평가하는 사람도 있을 것이다. 그러나 많은 사람들은 어느 정도의 영향을 받아서 입사성적이 좋은 사람이라는 것을 알게 되면 직무수행 평가에서 좋은 점수를 주는 경우가 발생할 수 있다. 이 경우 타당도계수는 과대추정될 수 있다. 또한 한국 사회에서는 상사와 동일한 학교 출신 또는 같은 고향 출신 등의 요인이 수행평가에 많은 영향을 끼칠 수 있다. 이러한 모든 상황에서 부하의 직무수행 점수는 정확한 그 사람의 능력을 나타내지 못하게 된다. 이것은 준거가 정확하지 못하다는 말인데, 이를 준거오염(criterion contamination)이라 한다.

준거오염을 완전히 없애기는 어렵다. 특히, 대부분의 상황에서 객관적 자료가 아니라 사람들의 주관적 판단에 의해 준거점수를 얻기 때문에 이 문제는 쉽게 해결하기 어려울 것이다. 아마도 최선의 대비책은 상사들에게 부하의 입사성적이 알려지지 않도록 하고 다양한 교육을 통해서 편파적인 점수를 주지 않도록 노력하는 길일 것이다.

2) 표집크기

타당도계수를 구하는 데 필요한 표집의 크기는 어느 정도면 충분할까? Schmidt, Hunter 및 Urry(1976)는 표집의 크기가 30~50 사이라면 모집 단에서의 타당도계수가 표집에서도 동일한 수준의 값이 될 가능성은 25~35% 정도밖에 되지 않는다고 주장했다. 또한 그들은 표집의 크기가 적어도 200 이상은 되어야 모집단에서 얻어진 타당도 수준이 표집에서도 그대로 얻어질 가능성이 90% 이상이 된다고 하였다. 그러나 상황에 따라서 이 정도 크기의 표집을 구하는 것은 어려울 수도 있다. 그렇다면 굳이 작은 표집을 사용하여 검사의 타당도를 평가하는 과정에서 오류를 범하지 말고 다른 대안을 생각해 볼 수 있다. 해당 조직에서 사용하려는 특정 검사의 타당도계수가 보고된 연구자료를 찾아보고, 많은 자료에서 타당도계수가 높게 보고되었다면 그 검사를 그대로 사용하는 것도 하나의 방법이다.

Schmidt와 Hunter(1977)는 검사의 타당도계수가 직무 또는 조직마다 차이가 많이 나는 이유는 통계적인 문제점 때문이며 이를 해결하면 검사의 진정한 타당도는 커진다는 타당도일반화(validity generalization) 모형을 제시한 바 있다(이 모형에 관해서는 통계적인 복잡성 때문에 자세히 설명하지 않기로 한다). 따라서 Schmidt와 Hunter의 주장에 동의하는 사람은 위에서 대안으로 제시한 방법을 별다른 어려움 없이 사용할 수 있을 것이다.

3) 검사와 준거의 신뢰도

제8장에서 검사의 신뢰도에 관해 기술할 때 검사의 신뢰도가 타당도에 미치는 영향에 관해서 설명한 바 있다. 적성검사 점수와 준거가 되는 직무수행 점수 사이의 타당도계수를 계산하려 할 때 적성검사와 직무수행 척도의 신뢰도는 타당도계수에 직접 영향을 미친다. 두 변수의 신뢰도가 각각 높을수록 두 변수의 측정오차는 작아지기 때문에 두 변수 간의 상관계수(적성검사의 타당도계수)는 증가하게 된다.

4) 범위축소

범위축소(range restriction)가 왜 문제점이 되는지를 설명하기 전에 이 용어에 관해 알아보자. 예를 들어, 교육학자인 김 박사가 대입수능시험 점수가 대학공부와 어떤 관련성이 있는지를 알아보기 위하여, 대학 1학년생을 대상으로 그들이 대학에 입학할 때 치른 수능시험 성적과 1년간의 대학 평균학점 간의 상관을 조사하려 한다고 가정하자. 두 변수 간에는 아무래도 정적 상관이 있을 것으로 기대할 수 있기 때문에 대략 [그림 11-1]과 같은 분산도(scatter plot)를 가정할 수 있을 것이다.

그림을 보면 수능성적이 높을수록 학점도 높아진다는 해석을 내릴 수 있다. 국내에서 대학에 진학하기 위해서는 수능성적이 200점 만점에 대략 100점 이상은 되어야 가능하기 때문에 수능성적을 나타내는 X축에서 가장 낮은 점수를 100으로 잡았다.

여기서 김 박사가 어느 유명한 대학의 교수이며, 시간과 비용 때문에 전국 대학생을 표집으로 하지 못하고 자신의 소속 학생만을 대상으로 무선표집하여 연구하려 한다고 가정해 보자. 그리고 모 대학입시 전문기관에서 이 대학 신입생의 수능시험 성적을 공개한 바에 따르면 이 대학에 진학하기 위해서는 최소한 150점 이상은 받아야 한다고 하자. 그러면 이 대학교

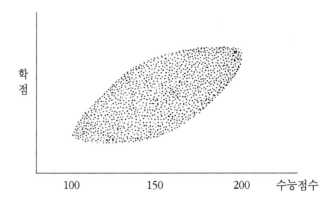

[그림 11-1] 수능점수와 1학년 평균학점 간의 관계를 나타내는 분산도

학생만을 대상으로 한 연구에서 X축의 수능성적은 100~200 사이가 아니라 그 범위가 축소된 150~200 사이가 된다. 즉, [그림 11-1]의 분산도에서 X축의 오른쪽 부분만의 자료를 통해 상관계수를 얻게 된다([그림 11-2] 참조).

[그림 11-2]에서 오른쪽 부분만을 떼어내어 수능점수와 학점 간의 관계를 살펴보면 [그림 11-3]과 같은 분산도를 얻을 수 있다. 이 그림에서 분산도의 모양은 [그림 11-1]에서와 같은 타원형이 아니라 원형에 가까움을 알

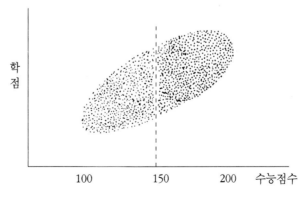

[그림 11-2] 수능점수의 범위가 축소될 경우의 가설적 분산도

수 있다. 이 경우 상관계수를 구해 보면 낮은 값을 얻게 될 것이다. 따라서 김 박사는 수능성적과 학점 사이에는 일정한 관계가 없다는 결론을 내리게 된다. 이 결과는 [그림 11-1]의 결과와는 전혀 다른 결과로서 이는 전체 모집단을 대표하지 못하는 표집을 통해서 자료를 얻을 경우 상당한 문제가 있을 수 있음을 말해 준다. 통계적 용어로 표현하면 한 변수에서의 범위가 축소될 경우 그 변수와 다른 변수 간의 상관계수는 작아지게 되는 것이다.

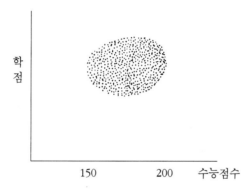

[그림 11-3] 수능점수 150 이상의 학생만을 대상으로 한 연구의 분산도

공존타당도 분석에서는 이러한 범위축소 문제가 발생하게 된다. 현재 조직에 근무하고 있는 구성원을 대상으로 분석이 이루어지는데, 현 근무자는 처음 조직에 입사하기 위해서 지원한 응시자 가운데 합격한 사람을 의미한다. 따라서 전체 응시자를 대상으로 했을 때의 검사점수에 비해서 그 범위가 축소되고 결과적으로 상관계수의 크기는 작아지게 된다. 즉, 모집단의 상관계수를 과소추정하게 된다. 범위축소의 정도는 응시자 가운데 선발한 사람의 비율이 작을수록 더 커지게 되고, 그에 따라 상관계수의 크기도 더 작아진다.

공존타당도 분석에서는 검사점수뿐 아니라 준거인 수행점수에서도 범위축소가 나타난다. 예를 들어, 조직에 들어온 지 약 5년 정도 되는 사람들을 대상으로 검사를 실시하고 그들의 인사고과 점수를 얻는다고 하자. 이 대상자들이 5년 전 조직에 입사한 사람들과 동일할 가능성은 그렇게 크지 않다. 전체 입사자들 가운데 일부는 여러 이유 때문에 이직한 경우도 있고, 또 일부는 우수한 능력 때문에 특진을 거듭해 이미 간부사원으로 자리를 잡아 이 표집대상에 포함되지 않을 수도 있을 것이다. 결과적으로 전체 입사자 가운데서 일부 사람들이 빠져 나갔기 때문에 수행점수에서의 범위가 축소되어 상관계수의 크기는 그만큼 작아지게 된다. 위의 수능성적의 예에서도 대학에 입학한 후 1년 동안에 일부 학생은 성적이 나쁘거나 다른 이유 때문에 학교를 그만두게 된다. 그에 따라 대학 학점 점수분포에서의 범위는 축소될 가능성이 있다.

4. 타당도 방법 사이의 중복개념

지금까지 검사의 타당도를 분석하는 세 가지 방법에 관해 설명했다. 서두에서도 언급했듯이 이 세 가지 방법은 검사를 타당화하는 방법에서 서로 다른 접근방법을 사용할 뿐이다. 모두가 다 검사의 타당도를 입증하는 방법이기 때문에 한 가지 방법만을 사용해서 검사의 타당도 분석을 끝낼 것이 아니라 세 방법을 다 사용해서 검사의 타당도를 입증하는 것이 바람직하다.

예를 들어, 어떤 연구자가 교양과목으로 과학사를 수강하고 있는 대학 신입생들이 그 과목에서 얼마나 잘할 수 있는지를 평가하려 한다고 해 보자. 그 연구자는 학생들의 과학 전반에 걸친 전문지식을 읽고 이해하는 능력이 매우 중요하다고 판단해서 대학생 수준에 맞는 교재에서 물리, 화학, 생물 등에 관한 내용을 발췌하여 그 내용을 읽고 답하게 하는 사지선다 문항들을 만들었다. 먼저 내용타당도 접근방법에서 생각해 보면, 각 문항이 발췌내용과 얼마나 관련이 있으며 발췌한 내용이 수업시간에 사용되는 교재내용을 얼마나 잘 대표할 수 있는지를 분석해야 할 것이다. 또한 이 성취검사의 준거관련 타당도를 평가하기 위해서는 학생들의 시험점수와 그들이 학기 말에 받게 될 과목 성적 간의 상관관계(타당도계수)를 계산하면 된다. 그러나 이것만으로 끝나는 것은 아니다. 검사문항이 과학에 관한 전문지식을 포함하는 내용을 읽고 이해하는 능력을 제대로 측정하고 있는지를 평가하기 위해서는 구성타당도 분석이 필요하다. 이 검사가 일반 과학지식이나 일반적인 독해력과는 구성개념이 다른 전문지식 이해능력이라는 구성개념을 제대로 측정하여 입증하기 위해서는 구성타당도 분석까지 거쳐야 할 것이다.

물론 검사유형에 따라서 좀 더 적합한 방법이 있을 수 있다. 예를 들어, 내용타당도 분석은 개인의 학업성취도를 평가하기 위해서 학교에서 실시하는 성취검사에 적합하며, 구성타당도 분석은 적성검사와 성격검사와 같이 추상적 개념을 다루는 검사의 경우에 더 적합하다고 볼 수 있다. 그러나 더 적합하다고 해서 다른 타당도 분석을 무시해서는 안 될 것이다. 추상적 개념을 다루는 경우도 내용영역을 명확히 하기 어렵기 때문에 내용타당도 분석을 적용하기는 어려운 점이 있으나 전혀 불가능한 것은 아니기 때문이다.

세 가지 타당도 방법 가운데 어느 방법이 가장 중요한지에 관해서는 많은 논란이 있어 왔다(Guion, 1980). 일반적으로 세 가지 타당도 방법을 크게 보면 모두 구성타당도 개념 내에 포함되는 것으로 볼 수 있다는 주장이 설득력 있게 인정받고 있다(Guion, 1977; Messick, 1981). 검사문항이 사전에 정의된 내용영역과 얼마나 일치하는지를 분석하는 내용타당도는 검사문항이 사전에 정의된 구성개념과 얼마나 적합한지를 분석하는 구성타당도와 개념적으로 크게 다를 바 없다. 또한 구성타당도에서 새로운 검사와 유사한 특성을 측정하는 다른 검사의 관련성을 비교하는 수렴타당도 분석도 준거관련 타당도에서 검사와 준거의 관련성을 분석하는 것과 큰 차이가 없다고 볼 수 있다.

지금까지 타당도 분석에 관한 설명에서 내용타당도부터 구성타당도를 거쳐 마지막에 준거관련 타당도를 설명한 것은 나름대로의 이유가 있어서다. 내용타당도와 구성타당도를 설명할 때 잠시 설명한 바 있지만 내용타당도와 구성타당도는 문항분석을 하는 과정에서 함께 실시하는 타당도 기법이다. 구성타당도 분석 가운데 요인분석은 특히 문항분석 과정에서 사용하는 경우가 많다. 반면에 준거관련 타당도는 문항분석을 완전히 거쳐서 거의 완성단계에 이른 검사 전체를 실시해서 자료를 얻는 기법이다. 따라서 굳이 검사 개발과정에서 적용되는 시점을 따진다면 제일 먼저 내용타당도를, 다음에 구성타당도를, 마지막에 준거관련 타당도를 적용하는 것이 일반적인 과정이라고 할 수 있다. 이러한 이유 때문에 내용타당도를 처음에 설명하고 다음에 구성타당도, 준거관련 타당도의 순으로 기술하였다.

물론 모든 경우에 이러한 순서로 분석하는 것은 아니다. 구성타당도를 문항분석이 완전히 끝난 후에 적용하는 경우도 많이 있다. 특히, 수렴타당도나 변별타당도의 경우 대부분 문항분석을 마친 후에 자료를 분석하고, 요인분석도 문항분석 후에 적용하는 경우도 많이 있다. 준거관련 타당도 분석은 검사점수와 준거의 관련성을 보기 전에 각 문항점수와 준거의 관련성을 분석해서 상관이 낮은 문항은 제거할 수도 있기 때문에 문항분석에도 적용될 수 있는 기법이라 하겠다.

한편, 검사의 타당도를 분석하는 과정이 문항을 작성한 후에 이루어진다고 결론지어서는 안 될 것이다. 문항을 만들기 전에 내용영역을 명확히 정의하는 것이나 내용타당도와 검사의 구성개념을 명확히 하는 것은 구성타당도와 관련된 부분이다. 따라서 검사의 개발과정에서 이용되는 많은 정보가 검사의 타당도와 관계가 있다고 할 수 있다.

5. 타당도계수의 응용

준거관련 타당도 분석을 통해 계산된 타당도계수는 검사의 타당도를 입증하는 데만 사용되는 것이 아니라 다양한 상황에서 유용하게 사용된다. 타당도계수를 효과적으로 활용해서 의사결정을 내리는 데 도움이 되는 상황들을 살펴보기로 하자.

1) 성공비의 증대

회사의 신입사원 선발 시 궁극적인 목적은 회사에 들어와서 일을 잘하는 사람을 선발하는 것이다. 그러나 아무리 검사가 완벽하게 만들어졌다 하여도 선발된 사람들이 조직에 들어와서 모두 일을 잘하는 경우는 별로 없을 것이다. 그 가운데 제대로 업무를 처리해 나가는 사람의 비율을 성공비(sucess ratio)라고 한다. 이를 그림으로 표시하면 [그림 11-4]에서 A/(A+B)가 된다. 성공비가 높을수록 그 조직의 인사선발 절차는 성공적이다.

성공비에 영향을 미치는 요인으로는 먼저 검사의 타당도계수를 들 수 있다. 검사의 타당도계수가 높을수록 맡은 일을 처리하는 데 필요한 능력을 갖춘 사람들이 많이 선발되고 궁극적으로 성공비는 높아질 것이다. 그러나

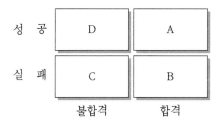

[그림 11-4] 검사성적과 직무수행 성공 여부의 관계

검사의 타당도계수만이 훌륭한 사람을 선발하는 데 영향을 미치는 요인은 아니다. 이 밖에도 다른 요인들이 영향을 미칠 수 있는데 그 요인들은 무엇이며 타당도계수와는 어떠한 관계를 갖는지를 알아보도록 하자.

(1) 선발비

검사 자체의 우수성을 평가하는 타당도계수 외에 검사 외적인 요인도 인사결정에 영향을 미치게 되는데 그중의 하나가 선발비다. 선발비(selection ratio)란 전체 응시자 중에서 선발된 사람의 비율을 말하며, 공식은 [그림 11-4]에서 (A+B)/(A+B+C+D)가 된다. 선발비가 높으면 응시자 가운데 선발되는 사람이 많음을 뜻한다.

선발비가 성공비에 미치는 직접적 영향을 살펴보면, 선발비가 낮을수록 응시자 가운데 소수만을 선발하게 되므로 그만큼 우수한 능력을 가진 사람이 선발될 가능성이 높아 성공비가 증가하게 된다. 또한 선발비는 검사의 타당도계수와 상호작용하면서 성공비에 영향을 미치게 된다. 간단히 말해, 검사의 타당도계수가 높고 선발비가 낮을수록 성공비는 증가하게 될 것이다. 그러나 검사의 타당도계수가 높을수록 성공비가 증가하는 정도는 선발비의 높고 낮음에 따라서 많은 차이가 있다.

선발비가 높은 경우에는 검사의 타당도계수가 성공비를 증가시키는 데 크게 기여하지 못한다. 예를 들어, 어떤 조직에서 100명을 선발하려고 하는데 단지 105명만이 응시했다고 하면 선발비는 .95가 된다. 이 상황에서는 검사의 타당도계수가 성공비를 증가시키는 데 별다른 영향을 미치지 못할 것이다. 응시자의 대부분을 합격시키고 단지 5명만을 불합격시키는 상황이기 때문에 검사의 타당도계수가 매우 낮아서 불합격시킨 5명 모두가 우수한 능력을 가진 사람이라 하여도 성공비에는 큰 영향을 미치지 못하게 된다. 또한 검사의 타당도계수가 매우 높다 해도 응시자의 대부분을 선발하다 보면 능력이 떨어지는 사람도 상당수 포함될 수 있기 때문에 결과적으로 성공비에는 큰 영향을 미치지 못하게 된다.

반면에 선발비가 낮은 경우에는 검사의 타당도계수가 성공비에 큰 영향을 미치게 된다. 예를 들어, 100명의 응시자 가운데 단지 5명만 선발한다고 가정해 보면 이때의 선발비는 .05가 된다. 이 상황에서 검사의 타당도계수가 아주 낮을 경우에는 5명을 선발할 때 심리검사를 통해 사람을 선발하든, 검사를 통하지 않고 무선적으로 사람을 선발하든 성공비는 비슷할 것이다. 5명 가운데 우수한 사람이 얼마나 포함되는가는 전적으로 운에 달려 있다고 볼 수 있다. 그러나 검사의 타당도계수가 높을 경우 그 결과는 크게 달라진다. 검사의 타당도계수가 높게 되면 그만큼 5명의 합격자 가운데 우수한 능력을 가진 사람이 포함될 가능성이 높아지며, 결과적으로 타당도계수가 낮을 때보다 성공비는 높아지게 된다.

Taylor와 Russell(1939)은 선발비와 타당도계수가 상호작용해서 성공비에 미치는 영향을 쉽게 알아볼 수 있도록 표를 만들었다. 〈표 11-1〉에서 보듯이 선발비가 높은 경우(예: .90), 성공비는 검사의 타당도계수에 큰 상관없이 비교적 일정함을 알 수 있다. 타당도계수가 .00인 경우 성공비가 .50이며, 타당도계수가 1.00으로 증가해도 성공비의 증가는 .56에 머문다. 그러나 선발비가 낮은 경우(예: .05) 성공비는 타당도계수의 정도에 따라 크게 달라짐을 알 수 있다. 즉, 타당도계수가 .00인 경우 성공비는 .50인데 반해, 타당도계수가 1.00인 경우 성공비는 1.00으로 크게 증가한다.

이 원리를 조직의 인사 선발 결정과정에 응용했을 경우 생각할 수 있는 효과는 다음과 같다. 대부분의 조직에서 매번 선발하려고 하는 인원 수는 일정하게 정해져 있게 마련이므로 이 경우 선발된 사람 중에서 제대로 일을 해 나갈 수 있는 사람의 비율을 높이기 위해서는 응시자 수를 늘려 선발비가 낮도록 해야 할 것이다. 따라서 조직은 채용공고 시 많은 인원이 몰릴 수 있도록 다각적인 방법을 모색해서 조직의 이미지와 조직에 대한 사회의 평판을 높이는 데 주력해야 한다.

〈표 11-1〉 Taylor-Russell의 선발비와 타당도계수에 따른 성공비

타당도\선발비	.05	.10	.20	.30	.40	.50	.60	.70	.80	.90
.00	.50	.50	.50	.50	.50	.50	.50	.50	.50	.50
.10	54	.54	.53	.52	.52	.51	.51	.51	.51	.50
.20	.67	.64	.61	.59	.58	.56	.55	.53	.53	.52
.30	.74	.71	.67	.64	.62	.60	.58	.56	.54	.52
.40	.82	.78	.73	.69	.66	.63	.61	.58	.56	.53
.50	.88	.84	.78	.74	.70	.67	.63	.60	.57	.54
.60	.94	.90	.84	.79	.75	.70	.66	.62	.59	.45
.70	.98	.95	.90	.85	.80	.75	.70	.65	.60	.55
.80	1.00	.99	.95	.90	.85	.80	.73	.67	.61	.55
.90	1.00	1.00	.99	.97	.92	.86	.78	.70	.62	.56
1.00	1.00	1.00	1.00	1.00	1.00	1.00	.83	.71	.63	.56

(기초비는 .50로 가정함)

(2) 기초비

그러나 선발비와 관련하여 한 가지 주의해야 할 점은 무조건 선발비가 낮다고 해서 성공비가 높아지는 것은 아니라는 점이다. 대학입시에서도 볼 수 있듯이 무조건 경쟁률(선발비)이 높다고 해서 선발된 학생들의 질이 우수하다고 볼 수는 없다. 어떤 대학의 특정 학과 경쟁률이 30 대 1이 된다고 해도 입학생의 수능시험 평균은 그 대학의 경쟁률이 낮은 학과보다 떨어지는 경우가 많이 있다. 중요한 점은 응시한 사람들의 전체적인 자질이 얼마나 높으냐 하는 점이다. 우수한 능력을 가진 사람이 많이 응시할수록 그 가운데서 선발된 사람이 성공할 가능성은 그만큼 높아지게 된다. 즉, 응시자 가운데 조직에 들어와서 일을 제대로 수행해 나갈 수 있는 사람들이 많이 있어야 한다. 이 비율을 기초비(base rate)라 한다. 앞의 [그림 11-4]에서의 공식 (A+D)/(A+B+C+D)가 이에 해당한다.

아무리 검사의 타당도계수가 높고 선발비가 낮다고 해도 기초비가 낮을

경우, 즉 응시한 사람들 자체가 신통치 않을 경우 성공비를 높이기는 쉽지 않을 것이다. 따라서 무조건 많은 사람들이 응시한다고 해서 좋은 것이 아니라 응시한 사람들의 전반적인 자질 또한 중요하다고 하겠다.

앞에서 언급했듯이 인사 선발 결정과정에서 가장 중요하게 고려해야 할 점은 선발된 사람들이 조직에 들어와서 얼마나 많은 일을 제대로 해 나가느냐 하는 점이다. 이러한 사람들의 비율을 높이기 위해서는 일차적으로 개발된 검사의 타당도가 높아야 한다. 그러나 이와 같은 검사 자체의 요인뿐 아니라 응시자 가운데 선발되는 사람의 비율을 나타내는 선발비, 응시자 가운데 성공적으로 맡은 일을 처리해 나갈 수 있는 사람의 비율을 나타내는 기초비 등 검사 외적인 요인도 올바른 인사 선발 결정에 큰 영향을 미침을 알아야 한다.

2) 효용성 분석

심리검사를 실시해서 성공비를 높이는 것 이외에 조직에서 또 하나 관심을 가지는 부분은 심리검사를 사용해서 사람을 선발했을 때 과연 경제적으로 얼마나 조직에 이익이 돌아오겠느냐 하는 점이다. 새로운 선발검사를 개발하는 데는 적지 않은 돈이 들게 마련이다. 예를 들어, 5천만 원을 들여 새로운 적성검사를 개발한다고 할 때, 회사 경영자 입장에서 보면 과연 그만한 돈을 들였을 때 회사에 돌아오는 이익이 얼마나 되겠는지가 매우 궁금할 것이다. 검사개발자의 입장에서도 검사 실시로 인해서 금전적으로 어느 정도의 이익이 가능하다는 말을 할 수 있으면 그만큼 검사개발의 당위성을 쉽게 설명할 수 있고 지원을 받을 가능성도 높아질 것이다.

이와 같이 심리검사를 개발하여 선발에 사용했을 때 금전적으로 얼마나 이익이 있는지를 분석해 보는 방법을 효용성 분석(utility analysis)이라고 한다. Hunter와 Hunter(1984)는 미연방 사무직에서 인지능력검사를 사용함으로써 연간 약 150억 불의 이익을 볼 수 있다고 한다. 또한 Hunter와 Schmidt(1982)는 미 전역에서 인사 선발 시 심리검사를 사용해서 생기는 이익은 연간 약 800억 불에 달하는 것으로 추정하였다. 금전적 이익을 계산하는 데는 검사의 타당도계수 이외에 여러 요인들이 영향을 미친다. 여러 연구자가 효용성 분석 공식을 제안한 바 있는데, 그 가운데 가장 먼저 소개된 Cronbach와 Gleser(1965)의 공식을 소개하면 다음과 같다.

$$\Delta U = (N)(r_{xy})(Z_s)(SD_y) - C$$

ΔU: 선발검사 X를 사용해서 N명을 선발했을 때의 금전적 이익

N: 선발 인원 수

r_{xy}: 선발검사 X와 준거 Y 간의 타당도계수

Z_s: 선발된 사람의 선발검사에서의 점수를 표준점수로 전환한 수치의 평균

SD_y: 선발된 사람들의 직무수행을 화폐단위로 전환한 값들의 표준편차

C: 선발하는 데 들어간 총비용

이 공식은 발표된 지는 오래되었지만 SD_y의 값을 추정하는 데 따르는 어려움 때문에 크게 활용되지 못하였다. 현재는 이 값을 추정하는 여러 공식이 등장하여 효용성 분석이 활발하게 이용되고 있다. 여러 공식 가운데 어떤 공식이 가장 우수한지에 관한 결론을 내리기 위해서는 아직 더 많은 연구가 필요하다. 여러 공식 가운데 Schmidt, Hunter, McKenzie 및 Muldrow(1979)의 방법만 간단히 소개하기로 한다. 이 방법은 총체적 추정법이라 부르는데, 먼저 분석대상이 되는 사람들의 상사 또는 전문가들이 그들의 수행을 관찰해서 수행수준으로 보아 하위 15%, 중간 50%, 상위 85%에 속한다고 판단되는 사람들을 선정한다.

다음은 그들의 직무수행 정도를 화폐단위로 추정한다. 예를 들어, 하위 15%에 해당되는 길동이의 직무수행 정도는 약 1,500만 원 정도의 가치가 있다고 판단하고, 상위 85%에 해당되는 개똥이의 직무수행 정도는 연간

약 3,000만 원 정도의 가치가 있다고 추정하는 것이다. 마지막으로 15%와 50% 간의 차이를 구하고 50%와 85% 간의 차이를 구한 후, 두 수치의 평균을 구하면 그 값이 SDy가 된다. 이 방법은 종업원들의 수행에 대한 직무수행 평정치가 정규분포를 이루면 직무수행을 화폐가치로 전환한 수치도 정규분포를 이룬다는 논리를 밑바탕으로 하고 있다. 화폐가치의 분포가 정규분포를 이루게 되면 그 분포의 표준편차는 50%와 85% 간의 차이(또는 15%와 50% 간의 차이)가 된다.

3) 검사편파

최근 들어 한국에서도 신입사원 선발 시 많은 기업들이 적성 또는 인성검사를 사용하고 있음을 알 수 있다. 그러나 아직 대부분의 기업에서는 인사담당자의 이해가 충분치 않기 때문에 신뢰도와 타당도가 충분히 검토되지 않은 검사를 사용하고 있거나, 아예 검사의 신뢰도나 타당도를 분석하려는 인식조차도 갖고 있지 못한 경우가 많은 실정이다. 앞으로 심리학 또는 산업심리학을 전공한 사람들이 회사에 입사해서 이 분야의 일을 담당함으로써 많은 발전이 있기를 기대하는 바다.

한편, 이러한 검사를 사용할 때 단순히 신뢰도나 타당도 분석만이 중요한 것은 아니다. 신뢰도나 타당도가 높게 나왔다고 해도 그 검사를 사용하는 데 또 다른 제약조건이 생길 수 있다. 그것은 바로 검사편파(test bias) 때문이다. 검사편파는 검사의 사용이 특정 집단의 사람들에게 불리하게 작용하는 경우를 말한다. 이는 측정편파와 예언편파로 나누어 생각해 볼 수 있다. 여기서 특정 집단은 대부분 인종, 문화적 배경, 성별 등의 인구통계적 특성에서 서로 차이가 있는 경우를 일컫는다.

측정편파는 지능검사와 같이 흑인과 백인 두 집단 간에 상당한 점수 차이가 나타나는 경우를 말한다. 또한 면접도 신체적 매력이 우수한 사람에게 유리하게 작용할 가능성이 많다(Arvey, 1979). 즉, 검사가 주어진 특성을 측정하는 데 오류를 범하기 때문에 특정 집단에게 점수가 유리하게 작용하는 경우 측정편파가 존재하는 것이다.

예언편파는 이와는 달리 검사가 특정 준거를 예언하는 데 있어서 범하는 오류를 말한다. 예를 들어, 어떤 회사에서 신입사원 선발에 사용하는 적성검사가 여성 응시자들의 준거수행 점수를 과소평가한다면 이 검사는 여성들에게 불리하게 작용하므로 검사의 예언편파가 존재한다고 할 수 있다.

예언편파가 있는지를 알아보기 위해 각 집단에 대해 검사점수와 준거점수 간의 회귀방정식을 그려서 비교해 보는 방법이 있다. 만약 남성과 여성 집단에 대해 적성검사 점수와 준거인 수행점수 간의 회귀방정식을 구해서 그림으로 나타낸 결과 [그림 11-5]와 같이 기울기가 서로 다르게 나타났다면 예언편파가 존재한다고 해석할 수 있다. 검사점수와 준거점수를 표준점수로 변환하면 회귀방정식의 절편은 0이 되고 기울기는 두 점수 간의 상관계수인 타당도계수와 같아진다. 따라서 이 경우 두 집단의 기울기가 다른 것은 두 집단의 타당도계수가 다름을 의미하므로 기울기편파(slope bias)가 존재하게 되는 것이다.

[그림 11-5]에서는 남성집단의 타당도계수가 여성집단의 타당도계수보다 더 크다. 이는 남성 응시자의 경우 적성검사에서 높은 점수를 받은 사람이 입사 후 수행에서도 높은 점수를 받을 가능성이 여성 응시자에 비해서 더 높음을 의미한다.

따라서 여성의 경우 검사에서 높거나 낮은 점수를 받는 것이 입사 후 직무수행을 얼마나 잘하는지를 예언하는 데 정확성이 높지 않기 때문에, 이러한 검사를 선발용으로 계속 사용하는 것 자체가 무리가 있으며 계속적인 사용은 선발 결정 시 여성에게 불리한 결과를 가져오게 된다. 이 분야에 관한 연구는 주로 미국에서 이루어졌으며 흑백 두 집단 간의 차이에 초점을 두어 왔다. 지금까지의 연구결과를 보면 두 집단 간에 타당도계수가 다르

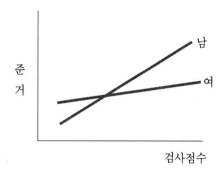

[그림 11-5] 남녀 두 집단의 회귀선

게 나타나는 것은 일반적인 현상이 아니라는 관점이 지지받고 있다 (Hartigan & Wigdor, 1989). 타당도계수가 다르게 나타나는 연구결과는 비교대상이 부적절하기 때문에 나타난 결과로 해석하고 있다. 즉, 많은 연구에서 백인 대 흑인과 같이 다수집단과 소수집단을 비교하다 보니 소수집단의 표집크기는 작은 경우가 많이 나타나고, 그로 인해 소수집단의 타당도계수는 유의하지 않은 경향이 나타나는 것이다. Hunter, Schmidt 및 Hunter(1979)는 통계적 방법을 통해서 표집크기에서의 차이를 교정했을 때 타당도계수의 차이는 우연에 의해 나타나는 정도에 불과했다고 주장하였다.

제12장

규준과 규준집단

개발한 검사의 신뢰도 및 타당도를 분석한 결과 모두 높게 나타났다면 그 검사는 완전한 검사가 된 것이고, 다음 단계는 그 검사를 사람들에게 실시하는 일이다. 검사를 실시한 후에는 응답자들의 점수를 해석해야 한다. 제5장에서도 언급했듯이 심리검사는 개인의 점수를 특정 기준점수와 비교하는 것이 주요 목적인 준거참조검사와 다른 사람들의 점수와 비교해서 얼마나 높은지를 알아보는 것이 주요 목적인 규준참조검사로 나눌 수 있다.

규준참조검사에서 개인의 점수를 다른 사람들의 점수와 비교해서 해석할 때, 비교가 되는 점수들을 규준(norm)이라 하며 비교대상이 되는 집단을 규준집단(norm group)이라 한다. 예를 들어, 길동이가 다섯 분야의 적성(언어적성, 기계적성, 수리적성 등)을 측정하는 적성검사를 받았을 경우 각 하위검사에서의 점수를 얻게 된다. 길동이가 궁금한 것은 단지 각 분야에서의 점수가 아니라 과연 자신이 받은 점수가 다른 사람들(즉, 규준집단)과 비교했을 때 얼마나 높은 점수인지 또는 낮은 점수인지에 관한 정보다. 이러한 정보가 있어야만 자신이 어느 분야의 적성이 높은지를 알게 되고, 이를 통해 그 분야와 관련된 직업을 택하는 데 도움을 받을 것이다.

이와 같이 길동이에게 실시한 적성검사의 점수를 해석하기 위해서 검사개발자는 자신이 개발한 검사를 먼저 규준집단에게 실시하여 모든 사람들의 점수가 일목요연하게 나타나는 표를 만들어야 한다. 이를 규준표(norm table)라고 한다. 규준표를 만드는 방법은 이 장의 후반부에 가서 자세히 설명하기로 한다. 다만 간단한 예를 들면 규준집단에 속한 모든 대학생들의 점수를 가장 높은 점수부터 낮은 점수의 순으로 배열해 놓고 그 점수 옆에 각 점수에 해당하는 백분위를 기록하면 된다. 예를 들어, 95가 가장 높은 점수라면 이는 백분위 100에 해당하고, 50이 중간 점수라면 백분위 50에 해당한다. 이와 같은 표를 가지고 있으면 나중에 적성검사를 길동이에게 실시해서 얻은 점수를 이 표와 비교함으로써 길동이가 또래의 다른 대학생들에 비해 어느 정도의 위치에 있는지를 쉽게 알 수 있게 된다.

규준집단을 정할 때 주의해야 할 점은 길동이가 졸업을 앞둔 대학생이라면 길동이의 적성검사 점수를 길동이와 비슷한 처지에 있는 사람들과 비교해야 한다는 점이다. 길동이의 점수를 초등학생들의 점수 또는 50대 성인들의 점수와 비교한다는 것은 무의미한 일이다. 즉, 규준집단의 선택은 개인의 점수를 해석하는 데 있어서 매우 중요한 역할을 한다.

올바른 규준집단의 선택을 위해서 먼저 생각해야 할 점은 모집단을 정확하게 결정하는 일이다. 예를 들어, 적성검사가 대학생을 대상으로 실시하기 위해서 개발되었다면 모집단은 전국의 대학생들이 된다. 그리고 대학입학 수능시험이라면 모집단은 전국에서 그 해에 대학을 진학하기 위해서 공부하고 있는 고 3, 재수생 및 검정고시 합격자들이 될 것이다. 현실적으로 100만 명이 넘는 전국 대학생들 모두를 규준집단으로 할 수 없기 때문에 그들 가운데서 일부를 선발해서 규준집단으로 삼아야 한다. 물론 선발되는 일부 대학생은 전체 대학생을 잘 대표할 수 있는 학생들로 구성되어야 한다. 규준집단이 전체를 잘 대표하지 못할 경우, 개인의 점수해석은 잘못된 결과를 가져올 수 있다. 예를 들어, 우연에 의해서 규준집단이 서울의 일류 대학생들로만 구성되었다면 길동이의 적성검사 점수는 과소평가될 가능성이 높다.

따라서 어떠한 방법을 사용하여 전체 모집단에서 규준집단을 표집할 것인지를 먼저 생각해야 하고, 규준집단을 정했으면 그들에게 검사를 실시하여 얻어진 개인의 점수를 토대로 어떠한 방법으로 규준표를 만들 것인지를 생각해야 한다. 먼저 모집단에서 규준집단을 표집하는 방법에 관해서 알아보기로 하자.

1. 표집방법

1) 단순무선표집

단순무선표집(simple random sampling) 방법은 모집단에 있는 모든 구성원들이 표집될 확률이 동일하게 표집하는 방법을 말한다. 가능한 방법은 모든 구성원들에게 번호를 할당하고 각 번호를 쓴 종이를 커다란 상자에 넣은 후, 그 상자에서 표집하려는 사람 수만큼 번호표를 보지 않고 하나씩 뽑으면 된다. 이 경우 뽑은 번호표를 다시 상자에 집어넣고 뽑으면 각 번호표가 매번 뽑힐 확률은 항상 동일하게 된다. 그러나 실제로는 모든 구성원들에게 번호를 할당하고 이미 만들어져 있는 무선표(random table)를 보고 시작점을 선택한 다음, 표집하려는 수만큼 연속적으로 나열되어 있는 번호를 선택한다.

이 방법을 사용할 경우 어느 정도의 표집인원이 필요한지를 계산해 낼 수 있다. 표집크기는 평균의 표준오차(standard error of the mean)와 신뢰구간에 의해서 결정된다. 평균의 표준오차란 표집평균 분포에서의 표준편차를 말한다. 즉, 모집단에서 표집을 무수히 반복해서 뽑았을 경우 매번의 표집에서 점수들의 평균이 나오게 되는데, 표집이론에 따르면 이러한 평균들의 분포는 정규분포를 이루게 되며, 이 분포의 표준편차를 평균의 표준오차라고 부른다. 이 값이 작을수록 표집평균들의 변량이 적음을 뜻한다. 이는 표집들이 모집단을 잘 대표함을 의미한다.

표준오차의 공식은 다음과 같은데, 표집의 크기가 크고 표집의 변량이 작을수록 표준오차가 작아짐을 알 수 있다.

$$\sigma_s = \sqrt{\frac{\sigma^2}{n}}$$

n: 표집의 크기
σ^2: 표집점수들의 분산

이 공식에서 표집의 크기를 결정하기 위해 검사개발자는 표집점수들의 표준편차가 어느 정도 되고, 평균의 표준오차를 어느 정도나 허용할 것인지를 결정해야 한다. 예를 들어, 검사개발자가 표집을 통한 모집단 평균 추정치가(실제 모집단의 모든 사람들을 포함시켰을 때 얻게 되는) 평균치의 ±1 범위 내에 떨어질 가능성이 95% 정도 된다고 확신하고 싶다면, 이는 $2\sigma_s \leq$ 1.00, 즉 $\sigma_s \leq .50$임을 의미한다. 여기서 검사표집의 표준편차가 약 10 정도(이 값은 예비검사나 유사한 검사에서의 결과를 통해서 예측 가능하다) 된다고 생각하면, 위의 공식에서 n = 100/.25 = 400이 된다. 즉, 표집의 평균이 모집단 평균의 정확한 추정치가 되기 위해서는 최소한 400명 정도를 표집해야 바람직함을 알 수 있다.

단순무선표집 방법을 사용할 경우 모집단의 사람 수가 작을 때는 문제가 되지 않는다. 그러나 사람 수가 많을 경우에는 현실적으로 이 방법을 사용하기가 어렵다. 예를 들어, 대학생용 적성검사를 개발하려는 경우 100만 명 가까이 되는 전국 모든 대학생들에게 번호를 할당해서 표집을 한다는 것은 시간과 비용 면에서 고려할 때 바람직한 방법이 못된다. 따라서 좀 더 현실성 있는 다른 표집방법들을 사용할 필요가 있다.

2) 유층표집

유층표집(stratified sampling)이란 단순무선표집 방법을 응용한 방법으로서 연구자가 미리 유층으로 나누어진 각 집단의 조사대상자를 몇 % 정도 표집한다고 결정을 내리고 무선표집하는 방법을 말한다. 예를 들어, 서울시내 대학생들의 성역할 의식을 알아보기 위하여 전체 대학생 가운데 1,000명을 표집할 경우, 대학생의 남녀 비율이 70 : 30이라면 남학생 중에서 700명, 여학생 중에서 300명을 무선표집하면 된다.

이 방법은 연구자가 조사대상자의 반응이 특정 변수에 의해서 영향을 받을 가능성이 있다고 생각할 경우 사용하게 된다. 위의 예에서도 서울시내 대학생들의 성역할 의식이 성별에 따라서 다르게 나올 가능성이 있다고 판단되는 경우 유층표집 방법을 사용한다. 만약 남학생이 여학생에 비해서 더 보수적인데, 1,000명을 단순무선표집할 경우 5 : 5로 표집되었다면, 이 표집학생들의 성역할 의식은 서울시내 전체 학생들의 보수성향을 과소평가하게 될 것이다. 반대로 남녀 비율이 9 : 1로 표집되었다면 이 표집의 성역할 의식은 전체 학생들의 보수성향을 과대평가하게 될 것이다. 일반적으로 유층화된 집단(위의 예에서 남학생 또는 여학생)의 표준편차가 전체 집단의 표준편차보다 작은 경우에는 단순무선표집 방법보다는 이 방법을 사용하는 것이 표집오차를 줄일 수 있다.

또한 특별히 남학생과 여학생 간에 성역할 의식에서 차이가 없는 경우에도 유층표집 방법을 사용하는 것이 바람직하다. 전체 학생들 가운데 남녀 비율이 7 : 3이라면 그 비율대로 표집하는 것이 나중에 연구자들이 개인의 점수를 규준집단의 점수와 비교할 때 심적으로 더 편안함을 느낄 수 있을 것이다.

그러나 이 방법 역시 모집단의 구성원 수가 많은 경우 유층집단의 구성원 수도 많게 된다. 따라서 단순무선표집이 안고 있는, 모든 구성원에게 번호를 할당할 수 없다는 문제점을 공유하게 된다.

3) 군집표집

이 방법은 모집단 구성원들의 회사, 병원, 학교, 거주지역 등과 같이 집단이나 조직 단위별로 모여 있는 경우 표집의 인원 수에 맞추어서 집단 가운데 하나 또는 여러 개를 무선표집하는 방법을 말한다. 예를 들어, 서울시 내 고등학생들의 정치성향을 알아보려는 경우, 전체 고등학교 가운데 여러 개의 고등학교를 무선적으로 표집하면 된다.

이와 같은 단일 단계의 표집방법 외에도 여러 단계를 거쳐서 표집하는 방법도 가능하다. 예를 들어, 전국 대학생의 가치관을 알아보려는 경우 3단계에 거쳐서 군집표집(cluster sampling) 과정을 설명하면 다음과 같다. 먼저 1단계에서는 전국 대학을 8개도와 6개의 광역시로 나누어 몇 개 지역을 무선으로 추출한다. 2단계에서는 추출된 시·도에 있는 대학 가운데 일정 수의 대학을 무선으로 추출한다. 마지막 3단계에서는 추출된 대학들을 단과대학별로 나누어 그중에서 일정 수의 단과대학을 무선으로 추출해서 추출된 모든 단과대 학생들을 표집으로 삼는다. 여러 단계를 거쳐서 군집표집을 하게 되면, 결국 표집으로 추출된 구성원들이 전체 구성원들을 잘 대표할 수 있는 가능성이 커지게 된다. 그러나 단계가 많아질수록 각 단계에서 표집 시 발생하는 표집오차가 증가한다는 문제점이 생기게 된다.

이 방법의 또 다른 문제점은 군집에 속한 사람들은 모집단에 비해서 서로가 더 동질적이라는 점이다. 따라서 군집 수가 작은 경우 그 집단에서 얻어진 평균은 무선표집에 의해서 얻어진 값과 비교할 때 크게 작을 수 있다는

문제점이 있다. 따라서 군집표집을 통해서 규준집단을 선택할 경우 단순무
선표집 방법 때보다 표집 인원 수를 더 늘려야 한다. Lord(1959)는 단순무
선표집의 경우보다 12~30배 정도의 많은 인원이 필요하다고 한다.

4) 체계적 표집

체계적 표집(systematic sampling) 방법은 전화번호부와 같이 조사대상자
들이 체계적으로 어떤 순서에 의해서 분류되어 있는 경우(예: 이름에 따른 분
류), 처음에 전화번호부에서 무선적으로 첫 번째 조사대상자를 추출하고
다음부터는 매 K번째(예: 5번째 또는 10번째 등)에 해당되는 사람을 추출하는
방법을 말한다(예: 5번째, 10번째, 15번째 등). 또한 조사대상자들의 목록이
없을 경우에도 이 방법을 사용할 수 있다. 예를 들어, 백화점에 물건을 사
러오는 소비자를 대상으로 특정 물품에 대한 선호도를 조사하고자 할 때,
매 K번째 사람들을 조사대상자로 추출하면 된다.

2. 규준의 종류

이상의 다양한 표집방법을 통해서 규준집단을 설정하였으면, 다음 단계
는 규준집단의 사람들에게 개발한 검사를 실시하고 얻어진 점수를 규준표
로 나타내는 것이다. 사람들의 점수를 규준표로 나타내는 방법에는 여러
가지가 있다. 다음은 이 방법들에 관해서 설명하기로 한다.

1) 백분위

이 방법은 특정 개인의 점수를 그 집단에서 그 사람보다 점수가 낮은 사
람들의 비율로 나타낸 것이다. 예를 들어, 적성검사에서 규준집단 내의 특

정 개인의 점수가 85일 때, 이 점수보다 낮은 점수를 받은 사람들이 전체의 80%라면 그 개인의 점수에 해당하는 백분위(percentile rank)는 80이 된다.

각 점수에 해당하는 백분위를 계산하는 방법은 물론 컴퓨터를 이용하면 쉽게 구할 수 있으나, 수작업으로 계산할 경우 다음의 공식을 통해서 구하게 된다. 그 과정을 설명하면 다음과 같다.

$$P = \frac{cf_1 + .5(f_i)}{N} \times 100\%$$

cf_1: 구하려는 원점수보다 낮은 점수를 받은 사람들의 수
f_i: 구하려는 원점수와 동일한 점수를 받은 사람들의 수
N: 규준집단의 사람 수

① 먼저 〈표 12-1〉과 같이 원점수들의 빈도분포표를 만든다.
② 구하려고 하는 원점수보다 낮은 점수의 사람들을 나타내는 누가빈도를 구한다. 예를 들어, 원점수 15에 해당하는 백분위를 구하려면 그

〈표 12-1〉 원점수, 빈도, 누가빈도 및 백분위를 나타내는 표

원점수	빈 도	누가빈도	백분위
11	2	2	1
12	1	3	2
13	6	9	4
14	5	14	8
15	12	26	13
16	17	43	23
17	21	64	36
18	28	92	52
19	19	111	67
20	15	126	79
21	10	136	87
22	5	141	92
23	3	144	95
24	4	148	97
25	2	150	99

점수보다 낮은 점수를 받은 사람들의 수는 원점수 14에 해당하는 누가빈도인 14가 된다.

③ 2단계에서 구한 누가빈도에 구하려는 원점수 빈도의 반을 더한다. 즉, 원점수 14에 해당하는 누가빈도 14에 원점수 15의 빈도 12의 반인 6을 더하면 20이 된다.

④ 3단계에서 구한 빈도를 규준집단의 사람 수로 나눈 후 100을 곱한다. 위의 예에서 3단계에서 구한 빈도 20을 전체 사례 수인 150으로 나눈 후 100을 곱하면 〈표 12-1〉에서 보듯이 13이 된다.

백분위는 개인의 점수가 규준집단 내의 다른 사람들과 비교해서 어느 수준에 있는지를 가장 이해하기 쉽게 알려 준다는 장점이 있다. 그러나 한 가지 주의해야 할 점은 백분위는 원점수와 선형관계에 있는 것이 아니라는 점이다. 달리 말해, 원점수에서 1점의 차이는 백분위에서는 전혀 다른 크기의 차이를 가져올 수 있다는 것이다. 예를 들어, 〈표 12-1〉에서 원점수 15에서 16으로 증가할 때 백분위는 13에서 23으로 10 증가하고, 원점수가 16에서 17로 증가할 때 백분위는 23에서 36으로 13 증가한다. 또한 원점수가 23에서 24로 증가할 때 백분위는 95에서 97로 단지 2만 증가됨을 볼 수 있다.

2) 표준점수

백분위 이외에 상대적인 정보를 얻기 위해서 쉽게 사용 가능한 방법은 원점수를 Z점수로 변형하는 것이다. Z점수는 평균이 0이고 표준편차가 1.0을 가지는 수치다. 만약 이 점수가 1.64가 나왔다면 Z점수를 나타내는 표를 통해서 이는 개인의 원점수가 대략 상위 95%에 해당하는 점수임을 알 수 있다. 그러나 이 점수는 마이너스 점수가 나오는 경우도 많고 소수점까지 나오기 때문에 통계나 수치에 익숙하지 않은 사람들에게는 해석하는 데 어려움을 줄 수 있다. 따라서 Z점수를 선형변환하여 의미 파악이 좀 더 쉬운 수치로 바꾸어 사용하는 경우가 많다. 대표적인 변환방법은 T점수를 계산하는 것이다.

T점수는 다음과 같이 Z점수에 10을 곱하고 50을 더하여 계산된 점수다.

$$T = 50+10Z$$

따라서 T점수는 평균이 50이고 표준편차가 10인 분포를 이룬다. 개인의 원점수를 통해서 먼저 Z점수를 구한 다음 T점수로 변환해서 원점수 옆에 T점수를 기입하면 규준표가 완성된다. T점수를 사용해서 만든 대표적인 규준표는 MMPI를 들 수 있다.

그러나 T점수로 만들어 놓은 규준표를 해석하기 위해서는 기본적인 통계학 지식이 필요하다. 만약 MMPI의 하위검사 가운데 하나인 정신분열증 척도에서 특정 개인의 점수가 T점수로 70이라면 그 사람의 정신분열 정도가 어느 수준이라고 하겠는가? 이에 답하기 위해서는 T점수가 어떠한 과정을 거쳐서 계산된 수치인지를 알아야 한다. 위의 공식에서 T점수가 70이면 그에 해당하는 Z점수는 2.0이다. Z점수가 2.0이라면 이는 아주 높은 점수 수준을 의미한다(상위 약 98%). 따라서 그 사람은 정신분열 정도가 아주 높은 수준에 있음을 알 수 있다.

3) 표준등급

표준등급으로 번역되는 stanine은 standard nined의 약자로서 원점수를 1부터 9까지의 범주로 나누는 것을 말한다. 이것은 주로 학교에서 실시하는 성취검사를 나타내는 데 많이 사용되는 방법으로, 학생들의 점수를 정해진 범주에 집어넣음으로써 학생 간의 점수차가 작을 경우에 생겨나는 지나친 확대해석을 막을 수 있다. 예를 들어, 국어시험에서 두 학생의 점수

〈표 12-2〉 표준등급의 각 범주에 포함되는 비율(%)

범주	1	2	3	4	5	6	7	8	9
비율	4	7	12	17	20	17	12	7	4

가 70점과 73점으로 단지 3점만의 차이가 난다 해도 두 점수의 백분위는 차이가 나게 된다. 그러나 실제로 두 사람의 능력 차이는 별로 없다고 볼 수 있다. 따라서 구태여 백분위로 표시하여 두 사람의 능력이 차이가 있다고 나타낼 필요는 없다고 하겠다. 이 경우 두 점수를 동일한 등급에 포함시키면 훨씬 해석이 용이해질 것이다.

점수의 분포를 몇 가지 범주로 분류할 것인지는 연구자마다 다른 방법을 사용할 수 있겠으나, 표준등급은 1부터 9까지의 아홉 가지 범주로 분류하는 방법이다. 가장 낮은 점수들은 범주 1에 포함되고, 가장 높은 점수들은 범주 9에 포함된다. 〈표 12-2〉는 각 범주에 어느 정도의 인원이 포함되는지를 보여 준다. 범주 1에는 하위 4%, 범주 5에는 중간의 20%, 그리고 범주 9에는 상위 4%가 포함됨을 알 수 있다. 점수의 분포가 정규분포를 이룬다는 가정하에 만들어졌기 때문에 가운데 등급에 해당하는 사람들의 비율이 가장 많다는 특징이 있다. 국내 고등학교에서 학생들의 성적을 여러 등급으로 나누는 내신등급제도는 바로 표준등급을 응용한 대표적 예라 하겠다.

4) 연령규준

연령규준(age norms)은 개인의 검사점수를 규준집단에 있는 사람들의 연령과 비교해서 몇 세 정도에 해당되는지 해석하는 방법을 말한다. 예를 들어, 스탠퍼드-비네 지능검사에서, 전체가 46개 항목으로 구성되어 있는데, 아이들은 각 낱말을 읽고 그 뜻을 설명해야 하며 설명을 할 수 없을 때까지 진행한다. 몇 개의 낱말을 정확하게 설명했느냐에 따라서 개인의 점수가 결정되며, 이때 개인의 연령도 함께 조사한다. 따라서 다양한 연령층의 학생들로부터 점수를 얻으면, 각 연령에 따라 평균점수(또는 중앙치)를 얻을 수 있다(〈표 12-3〉 참조). 이 규준표를 토대로 해서 어떤 학생이 비네검사에서 25점을 얻는다면 그 학생의 정신연령은 10세 정도라고 해석할 수 있다.

〈표 12-3〉 비네의 지능검사점수 해석을 위한 규준표

연 령	점 수
14	31
12	28
10	25
8	22
6	18

5) 학년규준

학년규준(grade norms)은 연령규준과 유사한데, 규준표에서 개인의 점수를 연령이 아닌 학년으로 나타낸다는 점이 다르다. 이 방법은 주로 학생들의 학업성취 수준을 보고하는 데 널리 사용된다. 예를 들어, 초등학교 학생들의 어휘력을 측정하기 위해서 만들어진 어휘력검사에서 한 학생의 점수가 같은 학년의 다른 학생들과 비교해서 어느 정도나 잘했는지를 알아보는 것도 의미가 있지만, 과연 그 학생의 어휘력이 몇 학년 수준에 해당되는지를 알아보는 것도 중요하다.

연령이나 학년 규준에서 개인의 점수를 해석할 때 주의해야 할 점은 어떤 검사에서 한 학생의 점수가 8세 또는 초등학교 2학년에 해당한다고 해서 그 학생의 모든 능력이 8세 또는 2학년의 수준과 동일한 것은 아니라는

점이다. 단지 검사가 측정하려는 특성(예: 어휘력)에 있어서만이 8세 또는 2학년의 수준과 동일하다는 것을 명심해야 한다.

또는 2학년 학생이 학년 말에 2학년에서 배운 내용을 토대로 한 국어시험에서 학년규준 4에 해당하는 등급을 얻었을 경우, 이는 그 학생이 보통의 4학년 학생이 이 시험을 치렀을 경우의 점수수준과 비슷함을 뜻한다. 여기서도 이 결과를 가지고 그 학생이 4학년에서 배우는 내용을 알고 있다고 해석해서는 안 된다.

3. 규준해석 시 주의사항

규준표를 해석할 때 몇 가지 고려해야 할 점이 있다. 먼저 규준표를 만들기 위해서 표집된 규준집단이 모집단을 잘 대표하는지를 살펴보아야 한다. 검사 지침서를 보면 규준집단의 표집이 어떠한 과정을 거쳤는지 설명되어 있으므로 표집절차상에 어떠한 문제가 없는지를 살펴볼 필요가 있다. 예를 들어, 성인용 불안검사를 개발할 때 연령별, 학력별, 성별, 지역별 등의 요인을 충분히 고려하지 못하고 표집하는 경우가 있을 수 있다. 이 경우 연령별로 충분한 인원이 표집되지 못했다면 특정 연령대에 속하는 사람들만의 하위규준을 만드는 것이 바람직하다. 즉, 40 · 50대의 표집이 불충분하다면 20 · 30대만의 하위규준을 만들어 놓는다. 나중에 검사를 받는 개인의 연령이 20대라면 그 사람의 불안수준은 20대의 하위규준표를 보고 해석하면 된다.

표집과 관련해서 고려해야 할 또 다른 사항은 표집의 크기가 충분한지의 여부다. 표집의 크기가 너무 작다면 그만큼 표집오차는 커지게 되고, 또 그만큼 규준표의 자료는 신뢰성이 떨어질 것이다. 이 경우 또 다른 표집을 선택해서 규준표를 다시 만든다면 처음의 규준표와는 다른 결과가 나올 가능

성이 있다. 가능하면 규준집단의 표집 시 많은 인원을 포함시켜서 표집오
차를 줄이는 노력이 필요하다.

　마지막으로 사람들의 검사점수가 시대가 변함에 따라 변화될 가능성이
있으므로 주기적으로 규준집단을 다시 설정하여 규준표를 새롭게 만들 필
요가 있다. 예를 들어, 여성들의 자기실현 욕구를 알아보기 위하여 1960년
대에 만들어진 규준표를 30년이 지난 1990년대까지 사용해서는 안 될 것
이다. 여성들의 교육향상 및 개방화 등의 여러 여건에 의해서 지금 여성들
의 자기실현 욕구는 과거 30년 전보다는 많이 높아졌으리라 생각할 수 있
다. 따라서 자기실현 욕구검사에서 50점을 받은 여성이 30년 전에 만들어
진 규준표에 의하면 상위 30%에 속했으나, 현재도 50점을 받은 여성이 전
체 여성 가운데 상위 30%에 속한다고 보기는 어렵다. 전반적인 점수의 향
상으로 아마도 현재는 중간 정도의 점수일 것이다.

제13장

준거참조검사

앞의 제6장에서 제12장까지 새로운 검사를 개발할 때 거쳐야 하는 전 과정에 관해서 알아보았다. 즉, 문항작성부터 작성된 문항의 분석, 검사의 신뢰도 및 타당도 그리고 규준표의 작성까지의 전 과정을 설명하였다. 그러나 앞에서도 언급했듯이 이러한 모든 분석과정은 새로 개발하려는 검사가 규준참조검사(norm-referenced test)인 경우에 한해서만 적용된다. 규준참조검사는 검사개발자가 특정 개인의 점수를 다른 사람들의 점수와 비교하는 데 우선적인 관심을 두는 검사를 말한다. 대부분의 성격·적성검사가 이 부류에 속한다. 특히, 조직에서 인사 선발 시 응시한 사람 가운데 일부 우수한 사람을 선발하려는 경우 규준참조검사는 유용하게 활용된다.

반면에 준거참조검사(criterion-referenced test)에서는 검사개발자가 개인의 점수를 이미 정해진 기준점수와 비교해서 전체적으로 기준점수를 넘은 사람이 얼마나 되지를 파악하는 데 우선적인 관심을 두게 된다. 예를 들어, 새로운 소프트웨어인 윈도우즈 XP에 대해 1주간의 교육을 끝내고 수강생들이 얼마나 이해했는지를 알아보기 위하여 검사를 개발했다고 하자.

교육을 담당한 강사는 학생들이 이해를 제대로 했다면 70점 이상은 나오도록 문제를 만들었다. 이 상황에서 강사의 최대 관심사는 수강생 가운데 과연 몇 명이 기본 점수인 70점을 넘는가에 관한 것이다.

이와 같이 기본 관심에서의 차이 때문에 준거참조검사에서 실시하는 문항분석, 신뢰도 및 타당도 분석은 규준참조검사에서의 분석방법과는 다르다. 차이가 나는 이유를 좀 더 자세히 살펴보도록 하자.

1. 규준참조검사와 준거참조검사의 차이

1) 검사점수의 빈도분포에서의 차이

규준참조검사에서 검사를 치른 사람의 이상적인 점수분포는 중간 점수를 받은 사람이 많고 높거나 낮은 점수를 받은 사람이 상대적으로 적은 정규분포다. 정규분포를 이룬 경우 개인의 점수가 다른 사람과 비교해서 얼마나 높은 점수인지를 쉽게 알 수 있기 때문이다.

반면에 준거참조검사에서 점수분포는 [그림 13-1]에서 보듯이 점수가 높은 부분에 많은 사람들이 몰려 있는 성공곡선(mastery curve)의 형태를

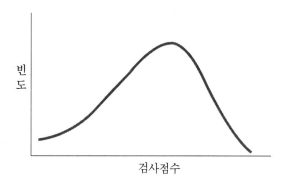

[그림 13-1] 준거참조검사에서의 점수분포

취한다. 그 이유는 준거참조검사에서의 검사문항은 특정 능력이나 지식 (예: 워드프로세서 다루는 지식)에 초점을 두게 되며, 검사를 치르는 지식도 문항이 어떠한 내용과 관련해서 출제되리라는 정보를 사전에 알고 충분한 준비를 할 수 있기 때문이다. 이러한 빈도분포에서의 차이 때문에 검사점수에 표준편차를 해석하는 데 있어서도 차이가 나타난다. 규준참조검사에서 이상적인 점수분포는 정규분포이기 때문에 검사점수의 표준편차는 의미 있는 정보를 제공한다. 만약 지능검사의 평균이 100이고 표준편차가 15라면 우리는 이 정보를 통해 검사를 받은 사람의 68%가 지능지수 85와 115 사이에 있음을 알 수 있다. 검사점수의 표준편차가 너무 작은 것은 사람들의 검사점수에서 큰 차이가 없음을 의미하므로 규준참조검사에서는 바람직하지 못하다. 그러나 준거참조검사에서는 점수분포가 앞의 [그림 13-1]에서 보듯이 부적편포(negatively skewness)를 이루기 때문에 계산된 표준편차는 별다른 의미를 제공하지 못한다.

2) 검사 개발방법에서의 차이

규준참조검사는 통계적 방법을 이용하여 문항을 구성하는 경우가 많다. 규준참조검사의 기본 목적이 개인의 점수를 다른 사람과 비교해 보는 것이기 때문에 검사에서 좋은 문항은 근거가 무엇인지에 상관없이 사람들을 잘 구별해 주기만 하면 된다. 예를 들어, 성격검사에서 다음과 같은 문항이 있다고 하자. "당신은 고기와 야채 중 어떤 것을 더 좋아합니까?" 여기서 '고기'라고 대답한 사람은 비정상으로 분류된다고 하자. 이와 같이 분류하는 이유는 비정상의 정의와 관련이 있는 기준에 의해서 분류한 것이 아니라 단지 현재 비정상인 사람들이 '고기'라고 대답하는 경향이 강하기 때문이다. 달리 말해, 다른 이유 없이 단지 그 문항이 비정상인과 정상인을 잘 구별해 주는 문항이기 때문에 선택된 것이다. 대표적인 성격검사인 MMPI의 문항은 바로 이러한 기준에 의해 만들어졌다(부록 참조).

반면에 준거참조검사는 특별한 능력을 평가하기 때문에 문항개발 시 뚜렷한 목표가 있고 그러한 목표에 맞는 문항을 만들어 낸다. 예를 들어, 워드프로세서를 다루는 교육을 시킨 후 교육의 성과를 평가하기 위하여 문항을 작성하는 경우 교육을 제대로 받았으면 파일을 저장하고 불러들이는 방법을 알아야 한다는 목표를 세웠다고 하자. 이러한 뚜렷한 목표에 따라서 파일을 저장하고 불러들이기 위해서는 어떤 키를 눌러야 하는지를 물어볼 수 있다.

이와 같이 규준참조검사와 준거참조검사는 기본 개념, 검사점수의 빈도 분포 및 검사 개발방법에서 차이가 있기 때문에 그에 따라 문항분석, 신뢰도 및 타당도 분석도 다르게 된다. 이제 구체적인 분석방법에 관해서 알아보도록 하자.

2. 문항분석

준거참조검사에서 문항분석은 문항유형에 따라 크게 세 가지 방법이 가능하다.

1) 난이도

문항의 난이도는 규준참조검사의 문항분석에서 설명했듯이 특정 문항을 맞춘 사람들의 비율을 말한다. 규준참조검사에서 가장 이상적인 문항의 난이도는 .50이며 대개 .30에서 .70 정도면 무난하다고 하겠다. 그러나 준거참조검사에서는 이 값이 높을수록 더 바람직하다. 예를 들어, 학생들이 워드프로세서 교육을 제대로 받았다면 교육 후의 시험에서 많은 사람들이 합격하도록 문항을 만드는 것이 바람직하기 때문이다. 그러나 문항이 너무 쉬워서 거의 모든 사람이 다 맞히면 안 되기 때문에 무조건 쉬운 문항만을 검사에 포함시켜서도 안 된다. 한편, 문항의 난이도는 특정 문항이 검사가 추구하는 기본 목표를 제대로 측정했는지를 말해 주지 못한다는 단점이 있다.

2) 반응분포분석

규준참조검사에서 사지선다 문항의 경우 정답이 아닌 나머지 세 선택지를 선택하는 비율이 비슷하게 나오도록 만드는 것이 이상적이다. 네 선택지 가운데 두 선택지가 정답과 너무 거리가 멀다면 그 문항은 사지선다가 아니라 이지선다라고 해도 무방할 것이다. 준거참조검사에서도 이러한 논리가 동일하게 적용된다.

3) 양분점상관

양분점상관(point-biserial correlation)은 문항점수와 전체 검사점수 간의 상관을 말하며, 규준참조검사에서 문항전체 상관과 같은 의미다. 만약 20개 문항으로 구성된 워드프로세서 시험에서 각 문항을 맞히면 1점, 틀리면 0점을 할당할 경우 검사점수는 0점에서 20점 사이의 값을 갖게 된다. 시험을 치른 모든 사람들은 특정 문항에서 1 또는 0의 값을 얻게 되고, 전체 검사점수에서도 0에서 20 가운데 특정 점수를 얻게 된다. 따라서 각 문항에서의 점수와 전체 검사점수 간의 상관계수를 얻는 것이 가능하다.

여기서 특정 문항의 상관계수가 정적인 경우, 그 문항을 맞춘 사람은 전체 검사점수도 높은 경향이 있음을 말해 준다. 반대로 상관계수가 부적인 경우, 그 문항을 맞춘 사람은 전체 검사점수가 낮은 경향이 있음을 의미한다. 만약 모든 사람이 특정 문항을 맞히거나 틀린다면 상관계수는 0.00이 된다.

　준거참조검사에서도 규준참조검사에서와 동일하게 문항전체 상관이 정적인 값을 갖는 것이 바람직하다. 단지 준거참조검사에서는 많은 사람들이 문항을 맞히는 것이 바람직하기 때문에 문항점수의 변량이 크지 않게 되어 양분점상관이 다소 낮게 나타나는 경향이 있다. 만약 양분점상관이 부적이거나 0.00이 되면 그 문항은 수정하거나 제거해야 한다. 양분점상관은 문항분석 방법 가운데 가장 중요한 동시에 유용하게 사용되는 통계치다.

　이상의 문항분석에 관한 설명을 토대로 어떠한 문항을 제거해야 하는지를 예를 들어 정리해 보자.

　〈표 13-1〉에서 가장 문제가 되는 문항 3개를 고른다면 문항 4, 5, 7이 그 대상이 된다. 먼저 이들 문항의 양분점상관을 보면 모두 부적인 값을 갖고, 난이도 값도 그렇게 높지 않으며, 단지 두 선택지에서만 응답이 있었다.

　문항분석에서 주의해야 할 점은 어떤 분석도 특정 문항이 검사의 기본목표를 얼마나 정확하게 평가하는지를 말해 주지 못한다는 점이다. 이를

〈표 13-1〉 문항난이도, 양분점상관 및 선택지에 따른 문항분석

문항	난이도	양분점상관	선택지				
			1	2	3	4	5
1	1.00	.00	6*	0	0	0	0
2	.17	.75	5	1*	0	0	0
3	.33	.55	2*	0	1	3	0
4	.83	−.88	5*	1	0	0	0
5	.67	−.19	2*	4	0	0	0
6	.33	.55	1	1	2	2*	0
7	.50	−.71	3	3*	0	0	0
8	1.00	.00	6*	0	0	0	0
9	.67	.46	4*	0	2	0	0
10	.67	.22	4*	2	0	0	0

주: *는 정답을 나타냄. Shrock & Coscarelli(1989), p. 115에서 발췌.

알아보기 위해서는 검사의 신뢰도와 타당도를 분석해야 한다.

3. 신뢰도

1) 내적 일관성

규준참조검사에서 설명했듯이 내적일관성이 높은 검사는 검사를 치르는 사람들이 각 문항에 대해서 일관성 있게 반응하는 검사를 의미한다. 많이 사용되는 내적일관성계수로는 크론바의 α계수와 쿠더-리처드슨 20 등이 있다. 그러나 준거참조검사에서 이러한 내적일관성계수를 사용하는 것은 문제가 있다. 먼저 준거참조검사에서는 규준참조검사와는 달리 대부분의 점수분포가 부적편포를 이룬다. 또한 각 문항에서도 대부분의 사람들이 문항을 맞히기 때문에 문항점수 및 검사점수의 변량이 작게 된다. 점수의 변량이 작은 경우 이를 토대로 계산한 상관계수도 작게 나타난다(제2장의 상관계수 참고).

또 하나의 문제점은 내적일관성계수는 보통 하나의 구성개념을 측정하는 검사의 신뢰도를 알아보는 데 적합하다는 점이다. 만약 검사가 둘 이상의 구성개념을 측정한다면(특히, 이 구성개념들이 서로 관련이 없다면) 내적일관성계수는 이상적인 신뢰도 추정치가 되지 못한다. 보통 준거참조검사는 여러 목표를 측정하기 위해 만들어진 문항들로 구성된다. 이러한 목표들은 서로 관련될 수도 있고 그렇지 않을 수도 있다. 예를 들어, 워드프로세서 시험에서는 다양한 목표가 가능하다. 문장을 쳐서 파일을 저장하고 불러들이는 간단한 기능을 학습하는 목표부터 다양한 편집기능을 익히는 목표까지 여러 목표를 생각하고 시험문제를 출제하게 된다. 만약 이러한 목표들이 서로 관련되어 있지 않다면 검사의 신뢰도를 구하기 위하여 내적일관성계수를 적용하는 것은 바람직하지 못하다.

2) 검사–재검사법

검사–재검사법은 제6장에서 설명했듯이 동일 검사를 일정한 시간간격을 두고 동일 집단에게 두 번 실시한 후 두 검사점수 간의 상관계수를 구하는 방법이다. 이 방법도 준거참조검사에서는 신뢰도 추정방법으로서 적합하지 못하다. 앞에서도 설명했듯이 준거참조검사에서는 검사점수의 변량이 작아서 이를 토대로 계산한 상관계수는 낮게 나오기 때문이다. 따라서 준거참조검사에서도 잘 만들어진 검사라 하더라도 검사–재검사법을 이용해서 신뢰도 추정치를 구하면 그 값이 낮게 나올 가능성이 높게 된다.

3) 검사–재검사 성공분류 일관성

그렇다면 준거참조검사에서는 검사 신뢰도를 알아보기 위하여 어떠한 방법을 사용해야 하는가? 이 물음에 대한 답을 알아보자. 먼저 고려해야 할 점은 준거참조검사에서는 검사점수의 변량이 작기 때문에 검사점수의 분포를 이용해 신뢰도를 구하는 방법은 피해야 한다는 것이다. 그렇다면 가능한 방법은 검사점수의 일관성이 아니라 검사를 치르는 사람들이 검사에서 성공했는지 못했는지의 결정이 얼마나 일관성이 있는가를 계산해 내는 방법이다. 즉, 첫 번째 검사에서 성공 또는 실패로 분류된 사람들이 두 번째 검사에서도 얼마나 동일하게 성공 또는 실패로 분류되는지의 정도를 계산하게 된다. 결정의 일관성이 높을수록 검사의 신뢰도계수는 높게 나타난다. 구체적으로 신뢰도계수를 구하는 방법에는 크게 세 가지가 있다.

(1) 파이계수

파이(phi, φ)계수는 두 변수가 양분화된 변수인 경우에 서로 얼마나 관련되는지를 나타내는 계수다. 양분화변수는 남/녀, 성공/실패와 같이 단지 두 가지 값만을 갖는 변수를 말한다. 다른 상관계수와 동일하게 phi계수도 −1.00에서 +1.00 사이의 값을 갖는다. Phi계수가 1.00이면 성공/실패 구분이 두 번의 검사에서 완벽하게 동일함을 의미한다. 반면에 phi계수가 −1.00이면 첫 검사에서 성공으로 분류된 사람들이 두 번째 검사에서는 모두 실패로 분류되며, 반대로 첫 검사에서 실패로 분류된 사람들이 두 번째 검사에서는 모두 성공으로 분류됨을 의미한다. Phi계수가 0.00이면 첫 검사에서 성공/실패 분류는 두 번째 검사에서의 성공/실패 분류와 전혀 관련이 없음을 뜻한다.

구체적으로 phi계수를 구하는 방법을 〈표 13-2〉를 통해서 살펴보도록 하자. 표에서 A는 첫 번째와 두 번째 검사에서 모두 성공으로 분류된 사람의 수를 나타내고, B는 첫 번째 검사에서는 실패로 분류되었으나 두 번째 검사에서는 성공으로 분류된 사람의 수를 나타낸다. C는 첫 번째 검사에서는 성공으로 분류되었으나 두 번째 검사에서는 실패로 분류된 사람의 수를 나타내며, D는 첫 번째와 두 번째 검사 모두에서 실패로 분류된 사람의 수를 나타낸다.

A와 D에 속하는 사람의 수가 많고 B와 C에 속하는 사람의 수가 작을 때 phi계수는 크게 나올 것이다. Phi계수를 구하는 공식은 다음과 같다. 공식

〈표 13-2〉 검사–재검사 신뢰도를 구하기 위한 파이 표

		첫 번째 검사	
		실패	성공
두 번째 검사	성공	B=1	A=4
	실패	D=4	C=1

에서 한 가지 주의할 점은 A, B, C, D의 순서가 바뀌지 말아야 한다는 것이다.

$$\phi = \frac{(AD)-(BC)}{(A+B)(C+D)(A+C)(B+D)}$$

〈표 13-2〉의 자료를 위의 공식에 대입하여 phi계수를 구하면 다음과 같다.

$$\phi = \frac{(4)(4)-(1)(1)}{(5)(5)(5)(5)} = \frac{(16)-(1)}{625} = \frac{15}{25} = .60$$

Phi계수 값이 어느 정도가 되어야 준거참조검사에서 적합한 신뢰도를 의미하는지는 검사오류가 가져오는 결과의 중요성에 달려 있다. 예를 들어, 개인의 건강이나 사고와 관련된 주요 능력을 평가하는 검사라면 phi계수는 .95 이상 되어야 하며, 보통의 중요한 능력을 평가하는 검사라면 .75 이상이 바람직하다. 어떤 상황에서든 최소 .50 이상은 되어야 신뢰 있는 검사라 할 수 있다.

(2) 일치계수

일치계수(agreement coefficient)는 두 번의 검사에서 모두 성공 또는 실패로 일관성 있게 분류된 사람이 전체에서 차지하는 비율을 의미한다. 이를 구하는 공식은 다음과 같다.

$$P_0 = \frac{(a)+(d)}{N}$$

(a)는 두 검사에서 모두 성공으로 분류된 사람의 수를 말하고, (d)는 두 검사에서 모두 실패로 분류된 사람의 수를 나타내며, N은 검사를 치를 전체 사람 수를 나타낸다.

앞의 〈표 13-2〉의 자료를 이 공식에 대입하여 계산해 보면 일치계수는 다음과 같이 .80이 된다.

$$P_0 = \frac{(4)+(4)}{10} = .80$$

일치계수 계산에서 우연에 의해 두 번의 검사에서 모두 성공 또는 실패로 분류되는 사람들이 포함될 가능성이 있다. 따라서 일치계수를 검사의 신뢰도계수로 정했을 경우, 실제보다 신뢰도계수가 높게 나타날 가능성이 있다. 특히, 위의 phi계수와의 비교를 위해 〈표 13-2〉의 자료를 통해서 보면 phi계수는 .60이었으나 일치계수는 .80이었다. 일치계수가 이와 같이 신뢰도계수를 과대추정하는 경향이 있기 때문에 중요한 능력을 평가하는 검사인 경우 .85 이상이 되어야 검사의 신뢰성이 높다고 하겠다.

(3) 카파계수

카파(Kappa)계수는 일치계수에서 우연에 의해 결과에 영향을 미치는 단점을 보완해 성공/실패 분류의 정확성을 향상시키기 위하여 만들어졌다. 다음의 공식에서 보듯이 Kappa계수 K는 일치계수를 계산한 후 이 값에서 우연에 의해 발생할 수 있는 일치부분을 감해 준 것이다.

$$K = \frac{P_0 - P_{우연}}{1 - P_{우연}}$$

이 공식에서 P_0는 일치계수이고, $P_{우연}$은 우연에 의해 발생 가능한 일치부분으로 다음의 공식에 의해서 구한다.

$$P_{우연} = \frac{[(a+b)(a+c)+(c+d)(b+d)]}{N^2}$$

〈표 13-2〉의 자료를 통해서 kappa계수를 구해 보면 먼저 P_0는 .80이고 $P_{우연}$은 .50이다.

$$P_{우연} = \frac{[(4+1)(4+1)+(1+4)(1+4)]}{10^2} = \frac{(25+25)}{100} = \frac{50}{100} = .50$$

따라서 kappa계수는 다음의 식에 의해 .60이 된다.

$$K = \frac{.80-.50}{1-.50} = \frac{.30}{.50} = .60$$

이 수치는 일치계수보다 작은 값이다. 일반적으로 kappa계수는 일치계수보다 작은 값을 갖게 되지만 검사가 완벽하게 신뢰로운 경우 이 두 계수는 일치하게 된다. 일반적으로 Kappa계수는 .60 이상이 되어야 신뢰로운 검사로 받아들일 수 있다(Shrock & Coscarelli, 1989).

세 가지 신뢰도계수를 비교해 볼 때 phi계수가 준거참조검사에서 가장 이상적인 신뢰도계수라고 할 수 있다. 일치계수는 이해하기는 쉬우나 우연오차에 의해서 계수가 높게 나올 수 있다는 단점이 있다. Kappa계수는 단점을 보완했으나 phi계수에 비해서 직관적으로 이해하기가 어렵다는 단점이 있다.

지금까지 준거참조검사에서 신뢰도계수를 구하는 방법에 관해서 구체적으로 설명하였다. 준거참조검사에서는 검사점수의 부적편포 특성으로 인해 규준참조검사에서 사용되었던 신뢰도계수를 구해야 한다. 이 방법은 동일 검사를 두 번 실시하는 검사-재검사법의 형태를 이용해 첫 번째 검사에서 성공 또는 실패로 분류된 사람이 두 번째 검사에서도 얼마나 일관되게 분류되는지의 정도를 계산하는 방법이다. 여기서 한 가지 의문은 과연 검사에서 성공 또는 실패로 삼는 기준점수를 어떻게 구하는가 하는 점이다. 준거참조검사의 타당도 분석에 대한 설명을 하기 전에 이 기준점수를 구하

는 방법을 먼저 설명하는 것이 준거참조검사에서의 신뢰도계수를 이해하
는 데 도움이 될 것이다.

4. 기준점수 결정방법

이 장의 서두에서도 설명했듯이 준거참조검사는 검사를 치른 사람들 가
운데 얼마나 많은 사람들이 성공을 거두는지에 기본 관심을 둔다. 성공을
거둔다는 의미는 검사점수에서 검사개발자가 정한 기준점수를 넘는 것을
의미한다. 여기서는 기준점수를 구하는 방법에 관해서 설명하기로 한다.
보통 세 가지 방법이 많이 사용되는데, 그 가운데 한 가지 방법에만 의존하
지 않고 모든 방법을 다 사용하여 기준점수를 정하는 것이 바람직하다.

1) 정보판단법

정보판단법(informed judgment method)은 기본적으로 개인의 주관적 판
단을 토대로 기준점수를 정하는 방법이다. 먼저 기준점수를 너무 낮게 설
정하여 능력이 없는 사람이 성공으로 분류되거나 너무 높게 선정하여 능력
있는 사람이 실패로 분류되었을 경우 발생하게 되는 문제가 얼마나 심각할
지를 분석한다. 예를 들어, 검사에서 다루는 능력이 직무수행에 미치는 영
향이 크다고 판단되면 기준점수를 좀 더 높이는 것이 바람직하다.

두 번째 단계는 다른 집단에서 검사점수를 얻는 것이다. 이 경우 적어도
서로 다른 세 집단에서 점수를 얻는 것이 바람직하다. 이들 집단은 검사에
서 다루는 내용에 관한 교육을 받지 못한 집단, 교육을 이제 막 받은 집단,
그리고 교육을 이미 받고 나서 현재 일을 하고 있는 집단들이다. 이들 모두
에서 자료를 얻음으로써 교육내용에 관해 전혀 모르는 사람들은 검사에서
얼마나 잘하며, 또 일단 새로 배운 교육내용이 얼마나 오랫동안 지속되는

지에 관한 감을 잡을 수 있다.

　세 번째 단계에서는 다른 관련 담당자들(주로 피검사자와 동료나 상사 등)에게 검사를 보여 주고 기준점수를 어느 정도로 하는 것이 좋을지에 관한 의견을 묻는다. 마지막으로 지금까지의 모든 정보를 종합·검토하여 기준점수를 얼마로 할 것인지에 관한 최종 결정을 내린다. 이 방법은 기준점수를 정하는 데 있어서 복잡한 통계절차를 밟지 않는다는 장점이 있으나, 여러 사람들의 주관적 판단에 의거해서 최종 점수를 결정하기 때문에 심리측정상의 문제점이 발생한다.

　이상의 단계를 예를 들어 설명해 본다. 기업에 새로운 교육 프로그램을 개발하여 제공하는 조직에서 교육평가 전문가가 되기 위한 능력을 측정하기 위한 검사를 개발했다고 하자. 검사개발자가 여러 관련 담당자에게서 얻은 자료가 다음과 같은 경우 기준점수를 얼마로 하는 것이 좋겠는가?

현재의 평가전문가	70%
평가전문가의 상사	85%
교육설계 담당자	60%
평가자의 고객	90%
인사부서 담당자	50%

　관련 담당자마다의 책임과 평가전문가의 상호작용 형태가 서로 다르기 때문에 기준점수의 설정도 다르다. 인사부서의 인사담당자는 가능한 기준점수를 낮추려고(50%) 하는데, 이는 점수를 너무 높게 잡을 경우 선발상의 어려움을 염려하기 때문이다. 반면에 교육 프로그램을 의뢰하는 고객은 좀 더 우수한 전문가에게 일을 맡기기를 원하기 때문에 가능한 기준점수를 높게(90%) 잡으려 할 것이다. 교육설계 담당자는 교육평가자가 너무 우수할 경우 자신이 설계한 교육내용을 비판할 것이 두려워 능력이 좀 낮은 사람을 원할 수 있을 것이다. 따라서 기준점수를 좀 낮게(60%) 잡으려 할 것이

다. 교육평가 전문가의 상사는 우수한 부하를 두는 것이 도움이 되므로 가능한 기준점수를 높게(85%) 잡으려 할 것이다. 마지막으로 현재의 평가전문가는 자신의 경험에 비추어 70%로 정했다고 하자. 이 상황에서 여러 사람의 판단을 종합했을 때 대략 70%에서 75% 사이가 적절한 기준점수가 될 수 있을 것이다.

2) 앤고프-네델스키법

정보판단법은 전체 검사점수를 토대로 다양한 관련 담당자가 기준점수를 정한 후 이를 종합하여 최종 기준점수를 정하는 과정을 거쳤다. 이에 반해 앤고프-네델스키(Angoff-Nedelsky)법은 전체 검사점수가 아닌 검사문항을 개별적으로 판단하여 기준점수를 정하는 방법이다. 그 과정을 살펴보면 먼저 검사가 다루고자 하는 능력 및 이러한 능력을 충분히 갖춘 사람들의 수준에 관한 지식을 가진 전문가를 선발한다. 전문가 수는 3~5명 정도가 적합하다.

이들 전문가는 검사문항을 개별적으로 검토하여 검사가 측정하려는 능력을 최소한으로 갖추고 있는 사람이 그 문항을 맞출 확률이 어느 정도나 되는지를 판단한다. 이 확률이 우연에 의해서 문항을 맞출 확률보다 낮아서는 안 된다. 즉, 사지선다형에서 우연에 의해 문항을 맞출 확률인 25%를 넘어야 한다.

그들이 판단한 각 문항의 확률을 다 합산한 값이 기준점수가 된다. 만약 전문가가 두 명 이상이라면 각 전문가가 판단한 확률을 다 더하고 전문가의 수로 나누어 그 평균값을 구하면 된다.

〈표 13-3〉 앤고프-네델스키(Angoff-Nedelsky)법에 의한 기준점수 계산과정을 자세히 보여 준다. 다섯 문항으로 이루어진 검사에서 기준점수는 2.6이 됨을 알 수 있다.

〈표 13-3〉 앤고프-네델스키의 방법에 의한 기준점수 계산과정

문 항	전문가 1	전문가 2	전문가 3
1	.43	.50	.40
2	.20	.25	.40
3	.90	.80	.75
4	.60	.70	.55
5	.50	.60	.40
합	2.63	2.85	2.50

2.63+2.85+2.50 = 7.98
7.98/3 = 2.66
기준점수 = 2.60

3) 집단대비 방법

집단대비 방법(contrastiong groups method)은 세 가지 방법 가운데 주관적인 판단을 최소화시킨 방법이다. 기준점수를 구하는 과정을 살펴보면 먼저 전문가를 선정해야 한다. 여기서의 전문가는 검사가 다루고자 하는 능력과 그 능력을 필요로 하는 종업원의 직무수행에 관해 잘 알고 있어서 성공자(master)와 실패자(nonmaster)를 구분할 수 있는 나름대로의 기준을 가지고 있어야 한다. 예를 들어, 위와 같이 교육평가 전문가로서의 능력을 평가하기 위한 검사의 기준점수를 정하려는 경우, 그 대상이 되는 사람들을 잘 알고 있는 전문가가 교육평가 전문가로서의 능력을 충분히 갖춘 사람과 그렇지 못한 사람을 분류할 수 있는 나름대로의 판단기준을 세워야 한다. 여기서 다시 한 번 강조할 점은 전문가는 대상자의 능력과 교육평가 전문가의 직무가 무엇이며 그것을 잘 수행해 나가기 위해서는 어떠한 능력이 필요한지 등에 관해 충분히 알고 있어야 한다는 점이다.

성공자와 실패자를 구분할 수 있는 기준을 정했으면 두 번째 단계에서는 전문가가 기준에 따라 대상자 가운데 성공자와 실패자를 가려낸다. 각 집

단은 적어도 15명 이상이 바람직하다. 집단의 사람 수가 많을수록 기준점
수의 신뢰성은 높아진다. 세 번째 단계에서는 검사를 두 집단에게 실시하
고, 각 집단의 점수분포를 그래프로 나타낸다([그림 13-2] 참조). 마지막으
로 두 집단의 점수분포 그래프가 교차하는 지점을 기준점수로 정한다([그림
13-2]에서 42%). 바로 이 지점이 잘못된 결정(성공자를 실패로, 또는 실패자를
성공으로 분류하는 결정)을 최소화하는 기준점수가 된다. 필요에 따라서는 이
기준점수를 [그림 13-2]에서 보듯이 30%와 50% 범위 내에서 이동할 수
있다.

　이 방법의 어려운 점은 전문가가 검사 실시 전 어떠한 기준으로 성공자

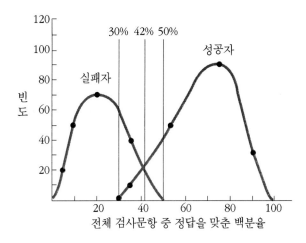

실패자		성공자	
빈도	점수	빈도	점수
20	5	1	30
50	10	10	35
70	20	50	55
40	35	90	75
2	50	31	90

[**그림 13-2**] 집단대비법을 이용해 기준점수를 정하는 방법

와 실패자를 분류하느냐는 것이다. 이 방법이 다른 방법에 비해서 전문가의 주관적 판단을 최소화했다는 장점은 있으나 이를 완전히 배제하지는 못했다. 그 이유는 검사 전에 성공자와 실패자로 분류하는 과정 역시 전문가의 주관적 판단을 요구하기 때문이다. 이러한 기준의 타당성이 완전하지 못할 때 이를 통해 구해진 기준점수도 완벽하지 못하게 될 것이다.

5. 타당도

준거참조검사에서 신뢰도를 구하는 과정은 규준참조검사에서 신뢰도를 구하는 과정과 차이가 있다. 그 이유가 무엇인지에 관해서는 앞에서 설명한 바 있다. 동일한 이유 때문에 준거참조검사에서 타당도를 분석하는 방법도 규준참조검사와 비교할 때 차이가 있다. 예를 들어, 검사의 준거관련 타당도를 알아보려는 경우, 규준참조검사에서는 검사점수와 준거점수 간의 타당도계수를 구했으나, 준거참조검사에서는 이러한 방법이 적합하지 못하다(검사점수의 표준편차가 작기 때문에 상관계수가 작게 계산됨). 따라서 준거참조검사에서 준거관련 타당도를 구하기 위해서는 다른 방법을 사용해야 한다. 또한 검사의 구성타당도를 분석하는 경우도 규준참조검사에서 사용하였던 요인분석, 수렴타당도 및 변별타당도는 모두 상관계수를 이용한 방법이므로 준거참조검사에서는 적합하지 못하다.

1) 안면타당도

규준참조검사와 동일하게 준거참조검사에서도 안면타당도는 검사를 치를 사람이 검사를 살펴보고(문항의 내용 등) 그 검사가 본래 측정하려는 능력을 잘 측정하고 있다고 대답하는 정도를 의미한다. 많은 사람이 그렇다고 대답하면 그 검사의 안면타당도는 높은 것이다. 여기서 검사를 살펴보는 사람은 그 부분의 전문가가 아니라 단지 그 검사를 치를 대상자일 뿐이다. 또한 과학적인 절차를 거치는 것도 아니고 단지 검사의 내용을 간단히 살펴보고 검사의 적합성을 가리기 때문에 안면타당도가 높게 나왔다고 해서 그 검사가 진정한 의미의 타당도가 높다고 말할 수는 없다.

2) 내용타당도

새로 개발한 검사내용에 관해 충분히 알고 있는 전문가가 검사를 살펴보고 그 검사가 본래 측정하려 했던 능력을 제대로 측정하고 있는 것으로 판단한다면 그 검사는 내용타당도가 높다고 말할 수 있다. 검사를 치를 일반인들이 판단하는 안면타당도 분석과 달리 내용타당도 분석은 그 분야의 전문가가 검사내용을 평가하며 좀 더 체계적인 과정을 거치게 된다. 그 과정을 살펴보면 먼저 검사가 측정하려는 능력에 관해 잘 아는 전문가 몇 명(보통 3~5명)을 선정한다. 만약 검사가 관리능력과 같은 광범위한 목표를 다룬다면 조직의 다양한 부서(예: 판매, 생산, 경리, 인사, 기획 등)를 대표하는 사람들을 선정해야 한다.

다음은 이들 전문가에게 검사가 측정하려는 목표를 알려 주고 그 목표와 관련된 검사문항을 제시한 후, 각 검사문항이 주어진 목표를 제대로 평가하는지를 판단하게 한다. 검사문항이 목표와 얼마나 관련이 있는지의 정도를 판단하게 하는 것보다 검사문항이 목표와 관련이 있는지 없는지의 여부를 판단하게 하는 방법이 더 많이 쓰인다. 이 밖에 전문가들은 문항의 답이 잘못되었다고 판단되거나 문항내용이 이상하다고 판단되면 얼마든지 내용을 수정하도록 요청해야 한다.

이 과정에서 전문가들은 각자 독립적으로 문항을 평가하고 함께 모여서 각자가 평가한 부분을 상의해야 한다. 검사개발자도 이 모임에 참석해서 전문가들의 의견을 들어보는 것이 바람직하다.

　만약 특정 문항의 목표와의 관련성 여부에 대해 전문가들의 의견이 서로 엇갈린다면 충분한 토의를 거쳐 합일점을 찾도록 노력해야 한다. 그래도 서로의 의견이 좁혀지지 않는 경우 전체 전문가 가운데 특정 문항이 목표와 관련 있다고 응답한 비율을 계산하여 그 문항을 없앨 것인지, 그대로 둘

〈표 13-4〉 내용타당도 분석양식

| 전문가: |
| 제　목: |
| 날　짜: |

다음의 목표와 그에 해당하는 문항을 읽고 각 문항에 대해서 다음의 두 가지 평가를 하십시오.

　1. 각 문항이 주어진 목표를 잘 평가한다고 생각하십니까? 그렇다고 생각하면 '예'에 동그라미를 하고, 그렇지 않다고 생각하면 '아니요'에 동그라미를 하십시오. 확실하지 않으면 일단 '아니요'에 동그라미 하고 옆의 '평가' 란에 부연설명을 하십시오.

　2. 문항에 기술적인 문제가 있다고 판단되면(예를 들어, 정답이 하나 이상 있다고 생각되거나, 정답이 아닌 것 같거나, 문항내용 중 정답이 무엇인지에 대한 단서를 내포하고 있는 등) '있음'에 동그라미를 하고 옆의 '평가' 란에 자세히 설명하십시오. 문항에 특별한 문제가 없다고 생각하면 '없음'에 동그라미를 하십시오.

문항기록 양식

목표	문항	목표와 문항 간의 관련성		기술적 문제		평가
1	2	예	아니요	없음	있음	
	5	예	아니요	없음	있음	
	10	예	아니요	없음	있음	

내용타당도 분석결과의 요약

목표	문항	전문가			관련성 정도(%)	기술적 문제/평가
		1	2	3		
1	2	예	예	예	100	없음
	5	예	아	예	66	없음
	10	예	예	예	100	정답 2개 가능성

것인지를 결정한다. 비율이 몇 퍼센트 이상 되어야 그 문항을 그대로 사용할 것인지에 한 구체적인 기준은 없다. 이는 검사개발자가 전문가들이 평가한 내용을 검토한 후 결정해야 할 부분이다. 문항내용을 일부 또는 대폭수정할 것인지, 아니면 검사에서 제거할 것인지에 대해서는 검사개발자가최종적인 결정권을 가진다.

검사의 내용타당도를 평가하기 위한 일반적인 양식과 함께 이를 분석한예를 앞의 〈표 13-4〉에 제시한다.

3) 준거관련 타당도

규준참조검사에서 준거관련 타당도는 개발한 검사점수가 준거와 관련이있는 정도를 상관계수(타당도계수)를 계산하여 분석하였다. 검사점수가 준거와 관련된 정도(타당도계수)가 높을수록 그 검사는 준거관련 타당도가 높음을 뜻한다. 준거참조검사에서는 앞서 신뢰도 분석에서 설명했던 바와 동일한 이유 때문에 준거관련 타당도 분석에서 상관계수를 구하지 않고 다른방법을 사용한다. 준거참조검사에서 준거관련 타당도는 크게 공존타당도와 예언타당도의 두 가지 방법을 통해서 분석 가능하다. 공존타당도와 예언타당도는 검사가 초점을 현재의 능력 또는 미래의 능력을 다루는 데 두느냐에 따라서 구분된다.

(1) 공존타당도

공존타당도는 규준참조검사와 동일하게 현직에 있는 사람들에게 검사를실시하여 그들에게서 타당도 분석에 필요한 자료를 바로 얻어 분석하는 방법이다. 따라서 검사가 타당도가 높은지 낮은지를 파악하는 데 많은 시간이 걸리지 않는다는 장점이 있다. 분석과정을 자세히 살펴보면, 첫 단계로현직에 있는 사람들의 능력을 잘 살펴서 정확히 파악한 다음 이들 가운데

'성공자' 또는 '실패자'인 사람들을 골고루 표집한다. 즉, 검사를 실시하기 전에 검사개발자 또는 연구자가 나름대로 판단하여 두 집단으로 분류하는 것이다. 각 집단에 속하는 사람들은 나중에 검사의 타당도가 입증된 후 실제적으로 검사를 치를 사람들을 대표해야 한다. 따라서 인구통계적 특성(성별, 교육 정도 등)에 있어서도 그들과 유사해야 하며, 표집의 크기도 그 집단의 크기와 비슷하도록 하는 것이 이상적이다.

다음 단계는 그들에게 검사를 실시해서 정해진 기준점수를 토대로 각 사람을 '성공자'와 '실패자'로 구분하는 것이다. 이러한 단계를 거쳐서 다음의 〈표 13-5〉와 같은 자료를 얻을 수 있다. 이 자료를 통해 앞의 신뢰도 계산 시 사용했던 phi계수를 계산하여 검사의 공존타당도를 분석할 수 있다.

이 표에서 A는 현재 '성공자'로서의 능력을 갖추었다고 판단된 사람이 실제 검사에서도 '성공자'로 분류된 경우이고, D는 현재 충분한 능력을 갖추지 못했다고 판단되어서 '실패자'로 분류된 사람이 실제 검사에서도 '실패자'로 분류된 사람을 의미한다. A와 D에 속하는 사람이 많을수록 그만큼 검사의 타당도는 높아지게 된다. 반면에 B는 현재 '성공자'로서의 능력을 갖추었다고 판단된 사람이었는데 실제 검사결과에서는 '실패자'로 분류된 사람이며, C는 현재 충분한 능력을 갖추지 못해서 '실패자'로 분류된 사람인데 실제 검사결과에서는 '성공자'로 분류된 사람이다. B와 C에 속하는 사람들이 적을수록 검사의 타당도는 높아지게 된다.

〈표 13-5〉에 나타난 자료를 이용해서 phi계수를 구해 보면 .85가 나온다. 즉, 이 검사의 공존타당도 계수는 .85가 된다. 이 수치는 충분히 만족할 정도의 높은 값인데, 표를 다시 검토해 보면 분류상의 오류는 단지 한 명(B = 0, C = 1)밖에 없음을 알 수 있다. 분류가 완벽하다면 phi계수는 1.0이 된다. 단지 한 명만 분류를 잘못했는데도 이와 같이 phi계수가 1.0에서 .85로 떨어진 것은 표집의 크기가 작기 때문이다. 예를 들어, 표집의 크기가 40명이라면 한 명만 분류오류를 범한 경우 phi는 약 .95가 될 수 있다.

〈표 13-5〉 공존타당도 계산을 위한 파이 표

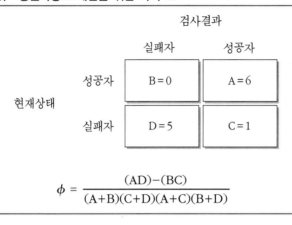

검사결과

	실패자	성공자
성공자	B = 0	A = 6
실패자	D = 5	C = 1

현재상태

$$\phi = \frac{(AD)-(BC)}{(A+B)(C+D)(A+C)(B+D)}$$

검사의 공존타당도가 얼마나 높아야 그 검사를 사용할 수 있는지는 앞의 신뢰도와 마찬가지로 평가기준에 따라 다르다(Shrock & Coscarelli, 1989). 만약 분류오류 결과 아주 중요한 문제가 발생할 수 있다면 공존타당도는 .95 정도는 되어야 할 것이다. 그러나 보통의 경우라면 .75 정도면 무난할 것이다. 만약 .50이 안 된다면 그 검사는 어떤 목적으로 사용하든지 받아들여서는 안 될 것이다.

(2) 예언타당도

공존타당도가 검사를 실시해서 '성공자' 또는 '실패자'로 분류한 결과와 현재 사람들의 능력을 비교하여 타당도를 구하는 방법이라면, 예언타당도는 검사결과를 현재가 아닌 앞으로의 수행능력과 비교하여 타당도를 구하는 방법이라 할 수 있다.

분석과정을 살펴보면 검사대상자에게 검사를 실시하여 미리 설정한 기준점수를 토대로 '성공자' 또는 '실패자'로 분류한다. 그리고 일정한 시간이 지난 후 그들의 직무수행 수준을 토대로 '성공자'와 '실패자'로 구분하

〈표 13-6〉 예언타당도 계산을 위한 파이 표

검사결과

		실패자	성공자
미래상태	성공자	B =	A =
	실패자	D =	C =

여, 처음 검사점수를 토대로 분류한 결과와 어느 정도 관련이 있는지를 분석한다.

예언타당도 계수는 〈표 13-6〉에서 보듯이 공존타당도 분석과 동일하게 phi계수를 계산하여 분석한다. Phi계수가 높을수록 검사의 예언타당도가 높음을 의미한다.

2부

다양한 심리검사 개발과정

제14장

태도검사

직업미결정요인 탐색검사는 Tak과 Lee(2003)가 국내 실정에 적합하게 개발한 척도로, 개인이 자신의 진로를 아직 확실히 결정하지 못한 원인을 평가함으로써 진로상담 시 내담자에게 도움을 주기 위해 개발되었다. 전체 22개 문항으로 구성되어 있으며 직업정보 부족(6문항), 자기 명확성 부족(4문항), 우유부단한 성격(4문항), 필요성 인식 부족(4문항), 그리고 외적 장애(4문항)의 다섯 가지 요인이 있다. 이 장에서는 이 척도의 개발과정을 Tak과 Lee(2003)의 논문을 토대로 기술하고자 한다.

1. 검사 개발과정

1) 단계 1: 문항개발

단계 1의 목적은 개방형 설문을 통해 직업미결정요인 탐색검사 문항을 일차적으로 개발하고 이 문항들을 토대로 설문지를 작성하여 실시한 후, 문항분석, 신뢰도 및 요인 분석을 통해 직업미결정요인 탐색검사 문항을 일차적으로 선정하기 위한 것이다.

(1) 방법

① 조사대상자

서울시내 K대학과 Y대학에 재학 중인 학생 283명에게 설문을 실시하여 자료를 얻었다. 성별에서는 남학생이 156명(55.1%)이었다. 학년별로는 1학년이 50명(17.7%), 2학년이 113명(39.9%), 3학년이 65명(23%) 그리고 4학년이 55명(19.4%)이었다. 전공별로는 인문사회계와 자연계로 구분했는데 인문사회계가 182명(64.8%)으로 더 많았다.

② 측정도구

직업미결정요인 탐색검사를 개발하기 위하여 먼저 서울시내 K대학과 Y대학에 재학 중인 학생 90명에게 개방형 설문지를 나누어 주고, 장래 직업(또는 진로)을 결정하는 데 어려움을 겪는 요인은 무엇인지를 다섯 가지씩 기술하도록 하였다. 학생들이 기술한 전체 응답 수는 427개였다. 내용 분석 과정을 통해 전체 응답 수를 연구자 2명이 여러 차례 검토하여, 동일한 문항을 제거하고 서로 유사한 내용의 문항을 동일한 범주로 묶는 작업을 거쳤다. 처음에는 내용상에서 약간의 차이만 있어도 다른 범주로 구분하였고, 다시 분류한 범주들을 검토하면서 비슷한 내용의 범주들을 하나로 묶는 과정을 거쳤다. 이 과정을 거쳐 점차 범주의 수를 줄여 갔으며, 최종적으로 5개 범주(즉, 요인)로 분류할 수 있었다. 이에 따른 문항 수도 36개 문항으로 줄어들었다. 이 5개 요인은 외적 장애(7문항), 우유부단한 성격(5문항), 직업정보 부족(12문항), 자기 명확성 부족(7문항) 그리고 필요성 인식 부족(5문항)으로 명명하였다.

외적 장애 요인은 자신이 바라는 직업에 대한 부모님의 반대나 주변의 인식이 좋지 않은 것과 같은 외적 요인들이 직업 결정에 영향을 미치는 내용을 말한다. 우유부단한 성격은 매사에 소극적이고 우물쭈물하는 성격으로 인해 직업을 결정하는 데 어려움을 겪는 내용을 말한다. 직업정보 부족은 어떤 직업이 장래성이 있는지 모르거나 직업에서 요구되는 지식과 능력이 무엇인지 모르는 내용에 관한 것이다. 자기 명확성 부족은 자신의 적성이나 흥미를 정확하게 파악하지 못하는 부분을 말한다. 마지막으로 필요성 인식 부족은 현 시점에서 직업 선택이나 결정이 크게 중요하지 않음을 말한다.

36개 문항으로 구성된 설문지를 대학생 283명에게 실시하였다. 조사대상자는 각 문항이 자신의 직업(진로) 선택과 관련된 현 상황이나 생각과 얼마나 일치하는지를 5점 척도(1: '현재 내가 처한 상황과 전혀 관련 없다', 5: '현재 내가 처한 상황과 매우 관련 있다')를 사용하여 응답하였다.

③ 분석

직업미결정요인 탐색검사의 요인을 분석하기 위하여 주성분분석 방법을 이용한 요인분석을 실시하였다. 각 문항의 문항분석을 위하여 문항전체 상관계수를 계산하였으며, 신뢰도는 크론바 α계수를 계산하였다.

(2) 결과

요인의 수를 5개로 지정하고 주성분 요인분석을 실시한 결과 연구자들이 내용분석을 통해 구분한 요인과 일치하지 않았으며 일부 요인의 의미를 해석하는 것이 쉽지 않았다. 요인의 수를 4개와 6개로 지정하고 추가 요인분석을 실시한 결과, 6개 요인으로 지정한 경우 6개 각 요인에 대한 해석이 더 의미가 있는 것으로 나타났다.

6요인은 5요인 가운데 하나인 외적 장애 요인이 '외적 장애'와 '사회인식 부족'의 두 요인으로 분류되어 나타난 점만이 다르고 다른 요인은 처음의 5요인과 동일했다. '사회인식 부족' 요인은 2개의 문항으로 구성되었으며, 이 두 문항은 '내가 바라는 직업에 대한 주변 사람의 인식이 좋지 않다.'와 '내가 바라는 직업이 사회적 인지도가 떨어지기 때문에 걱정이다.'이다.

36개 문항 가운데 문항전체 상관을 통한 문항분석 결과와 요인분석 결과를 고려하여 일부 문항을 삭제하였다. 문항분석에서는 문항전체 상관이 .20보다 낮게 나온 문항을 삭제하였으며, 요인분석에서는 여러 요인에 중복되게 속해 있는 문항을 삭제하였다. 이러한 과정을 통해서 삭제된 문항은 모두 8개 문항으로서 28개 문항이 남게 되었다. 외적 장애 요인은 5개 문항, 사회인식 부족 요인은 3개 문항, 우유부단한 성격 요인은 4개 문항, 직업정보 부족은 8개 문항, 자기 명확성 부족은 4개 문항, 그리고 필요성 인식 부족은 5개 문항이었다.

직업정보 부족 요인에 속하는 문항인 '내 전공에 적합한 직업이 무엇인지 모르겠다.'를 '내 전공에 적합한 직업에 대한 정보가 부족하다.'로 수정하였으며, 자기 명확성 부족 요인에 속하는 '내 장점과 단점이 무엇인지 정확하게 파악할 필요가 있다.' 문항을 '내 장점과 단점이 무엇인지 모르겠다.'로 수정하였다.

각 요인의 신뢰도계수인 크론바 α는 외적 장애는 .39, 사회인식 부족은 .50, 우유부단한 성격은 .66, 직업정보 부족은 .71, 자기 명확성 부족은 .67, 그리고 필요성 인식부족은 .68이었다. 외적 장애의 신뢰도가 낮게 나타났으며, 이는 문항 가운데 '학벌이나 연령 때문에 내가 바라는 직업을 갖기가 어렵다.' 문항이 신뢰도를 낮추는 것으로 나타났다. 그러나 이 문항이 국내 상황을 고려할 때 개인에 대한 상담 차원에서 중요한 내용으로 판단되어 삭제하지 않았다. 사회인식 부족 요인도 신뢰도가 .50으로 낮게 나타나고 다른 요인에 비해 문항 수가 작았기 때문에 한 문항을 추가하였다. 추가

된 문항은 '내가 바라는 직업을 주변에서 반대하는 사람이 많다.' 였으며, 이로서 전체 문항의 수는 29개가 되었다.

2) 단계 2: 최종 문항 선정

단계 2는 직업미결정요인 탐색검사의 요인구조를 검증하고 최종 문항을 선정하기 위하여 실시되었다.

(1) 방법

① 조사대상자

수도권 5개 대학에 재학 중인 232명, 1개의 대구지역 대학생 240명, 충청권 대학 1곳의 학생 228명 등 전체 700명의 대학생에게서 자료를 얻었다. 이 가운데 남학생이 455명(65%)이었다. 학년별로는 1학년이 147명(21%), 2학년이 186명(27%), 3학년이 269명(39%), 4학년이 87명(13%)이었으며, 미응답자가 11명이었다. 29개 문항으로 구성된 설문지를 수업시간에 나누어 주고 바로 수거하였다.

(2) 결과

요인의 수를 4, 5, 6개로 두고 다시 주성분분석을 실시한 결과 단계 1에서의 결과와는 다소 다르게 나타났다. 이번에는 6개가 아닌 5개의 요인구조가 더 의미 있는 것으로 나타났다.

6요인의 경우 '사회적 인식 부족' 요인을 제외한 다른 5개 요인은 단계 1의 결과와 동일하게 나타났다. 그러나 '사회적 인식 부족' 은 단계 2에서는 분명하게 나타나지 않았다. 단계 1에서 이 요인에 속하는 것으로 나타난 3개 문항 가운데 2개 문항은 단계 2에서는 외적 장애 요인과 더 크게 관련된 것으로 나타나서, 단지 2개 문항만이 '사회적 인식 부족' 요인에 속하게 되었다. 다른 요인들은 모두 4개 이상의 문항을 포함하고 있으나 '사회적 인식 부족' 요인만 2개 문항을 포함하고 있기 때문에 '사회적 인식 부족' 요인을 제외한 나머지 5개 요인으로 척도를 구성하였다.

이 5개 요인에 속하는 문항 가운데 다섯 문항이 여러 요인과 높게 관련되었기에 이 문항들을 제거하였다. 이 다섯 문항은 문항전체 상관도 낮게 나타났다. 최종적으로 이 다섯 문항과 '사회적 인식 부족' 요인에 속하는 두 문항을 합쳐 일곱 문항을 제거해서 문항은 총 22개가 되었다.

단계 2에서 5요인의 크론바 α계수를 살펴보면, '직업정보 부족'(6개 문항)은 .83이고 전체 변량의 29%를 설명하였다. '자기 명확성 부족'(4개 문항)은 .88이며 전체 변량의 8.8%를 설명하였다. '우유부단한 성격'(4개 문항)은 .72로 나타났으며 전체 변량의 7.4%를 설명하였다. '필요성 인식 부족'(4개 문항)은 .62이며 직업결정 전체 변량의 6.9%를 설명하였다. '외적 장애'(4개 문항)는 .60으로 나타났으며 전체 변량의 5.3%를 설명하였다. 전반적으로 각 요인의 크론바 α계수는 단계 1보다 높게 나타났다. 특히, '외적 장애' 요인의 경우는 .39에서 .60으로 많이 향상되었다. 이 다섯 요인은 전체 변량의 57.27%를 설명하였다. 다섯 요인은 .16('우유부단한 성격'과 '필요성 인식 부족')부터 .56('우유부단한 성격'과 '자기 명확성 부족')까지의 상관을 보였다.

〈표 14-1〉은 이 5요인 구조의 요인계수를 보여 준다. '외적 장애' 요인에 속하는 '학벌이나 연령 때문에 내가 바라는 직업을 갖기가 어렵다.'는 '외적 장애'(.41)보다 '직업정보 부족'(.43)과 좀 더 높게 관련되었다. 이 문항이 '직업정보 부족'과 좀 더 높게 관련된 것으로 나타난 이유는 분명하지 않지만, 국내 상황에서 직업 선택 시 학벌이나 연령으로 인한 장애가 존재하는 것이 현실이고 '외적 장애' 요인과도 높게 관련되었기(.41) 때문에 이 문항을 '외적 장애' 요인에 속하는 것으로 결정하였다.

〈표 14-1〉 단계 2에서의 직업미결정요인 탐색검사의 요인분석 결과

문 항	1	2	3	4	5
• 내 전공에 적합한 직업에 대한 정보가 부족하다.	.80				
• 직업과 관련된 정보를 얻는 방법을 잘 모르겠다.	.77				
• 내가 바라는 직업의 장래성에 대한 정보가 부족하다.	.67				
• 내가 바라는 직업이 있으나 어떻게 해야 그 직업을 가질 수 있을지 모르겠다.	.63				
• 어떤 직업이 전망이나 보수가 좋고 사회의 수요가 많은지 모르겠다.	.63				
• 어떤 종류의 직업이 있는지 잘 모르겠다.	.59				
• 내 흥미가 무엇이지 모르겠다.		.84			
• 내 적성이 무엇인지 모르겠다.		.81			
• 내가 바라는 것이 무엇인지 모르겠다.		.79			
• 내 장점과 단점이 무엇인지 모르겠다.		.70			
• 내가 바라는 직업에서 잘 해낼 수 있을지 모르겠다.			.79		
• 중요한 결정을 내릴 때 우물쭈물하는 경향이 있다.		.34	.72		
• 나는 어떤 결정을 내리기가 힘들다.			.67		
• 나는 매사에 소극적이다.		.32	.43		
• 미래의 직업을 현 시점에서 결정해야 한다는 필요성이 피부에 와닿지 않는다.				.81	
• 아직 이르기 때문에 직업 선택에 대해 생각해 보지 않았다.				.71	
• 현재로서는 직업 선택을 할 필요성을 느끼지 않는다.				.67	
• 내 인생에서 직업이 왜 필요한지 잘 모르겠다.				.51	
• 내가 바라는 직업을 주변에서 반대하는 사람이 많다.					.77
• 내가 바라는 직업을 부모님이 반대하시기 때문에 갈등이 된다.					.71
• 집안의 경제적 사정 때문에 내가 바라는 직업을 추구하기가 어렵다.					.67
• 학벌이나 연령 때문에 내가 바라는 직업을 갖기가 어렵다.	.43				41
고유치	6.38	1.93	1.63	1.51	1.16
설명 변량	29.00	8.76	7.41	6.84	.25

주: 요인계수 .30 이상만 표시하였음. 1 = 직업정보 부족, 2 = 자기 명확성 부족, 3 = 우유부단한 성격, 4 = 필요성 인식 부족, 5 = 외적 장애

3) 단계 3: 확인적 요인분석

단계 3은 단계 2의 요인분석에서 22개 문항으로 구성된 5요인 모형의 요인구조를 다시 한 번 확인하기 위하여 실시되었다.

(1) 방법

① 조사대상자

서울시, 경상도, 전라도, 충청도, 경기도의 8개 대학 및 대학원에 재학 중인 학생 848명에게서 자료를 얻어 분석하였다. 이 가운데 남학생은 236명(27.8%)이었다. 학년별로는 1학년이 255명(30.1%), 2학년이 168명(19.8%), 3학년이 117명(13.8%), 4학년이 168명(19.8%) 그리고 대학원생이 91명(10.8%)이었다. 미응답자는 49명이었다. 22개 문항으로 구성된 설문지를 수업시간에 나누어 주고 응답하게 한 후 바로 수거하였다.

② 분석방법

직업미결정요인 탐색검사의 5요인 모형을 검증하기 위하여 LISREL 8(Joreskog & Sorbom, 1993)을 이용한 극대우도추정법(maximum likelihood method: ML)을 사용해 확인적 요인분석을 실시하였다. 측정변인 간의 상관계수가 분석의 기초 자료로 사용되었다. 6요인 모형이 어느 정도나 적합한지를 알아보기 위하여 기초부합치(goodness-of-fit index: GFI), 조정부합치(adjusted goodness-of-fit index: AGFI), 원소간 평균차이(root mean square residual: RMSR), 표준부합치(normed fit index: NFI), 그리고 비표준부합치(non-normed fit index: NNFI)의 다섯 가지 부합치를 계산하였다.

기초부합치는 가정된 모형에 의해서 설명되는 변량과 공변량의 양을 나타내며 0.0에서 1.0까지의 값을 가진다. 조정부합치는 기초부합치를 자유도에 따라 수정한 값으로 기초부합치보다 작은 값을 갖게 된다. 표준부합치는 가정된 모형이 기초모형(null model: 모든 측정변인들이 완전히 독립적이라고 가정하는 모형)보다 부합도가 향상된 정도를 나타낸다. 비표준부합치는 가정된 모형과 기초모형 각각의 자유도를 고려한 표준부합치다. 이 부합치들의 값이 .90 이상이면 가정된 모형은 잘 부합되는 모형이라고 할 수 있다 (Bentler & Bonett, 1980). 원소 간 평균차이는 가정된 모형의 부합이 이루어진 후에 남은 평균 잔여분을 의미한다. 이 값이 작을수록 모형의 부합도가 높음을 의미한다.

(2) 결과

먼저 주성분분석 결과 5요인 구조가 의미 있는 것으로 나타났다. 다섯 요인은 전체 변량의 59.01%를 설명하였다. 〈표 14−2〉에서 보듯이 '외적 장애' 요인에 속하는 것으로 가정했던 '나는 학벌과 연령 때문에 내가 바라는 직업을 갖기가 어렵다.' 문항이 '외적 장애'(.23) 요인보다 '직업정보 부족'(.36)과 '자기 명확성 부족'(.32)에 더 높게 관련되었다. 그러나 단계 2에서와 동일한 이유 때문에 이 문항을 유지하기로 하였다. 다른 문항들은 단계 1과 2에서와 동일하게 본래의 요인과 가장 높게 관련되었다.

확인적 요인분석 결과 5요인 구조모형이 적합한 부합치를 갖는 것으로 나타났다. 〈표 14−3〉에서 보듯이 GFI는 .91로 나타났고, 다른 부합치들도 .90에 가깝게 나타났다. 또한 RMSR도 작게 나타나(.05) 5요인 구조가 자료에 적합함을 말해 준다.

각 요인의 크론바 α계수는 '직업정보 부족'이 .85, '자기 명확성 부족'이 .74, '우유부단한 성격'이 .71, '필요성 인식 부족'이 .71, 그리고 '외적 장애'가 .57이었다. 다섯 요인 간의 상관계수는 .21('우유부단한 성격'과 '필요성 인식 부족')부터 .60('직업정보 부족'과 '자기 명확성 부족')에 걸쳐 나타났다.

《표 14-2》 단계 3에서의 직업미결정요인 탐색검사의 요인분석 결과

문 항	1	2	3	4	5
• 내 전공에 적합한 직업에 대한 정보가 부족하다.	.77				
• 직업과 관련된 정보를 얻는 방법을 잘 모르겠다.	.77				
• 내가 바라는 직업의 장래성에 대한 정보가 부족하다.	.71				
• 내가 바라는 직업이 있으나 어떻게 해야 그 직업을 가질 수 있을지 모르겠다.	.69				
• 어떤 직업이 전망이나 보수가 좋고 사회의 수요가 많은지 모르겠다.	.60				
• 어떤 종류의 직업이 있는지 잘 모르겠다.	.58	.36			
• 내 흥미가 무엇이지 모르겠다.		.83			
• 내 적성이 무엇인지 모르겠다.	.35	.78			
• 내가 바라는 것이 무엇인지 모르겠다.		.75			
• 내 장점과 단점이 무엇인지 모르겠다.		.63			
• 현재로서는 직업 선택을 할 필요성을 느끼지 않는다.			.76		
• 미래의 직업을 현 시점에서 결정해야 한다는 필요성이 피부에 와닿지 않는다.			.74		
• 아직 이르기 때문에 직업선택에 대해 생각해 보지 않았다.			.73		
• 내 인생에서 직업이 왜 필요한지 잘 모르겠다.			.60		
• 내가 바라는 직업에서 잘 해낼 수 있을지 모르겠다.				.78	
• 나는 어떤 결정을 내리기가 힘들다.				.78	
• 중요한 결정을 내릴 때 우물쭈물하는 경향이 있다.	.34	.42		.62	
• 나는 매사에 소극적이다.				.35	
• 내가 바라는 직업을 주변에서 반대하는 사람이 많다.					.81
• 내가 바라는 직업을 부모님이 반대하시기 때문에 갈등이 된다.					.79
• 집안의 경제적 사정 때문에 내가 바라는 직업을 추구하기가 어렵다.					.46
• 학벌이나 연령 때문에 내가 바라는 직업을 갖기가 어렵다.	.36			.32	.23
고유치	6.99	1.96	1.55	1.32	1.16
설명 변량	31.79	8.90	7.03	6.01	5.28

주: 요인계수 .30 이상만 표시하였음. 1 = 직업정보 부족, 2 = 자기 명확성 부족, 3 = 필요성 인식 부족, 4 = 우유부단한 성격, 5 = 외적 장애

〈표 14-3〉 5요인 모형의 부합치

모 형	df	x^2	GFI	AGFI	NFI	NNFI	RMSR
5요인 모형	199	882.44	.91	.89	.88	.89	.05

4) 단계 4: 신뢰도 분석

단계 1에서 3까지의 분석결과 직업미결정요인 탐색검사의 내적 일관성 계수와 구성타당도는 높은 것으로 나타났다. 단계 4에서는 22개 문항으로 구성된 직업미결정요인 탐색검사의 안정성을 검증하기 위하여 검사-재검사 신뢰도를 분석하였다.

(1) 방법

① 조사대상자

국내 여러 지역의 6개 대학에 재학 중인 306명의 대학생에게서 자료를 얻어 분석하였다. 검사-재검사 신뢰도를 분석하기 위해 각 대학별로 두 검사 사이의 기간을 달리하여(2~5주 사이) 동일한 검사를 두 번 실시하였다. 6개 집단의 크기는 18명부터 96명까지였다. 수업시간에 22개 문항으로 구성된 검사를 나누어 주고 응답하게 한 후 바로 수거하는 방식을 통해 자료를 모았다.

(2) 결과

〈표 14-4〉에서 보듯이 검사-재검사 신뢰도는 .63부터 .95까지 높게 나타났다. 전체 집단의 검사-재검사 신뢰도는 .80이었다. 이러한 결과는 직업미결정요인 탐색검사가 시간의 경과에 따라 안정성이 있음을 말해 준다.

〈표 14-4〉 검사-재검사 신뢰도

신뢰도 계수	기 간	표집크기
.84	3주	96
.78	4주	31
.95	5주	18
.84	3주	70
.61	2주	20
.63	5주	71

5) 단계 5: 타당도 분석

앞에서 검사의 구성타당도를 분석하기 위하여 주성분분석과 확인적 요인분석을 실시하였다. 요인분석만으로 검사의 타당도를 입증하는 것은 불충분하기 때문에 검사의 수렴타당도와 준거관련 타당도를 추가로 분석하기 위해 단계 5의 연구를 실시하였다. 수렴타당도 분석을 위해 직업미결정요인 탐색검사와 개념적으로 유사한 진로성숙도 검사를 사용하였으며, 두 검사 사이에 유의한 상관이 나타나는지를 분석하였다. 준거타당도 분석을 위해서 직업 미결정으로 인해 영향을 받을 수 있는 생애만족, 전공만족, 불안, 우울 및 신체화를 준거로 사용하였으며, 직업 미결정이 다양한 준거와 유의한 상관을 갖는지를 분석하였다.

(1) 방법

① 조사대상자

서울시내 2개 대학에 재학 중인 315명의 대학생에게서 자료를 얻었다. 성별로는 여성이 192명(61.9%)이었다. 학년별로는 1학년이 74명(23.5%), 2학년이 36명(11.4%), 3학년이 90명(28.6%), 4학년이 105명(33.3%)이었으며, 나머지 10명은 무응답자였다.

② 측정도구

- 직업미결정요인 탐색검사: 22개 문항으로 구성된 직업미결정요인 탐색검사를 사용하였다. 단계 5에서 이 척도의 크론바 α계수는 '직업정보 부족'이 .85, '필요성 인식 부족'이 .74, '우유부단한 성격'이 .78, '자기 명확성 부족'이 .89, 그리고 '외적 장애'가 .66이었다.

- 진로성숙도: 진로성숙 척도의 다양한 요인 가운데 직업 미결정과 개념적으로 좀 더 유사한 '결정성'과 '확실성' 요인을 사용하였으며, 이 요인들은 한종철과 이기학(1997)이 개발한 진로태도 성숙척도의 2개 요인을 사용하여 측정하였다. '결정성'은 앞으로 어떤 일을 해야 할지를 결정한 정도를 의미하며, '확실성'은 자신이 선택한 직업에서 잘할 자신이 있는 정도를 의미한다. 이 두 요인은 각각 10개 문항으로 구성되었다. 이 연구에서 '결정성'과 '확실성' 요인의 크론바 α계수는 .91과 .84였으며, 점수가 높을수록 결정성과 확실성이 높도록 점수화되었다.

- 생애만족: 생애만족은 한덕웅, 전겸구, 탁진국, 이창호 및 이건효(1993)가 개발한 4개 문항으로 구성된 척도를 사용하였다. 이 척도의 크론바 α계수는 .71이었으며, 점수가 높을수록 생애만족이 높도록 점수화되었다.

- 전공만족: 전공만족은 한덕웅 등(1993)이 개발한 3개 문항으로 구성된 척도를 사용하여 측정하였다. 이 척도의 크론바 α계수는 .80이었으며, 점수가 높을수록 전공만족이 높도록 점수화되었다.

- 특성불안: 특성불안은 STAI(Spielberger, Gorsuch, & Lushene, 1970)를 번안하여 사용하였다. 특성불안은 상황에 불안하게 반응하려는 경향성을 의미한다. 이 척도는 본래 20개 문항으로 구성되어 있으며, 이 연구에서는 한덕웅 등(1993)의 연구를 토대로 요인계수가 높은 10개 문항을 선정하여 사용하였다. 특성불안 척도의 크론바 α계수는 .86이었

으며, 점수가 높을수록 특성불안이 높도록 점수화되었다.

- 우울: 우울은 Radloff(1977)의 척도를 번안하여 사용하였다. 이 척도는 본래 20개 문항으로 구성되어 있으며, 이 연구에서는 한덕웅 등(1993)의 연구를 토대로 요인계수가 높은 10개 문항을 선정하여 사용하였다. 이 척도의 크론바 α계수는 .92였으며 점수가 높을수록 우울 정도가 심하도록 점수화되었다.
- 신체화: 신체화는 한덕웅 등(1993)이 개발한 척도를 사용하였다. 이 척도는 18개 문항으로 구성되어 있다. 신체화 척도의 크론바 α계수는 .92였으며, 점수가 높을수록 신체화가 심하도록 점수화되었다.

특성불안을 제외한 모든 변인은 리커트식 5점 척도(1: 전혀 동의하지 않는다, 5: 매우 동의한다)를 사용하여 측정하였다. 특성불안은 4점 척도를 사용하여 측정하였다.

(2) 결과

① 요인분석

다시 한 번 검사의 요인구조를 분석하기 위하여 주성분분석을 실시한 결과 5요인 모형의 요인구조가 의미 있게 나타났다. 〈표 14-5〉에서 보듯이 22개 문항 모두는 본래 각 문항이 속한 것으로 가정했던 요인과 가장 높게 관련되었다. 특히, '나는 학벌과 연령 때문에 내가 바라는 직업을 갖기가 어렵다.' 문항은 '외적 장애'(.49) 요인과만 의미 있게 관련된 것으로 나타났다. 다섯 요인은 전체 변량의 61.39%를 설명하였다.

또한 다섯 요인은 서로가 .06('외적 장애'와 '필요성 인식 부족')에서 .67('직업정보 부족'과 '자기 명확성 부족')까지 적절하게 관련되었다.

⟨표 14-5⟩ 단계 5에서의 직업미결정요인 탐색검사의 요인분석 결과

문 항	1	2	3	4	5
• 직업과 관련된 정보를 얻는 방법을 잘 모르겠다.	.73	.31			
• 어떤 종류의 직업이 있는지 잘 모르겠다.	.72	.39			
• 내가 바라는 직업의 장래성에 대한 정보가 부족하다.	.70				
• 어떤 직업이 전망이나 보수가 좋고 사회의 수요가 많은지 모르겠다.	.70				
• 내가 바라는 직업이 있으나 어떻게 해야 그 직업을 가질 수 있을지 모르겠다.	.67	.32			
• 내 전공에 적합한 직업에 대한 정보가 부족하다.	.62	.44			
• 내 흥미가 무엇이지 모르겠다.		.81			
• 내가 바라는 것이 무엇인지 모르겠다.		.81			
• 내 적성이 무엇인지 모르겠다.	.43	.64	.32		
• 내 장점과 단점이 무엇인지 모르겠다.	.40	.59	.35		
• 나는 매사에 소극적이다.			.67		
• 내가 바라는 직업에서 잘 해낼 수 있을지 모르겠다.		.30	.65		
• 중요한 결정을 내릴 때 우물쭈물하는 경향이 있다.		.37	.62		
• 나는 어떤 결정을 내리기가 힘들다.		.48	.58		
• 현재로서는 직업 선택을 할 필요성을 느끼지 않는다.				.85	
• 아직 이르기 때문에 직업 선택에 대해 생각해 보지 않았다.				.81	
• 미래의 직업을 현 시점에서 결정해야 한다는 필요성이 피부에 와닿지 않는다.				.77	
• 내 인생에서 직업이 왜 필요한지 잘 모르겠다.				.45	
• 내가 바라는 직업을 주변에서 반대하는 사람이 많다.					.78
• 내가 바라는 직업을 부모님이 반대하시기 때문에 갈등이 된다.					.76
• 집안의 경제적 사정 때문에 내가 바라는 직업을 추구하기가 어렵다.					.70
• 학벌이나 연령 때문에 내가 바라는 직업을 갖기가 어렵다.					.49
고유치	7.29	2.10	1.78	1.32	1.01
설명 변량	33.12	9.55	8.10	6.01	4.60

주: 요인계수 .30 이상만 표시하였음. 1 = 직업정보 부족, 2 = 자기 명확성 부족, 3 = 우유부단한 성격, 4 = 필요성 인식 부족, 5 = 외적 장애

〈표 14-6〉 수렴타당도 분석결과

요 인	결정성	확실성
직업정보 부족	-.67**	-.51**
필요성 인식 부족	-.34**	-.18**
자기 명확성 부족	-.70**	-.56**
우유부단한 성격	-.59**	-.71**
외적 장애	-.23**	-.29**
전 체	-.75**	-.65**

② 수렴타당도

직업미결정요인 탐색검사 요인과 유사한 구성개념을 측정하는 진로성숙 요인 간의 상관은 〈표 14-6〉에 나타나 있다. 두 요인이 유사한 구성개념을 측정하고 있기 때문에 두 요인 간의 상관계수가 높게 나올수록 직업미 결정요인 탐색검사의 수렴타당도가 높음을 의미하게 된다. 표에서 보듯이 전체 직업미결정요인 탐색검사뿐 아니라 다섯 요인 모두는 결정성과 확실 성 요인과 유의하게 관련되었다. 특히, 전체 직업미결정요인 탐색검사 점 수는 결정성(-.75) 및 확실성(-.65)과 높게 관련되었으며, 이러한 결과는 이 검사의 수렴타당도가 높음을 의미하는 것이다.

③ 준거관련 타당도

직업미결정요인 탐색검사의 준거관련 타당도를 분석하기 위하여 단계 5에서 사용된 준거는 생애만족, 전공만족, 특성불안, 우울, 신체화의 다섯 변인이다. 직업미결정요인 탐색검사 요인과 준거 간의 상관은 〈표 14-7〉에 제시되어 있다. 표에서 보듯이 직업미결정요인 탐색검사 요인은 전반적으로 여러 준거와 유의하게 관련된 것으로 나타났는데, 이는 이 검사의 준거관련 타당도가 높음을 의미하는 것이다. 이 상관결과는 직업을 결정하지 못한 정도가 심할수록 자신의 생애와 대학전공에 덜 만족하며, 그들이 경험하는 특성불안, 우울 및 신체화 정도가 심한 경향이 있음을 말해 준다.

　전반적으로 직업미결정요인 탐색검사 전체와 각 요인은 다른 준거보다 특성불안과 더 높게 관련되었다. 또한 직업미결정요인 탐색검사의 다섯 요인 가운데 '자기 명확성 부족'과 '우유부단한 성격'이 준거와 좀 더 높게 관련되었다.

〈표 14-7〉 준거관련 타당도 분석결과

요 인	생애만족	전공만족	특성불안	우울	신체화
직업정보 부족	-.30**	-.20**	.36**	.26**	.14**
필요성 인식 부족	-.22**	-.12**	.14**	.08	.08
자기 명확성 부족	-.36**	-.25**	.44**	.30**	.15**
우유부단한 성격	-.29**	-.18**	.56**	.31**	.21**
외적 장애	-.18**	-.15**	.28**	.21**	.26**
전 체	-.38**	-.26**	.53**	.34**	.23**

주: ** P < .01.

2. 검사 해석 및 활용방안

1) 검사대상

직업미결정요인 탐색검사는 주로 전문대생과 대학생을 대상으로 한다.

2) 결과 해석

　직업미결정요인 탐색검사의 결과는 다섯 가지 요인별로 원점수와 그에 해당하는 백분위가 막대그래프로 제시된다. 각 요인별 백분위를 보면서 자신의 직업 미결정 요인에서의 점수가 규준과 비교해서 어느 정도의 위치에 있는지를 파악하게 된다. 또한 백분위에 익숙하지 않은 사람들을 위해 백분위 75 이상은 '상' 집단, 백분위 50 이상에서 75 미만은 '중상' 집단, 백분위 25 이상에서 50 미만은 '중하' 집단, 그리고 백분위 0에서 25 미만은 '중하' 집단으로 구분하여 결과표에 제시한다. '상' 집단은 자신의 미결정 정도가 매우 높음을 의미하는 것으로 해석해야 한다.

3) 검사의 활용방안

직업미결정요인 탐색검사는 다음과 같은 목적으로 직업 지도 및 상담에 활용될 수 있다. 첫째, 직업상담을 필요로 하는 내담자의 선발용으로 사용할 수 있다. 동일 학년의 타인과 비교해서 개인의 직업 결정수준을 알아봄으로써 상대적으로 직업 결정수준이 낮은 학생을 내담자로 선발할 수 있을 것이다.

둘째, 직업상담을 필요로 하는 내담자의 구체적인 직업 미결정의 원인을 분석하는 자료로 사용할 수 있다. 즉, 직업 미결정의 원인을 분석함으로써 진로향상 프로그램의 초점을 다양하게 할 수 있을 것이다. 기존의 직업 미결정 측정도구들이 단순히 직업 결정 집단과 직업 미결정 집단으로 구분하는 이분법적 방법을 사용하고 있으나, 이 검사는 직업 미결정 집단을 그 원인에 따라 다음의 다섯 가지 유형으로 세분화하여 효율적인 직업상담의 자료로 사용할 수 있다.

① 직업정보 부족: 어떤 직업이 장래성이 있는지 모르거나 직업에서 요구되는 지식과 능력이 무엇인지 모름으로 인해 직업을 결정하지 못하는 유형이다. 이러한 유형은 구체적으로 어떤 직업이 있는지를 정확히 파악하지 못하는 내담자, 자신이 원하는 직업이 있지만 그 직업에서 요구되는 직무의 내용, 필요조건 등을 모르기 때문에 선택을 못하는 내담자, 자신이 원하는 직업에 대한 지식 및 정보의 부족으로 인해

그 직업의 장래성을 정확히 파악하지 못하는 내담자 등이 포함될 수 있다. 이런 유형의 내담자에게는 직업상담 과정에서 구체적이고 지시적인 직업정보의 탐색훈련과 직접적인 직업정보 제공 등을 통해 직업과 관련된 미결정 문제를 효과적으로 해결할 수 있을 것이다.

② 자기 명확성 부족: 직업 선택과 관련되어 가장 우선적으로 필요로 하는 자신에 대한 정보가 부족하여 직업을 결정하지 못하는 유형이다. 즉, 자신이 어떤 사람인지를 모르기 때문에 자신에게 적합한 직업이 무엇인지를 결정할 능력이 부족한 유형이다. 이러한 유형에는 자신의 적성, 흥미, 능력 등을 정확하게 파악하지 못하는 내담자 등이 포함될 수 있다. 이런 유형의 내담자에게는 직업 세계에 대한 정보와 더불어 우선적으로 개인적 능력에 대한 정확한 분석이 우선시되어야 할 것이다. 직업상담 과정에서 자신의 적성이나 흥미를 정확하게 파악하게 함으로써 자신의 능력에 맞는 적절한 직업을 결정할 수 있도록 도와줄 수 있을 것이다.

③ 우유부단한 성격: 매사에 소극적이고 우물쭈물하는 성격으로 인해 직업을 결정하는 데 어려움을 겪는 유형이다. 즉, 개인적 능력이나 직업정보와 같은 외부적 자료의 부족에 기인하는 것이 아니라 개인의 심리적 특성 때문에 직업을 결정할 수 없는 유형이다.

이런 유형에는 의사결정에 대한 자신감의 부족, 의존적 특성, 소극적인 특성을 가진 사람들이 포함될 수 있다. 또한 의사결정의 경험 부족에 기인한 사람들도 해당될 수 있다. 즉, 의사결정을 하는 방법에 있어서 합리적인 방법을 사용하기보다는 의존적 방법을 사용하는 성격적 특성 때문에 직업을 결정하지 못하는 유형이다. 이런 유형에게는 직업상담 과정에서 의사결정 훈련, 자기주장 훈련 등을 통해 의존적이고 소극적인 성격적 특성을 변화시킬 수 있을 것이다.

④ 필요성 인식 부족: 현 시점에서 직업 선택이나 결정이 크게 중요하지

않다고 생각하는 유형이다. 즉, 직업의 의미에 대해 고려해 본 적이 없거나 필요성을 느끼지 못하는 유형으로 직업에 대해 미성숙한 태도를 보인다. 이런 유형에는 아직까지 직업에 대한 의미, 가치관이 형성되지 못한 사람들이 포함될 수 있다. 이런 유형에게는 직업상담 과정에서 진로발달 과정에 대한 탐색과 진로태도 성숙훈련을 통해 청소년기 및 성인 초기의 직업 탐색과 선택의 중요성, 진로의식의 발달 그리고 진로정체감에 관한 정보를 제공해 줄 수 있을 것이다.

⑤ 외적 장애: 자신이 바라는 직업에 대한 부모님의 반대나 주변의 인식이 좋지 않은 것과 같은 외적 요인들이 직업 결정에 영향을 미쳐 직업을 결정하지 못하거나 유보하는 유형이다. 또한 이런 유형은 직업 결정에 있어서 필요한 현실적 요인과의 갈등에 기인하는 내담자들이 포함될 수 있다. 즉, 의사결정에서의 독립적 결정을 올바르게 하지 못하여 주변 사람, 특히 부모, 선생님 등에게 의존하는 내담자들이다. 이런 유형의 내담자에게는 직업상담 과정에서 직업 결정에 있어서의 자율적 판단의 중요성과 현실적 여건에 대한 고려능력을 향상시킬 수 있는 능력을 향상시켜야 할 것이다.

셋째, 직업상담의 효과를 알아보기 위한 준거치로 사용할 수 있다.

넷째, 이 검사는 개별적으로 개인상담을 위한 중요 자료로서 사용할 수 있을 뿐 아니라 집단적으로 실시하여 직업지도 및 직업탐색 프로그램의 자료로도 사용할 수 있다.

제15장
적성검사

적성검사는 개인이 자신의 적성(능력)이 무엇인지를 알아보고, 이러한 적성을 토대로 자신에게 적합한 직업은 무엇인지를 알려 주는 데 목적이 있다. 이 장에서는 노동부 한국고용정보원에서 연구용역을 받아 탁진국, 유태용, 서용원, 김명소 및 강혜원이 개발한 성인용 직업적성검사(2000)의 개발과정을 설명함으로써 직업정보를 제공하기 위한 적성검사 개발과정에 관한 상세한 내용을 제공하고자 한다. 여기서 기술하는 내용은 탁진국 등 (2000)의 성인용 직업적성검사 최종보고서의 내용을 토대로 작성되었다.

1. 예비문항 개발과정

적성검사를 개발하기 위해서 먼저 각 직업에서 요구되는 직무를 수행하는 데 필요한 적성(능력)이 무엇인지를 조사할 필요가 있다. 이 과정을 통해 무엇이 각 직업에서 중요한 적성요인인지를 파악할 수 있고, 이를 통해 나타난 적성요인을 측정할 수 있는 문항을 개발함으로써 적성검사를 개발하게 된다. 직무수행에 필요한 적성이 무엇인지를 파악하기 위해서는 직무분석 과정을 거쳐야 하기 때문에 먼저 직무분석을 하기 위한 설문지를 작성하였다.

1) 직무분석 설문지 작성 및 실시과정

(1) 예비문항 선정

개인의 다양한 능력에 관한 문헌을 검토한 결과 Fleishman과 Reilly (1992)가 제시한 능력목록이 가장 광범위한 것으로 판단되어 이를 기초 자료로 사용하였다. 21개의 인지능력(문장독해력, 기억력, 연역적 추론력 등), 정신운동 능력, 신체, 감각 및 사회 능력의 60개 문항을 번안하여 직무분석을 위한 설문문항으로 사용하였다. 이외에 상황판단력을 측정하기 위한 실제적 지능(practical intelligence: PI)을 추가하였고, 예술능력(음악 및 미술 능력), 영어 사용능력 그리고 컴퓨터 사용능력 문항을 추가하였다.

고등학생, 대학생 및 성인을 대상으로 3차례의 예비검사를 실시해서 문항의 내용을 일부 수정하였고 4점 척도(1: 중요하지 않다, 2: 약간 중요하다, 3: 중요하다, 4: 매우 중요하다)를 사용하여 각 적성문항이 현 직무를 수행하는 데 얼마나 중요한지를 측정하였다.

한편, 상황판단력을 측정하기 위한 PI 문항개발을 위해 1차로 72개 상황 문항을 선정한 후 이를 검토하여 40개로 줄였다. 각 상황 문항에 대해 가능한 대안을 만들기 위하여 대학생 748명에게 각 문항이 나타내는 상황에서 어떻게 행동하겠는지 3개의 대안을 기술하도록 하였으며, 각 상황별로 대안의 수를 6~9개 정도로 정리하였다.

(2) 최종 설문지 실시과정

개발된 설문지를 304개 직업에 종사하는 2,749명에게 실시하였으며, 이 가운데 응답이 불성실한 3개 직업에 종사하는 20명의 자료를 제외한 301개 직업 종사자 2,729명의 자료를 분석대상으로 삼았다.

선정된 직업은 노동부에서 발간한 『직업사전』의 분류체계를 토대로 하였는데, 이 체계는 9개 대분류, 23개 중분류 및 84개 소분류에 속하는 직업들로 구성되어 있다. 각 직업별로 비슷한 인원을 표집하였다.

(3) 결과

① 직업군에 따른 능력문항에서의 평균 차이

23개 중분류 직업군을 독립변인으로, 각 문항을 종속변인으로 두고 변량분석을 실시한 결과 68개 모든 문항에서 23개 중분류 직업군 사이에는 유의한 차이가 있었다. 전체적으로 전문가를 비롯한 사무직 및 관리직 종사자의 경우 인지능력과 실제적 지능 관련 능력, 그리고 컴퓨터와 영어 능력이 더 중요한 것으로 나타났고 생산직, 농어업 및 단순근로자의 경우 정신운동 관련 능력이 더 중요한 것으로 나타났다. 이러한 결과는 이 연구에서 사용된 68개 능력문항의 타당도가 있음을 간접적으로 입증하는 것으로 해석할 수 있다.

② 요인분석 결과

전체 68개 문항에 대한 요인분석을 위하여 주성분분석을 실시하였다. 직교회전인 베리맥스(varimax) 방식을 통하여 요인구조를 회전시킨 결과 13개의 요인구조가 가장 의미 있는 것으로 나타났다. 13개의 요인 가운데 요인 1은 '신체능력', 요인 2는 '사물조작', 요인 3은 '상황판단 능력', 요인 4는 '추리력', 요인 5는 '공간지각력', 요인 6은 '소리지각 능력', 요인 7은 '사물지각 능력', 요인 8은 '언어능력', 요인 9는 '집중력', 요인 10은

'수리력', 요인 11은 '미술능력', 요인 12는 '사고유창력', 그리고 요인 13은 '컴퓨터/영어능력'으로 명명하였다.

이들 13개 요인 가운데 점수가 가장 높은 요인은 언어력(M = 3.16)이었고, 다음은 상황판단력(M = 3.03)이었다. 점수가 가장 낮은 요인은 미술능력(M = 1.93)이었고, 다음은 소리지각(M = 2.14), 신체능력(M = 2.22), 사물지각(M = 2.24)의 순이었다.

③ 적성요인별 중분류 직업군에서의 차이

23개 직업군이 각 요인점수의 평균에서 어떠한 차이가 있는지를 알아본 결과 13개 요인 모두에서 23개 직업군 각각의 평균점수가 서로 다르게 나타났다.

전체적으로는 전문가를 비롯한 사무직 및 관리직 종사자의 경우 상황판단력, 추리력, 언어력, 컴퓨터/영어의 적성요인에서 점수가 더 높았다. 생산직, 농어업 및 단순근로자의 경우에는 사물조작, 신체능력, 소리지각, 공간지각, 사물지각의 적성요인에서 더 높은 점수를 얻었다.

④ 중분류별 직업군에서 적성요인 점수의 차이

또한 23개 각 중분류 직업군에서 13개 적성요인의 점수는 서로 다르게 나타났다. 이러한 결과는 13개 적성요인이 23개 직업군을 구분해 주는 기초 자료로 활용될 수 있음을 시사하는 것으로 해석할 수 있다.

(2) 실제적 지능에 대한 분석

실제적 지능을 측정하기 위해 개발된 상황 문항과 각 문항에 대한 대안의 수를 줄이고 각 대안의 척도값을 알아보기 위하여 조사대상자들로 하여금 제시된 상황에서 가능한 여러 대안들을 읽고 상황을 해결하는 데 각 대안이 얼마나 바람직한지를 5점 척도를 사용하여 답하게 하였다.

분석은 먼저 서스톤(Thurstone) 척도와 마찬가지로 각 대안의 평균과 표준편차, 편포도(skewedness)를 검토하여 각 대안의 평균값들이 가능한 점수범위 내에 골고루 퍼져 있는 상황들만을 추출하였다. 그리고 각 상황 내에서 유사한 평균값을 보이는 대안들이 있을 경우에는 표준편차와 편포도가 작은 하나의 대안을 선정하였다. 따라서 각 대안의 평균값을 척도값으로 하였을 때 추출된 각 상황들의 척도값들이 전체적으로 중복 없이 연속선상에서 다양한 점수를 갖도록 하였다. 이러한 과정을 거쳐 전체 40개의 상황 문항을 19로 줄였으며, 각 상황에 대한 대안의 수도 4~6개 정도로 줄였다.

(3) 직무면접에 대한 분석

구조화된 설문지를 이용하여 23개 중분류에 의한 직업군에서 직업군별로 얻은 중요한 능력에 대한 수량적 결과의 신뢰성을 검증하기 위하여 동일직업군에 대한 면접을 실시하였으며, 직무를 수행하는 데 어떤 능력이 중요한지를 물어보았다. 23개 직업군에 종사하고 있는 노동인구의 분포를 고려하여 직업군별 면접대상자 인원을 결정하고 총 158명을 면접하였다.

면접을 통해 얻은 결과를 직무분석 설문지를 통해 얻은 결과와 비교하기 위하여, 피면접자가 응답한 내용을 두 명의 연구자가 독립적으로 판단하여 13개 적성(능력)요인으로 분류하였다. 총 402개의 개별 능력을 얻었고 이를 13개 능력요인으로 분류하여 능력요인별 빈도를 구하였다. 23개 직업군을 통틀어 가장 많이 언급된 능력은 상황판단력, 추리력, 신체능력 순이었고, 가장 빈도가 낮게 언급된 능력은 소리지각, 공간지각, 미술능력이었다.

두 가지 방법을 비교한 결과 전반적으로 직업군별로 면접에서 중요하다고 언급된 능력요인들이 설문지 분석결과에서도 전반적으로 가장 높은 능력들로 나타났다. 따라서 23개 직업군별로 설문지를 통해 얻은 13개 능력요인의 중요도에 대한 수량적 결과는 신뢰로운 것으로 해석할 수 있다.

4) 문항개발

(1) 문항개발 적성요인 결정

13개의 적성요인 가운데 '신체능력'은 신체의 힘을 이용하여 물건을 끌거나 팔, 다리 등을 구부리거나 움직이는 능력 등을 포함하는 요인으로서 이를 지필검사로 측정하기는 불가능하기 때문에 제외하였다. '컴퓨터/영어 능력'에서 먼저 영어능력의 경우 영어문제를 검사에 포함시킬 때 안면타당도가 떨어지고 피검사자들의 검사에 대한 저항이 있을 수 있기 때문에 이 역시 제외하였다. 컴퓨터능력의 경우 '컴퓨터를 사용할 수 있는 능력'이라는 문항을 통해 일반적으로 업무와 관련해서 컴퓨터를 다루는 능력이 얼마나 중요한지를 알아보고자 하였다. 그러나 이러한 능력을 측정하기 위한 검사를 만드는 것은 현실적으로 매우 어렵고 또 잠재적 능력이 아닌 지식을 측정하는 문항을 개발해야 하기 때문에 적성검사로서 적합치 않다는 문제점 때문에 제외하였다.

'사물조작' 요인은 크게 기계나 도구를 다루는 능력 및 손과 팔을 빠르게 움직여 반응하는 능력으로 구성되어 있다. 이 가운데 기계나 도구를 다루는 능력을 측정하기 위하여 '기계능력' 요인을 독립된 적성요인으로 분리하였다. 손과 팔을 빠르게 움직여 반응하는 능력은 눈과 손의 협응능력을 의미하기 때문에 '협응능력' 요인으로 명명하였다.

'미술능력'은 본래 사물을 잘 그릴 수 있는 능력과 미술품에 대한 미적 가치를 평가할 수 있는 능력 문항으로 구성되어 있다. 이러한 능력을 지필검사로 측정하기 위해 미술능력의 주요 요소 가운데 하나인 '색채지각' 요인을 개발하기로 하였다.

'소리지각' 요인은 지필검사화하기 어렵기 때문에 테이프로 소리를 녹음해 검사를 개발하기로 하였다. '사고유창력' 요인은 집단용 지필검사로 개발하기 어려운 부분이 있으나, 일단 검사로 개발하고 최종 적성검사에 포함시킬지는 파일럿 검사 결과를 통해 분석한 후 결정하기로 하였다.

따라서 직무분석 조사에서 나타난 본래의 13개 요인 가운데 '신체능력'과 '컴퓨터/영어능력'의 두 개 요인이 제외되었다. 그리고 사물조작 요인은 '기계능력'과 '눈과 손의 협응능력(즉, 협응능력)'의 두 개 요인으로 분리되어 총 12개의 적성요인이 확정되었다. 이에 각 요인을 측정하기 위한 문항을 개발하였다.

(2) 문항 개발과정

문항개발 시 크게 고려한 점은 문항내용 양식이 과거와는 달라야 한다는 것이었고, 검사시간이 약 1시간 30분 정도 소요되도록 검사가 구성되어야 한다는 것이었다. 문항분석을 거쳐 제거되는 문항들이 있기 때문에 최종 예상문항의 약 3배를 개발하였다.

① 언어력(15분)

언어력은 어휘력 검사와 문장독해력 검사로 구성하였으며, 전체 시간은 15분으로 하였다.

- 어휘력: 어휘력은 동의어, 반의어, 단어 뜻 파악, 그리고 동음이의어의 뜻 파악으로 구성되었다. 하위요인별 문항의 예를 살펴보면 다음과 같다.

동의어

밑줄 친 단어와 동일한 뜻을 가진 단어를 보기 중에서 찾으시오.

〈예제〉 그는 국가발전에 커다란 기여를 했다.

① 봉사 ② 헌신 ③ 공헌 ④ 희생

반의어: 20문항

밑줄 친 단어와 반대의 뜻을 가진 단어를 보기 중에서 찾으시오.

〈예제〉 홍길동은 <u>서자</u>였다.

① 적자　　② 세자　　③ 손자　　④ 원자

단어 뜻 파악: 15문항

제시된 뜻을 가진 단어를 보기 중에서 찾으시오.

〈예제〉 본디 가진 성질

① 야성　　② 개성　　③ 이성　　④ 본성

동음이의어의 뜻 파악: 5문항

• 문장독해력: 문장독해력 검사에서 전형적으로 사용되는 방식인 지문을 주고 지문의 내용을 얼마나 정확하게 이해하고 있는지를 측정한다. 사용한 질문유형은 지문의 내용과 다른 것 혹은 일치하는 것 찾기, 지문의 주제 찾기, 지문 속의 괄호에 가장 적합한 단어 찾기, 지문의 논조 파악하기 등이다.

〈예제〉　원래는 대기업에 다녔어요. 그런데 사회생활을 할수록 전문직을 가져야겠다는 생각이 절실해지더군요. 그래서 여성에게 적합한 (　　)을 찾다 보니 저에게 맞겠다고 생각이 드는 것이 바로 이 내레이터 모델이었어요.

(　　) 안에 들어갈 적당한 말은?

① 임시직　　② 사무직　　③ 전문직　　④ 일용직

② 수리력(20분)

수리력은 계산능력과 자료해석력의 두 가지 하위검사로 나누어 측정하였다. 계산능력은 단순한 수리적 문제를 해결하는 단순계산력과 문제를 언어적 표현으로 제시하고 문제해결에 필요한 공식을 유도하며 문제를 해결하는 응용계산력으로 나누어 측정하였다. 자료해석력은 다양한 형태의 도표와 그래프를 이용하여 자료를 제시하고 이를 토대로 문제를 해결하는 능력을 측정하였다.

• 단순계산력

제시된 문제에 대한 해답을 보기 중에서 찾으시오.

〈예제〉 4×2 = ?

① 2   ② 4   ③ 6   ④

③ 추리력(18분)

추리력은 주어진 정보를 종합하고 정보 간의 관계를 파악하며 추론하여 정답을 맞힐 수 있는 능력으로 정의하고 언어추리, 수열추리, 도형추리의 세 개의 하위검사로 구성하였다. 전체 검사는 18분으로, 각 하위검사는 6분으로 정하였다.

• 언어추리

〈예제〉 네모 상자 안에 제시된 문장의 논리를 추리하여 밑에 제시하는 문항이 적합한지를 판단하시오.

> – 성혜네 밭에 있는 수박은 모두 씨 있는 수박이다.
> – 상민 씨의 모든 수박은 성혜네 밭에 있다.
> – 순희 아줌마의 수박은 모두 씨 없는 수박이다.

상민 씨는 씨 없는 수박을 가지고 있다.

① 맞다   ② 틀리다   ③ 알 수 없다

☞ 정답: ②

④ 공간지각력(15분)

공간지각력은 회전능력, 조각 맞추기, 위치 찾기, 형태지각의 하위요인으로 나누어 측정하였다.

회전능력은 평면회전과 숫자 세기의 두 가지 형태로 측정하였다. 평면회전은 평면적 공간에서의 도형회전에 대한 표상능력을 측정하며, 숫자 세기는 여러 개의 동일한 사물을 입체적 공간상에서 여러 각도로 회전시켜 제시한 후 그 사물이 몇 개인지를 맞히도록 하였다.

조각 맞추기는 입체 및 평면적 공간상에서의 지각표상 능력을 측정하는데, 입체조각 맞추기와 평면조각 맞추기로 구성되어 있다. 두 유형 모두 보기에 완전한 도형과 함께 그 도형의 일부가 잘려 나간 조각을 함께 제시한 후, 선택지에 제시된 도형들 중 어떤 것과 맞추었을 때 완전한 도형이 되는지를 찾도록 하였다.

위치 찾기는 공간적 표상능력을 좀 더 현실적 상황에서 측정하기 위해 일상생활 속에서 자주 접할 수 있는 약도나 위치를 제시한 후, 어떤 지점에서 다른 지점을 찾아가고자 할 때 가장 빠른 길을 찾도록 하거나 어떤 위치에 대한 방향을 묻는 등의 문항을 포함시켰다.

형태지각은 모양지각과 그림 맞추기의 두 가지 양식으로 구성되었다. 모양지각에서 응답자는 왼쪽에 도형의 일부 모습을 보여 주고 각 문항이 제시하는 도형에 왼쪽의 일부 도형 모양이 들어 있으면 '예', 들어 있지 않으면 '아니요'로 답하도록 하였다. 그림 맞추기에서는 하나의 그림을 2×2 또는 2×3으로 잘라 각 그림을 무선적으로 제시하고 그 그림을 어떻게 배열해야 올바른 그림이 되는지를 맞추도록 하였다.

• 그림 맞추기

〈예제〉 왼쪽의 그림과 같은 모양이 되도록 오른쪽의 조각난 그림을 조합한 보기를 찾으시오.

⑤ 사물지각력(3분)

사물지각력은 주어진 사물을 빠르고 정확하게 지각하는 능력을 측정하는 검사로서 숫자, 한글로 구성된 무의미 철자들, 도형 등을 좌우로 나열하고 제시된 정보가 서로 같은지 다른지를 맞추는 유형의 문항들과 문장을 제시하고 그 문장에서 특정 자음 또는 숫자의 개수를 세는 방법을 사용하였다. 각 검사는 30초로 구성된다.

〈예제〉 다음에 제시되는 문장에서 [자음 또는 숫자]의 개수를 모두 세어 보기에서 찾으시오.

문항	자음/숫자	문 장	보기
1	ㄱ	배열이 같은 것과 다른 것이 있다.	●3개 ②4개 ③5개 ④6개
2	ㅇ	작업능력을 알아보려는 것입니다.	①3개 ②4개 ③5개 ●6개
3	ㅂ	위치나 방향을 바꾸어 재결합하시오.	●3개 ②4개 ③5개 ④6개
4	6	669558833544696969	①3개 ②4개 ●5개 ④6개

⑥ 상황판단력(5분)

상황판단력은 실제적 지능(PI) 문항을 통해 측정하였다.

〈상황〉 당신은 생일을 자축하며 한턱 내겠다고 친구들과 점심식사를 하러 갔다. 식사를 하던 도중 당신은 그만 지갑을 가져오지 않았다는 것을 알게 되었다. 어떻게 할 것인가?

〈대안〉

① 식당 주인에게 나중에 갚겠으니 외상으로 해 달라고 한다.

② 가장 친한 친구에게 사정을 말하고 돈을 빌린다.

③ 솔직히 양해를 구하고 친구들에게 내게 한다.

④ 집에 전화를 해서 가족들에게 돈을 갖다 달라고 부탁한다.

⑦ 기계능력(5분)

기계와 관련된 내용 이외에 물체의 이동이나 물리와 관련된 지식을 측정하는 문항을 포함시켰다.

⑧ 집중력(3분)

집중력을 '작업을 방해하는 자극이 있어도 정신을 집중하여 지속적으로 과제를 해결할 수 있는 능력'이라고 정의하였다. 검사는 두 가지 유형으로 구성되어 있다. 첫 번째 유형의 측정문항은 색깔을 나타내는 단어(예: 빨강, 파랑 등)의 글자색을 다른 색으로 제시하고 그 글자의 색깔을 맞히는 색깔과제 문항들로 구성되어 있다. 두 번째 유형의 측정문항은 도형을 나타내는 단어(예: 세모, 네모 등)를 제시하고 그 단어를 둘러싼 도형의 모양을 다르게 제시한 후 그 도형의 모양을 빨리 맞히는 도형과제 문항들로 구성되어 있다.

- 색깔과제

〈예제 1〉 제시된 단어의 색깔을 보기 중에 찾아 적으시오.

파랑   ① 빨강   ② 파랑   ③ 노랑   ④ 초록

☞ 정답: ②

☞ 해설: 글자의 색은 '파란색'이므로 '파랑'이 정답이다.

• 도형과제

〈예제 2〉제시된 도형의 모양을 보기 중에 찾아 적으시오.

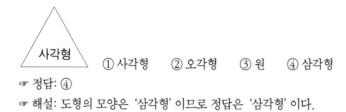

① 사각형   ② 오각형   ③ 원   ④ 삼각형

☞ 정답: ④

☞ 해설: 도형의 모양은 '삼각형'이므로 정답은 '삼각형'이다.

⑨ 색채지각력(6분)

색채지각력은 사용된 색의 수를 세는 구별능력(구별하기), 색이 주는 일반적 느낌을 지각하는 색감각, 그리고 두 가지 색을 혼합할 때 어떤 색이 되는지를 맞히는 색혼합 능력의 세 가지 하위요인으로 나누어 측정하였다.

⑩ 소리지각력(5분)

서로 다른 소리의 차이를 얼마나 잘 변별할 수 있는지를 측정하기 위하여 일상생활에서 흔히 들을 수 있는 자극들을 약 2초간 제시하고 두 자극이 동일한지 아닌지를 판단토록 하였다. 소리자극은 전문 스튜디오에서 컴퓨터에 의한 소리 합성기를 사용하여 음도(pitch), 음색(tone) 및 음량(loudness)를 조정하여 제작하였다.

⑪ 사고유창력(3분)

사고유창력은 '단어 보고 용도 찾기'와 '상황 읽고 연상하기'로 구성하였다. '단어 보고 용도 찾기'에서는 단어의 형태로 제시된 사물이 어떠한 용도, 상황, 직업 등에서 사용될 수 있는지를 연상하도록 하였다. '상황 읽고 연상하기'에서는 특정 상황을 제시하고 그 상황이 발생하게 된 이유와 다음에 일어날 상황 등을 연상하도록 하였다.

〈예제〉 헌 옷으로 활용할 수 있는 가능한 모든 것을 적으시오.

☞ 정답: 걸레, 베갯속, 수도 동파 방지용 덮개
☞ 해설: 단, '방 닦는 걸레' '차 닦는 걸레' '책상 닦는 걸레' 등과 같은 응답
은 모두 '걸레'라는 하나의 응답으로 간주한다.

⑫ 협응능력(3분)

협응능력요인은 눈과 손의 협응능력을 측정하는 요인으로서 전통적으로
많이 사용하는 괄호 안에 기호쓰기와 선긋기의 두 가지 방법을 사용하여
측정하였다.

〈예제〉 다음에 제시되는 왼쪽의 기호를 오른쪽의 빈칸에 가능한 빠르고 정확하게
써넣으시오.

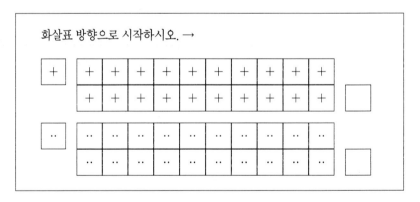

이 검사에서 사용한 하위검사 유형에 대한 설명을 간단히 요약하면 〈표
15-1〉과 같다.

〈표 15-1〉 적성요인과 하위검사 유형에 대한 요약설명

적성요인명	하위검사명	측정내용	비고
1. 언어력 (15분)	어휘력	동의어(44문항), 반의어(40문항), 단어 뜻 파악(33문항), 동음이의어 뜻 파악(11문항)	128문항
	문장독해력	지문을 주고 지문의 내용 이해 여부 파악	30문항
2. 수리력 (15분)	계산능력	기본적인 계산원리에 대한 이해 및 활용능숙도 파악(단순계산 25문항, 응용계산 26문항)	51문항
	자료해석력	다양한 형태로 제시되는 자료 이해 여부 파악	54문항
3. 추리력 (15분)	언어추리	여러 진술문을 주고 그 진술문 간의 관계 파악	36문항
	수열추리	네트워크망을 이용한 숫자들 간의 관계성 파악	48문항
	도형추리	도형들 간의 관계성 파악	43문항
4. 공간지각력 (18분)	회전능력	평면회전(25문항) 및 숫자 세기(24문항)를 이용해 공간상에서 사물의 형태를 정확히 지각하는 능력 파악	49문항
	조각 맞추기	도형의 일부가 잘려진 모양을 보고 어떤 모양과 맞추었을 때 완전한 모양이 되는지를 파악(평면 25문항, 입체 20문항)	45문항
	위치 찾기	지도나 약도를 이용하여 실생활 속에서의 위치감각, 방향감각, 거리감각 파악	27문항
	모양지각	도형의 일부를 제시하고 그 도형이 복잡한 그림 속에 들어 있는지 여부 파악	196문항
	그림 맞추기	하나의 그림을 여러 조각으로 잘게 무선적으로 배열하고 어떻게 배열해야 올바른 그림이 되는지 파악	36문항
5. 사물지각력 (3분)	지각속도 (1)	숫자, 한글로 구성된 무의미 철자들, 도형 등을 위아래로 나열하고 제시된 정보가 다른지 같은지를 파악	150문항
	지각속도 (2)	제시된 문장 내에 포함된 자음이나 숫자의 개수를 파악	60문항
6. 상황판단력 (5분)	상황판단력	일상생활 혹은 직무상황에서 생길 수 있는 상황에 대한 대처능력	19문항
7. 기계능력 (5분)	기계능력	기계와 관련된 내용뿐 아니라 기계능력의 기초가 되는 지식을 파악	38문항
8. 집중력 (5분)	집중력	글자를 방해자극으로 주고 주어진 색깔과 도형을 집중해서 정확하게 맞히는 능력을 측정	150문항

적성요인명	하위검사명	측정내용	비고
9. 색채지각력 (6분)	색구별	색의 차이를 구별할 수 있는 능력(숫자 세기 28문항, 다른 색 찾기 28문항)	56문항
	색감각	색이 주는 일반적 느낌을 얼마나 올바르게 지각하는지 파악	20문항
	색혼합	두 가지 색을 감산혼합했을 때 유추할 수 있는 능력 파악	20문항
10. 소리지각력 (5분)	소리지각	자극 소리와 제시 소리가 동일한지 여부를 확인하는 능력 파악	40문항
11. 사고유창력 (6분)	용도 찾기	단어형태로 제시된 사물이 어떠한 용도, 상황, 직업 등에서 사용될 수 있는지를 연상하는 능력 파악	11문항
	상황연상	뜻밖의 상황을 제시한 후 그 상황이 발생된 이유나 그 다음에 일어날 상황을 연상하는 능력 파악	6문항
12. 협응능력 (4분)	기호쓰기	일정한 간격으로 다르게 주어진 기호를 써나가는 능력 파악	300개
	선긋기	주어진 번호 순서대로 선을 그어가는 능력 파악	400개

2. 예비검사 실시 및 결과

1) 방법 및 절차

(1) 예비검사지의 구성

검사문항을 개발하여야 할 12개 적성요인 가운데 상황판단력을 제외한 11개 적성요인의 25개 하위검사를 측정하기 위한 문항들로 예비검사지를 구성하였다. 예비검사지에 포함된 문항의 수는 예비검사 후 문항분석을 통해 좋은 문항들만을 추려낼 것을 고려하여 최종 검사지에 포함시킬 문항 수의 3배 정도가 되도록 하였다.

표본의 대표성을 위하여 고등학생(N = 672)과 대학생(N = 521) 및 일반인(N = 670)을 대상으로 검사를 실시하였다. 고등학생에 대한 검사는 서울시내 2개 고등학교(남녀공학) 학생들을 대상으로 실시하였다. 한 곳은 상업고등학교였으며, 다른 한 곳은 서울시내 중위권의 인문계 고등학교였다. 그들 중 남학생은 275명(40.92%)이었다.

대학생은 서울 소재 3개 대학과 지방 소재 1개 대학 재학생을 대상으로 하였으며, 표집의 대표성을 위하여 이공계와 인문계 학생들을 모두 포함시켰다. 또한 색채지각 검사의 타당성을 검증하기 위하여 S대학의 학생들 중 산업디자인학과 학생 21명을 대상으로 검사를 실시하였다. 전체 대학생들 중 남학생은 210명(40.31%)이었다.

일반인들은 현재 재취업을 위하여 기능대학과 산업인력공단에 다니고 있는 구직자들을 대상으로 하였다. 그들 중 남성은 419명(62.54%)이었고 평균연령은 34.0세였으며, 여성은 251명(37.46%)이었고 평균연령은 34.9세였다.

2) 자료분석 결과

(1) 적성요인 및 하위검사의 평균

예비검사 결과 전반적으로 대학생들의 점수가 가장 높았다. 특히, 대학생들은 소리지각력을 제외한 모든 하위검사에서 일반인과 고등학생들에 비해 점수가 더 높았다. 일반인과 고등학생의 비교에서는 언어력과 사고유창력 및 기계능력에서는 일반인의 점수가 다소 높았고, 사물지각력, 수리력, 추리력, 집중력, 공간능력, 협응능력에서는 고등학생의 점수가 다소 높았다. 그리고 색채지각력, 사고유창력, 소리지각력에서는 두 집단의 점수가 유사했다.

(2) 적성요인 및 하위검사 간 관계분석을 통한 하위검사 확정

적성요인과 하위검사 간 상관계수를 통하여 최종적으로 본검사에 포함될 하위검사를 확정하였다. 또한 이 과정에서 본검사의 전체 검사 실시시간을 1시간 30분으로 정하고, 이를 위해 검사에 응답하는 시간을 70분으로 정하였으며, 각 하위검사 실시시간을 재조정하였다.

각 적성요인을 측정하는 하위검사들 간 상관은 다른 적성요인을 측정하는 하위검사들과의 상관보다 대부분 더 크게 나타나 적성요인의 구분이 타당성이 있는 것으로 해석할 수 있다. 먼저 언어력의 경우 어휘력과 문장독해 간의 상관($r = .69$)이 매우 높았기에 두 하위검사를 모두 언어력에 포함시켰다. 전체 검사를 70분으로 맞추기 위하여 각 하위검사를 5분으로 줄여 전체 10분으로 수정하였다.

사물지각력도 3분에서 1분 30초로 줄였으며, 기계능력은 예비검사 시와 동일하게 5분으로 정하였다.

수리력의 경우 언어계산력은 문제가 언어로 제시된다는 것을 제외하면 단순계산력과 큰 차이가 없고 언어력 및 언어추리력과도 관련이 있는 것으로 나타났기 때문에 제외하였다. 최종적으로 단순계산력과 자료해석력 각 8분씩 전체 16분으로 정하였다.

색채지각력에서 색감각과 색혼합은 높은 상관($r = .44$)을 보였지만, 색감각과 색구별은 부적 상관($r = -.11$)이 나타났고 색구별과 색혼합 간에는 유의한 상관이 나타나지 않았다. 색감각의 경우 정확한 정답이 없을 수 있다는 단점 때문에 제외하고 색구별 1분과 색혼합 3분으로 검사를 구성하였다.

추리력의 경우 언어추리력은 계산력($r = .55$) 및 자료해석력($r = .59$)과 높게 관련되었고, 또 어휘력($r = .56$) 및 문장독해($r = .47$)과도 높게 관련되었다. 따라서 언어추리력을 제외하고 수열추리와 도형추리를 각각 5분으로 줄였다.

집중력은 지각속도와 상관(.45)이 높게 나타나서 검사시간을 2분으로 줄였다. 사고유창력에서 두 하위요인은 다른 적성요인보다 상관(.44)이 더 높게 나왔기 때문에 모두 포함시키기로 하였고 하위검사당 1분으로 정하였다.

공간지각력에서 회전능력의 조각 맞추기 및 모양 찾기 간의 상관이 .23으로 낮게 나와 이를 제거하였고, 모양 찾기는 다른 적성요인과의 상관(용도 찾기: .60)이 높게 나와 역시 제거하였다. 나머지 3개 요인인 위치 찾기, 조각 맞추기, 그림 맞추기를 포함해서 실시시간을 10분으로 정하였다.

소리지각력에서 소리음색(pitch) 문항들이 너무 어렵다는 응답자들의 반응이 있어서 이를 제외하고 소리톤과 소리크기만을 포함시켜 각 1분 30초씩 전체 3분으로 정하였다.

마지막으로 협응능력에서 선긋기는 선을 제대로 긋지 않아도 개인이 얻는 점수가 올라갈 수 있다는 문제점 때문에 제외하고 기호쓰기만 1분간 실시하는 것으로 정하였다.

(3) 고전검사이론을 이용한 문항분석

하위검사별로 좋은 문항과 나쁜 문항을 가려내기 위하여 문항분석을 실시하였다. 문항분석을 통하여 본검사에서 실시할 문항의 120% 정도를 선정하고, 선정된 문항들에 대해 IRT 분석을 실시하여 최종 본검사 문항을 선정하였다. 고전검사이론을 통한 문항 선정은 다음의 네 가지 기준을 통하여 이루어졌다. 첫째, 그 문항까지 도달한 사람들의 비율이 50% 이상이어야 한다. 둘째, 문항전체 상관이 .35 이상이어야 한다. 셋째, 변별지수가 .10 이상이어야 한다. 넷째, 정답률이 .10 에서 .40까지는 어려운 문항으로, .40에서 .70까지는 중간 난이도 문항으로, 그리고 .70에서 .95까지는 쉬운 문항으로 정하고, 어려운 문항과 쉬운 문항에서 각각 25%씩과 중간 난이도 문항에서 50% 정도를 선정하였다. 그러나 속도검사의 경우 하위검사의 전체 난이도를 고려하여 문항들을 선정하였다.

(4) IRT를 이용한 문항분석

고전검사이론을 이용한 문항분석 방법을 통해 최종 본검사 문항의 약 120%에 해당하는 문항을 선정한 후, IRT를 이용한 문항분석을 통하여 본검사에서 실시할 최종 문항을 선정하였다. IRT를 이용한 문항분석 결과 나타난 문항 난이도와 문항 변별도를 고려하여 그 지수가 나쁜 순서로 제거해 최종 문항을 선정하였다.

3. 본검사 실시 및 분석결과

1) 방법 및 절차

(1) 표집 직업군 선정

본검사에서 조사대상이 되는 직업군을 결정하기 위한 기초 자료는 1999년 노동부 중앙고용정보관리소에서 발간한 『한국직업전망서』를 토대로 하였다. 이 책은 국내의 전체 직업 가운데 일반 사람들이 들어서 익숙한 직업만을 선정하여 16개 직업군으로 분류하고 각 직업군에 속하는 직업에 관해 자세한 내용을 기술하고 있다.

16개 직업군에 속하는 직업들을 검토하면서 서로 독립적으로 묶일 수 있다고 생각되는 직업들을 정리하여 최종 57개 직업군을 선정하였다. 57개 직업군을 선정하는 과정에서 1차년도 직무분석 시 토대로 하였던 노동부에서 발간한 『직업사전』을 참고하였다. 57개 직업군을 이 책의 분류체계와 비교한 결과 유사한 것으로 나타났다.

(2) 실시 방법 및 과정

성인용 직업적성검사의 규준설정을 위한 본검사 실시는 약 6개월에 걸쳐 실시되었다. 57개 직업군 가운데 3개 직업군은 주어진 기간 내에 표집이 불가능하여 제외하고 54개 직업군의 3,017명에게서 자료를 얻었다. 이는 한 직업군당 약 56명에 해당하는 것이다. 서울과 수도권 지역을 대상으로 표집하였으며, 일부는 충청남도 지역을 대상으로 표집하기도 하였다.

학력별로는 대학교(원) 졸업이 2,334명(63.65%)으로 가장 많았고, 다음은 전문대 졸업 617명(16.83%), 고등학교졸업 606명(16.53%)의 순이었다. 초·중등학교 졸업은 66명(1.80%)으로 가장 적었다. 성별로 보면 남자가 2,157명(58.82%)이었고, 연령별로는 21~30세가 2,140명(58.36%)으로 가장 많았다. 표집유형별로 보면 연수생이 1,567명으로 가장 많았고(42.7%), 현직자는 1,102명(30%), 학생은 998명(27.2%)이었다.

본검사 표집은 기본적으로 현재 검사대상 직업에 종사하는 현직자들을 원칙으로 하였으나, 검사하는 데 소요되는 시간(약 1시간 30분)으로 인한 현실적인 어려움 때문에 현직자를 대상으로 하기 어려운 직업의 경우 일차적으로 특정 직업에 진출하기 위해 연수나 훈련 과정에 있는 집단을 표집대상으로 하였다(예: 자동차정비사의 경우 자동차 정비학원이나 기능대학의 자동차 정비과정에 있는 학생들). 연수생을 구하기 어려운 직업의 경우 현재 표집직업과 관련된 전문대학 또는 대학(대학원 포함)의 특정 학과에 재학 중인 학생을 대상으로 표집하였다(예: 광고전문가의 경우 특정 대학의 광고홍보학과에 재학 중인 대학생들).

2) 직업군별 중요 요인 선정방법

개인의 적성에 적합한 직업정보를 안내해 주기 위해서 먼저 직업군별로 중요한 적성요인을 추출하였다. 전체 12개의 적성요인 가운데 직업군별로 중요한 적성요인을 3개에서 4개씩 결정한 후, 검사를 받는 개인의 점수를 이 중요 적성점수와 비교하여 개인에게 적합한 직업이 제공되는 방식을 취하였다. 이 방식은 GATB에서 직업안내를 위해 사용하고 있는 방법과 유사하다.

직업군별로 중요한 적성요인을 추출하기 위한 방법을 보면 다음과 같다. 우선 다음의 세 가지 방법에 의해 직업군별로 중요한 적성요인을 4개 선정하였다. 다음으로 세 가지 방법 가운데 요인의 평균을 이용한 방법과 직무분석 결과를 이용한 방법은 가중치 2를 곱하고, 표준편차를 이용한 방법은 가중치 1을 곱하였다. 그리고는 그 가중치를 합해서 가중치 점수가 높은 적성요인을 해당 직업의 중요 적성요인으로 결정하였다. 중요 적성요인의 수는 우선적으로 3개로 하였고, 연구진의 판단하에 4개로 하는 것이 적합하다고 판단되는 경우에는 요인의 수를 4개로 결정하였다. 이외에 연구진의 판단하에 포함되는 것이 바람직하다고 생각되는 적성요인은 우선적으로 포함시켰다.

(1) 요인의 평균을 이용한 방법

각 적성요인의 점수들을 직업군에 관계없이 표준점수로 전환한 후, 직업군별로 적성요인의 평균들을 산출하여 그 직업군 내에서 다른 적성요인에 비해 상대적으로 평균이 높은 적성요인을 4개씩 선정하였다. 단, 표집된 직업의 표집크기가 전체 모집단을 대표한다고 보기 어렵기 때문에 모집단의 적성요인 평균을 좀 더 정확히 추정하기 위하여, 각 적성요인의 평균을 계산할 때 각 집단의 평균에 그 집단의 모집단 내 비율을 가중한 평균(가중평균)을 구하였다.

각 직업군에서의 적성요인의 점수는 가중평균을 토대로 평균이 0이고 표준편차가 1.0인 표준점수(Z점수)로 전환하여 계산하였다.

(2) 요인의 표준편차를 이용한 방법

각 적성요인의 점수들을 직업군에 관계없이 표준점수로 전환한 후, 직업군별로 적성요인의 표준편차를 계산하고 그 직업군 내에서 다른 적성요인들에 비해 상대적으로 표준편차가 작은 적성요인을 4개씩 선정하였다.

(3) 직무분석을 이용한 방법

직무분석 설문지 분석을 통해 나타난 직업별 적성요인 점수 가운데 상대적으로 더 중요하다고 밝혀진 요인을 4개씩 선정하였다.

(4) 직업군별 중요 요인 선정

위의 세 가지 방법을 통해서 얻어진 각 적성요인에 대한 가중치 점수를 계산하여 직업군별로 중요한 적성요인을 추출하였다. 예를 들어, 측량 및 토목 기술자군에서는 언어력, 수리력 및 추리력이, 대학교수 및 사회과학 전문가군에서는 언어력, 추리력 및 사고유창력이, 그리고 일반 제조원군에서는 기계능력, 집중력 및 협응능력이 중요한 적성요인으로 추출되었다.

전체 12개의 적성요인 가운데 소리지각력은 어떤 직업군에서도 중요한 적성요인으로 나타나지 않아 소리지각력 검사를 제외하였다. 이에 따라 최종 본검사는 11개 적성요인으로 구성되었다. 최종 검사에 포함된 하위검사와 적성요인 그리고 문항 수는 〈표 15-2〉에 제시되어 있다.

〈표 15-2〉 최종 적성요인과 하위검사 유형에 대한 설명

적성요인명	하위검사명	측정내용	비고
1. 언어력 (10분)	어휘력(5분)	동의어 찾기(18문항), 반의어 찾기(18문항), 단어 뜻 찾기(18문항)	54문항
	문장독해력 (5분)	지문을 주고 지문의 내용 이해 여부 파악	16문항

적성요인명	하위검사명	측정내용	비고
2. 수리력 (16분)	계산능력 (6분)	기본적인 계산원리에 대한 이해 및 활용능숙도 파악	20문항
	자료해석력 (10분)	다양한 형태로 제시되는 자료 이해 여부 파악	17문항
3. 추리력 (10분)	수열추리 1 (2분 30초)	네트워크망을 이용한 숫자들 간의 관계성 파악	12문항
	수열추리 2 (2분 30초)	일정한 규칙을 가지고 배열된 수열에서 공란에 올 수를 파악	8문항
	도형추리 (5분)	도형들 간의 관계성 파악	16문항
4. 공간지각력 (10분)	위치 찾기 (4분)	지도나 약도를 이용하여 실생활 속에서의 위치감각, 방향감각, 거리감각 파악	12문항
	조각 맞추기 (3분)	도형의 일부가 잘려진 모양을 보고 어떤 모양과 맞추었을 때 완전한 모양이 되는지를 파악	12문항
	그림 맞추기 (3분)	하나의 그림을 여러 조각으로 잘게 무선적으로 배열하고 어떻게 배열해야 올바른 그림이 되는지 파악	20문항
5. 사물지각력 (1분 30초)	지각속도	숫자, 한글로 구성된 무의미 철자들, 도형 등을 가운데 직선을 기준으로 왼쪽과 오른쪽에 나열하고 제시된 정보가 다른지 같은지, 또 제시된 문장 내에 포함된 자음이나 숫자의 개수를 파악	30문항
6. 상황판단력 (5분)	상황판단력	일상생활 혹은 직무상황에서 생길 수 있는 상황에 대한 대처능력	15문항
7. 기계능력 (5분)	기계능력	기계와 관련된 내용뿐 아니라 기계능력의 기초가 되는 지식을 파악	18문항
8. 집중력 (2분)	집중력	글자를 방해자극으로 주고 주어진 색깔과 도형을 집중하여 정확하게 맞히는 능력 측정	60문항
9. 색채지각력 (4분)	색구별 (3분)	색의 차이를 구별할 수 있는 능력	12문항
	색혼합 (1분)	두 가지 색을 감산혼합했을 때 유추할 수 있는 능력 파악	16문항

적성요인명	하위검사명	측정내용	비고
11. 사고유창력 (2분)	용도 찾기 (1분)	단어형태로 제시된 사물이 어떠한 용도, 상황, 직업 등에서 사용될 수 있는지를 연상하는 능력 파악	1문항
	상상하기 (1분)	있을 수 없는 상황을 제시한 후 상상하는 능력 파악	1문항
12. 협응능력 (1분)	기호쓰기	일정한 간격으로 다르게 주어진 기호를 써나가는 능력 파악	1문항
전체 (66분 30초)	전체 19개 하위검사		전체 341문항

3) 직업 판정방법

(1) 직업군별 중요 적성요인 기준점수

개인에게 적합한 직업정보를 제공하기 위해 개인의 적성요인에서의 점수를 직업군별 중요 적성요인 점수와 비교하였으며, 개인의 적성요인 점수가 특정 직업의 중요 적성요인 기준점수를 넘을 경우 그 직업을 개인에게 적합한 직업으로 제공하였다. 이를 위하여 먼저 직업별로 중요 적성요인에서의 기준점수를 정하였다.

기준점수는 특정 직업에서 중요 적성요인으로 추출된 요인점수에서 하위 15%에 해당되는 점수로 결정하였다. 15%를 기준점수로 정한 것은 매번 기준점수 백분위를 달리해서 여러 차례의 시뮬레이션을 시도한 결과, 15%로 두고 직업을 판정할 경우 현재 특정 직업에 속한 사람들이 그 직업으로 분류되는 정확성이 평균 70%에 해당되었기 때문이다. 점수 해석을 쉽게 하기 위해 본래의 적성요인 점수를 표준점수(Z점수)로 전환하고, 이 점수에 15를 곱하고 100을 더하여 환산하였다.

예를 들어, 측량 및 토목 기술자 직업군에서 중요 적성요인 기준점수가 언어력은 100.97, 수리력은 107.76, 그리고 추리력은 100.62로 나타났는

데, 개인의 3개 적성요인 점수가 이 기준점수를 모두 넘을 경우 이 직업은 해당 개인에게 적합한 직업으로 제공된다.

그러나 개인의 적성검사 점수가 전반적으로 낮아서 1차적으로 어떤 직업에서의 기준점수도 넘지 못할 경우, 중요 적성요인에서의 기준점수를 5점씩 하향 조정하여 제2의 기준점수로 정하였다. 개인의 적성검사 요인점수가 1차 기준점수를 넘는 경우와 2차 기준점수를 넘는 경우를 구분하기 위하여 1차 점수를 넘는 경우의 직업군은 '최적합직업군', 2차 점수를 넘는 경우의 직업군은 '적합직업군'으로 명명하여 제공하였다.

(2) 추가 직업군

이 검사에서 표집한 중분류 직업군은 모두 54개이나, 현실적인 표집의 어려움 때문에 표집하지 못한 직업군 가운데 『직업전망서』에 나와 있고 연구진에서 중요하다고 판단된 직업군 9개를 추가하여 전체 63개 중분류 직업군을 만들었다(〈표 15-3〉 참조). 추가된 직업군은 대학교수, 감정평가사/공인노무사/관세사, 변리사, 공인중개사, 보석감정사, 일반직 공무원, 전통공예인, 정밀분야 제조원 그리고 단순노무직이다. 추가 직업군에 대한 기준점수는 연구진들이 본검사에서 표집된 직업군 가운데 가장 적합하다고 판단되는 직업군을 선정하고 그 직업군의 중요 적성요인과 기준점수를 참고하여 정하였다.

〈표 15-3〉 직업군 분류표

대분류	중분류	소분류
전문 기술자 및 과학자	측량 및 토목 기술자	건축기술자, 측량기술자, 건설공사품질관리원, 토목기술자
	건축설계 기술자	건축설계 기술자, 실내건축 기술자, 도시계획 기술자, 제도사, 조경기술자
	전자 및 통신공학 기술자	전기공학 기술자, 전자 및 통신공학 기술자

대분류	중분류	소분류
전문 기술자 및 과학자	컴퓨터 프로그래머 및 시스템엔지니어	시스템엔지니어, 컴퓨터프로그래머
	인터넷 관련 전문가	웹마스터, 웹디자이너, 전자상거래사, 프로게이머, 웹PD
	기계공학 기술자	기계공학 기술자, 항공우주공학 기술자, 원자력공학 기술자
	재료공학 기술자	금속공학 기술자, 세라믹 기술자
	산업공학 기술자	산업공학 기술자
	환경공학 기술자	자원공학 기술자, 환경공학 기술자
	농업 기술자	농업/축산업/임업 기술자
	해양수산 기술자	해양수산 기술자
	물리/화학/생물 전문가	생물공학기술자, 화학자, 물리학자
	수학자 및 통계학자	수학자 및 통계학자
교육, 도서관 관련 직업	대학교수 및 사회과학 전문가	대학교수, 사회과학 전문가
	자연계 교사	자연계 중·고등학교 교사, 자연계 학원강사
	인문계 교사	인문계 중·고등학교 교사, 인문계 학원강사
	초등학교 교사	초등학교 교사
	유치원 교사	유치원 교사, 보육교사
	도서관 전문가	사서
의료, 보건 관련 직업	의료전문가	의사, 치과의사, 한의사, 수의사
	약사	약사
	간호 관련 전문가	간호사, 간호조무사, 치과위생사, 작업치료사, 물리치료사
	보건 관련 준전문가	방사선사, 임상병리사
	보건기술 준전문가	치과기공사, 안경사
	영양사	영양사
법률 및 보안서비스 관련 직업	법률 및 외교 전문가	판·검사, 변호사, 법무사, 외교관
	경찰관 및 직업군인	경찰관, 교도관, 보호관찰관, 보안서비스 종사자, 직업군인
	소방관	소방관
사업서비스 관련 직업	감정평가사/공인노무사/관세사	감정평가사, 공인노무사, 관세사
	세무사/공인회계사	세무사, 공인회계사

대분류	중분류	소분류
사업서비스 관련 직업	변리사	변리사
	번역전문가	번역사, 통역사
	광고/조사/컨설팅 전문가	광고전문가, 시장조사 전문가, 경영컨설턴트
	속기사	속기사
	공인중개사	공인중개사
	보석감정사	보석감정사
	직업상담원	사회복지사, 상담가, 직업상담원 및 취업알선원
	공무원	공무원
예술, 스포츠 및 보도 관련 직업	기자 및 작가	기자, 작가
	화가 및 만화가	화가, 만화가, 애니메이터
	디자이너	디자이너, 큐레이터, 한복 디자이너
	사진가/촬영기사	사진가, 촬영기사, 방송기술자, 영사기사
	음악 관련 직업	성악가, 기악연주가, 국악인, 가수, 작곡가
	성우/아나운서	아나운서, 성우, 배우
	연출 및 감독자	연출 및 감독
	레크리에이션 지도자	레크리에이션 지도자
	체육지도자 및 무용가	생활체육 지도자, 운동 감독 및 코치, 운동경기 심판, 운동선수, 무용가, 모델
	전통공예인	전통기능인, 문화재 수리원
금융전문가 및 중개인	손해사정인	보험계리인, 손해사정인, 증권중개인
	금융중개인	선물거래중개인
	펀드매니저 및 투자분석가	펀드매니저 및 투자분석가, 외환딜러
관리자 및 사무원	일반관리자	일반관리자
	일반사무원	일반사무원, 비서, 은행사무원, 우편사무원
판매 및 유통 관련 직업	영업사원	상품판매원, 자동차 영업사원, 텔레마케터, 생활설계사, 농수산물 중개인
대인, 음식 및 기타 서비스 관련 직업	대인서비스 관련 직업	여행안내원, 호텔종사원, 항공기 객실승무원
	음식제조 관련 직업	직업조리사, 제과 및 제빵사, 전통식품 제조원, 바텐더
	미용관련 직업	이·미용사, 메이크업 아티스트, 애견미용사, 발관리사, 피부미용사

대분류	중분류	소분류
광업 및 건설 관련 직업	건축 관련 직업	직업광원, 건축 도장공 및 도배공, 미장공 및 방수공, 배관공, 용접공, 조적공 및 석공, 철근공 및 콘크리이트공, 타일공, 통신선 접속원, 목공, 전기공, 판금공
제조업 관련 생산직업	일반 제조원	식품제조원, 기계 관련 제조원, 화학제품 제조원, 자동차 관련 조립원, 인쇄 및 출판 작업원, 기계 및 설비 조작원, 전자 관련 제조원, 기타 제조원
	정밀분야 제조원	의료, 광학, 정밀기기 제조원
운수 관련 직업	운전 관련 직업	버스기사, 택시기사, 철도기관사, 건설기계 조종사
	정비원	자동차정비원, 철도차량 정비원, 항공기정비원, 선박기관사
	조종 관련 직업	항해사, 항공기 조종사, 항공기교통 관제사
단순노무 관련 직업	단순노무 직업	건설 및 차량 청소원, 세탁원, 화물취급원, 환경미화원

(3) 직업순위

다음의 직업 판정방법에서 최적합 또는 적합직업에서 4개 이상의 직업이 나온 경우 상위 직업 3개만을 제시하도록 프로그램을 설계하였으며, 이 과정에서 어떤 직업을 제시할 것인지를 결정하기 위해 63개 직업군의 직업순위를 결정하였다. 각 직업군에서 중요 적성요인으로 나타난 적성요인의 점수를 토대로 다시 해당 요인점수들의 평균값을 구한 후, 그 값이 높을수록 직업의 순위가 높은 것으로 결정하였다. 적성요인 점수를 토대로 나온 직업순위에서 연구진이 검토하여 수정하는 것이 바람직하다고 판단된 일부 직업의 순위를 재조정하였다. 따라서 개인의 적성검사 점수가 높아 여러 개의 직업군이 적합한 것으로 나온 경우 이 직업군 순위에 따라 순위가 높은 상위의 3개 직업만을 적합한 직업군으로 제시하였다.

(4) 직업 판정방법

구체적으로 최적합 및 적합 직업군 기준점수를 토대로 직업정보를 제공하는 방법은 다음과 같다.

① 최적합직업군: 3개까지 제시하는 것을 원칙으로 하나 하나도 없을 경우에는 제시하지 않는다. 1단계에서 직업별 중요 적성요인 기준점수를 넘은 직업군이 최적합직업군이 된다. 그러나 최적합직업군이 4개 이상일 경우 63개 직업군의 순위에 따른 상위 3개 직업군을 최적합직업군으로 하였다. 1차에서 최적합직업군이 3개 미만일 경우 나타난 직업군을 제시하며, 개인의 적성요인 점수가 너무 낮아 기준점수를 넘는 직업군이 하나도 없을 경우 결과표에서 최적합직업군을 제시하지 않도록 프로그램을 설계하였다.

② 적합직업군: 반드시 3개의 직업군을 제시한다.
• 최적합직업군이 하나도 없거나 4개 미만인 경우: 직업군별 적합직업 중요 적성요인 기준점수(최적합 기준점수에서 5점을 뺀 점수)를 넘은 직업군을 적합직업군으로 구분하였다. 만약 적합직업군이 4개 이상일 경우, 최적합직업군 제시에서와 동일한 방법으로 직업군 순위점수에 따라 상위 3개 직업군을 적합직업군으로 제시하였다.

적합직업군이 3개일 경우에는 3개만 제시되며, 2개일 경우에는 이 2개의 직업군 이외에 하나를 추가하였다. 추가되는 직업군은 개인의 적성요인별 점수를 3점씩 올려 준 후, 기준점수를 넘는 직업군 가운데서 평균점수가 높은 상위 1개 직업군으로 정하였다. 적합직업군이 1개일 경우에도 동일한 과정을 거쳐 2개의 적합직업군을 추가하였다.

적합직업군이 하나도 없을 경우에도 적성요인별로 개인의 점수를 3점씩 올려 준 후, 기준점수를 넘는 직업을 적합직업군으로 제시하며, 이 경우 적합직업군이 4개 이상이 나올 경우 상위 3개만을 제시하였다.

적합직업군을 제시하는 과정에서 처음에 개인의 적성요인 점수를 일률적으로 3점을 올려 주어도 적합직업군이 3개 미만으로 나온 경우에는 다시 적성요인별로 개인의 점수를 3점 올려 주었으며, 3개의 적합직업군이 나올 때까지 3점씩 올려 주는 과정을 반복하도록 프로그램을 설계하였다.

- 최적합직업군이 4개 이상인 경우: 직업 순위점수에서 상위 3개를 최적합직업군으로 제시하고, 나머지 직업군과 적합직업군으로 분류된 직업군 중에서 평균점수가 높은 직업군의 순위에 따라 상위 3개 직업군을 적합직업군으로 제시하였다.

(5) 결과표

최종 결과표는 모두 4페이지로서 그 예는 〈표 15-4〉에 제시되어 있다. 첫 페이지에는 성인용 적성검사에서 사용되는 11개 적성요인에 대한 전반적인 설명이 나온다. 두 번째 페이지에서는 검사를 받은 개인의 11개 적성요인에서의 점수 및 그래프, 그리고 자신의 점수가 전체 모집단과 비교했을 때 어느 정도의 위치에 해당되는지에 관한 정보가 제시된다. 세 번째 페이지에서는 개인의 적성에 적합한 직업을 최적합직업군과 적합직업군으로 구분하여 제시하였다. 최적합 또는 적합 직업군이 제시되면서 각 중분류 직업군에 속한 구체적인 직업(〈표 15-3〉의 직업군 분류표에서 소분류 직업 참조)도 같이 제시하였다. 마지막 페이지에서는 개인의 희망직업에 대한 정보가 제시된다.

희망직업 정보는 개인이 희망하는 직업을 갖기 위해 요구되는 중요 적성요인의 점수와 본인의 점수를 함께 제시하여 본인이 희망직업에 대한 적성을 충분히 가지고 있는지를 파악할 수 있도록 하였다.

〈표 15-4〉 적성검사 결과표

성인용 직업적성검사 결과

검사일: 2003년 6월 7일

이 름: 홍 길 동   주민등록번호: 800724-1234567

이 검사에서 측정한 적성(능력)은?

이 검사에서 측정한 당신의 적성(능력)은 11가지입니다. 다음에 각 능력이 무엇을 의미하는지가 설명되어 있습니다.

1. 언어력	일상생활에서 사용되는 다양한 단어의 의미를 정확히 알고 글로 표현된 문장들의 내용을 올바르게 파악하는 능력입니다.
2. 수리력	사칙연산을 이용하여 수리적 문제들을 풀어내고 일상생활에서 접하는 통계적 자료들의 의미를 정확하게 해석하는 능력입니다.
3. 추리력	주어진 정보를 종합해서 그들 간의 관계를 논리적으로 추론해 내는 능력입니다.
4. 공간지각력	물체를 회전시키거나 재배열했을 때 변화된 모습을 머릿속에 그릴 수 있으며, 공간 속에서 위치나 방향을 정확히 파악하는 능력입니다.
5. 사물지각력	서로 다른 사물들 간의 유사점이나 차이점을 빠르고 정확하게 지각하는 능력입니다.
6. 상황판단력	실생활에서 자주 당면하는 문제나 갈등 상황에서 문제를 해결하기 위한 여러 가지 가능한 방법들 중 보다 바람직한 대안을 판단하는 능력입니다.
7. 기계능력	기계의 작동원리나 사물의 운동원리를 정확히 이해하는 능력입니다.
8. 집중력	작업을 방해하는 자극이 존재함에도 불구하고 정신을 한 곳에 집중하여 지속적으로 문제를 해결할 수 있는 능력입니다.
9. 색채지각력	서로 다른 색을 정확히 구별하고, 서로 다른 색의 혼합결과를 판단하는 능력입니다.
10. 사고유창력	주어진 상황에서 짧은 시간 내에 서로 다른 많은 아이디어를 개발해 내는 능력입니다.
11. 협응능력	눈과 손이 정확하게 협응하여 세밀한 작업을 빠른 시간 내에 정확하게 해내는 능력입니다.

❀ 능력요인별 당신의 점수는?

점수＼능력	언어력	수리력	추리력	공간지각력	사물지각력	상황판단력	기계능력	집중력	색채지각력	사고유창력	협응능력
점수	120	130	110	90	105	80	115	90	65	100	70
수준	최상	최상	중상	중하	중상	최하	상	중하	최하	중상	최하

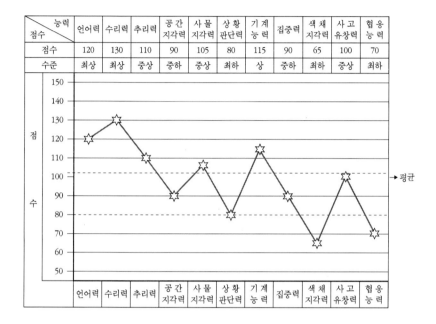

이 그래프는 각 능력요인에서 당신이 일반 사람들과 비교해서 어느 수준에 있는지를 알려 줍니다. 점선으로 되어 있는 100점의 위치가 일반 사람들의 평균을 나타냅니다. 즉, 각 능력요인에서 당신의 점수가 100점보다 위에 있으면 다른 사람들보다 그 능력이 우수한 것이고, 100점보다 아래에 있으면 다른 사람들보다 그 능력이 낮다는 것을 의미합니다.

각 능력요인에서 구체적으로 당신의 위치를 알아보기 위해서는 다음에 제시된 정보를 살펴보세요.

120점 이상	최상의 위치로서 당신의 능력은 상위 10% 이내에 속합니다.
119～112점	상의 위치로서 당신의 능력은 상위 10%에서 상위 20% 사이에 속합니다.
111～100점	중상의 위치로서 당신의 능력은 상위 20%에서 상위 50% 사이에 속합니다.
99～88점	중하의 위치로서 당신의 능력은 하위 50%에서 하위 20% 사이에 속합니다.
87～81점	하의 위치로서 당신의 능력은 하위 20%에서 하위 10% 사이에 속합니다.
80점 이하	최하의 위치로서 당신의 능력은 하위 10% 이내에 속합니다.

당신에게 적합한 직업은?

최적합직업군: 당신의 능력을 발휘하기에 <u>가장 적합한</u> 직업군은 다음과 같습니다.

1. 번역전문가

2. 측량 및 토목 기술자

3. 해양수산 기술자

적합직업군: 당신의 능력을 발휘하기에 <u>적합한</u> 직업군은 다음과 같습니다.

1. 일반직 공무원

2. 유치원 교사

3. 공인중개사

잠깐만!

이 검사에서 측정한 것은 당신의 능력, 즉 당신이 가장 잘하는 능력이 무엇인지입니다. 따라서 당신이 하고 싶은 직업과는 차이가 있을 수 있습니다. 여기서 제시한 직업들은 당신의 능력을 발휘하기에 적합한 직업을 추천한 것입니다. 또 다른 중요한 정보는 과연 당신이 이러한 직업을 하고 싶으냐입니다.

이러한 정보는 직업선호도 검사를 통해 알 수 있습니다. 당신의 직업에 대한 흥미를 직업선호도 검사를 통해 알아보고 당신의 능력에도 적합하고 흥미에도 적합한 직업을 최종적인 직업으로 고려하기 바랍니다.

🏵 당신이 희망하는 직업으로 진출하기 위해 개발해야 할 능력은?

　당신이 희망하는 직업은 <u>웹마스터</u>와 <u>초등학교 교사</u>였습니다. 이 직업에서 요구되는 중요한 능력의 기준점수는 다음과 같습니다. 또한 당신의 능력점수도 제시되어 있습니다. 두 점수를 비교하여 당신이 희망하는 직업으로 진출하기 위해 필요한 능력을 개발하기 바랍니다.

🏵 희망직업 I ➡ 웹마스터

능력 점수	추리력	수리력	사고 유창력	공간 지각력
기준점수	120	130	105	90
당신의 점수	110	100	110	90

🏵 희망직업 II ➡ 초등학교 교사

능력 점수	사물 지각력	색채 지각력	언어력	사고 유창력
기준점수	115	110	110	100
당신의 점수	105	65	120	100

4) 검사의 신뢰도 및 타당도

(1) 신뢰도

성인용 적성검사의 신뢰도는 정답이 있는 검사의 신뢰도 분석에서 많이 사용하는 내적 일관성 방법의 하나인 반분신뢰도를 통하여 계산하였다. 그 결과는 〈표 15-5〉에 제시되어 있다. 신뢰도 분석은 하위검사와 적성요인 별로 실시하였으며 홀짝 번호를 토대로 검사문항을 반으로 구분하였다. 분석결과 색채지각을 제외한 대부분의 하위검사와 적성요인에서 반분신뢰도 값이 높게 나타났다.

〈표 15-5〉 적성요인과 하위검사별 반분신뢰도

적성요인		하위검사	
언어력	.95	어휘력	.95
		문장독해력	.83
수리력	.83	계산력	.87
		자료해석력	.60
추리력	.77	수열 1	.73
		수열 2	.66
		도형추리	.47
공간지각력	.84	위치 찾기	.51
		조각 맞추기	.40
		그림 맞추기	.89
사물지각력	.88		
상황판단력	.71		
기계능력	.60		
집중력	.96		
색채지각력		색구별	.35
		색혼합	.35

(2) 타당도

성인용 적성검사의 타당도를 검증하기 위하여 검사의 구성타당도를 알아보는 요인분석 방법을 사용하였다. 검사 개발과정에서 가정한 적성요인이 적합하게 나타나는지를 검증하려고 하였기 때문에 확인적 요인분석 방법을 사용하였다. 위의 중요 적성요인 선정과정에서 삭제하기로 결정한 소리지각력을 제외한 11개 적성요인 가운데, 응답방식에서 차이가 있는 사고유창력과 협응능력의 두 요인을 제외하고 9개 적성요인을 구성하고 있는 16개 하위검사를 토대로 LISREL을 이용하여 확인적 요인분석을 실시하였다. 요인분석 결과 16개 하위검사를 구성하고 있는 9요인 모형의 부합도가 높게 나타났다(GFI = .98, AGFI = .96, NFI = .97, RMSR = .02). 이는 이 적성검사가 구성타당도가 있음을 말해 준다.

(3) 상관분석

하위검사 간의 상관계수를 분석한 결과 전체적으로 동일한 적성요인에 포함되어 있는 하위검사 간의 상관이 다른 요인에 속해 있는 하위검사 간의 상관보다 높게 나타나는 경향이 있었다. 이는 성인용 적성검사에서 사용된 하위검사를 구성하고 있는 요인이 적합하다는 것을 말해 주는 결과로 해석할 수 있다.

제16장

성격검사

이 장에서는 국내에서 가장 많이 사용되는 성격검사 가운데 하나이며 16가지 성격유형에 관한 정보를 제공하는 MBTI에 대해 설명하고자 한다.

1. 검사 개발과정

MBTI는 Katharine C. Briggs와 그녀의 딸인 Isabel Briggs Myers가 개발한 성격유형검사다. 그들은 정신분석학으로 유명한 Jung의 『심리유형』(1923년 영어로 번역됨)이라는 책을 읽고 개인의 행동을 관찰하면서 성격유형에 관한 연구를 하게 되었고, 이를 통해 MBTI라는 성격유형검사를 개발하게 되었다. 사실 그들은 정신분석학자도 아니었고 심리학자도 아니었지만 이 분야에 흥미를 느껴 연구를 하게 된 것으로 알려져 있다(Quenk, 2000).

Jung은 처음에 사람의 성격유형을 외향과 내향으로만 구분하였고, 지속적인 인간 행동의 관찰을 통해 추후 인식(perception)에 속하며 서로 반대되는 기능을 가진 감각(sensation)과 직관(intuition)유형을, 판단(judgment)에 속하며 서로 반대되는 기능을 가진 사고(thinking)와 감정(feeling) 유형을 추가하였다. Briggs는 지속적인 연구를 통해 Jung의 세 가지 서로 다른 유형에 외부 세계에 대하는 태도에서의 차이를 나타내는 인식과 판단 유형을 추가하여 현재의 네 개의 서로 다른 유형에 관한 정보를 제공하고 있다.

MBTI 문항은 한 번에 완성된 것이 아니라 여러 번의 과정을 거쳐 계속 수정되면서 새로운 문항이 개발되었다. 1942년부터 시작된 문항개발은 처음에는 그동안의 개인 행동에 대한 관찰결과와 연구를 토대로 각 유형에 적합한 문항들을 만들어서 실시하였으며, 다양한 집단을 대상으로 검사를 실시하면서 여러 차례의 개정작업을 거쳤다. 그리고 전 세계적으로 가장 많이 사용되는 성격검사 중의 하나로 자리 잡고 있다(McCaulley & Martin, 1995).

MBTI 문항은 대부분의 성격검사 문항과는 달리 강제선택 방식을 채택하고 있다는 특징이 있다. 즉, 각 문항에 두 개의 동등하게 중요한 성격유형과 관련된 대안이 제시되어 있으며 이 가운데 자신이 더 선호하는 대안을 선택하도록 되어 있다. 이러한 방법은 각 대안을 따로따로 제시할 경우 양 대안을 모두 선택할 수 있기 때문에 어떤 대안을 더 선호하는지를 정확하게 알 수 없다는 문제점을 해결할 수 있으며, 성격검사에서 흔히 나타나는 응답자가 사회적으로 바람직한 방향으로 반응하는 경향성을 줄일 수 있다는 장점이 있다. 또한 MBTI는 개인의 성격특성의 양을 측정하는 것이 아니라 개인을 특성범주(유형)로 구분하는 것이 주목적이기 때문에 이러한 강제선택 방식이 더 효과적일 수 있다(Quenk, 2000).

MBTI 문항에서 제시되는 두 선택 대안은 모두 가치 있고 유용한 행동 및 태도를 나타내고 있다. 두 대안은 서로가 반대가 되는 선호유형 내용을 각각 포함한다. 즉, 한 대안이 E(외향), S(감각), T(사고), 또는 J(판단)형에 속하는 내용이면, 다른 하나의 대안은 각 선호도 유형과 반대가 되는 I(내향), N(직관), F(감정), 또는 P(인식)형에 속하는 내용으로 구성되어 있다.

이러한 문항의 예를 들어 보면 다음과 같다.

"하루 정도 어디를 다녀오고 싶을 때, 나는"

(A) 언제 무엇을 할 것인가를 계획하는 편이다.

(B) 별 계획 없이 훌쩍 떠나는 편이다.

이 문항에서 대안 (A)는 판단형(J) 선호유형을 나타내고, 대안 (B)는 인식형(P) 선호유형을 나타낸다. 응답자는 A와 B 가운데 자신이 더 선호하는 대안을 선택함으로써 어떤 선호유형에 더 가까운지를 알 수 있게 된다.

MBTI는 개인의 성격특성의 양을 측정하는 전통적인 성격검사와는 달리 개인이 어떤 성격유형 범주에 속하는지를 파악하려는 성격유형검사이기 때문에 문항 개발과정에서도 전통적인 성격특성검사와는 차이가 있다. 처음에는 Jung이 각 유형에 대해 기술한 행동과 태도 문항을 토대로 문항을 작성하였다. 이러한 행동 이외에도 다른 행동이 특정 선호도(예: T 또는 F)와 관련 있다고 판단되고 관찰을 통해서 그 행동이 특정 선호도 유형의 사람들에게서 발견되면 그 문항을 검사에 포함시켰다.

이 과정에서 특정 유형에 속하는 사람들이 포함된 준거집단을 유형별로 구성하였다. 처음 단계에서 준거집단은 Briggs와 Myers의 주관적 판단에 따라, Jung이 기술한 행동들이 일관성 있게 관찰된 특정 선호도가 뚜렷한 사람들로만 구성되었다.

검사유형은 처음 A형부터 시작해서 B, C, D, E 그리고 F형을 거치면서 지속적인 수정을 거쳐 G형까지 나왔으며, 최근 들어서는 각 선호유형에 대한 하위척도를 추가한 K형이 개발되었다.

새롭게 수정되어 나가는 과정에서 새로운 기준으로 문항을 제외하였다. 처음 만들어진 A형과 B형의 경우에는 주로 성인을 대상으로 표집하였다.

그 이유는 성인의 유형발달 수준이 높아서 자신의 선호도가 더 뚜렷할 것으로 기대되었기 때문이다.

다음에 개발된 C형의 검사에서는 한 유형지표에서 타당도가 높은 문항이 다른 유형지표에서도 높게 나오면 해당 문항을 제거하였다. 예를 들어, 특정 문항이 EI지표와 SN지표 모두와 높은 상관을 보인다면 해당 문항은 특정 유형에만 속하는 문항으로 해석하기 어렵기 때문에 제거하였다.

또한 C형에서는 문항분석을 위해 예언율(prediction ratio)를 사용하였다. 예언율은 전체 사람들 중에서 특정 선호유형에 속하는 대안을 선택하는 사람들의 비율을 의미하는 것으로서, 예를 들어 판단형(J)에 속하는 대안을 인식형(P)이 아닌 판단형(J)인 사람들이 선택하는 비율로 나타낸다.

특정 판단형 또는 인식형 문항에 대한 예언율의 공식은 다음과 같다.

$$\text{판단형 문항 } i\text{에 대한 예언율} = \frac{\text{판단형 문항 } i\text{를 선택한 판단형의 비율}}{(\text{판단형 문항 } i\text{를 선택한 판단형의 \%}) + (\text{판단형 문항 } i\text{를 선택한 인식형의 \%})}$$

이 예언율이 .60 미만인 문항은 검사에서 제거하였다. 이 비율이 낮다는 것은 판단형에 관련된 문항인데, 판단형에 속하는 사람들이 이 문항을 선택한 비율이 낮다는 것으로서 판단형으로의 문항 구분이 잘못된 것을 의미한다. 이 예언율은 후에 개발된 검사유형에서도 문항을 포함 또는 제거하는 기준으로 사용되었다. 또한 예언율에 따라 가중치를 부여하였는데, .60에서 .69 사이인 경우 가중치 1을, .70 이상의 경우 가중치 2를 주었다(Quenk, 2000).

1962년에 출판된 D형은 미국 내 대학(원)입학시험 및 TOEFL 등을 관장하는 기관인 ETS(Educational Testing Service)에서 개발하였다. D형에서는 이전의 문장중심의 문항유형에 새로운 단어 유형문항을 추가했다는 점에서 특징이 있다. 저자들은 응답자들이 문항내용에서 핵심 단어를 골라내어 단어들을 비교한 후 특정 대안을 선택하는 경향이 있다는 것을 발견하고 단어로만 제시하는 문항을 개발하였다. 이러한 단어문항은 검사 실시 시간을 줄일 수 있고 주의가 덜 분산되며, 다양한 해석의 영향을 줄일 수 있다는 장점이 있다.

이러한 문항의 예를 들면 다음과 같다.

"다음의 단어 쌍 중 어떤 단어가 더 호감이 갑니까?"
(A) 제작하다   (B) 창작하다

D형 문항에 대한 분석은 나이가 젊은 대학 및 대학원생들을 대상으로 실시되었다. 그 이유는 젊은 층일수록 유형발달이 덜 성숙되어 선호도 수준이 낮을 가능성이 있는데, 이 경우 문항분석 결과가 다르게 나타나는지를 파악할 필요가 있었기 때문이다. 대학원생을 표집으로 한 분석에서는 문항제거의 기준이 되는 예언율이 .60에서 .63으로 증가하였고, 학부생을 대상으로 한 분석에서는 예언율이 조금 낮게 나타났다. 그리고 고교생에게도 실시하였다. 이와 같이 다양한 표집을 대상으로 각 문항의 예언율을 계산하면서 문항을 삭제하거나 새로운 문항을 추가하는 과정을 거쳤다.

D형에서 개발한 문항들에 대한 문항분석(예언율)을 통해 E형과 F형 검사가 제작되었다. F형은 채점을 하지 않는 실험 문항들이 포함되어 있다는 것을 제외하면 E형과 동일한 문항으로 구성되었다. 이때부터 서로 반대가되는 두 선호유형에서 동점이 나오지 않도록 하는 공식을 만들어 내었고, 각 선호도의 강도를 파악하기 위하여 비율 대신 선호도 점수를 사용하게되었다. 1970년대로 가면서 E형은 거의 사라지고 F형이 표준형이 되었다.

1975년에 이르러서는 F형의 문항들 가운데 채점용으로 사용되지 않았던 38개의 실험문항들을 빼고 일부 문항을 수정하여 1977년에 G형 검사를 제작하였다. 이 과정에서 MBTI가 고등학생뿐 아니라 초등학생들에게도 적용 가능한지를 알아보기 위하여 초 · 중 · 고등학생을 모두 표집으로 포함시켜 분석하였다. F형과 G형 간의 상관은 초등학교에서도 높게 나타났다. G형 검사는 국내에서 김정택과 심혜숙(1990)에 의해 표준화되어(총 95개 문항) 사용되기 시작했으며 현재도 많이 사용되고 있다.

가장 최근 들어서는 G형을 더욱 발전시켜 각 유형에 따른 세부적 성격특성에 관한 정보를 주기 위하여 K형이 개발되었다. 이 K형은 국내에서는 2002년에 김정택, 심혜숙, 김명준(2002)에 의해 표준화되었다. K형은 네 가지 성격유형을 좀 더 자세히 이해하기 위해 유형별로 다섯 개의 다면척도를 이용해 전체 20개의 세부적 성격특성에 관한 정보를 제공한다.

2. 검사내용

MBTI(Myers & McCaulley, 1985)는 인간의 행동을 네 개의 차원으로 구분하고 있으며 각 차원은 서로 반대되는 두 가지 선호유형을 가지고 있다. 이 네 가지 차원은 외향형(extraversion)−내향형(introversion), 감각형(sensing)−직관형(intuition), 사고형(thinking)−감정형(feeling), 그리고 판단형(judging)−인식형(jerceiving)으로 구분된다. 모든 사람은 자라면서 특정 유형에 대한 선호를 가지게 되며, 선호유형과 관련된 활동에 더 많은 에너지를 소비하게 된다. 그러나 각 차원에서 두 선호유형은 완전히 양적으로 반대되는 개념은 아니다. 예를 들어, 감각형은 단순히 비직관형을 의미하는 것이 아니다. 감각형이라 하더라도 정보를 받아들일 때 감각과 직관을 사용하게 되며, 단지 감각에 좀 더 의존한다는 의미다.

네 가지 각 유형에 대해 좀 더 자세히 살펴보고자 한다. 다음의 각 유형에 대한 설명과 표는 Tieger와 Barron−Tieger(1995)의 『자기 탐색: 성격유형을 통한 직업 찾기(Do what you are: Discover the perfect career for you through the secrets of personality types)』란 책에서 설명된 내용을 참조하였다.

1) 외향형과 내향형

외향형(extrovert: E)과 내향형(introvert: I)은 주변 세계에 대한 태도와 관련된 유형으로서 개인이 바깥 세계와 어떻게 상호작용하고 우리의 힘을 어디에 쏟는지와 관련된다. 개인에 따라 외부 또는 내부 세계에 대한 선호도가 다르며 자신이 선호하는 세계에서 활동하면 힘이 생기고, 반대 세계에서 활동하면 힘을 내기가 어려워진다. 외부 세계 지향적인 사람을 외향형이라 하고, 내부 세계 지향적인 사람을 내향형이라 한다.

외향형인 사람은 자신의 힘과 주의를 외부 세계에 쏟게 된다. 따라서 다른 사람과 사귀려 하고, 일 대 다수 또는 집단 형태의 상호작용을 즐기며, 끊임없이 외부의 사람과 사물에 끌리게 된다. 그들은 외부 세계를 이해하기 위해서 먼저 경험하려고 하기 때문에 활동을 많이 하는 것을 선호한다. 다른 사람과 접하고 많은 사람을 알게 됨으로써 자신을 재충전하려 하고 행동의 중심이 되는 것을 선호한다. 자주 새로운 사람을 만나려 하고 새로운 상황에 처할 때 '내가 어떻게 하면 다른 사람에게 영향을 미칠 수 있을까'를 가장 고민한다.

내향형인 사람은 이와는 반대로 자신의 힘과 주의를 내부 세계에 쏟는다. 이들은 혼자 있는 시간을 즐기며 자신을 재충전하기 위해 이러한 시간이 필요하다. 외부 세계를 경험하기에 앞서 미리 이해하려고 노력하는 정신적인 활동을 선호한다. 일대일 또는 소집단 형태의 상호작용을 선호하며 남들에게 주요 관심의 대상이 되는 것을 피하려 한다. 새로운 사람을 만났을 때 천천히 시간을 두고 사귀려 하며, 새로운 상황에 처할 때 '이 상황이 나에게 어떠한 영향을 미칠까'를 먼저 생각하는 경향이 있다.

예를 들어 좀 더 구체적으로 살펴보면, 외향형인 수연은 어느 곳을 가건 항상 아는 사람을 만나려 한다. 공부도 혼자 집에서 하는 것보다는 친구들을 만나기 위해 도서관에 가서 하는 것을 선호한다. 학교에서 선생님이 질문을 했을 때 바로 말을 하면서 정리하는 체질이다. 경우에 따라서는 답을 정확히 모르면서 손을 들 수도 있다. 취미생활에 있어서도 한 분야가 아니라 다양한 분야나 주제에 관심을 가지는 경향이 높다. 아이디어를 빨리 생각해 내기 때문에 아이디어 회의에서 도움이 되고 자신의 정보를 남들과 공유하려는 성향이 높다. 회사생활에서도 남들에게 도움이 되는 경우가 많다.

반대로 내향형인 지연은 많은 사람을 만나는 것을 싫어하기 때문에 파티에 참석하는 것을 싫어하는 편이다. 파티에 참석한다 해도 여러 사람과 만나 얘기하기보다는 한 사람과 만나 오랫동안 얘기 나누는 것을 선호하는 편이다. 학교에서 선생님이 질문을 할 때에도 잠시 생각한 후에 답을 하는 경향이 있으며, 충분히 답을 생각한 후에 손을 드는 편이다. 관심의 폭이 좁은 편이며 한 분야나 주제에 깊이 빠지는 경향이 있다. 또한 자신의 정보를 남들과 공유하는 것을 꺼려하는 편이다.

각 유형에 적합한 직업유형과 관련해서는 외향형의 경우 외부 세계, 사람 및 대상에 대해 주의를 기울이게 되고, 직업 선택과 관련해서 판매와 같이 다른 사람과 얘기를 많이 하고 접촉이 많은 직업이 적합하다. 내향형의 경우 내부 세계에 에너지를 쏟기 때문에 혼자서 생각하고 개념을 정리하는 데 주의를 기울이게 된다. 따라서 컴퓨터 프로그래밍이나 사회과학과 같이 혼자서 생각을 조직화하고 이해하는 직업이 적합할 수 있다.

2) 감각형과 직관형

감각형(sensing: S)과 직관형(intuition: N)은 정보를 지각하는 기본 정신과정과 관련이 있다. 정보를 지각할 때 감각형은 있는 그대로를 받아들이려는 경향이 있는 반면, 직관형은 정보 안에서 추상적이거나 이론 또는 상징과 같이 우리가 상상할 수 있는 것, 즉 가능성을 찾으려는 경향이 있다.

감각형의 사람은 자신이 보고 듣고 느끼고 냄새 맡고 맛볼 수 있는, 즉 자신의 감각을 사용할 수 있는 데 중점을 둔다. 따라서 이들은 현실적이고 구체적인 것에 중점을 두고 자신의 경험을 중시하며 현재 일어나고 있는 것에 초점을 둔다.

직관형의 사람은 오감이 아닌 여섯 번째 감각인 직관을 믿는 사람들로서 사실 자체보다는 그 사실 속에 숨어 있는 의미, 관계 및 가능성에 더 큰 관심을 갖는다. 이들은 주변의 모든 사건에서 어떤 의미를 찾으려 하고, 시사점과 추론에 관심을 가지며, 상상력을 중시하고, 자신의 영감을 신뢰하고, 미래지향적인 경향이 있다.

따라서 감각형은 많은 사실을 알고 기억하는 데 매우 우수하며, 직관형은 사실을 해석하거나 통찰력을 키우는 데 우수하다.

감각형은 상세한 내용을 좋아하고 실제 눈으로 볼 수 있는 것에 관심을 두는 반면, 직관형은 상세한 내용보다는 근원적인 문제나 '큰 그림'을 찾으려는 경향이 있다. 따라서 이들은 동일한 상황을 매우 다르게 볼 수도 있다. 예를 들어, 수연과 지연이 교차로에 서 있다가 자동차 사고를 목격했다고 가정하자. 사고 후 경찰이 이들에게 사고를 목격한 것에 관해 물어보았을 때, 감각형인 수연은 다음과 같이 자세하게 말하는 경향이 있다. "하얀색의 그랜저가 오른쪽에서 아마 시속 80km 정도의 빠른 속도로 달려왔고, 그러다 브레이크를 세게 밟는 소리가 났고, 바로 이어서 교차로에 서 있던 검정색의 마티즈를 옆에서 크게 들이받았어요. 마티즈는 그 충격으로 세 바퀴나 돈 다음 반대편 도로의 전신주에 가서 부딪혔어요. 정말 보기에도 끔찍했어요."

그러나 같은 자리에서 목격한 직관형인 지연은 이와는 사뭇 다르게 대답할 수 있다. "두 차가 충돌하기는 했는데, 그랜저가 너무 빨리 달려서 사건이 어떻게 일어났는지는 자세하게 말하기 어려워요." 지연은 그 상황에서 상세한 사건상황보다는 그랜저 운전자가 왜 그렇게 빨리 차를 몰았을까, 빨리 구급차를 불러야 할 텐데 등의 생각을 하고 있었고, 두 자동차 운전사가 모두 보험에 들었으면 하는 마음이 간절했다.

일을 처리하는 방법에 있어서도 감각형은 주어진 정보를 바탕으로 단계적으로 해 나가는 경향이 있다. 이들은 장난감 조립품을 사서 조립하는 경우 설명서가 좀 길더라도 자세하게 읽고 단계적으로 하나씩 조립해 나간다. 그러나 직관형은 설명서를 대충 살펴만 보거나 아예 보지도 않고 자신이 머릿속에 그리는 모양을 토대로 조립해 나가는 경향이 있으며, 이로 인해 결국 제대로 완성하지 못하고 다시 처음부터 시작해야 하는 경우가 생길 수 있다.

두 유형 모두 조직에서 중요한 역할을 한다. 그러나 감각형은 현실을 중시하고 직관형은 가능성을 중시하기 때문에 두 유형의 사람이 만났을 때 다소 갈등이 생길 수 있다. 예를 들어, 조직에서 신제품과 관련된 어떤 아이디어를 제시할 때 감각형은 현실적으로 아이디어를 실행하는 데 걸리는 시간, 비용 및 효과와 관련된 철저한 분석을 토대로 아이디어를 평가해야 한다는 주장을 할 수 있다. 반면에 직관형은 현재는 비용이 많이 든다 하더라도 미래에 대한 가능성을 보고 투자해야 한다는 주장을 할 수 있다. 따라서 직관형은 감각형을 향해 미래에 대한 비전 또는 가능성을 보지 못한다고 비난할 수 있고, 감각형은 직관형에 대해 현실을 무시한다고 비난할 수 있다.

직업 선택과 관련해서 감각형은 건축, 토목공학, 판매 등과 같이 실제로 제품을 볼 수 있고 측정할 수 있는 직업에 적합하고, 직관형은 예술이나 전략수립, 과학 등과 같이 창의적이고 미래지향적이며 상징을 강조하는 직업에 적합하다.

3) 사고형과 감정형

사고형(Thinking: T)과 감정형(Feeling: F)은 의사결정을 내리는, 즉 판단하는 기본 과정과 관련된 성격유형이다. 사고형은 객관적이고 논리적인 과정을 거쳐 의사결정을 하게 되며, 반면에 감정형은 자신의 가치를 바탕으로 의사결정을 하게 된다.

자세히 설명하면 사고형은 개인적인 감정을 떠나서 자료를 분석하고 심사숙고하여 결정 또는 결론을 내리며 논리적으로 의미가 통하는 결정을 선호한다. 이들은 일반적으로 결정과정에서 객관적이고 분석적인 능력이 뛰어나다.

반면에 감정형은 자신이 중요하다고 판단하는 가치에 따라 결정을 내리는 경향이 강하다. 즉, 자신이 옳다고 느끼는 바에 따라 결정을 내린다. 이들은 일반적으로 인정 있고 동정심 많은 자신의 성격에 자부심을 느낀다.

다른 유형에서와 마찬가지로 모든 사람은 두 유형 모두와 관련이 있다. 사고형도 감정과 나름대로의 가치관을 가지고 있으며, 감정형도 나름대로 논리적일 수 있다. 단지 사람들이 두 유형 가운데 어느 한쪽을 보다 자연스럽게 사용한다는 점에서 차이가 있을 뿐이다.

일반적으로 사고형은 합리적인 방법으로 결정을 내리고 감정형은 비합리적인 방법으로 결정을 내리는 것을 의미하는 것으로 생각할 수 있으나 반드시 그런 것은 아니다. 두 유형이 결정과정에서 각자 서로 다른 기준을 사용할 뿐이지 모두 합리적인 방법을 사용한다고 볼 수 있다.

각 유형에 대해 구체적인 예를 들어 설명하면, 대학교에서 시험 중 부정행위 하다가 적발된 학생에 대해서 사고형의 교수라면 교칙에 의거해서 처벌을 내릴 것을 주장할 수 있다. 그러나 감정형의 교수라면 그 학생이 왜 부정행위를 하려고 했는지를 일단 알아볼 것이다. 그 학생이 성적이 우수한 학생인데 아버님이 갑자기 사업이 실패해서 가정형편이 어려워지고 반드시 다음 학기에 장학금을 받아야 할 처지인 데다가, 공교롭게도 시험 전날 아버님이 병으로 쓰러지셔서 간호하느라 공부할 시간이 없었기 때문에 부정행위를 하게 된 것이라고 한다면, 가능한 범위 내에서 그 학생에 대해

선처하는 방향으로 결정을 내릴 가능성이 높다.

회사에서 사정이 좋지 않아 두 명의 직원 중 한 사람을 해고해야 하는 경우를 생각해 보자. 한 사람은 회사에서 20년 넘게 근무했고 나이도 50세가 넘었고 아이들도 두 명이 대학에 다니며, 부인도 건강이 나쁜 편이어서 일을 그만두고 집에서 쉬고 있는 형편이다. 다른 한 명은 회사에 들어온 지 3년밖에 안 되었고 나이도 30세며 결혼은 했으나 아직 아이는 없는 상황이다. 둘이 하는 업무는 유사하고 근무성적도 비슷하다고 가정하자.

만약 사고형의 상사라면 50세 먹은 직원을 해고할 가능성이 높다. 그 이유는 사고형은 이 상황에서 나이 먹은 직원의 사정을 이해는 하지만 이제 더 이상 승진할 가능성도 없고 또 연봉도 더 많이 줘야 하는 데 반해서, 젊은 직원은 앞으로 승진할 가능성도 많고 그만큼 회사에 기여할 가능성이 높으며 연봉도 적게 줄 수 있다고 생각하기 때문이다. 그러나 감정형의 상사라면 나이 먹은 직원의 가정 형편이 어려운 점을 중시하고, 젊은 직원은 회사에서 해고되더라도 다른 직장을 잡을 가능성이 있다고 생각하기 때문에 젊은 직원을 해고하는 결정을 내릴 가능성이 높다.

직장에서 사고형과 감정형이 같이 일을 할 경우 서로의 장단점을 보완해 가면서 잘 지낼 수도 있다. 그러나 사고형은 매우 냉정한 반면에 감정형은 지나치게 감정적으로 흐를 수 있기 때문에 갈등을 일으키는 경우도 많이 있다. 예를 들어, 감정형인 길동이가 회의차 지방으로 출장가는 길에 자동차 사고가 나서 시간이 지체되었기 때문에 비행기를 타고 다소 늦게 회의 장소에 도착해서 먼저 도착해 있던 상사에게 자초지종을 설명하였다고 하자. 이때 사고형인 상사는 고생고생해서 도착한 길동이에게 위로는 하지 않고 비행기를 타고 왔다면 추가 비용이 얼마나 더 들었는지 물어봤다고 했을 때, 감정형인 길동이는 자신이 고생한 것에 대해 상사가 조금도 관심을 기울이지 않는다는 데 화가 많이 날 수 있다. 그러나 사고형인 상사는 길동이가 자초지종을 설명하는 과정에서 자동차 사고가 있었다고 하지만 겉으로 보기에는 멀쩡해 보여 큰 문제는 없었겠구나 하는 생각을 했고, 비행기를 타고 왔다니 그럼 출장비가 빠듯한데 얼마나 더 들었는지 그냥 궁금해서 물어본 것일 수 있다. 그래서 길동이가 화를 내는 것에 대해 이해할 수 없다는 생각이 들 수 있다.

직업선택과 관련해서 사고형은 엔지니어링, 과학, 재무, 생산 등과 같이 논리적인 분석이 필요한 직업에 적합하며, 감정형은 남을 가르치거나 남을 돕는 것과 관련된 직업(예: 교사, 사회복지사 등)에 적합하다.

4) 판단형과 인식형

판단형(judging: J)과 인식형(perceiving: P)은 사물 및 사람에 대해 지각하고 판단을 내리는 과정에서의 차이와 관련된 성격유형이다. 판단형은 무엇이든 나름대로 판단을 해서 빨리 결정을 내리는 것을 선호한다. 이들은 삶을 계획적이고 조직화된 방법으로 살아가는 경향이 있으며 모든 것이 안정될 때 행복을 느낀다. 반면에 인식형은 결정을 가능한 미루면서 새로운 가능성의 소지를 남겨두는 것을 선호한다. 이들은 삶을 호기심과 변화에 대한 기대를 가지고 살아가는 경향이 있으며 자유롭고 융통성 있는 삶을 살아갈 때 가장 행복을 느낀다.

판단형은 시작, 중간 및 끝이 있는 구조를 가진 계획되고 정돈된 세계를 선호한다. 이들은 현재 일어나고 있는 것에 대해 통제하려 하며 결정을 내리고 싶어 한다. 따라서 자신이 결정하지 않더라도 문제가 공중에 떠 있는 것보다는 해결될 때 더 편안함을 느낀다. 이들은 사물을 흑과 백의 시각으로 보려 하며, 문제의 한쪽 측면에 치우치는 경향이 있다.

반면, 인식형은 융통성이 있어서 자유로운 행동기회를 많이 허용하는 세계를 선호한다. 이들은 새롭고 변화하는 상황에 적응하는 것을 선호하고 결정을 연기하는 경향이 있다. 따라서 가능한 판단을 오랫동안 보류하려

한다.

　판단형과 인식형 간의 차이를 몇 가지 예를 들어 설명해 보면, 판단형의 책상은 깨끗하며 정리가 잘 되어 있는 반면에 인식형의 책상은 제대로 정리가 되어 있지 않고 온갖 서류가 여기저기 널려 있는 경우가 많다. 책상을 정리하는 습관에서의 차이와 관련해서 판단형은 세미나 참석과 관련된 초청장이 온 경우, 달력을 보고 자신의 스케줄을 확인해 보고 참석 여부를 결정한 후 달력에 메모를 하고 책상에서 치워 버린다. 반면에 인식형은 세미나 날짜가 아직도 많이 남았기 때문에 결정을 내리지 않고 일단 책상 위의 서류더미 속에 그냥 던져 버리는 경향이 있다.

　조직에서 일하는 습관에서도 차이가 있으며, 이로 인해 서로 간에 갈등이 생기는 경우가 있다. 예를 들어, 인사부서에 근무하는 인식형인 수연과 판단형인 지연이 관리자 교육을 위해 프로그램을 진행해야 하는데, 수연이가 8시에서 10시까지 오전 2시간을 맡고 지연이가 바로 이어서 10시부터 12시까지 맡았다고 하자. 그런데 상당수 관리자들이 제시간에 오지 않아 늦게 시작하게 되었고 교육 중간에도 관리자들의 질문이 많아서 진행이 늦어지게 되었는데, 교육을 맡은 수연이는 일정이 늦어지는 것에 대해 크게 신경을 쓰지 않고 있는 것처럼 보였다. 지연이는 중간중간에 수연이에게 신호를 보내 빨리 끝낼 것을 요청하였으나 10시 30분이 되어서야 겨우 끝나게 되었다. 지연이는 점심시간 전까지 끝마쳐야 했기 때문에 자신이 준비한 것을 충분히 교육하지 못한 채 교육을 마쳐야 했다. 교육이 끝난 후 지연이는 수연이에게 왜 제시간에 시작하지 않았으며, 늦게 시작했으면 빨리 진행해야 하는데 왜 그렇게 질문을 많이 받아가면서 늦게 끝냈는지에 대해 항의를 했다. 수연이는 사람들이 많이 안 왔는데 어떻게 시작할 수 있으며 교육 중 자꾸 질문하는 것을 어떻게 하지 말라고 할 수 있느냐고 말하면서, 그런 것을 가지고 교육 중간에 자꾸 신호를 보내면 어떻게 하냐고 오히려 지연이에게 화를 내었다.

회사에서 한 달에 한 번씩 회사의 소식을 담은 사보를 만드는 부서에서 일하는 인식형인 길동이는 사보에 실릴 내용이 빈약한 경우 발행을 연기하면서 좀 더 재미있고 풍부한 정보를 담은 사보를 만들어 내려고 노력한다. 그러다 보니 발간시기가 일정치 않아서 사보가 두 달 또는 석 달에 한 번 나올 때도 여러 번 있다. 길동이의 상사인 민 과장은 판단형으로서 길동이가 발간시기를 제대로 맞추지 못하는 데에 매우 화가 나서 더 이상 참지 못하고 길동이를 다른 부서로 발령낸 후, 직접 사보를 발간하게 되었다. 이후로 사보는 발간시기가 늦어지지 않고 매달 한 번씩 나오게 되었으나 내용면에서는 전에 비해서 떨어지게 되었다. 즉, 판단형은 데드라인을 중시하나, 인식형은 데드라인을 융통성 있는 것으로 생각한다.

5) 유형별 조합

위에서 기술하였듯이 MBTI는 차원별로 두 가지 유형이 가능하기 때문에 이를 조합하면 16가지 성격특성이 가능하게 된다. 각 성격유형 특성은 유형의 첫 번째 글자를 연결시켜 네 가지 글자로 표시하게 된다(예: ENFJ).

MBTI 검사를 받을 때 한 가지 주의해야 할 점은 모든 심리검사가 그렇듯이 아무리 잘 만들어졌다 하더라도 신뢰도가 완벽하지 못하기 때문에 검사를 다시 받아보았을 때 MBTI 유형이 처음과는 다르게 나타날 수 있다는 것이다.

MBTI 결과표에 나와 있는 16가지 유형에 대한 간단한 설명과 각 유형에 적합한 직업은 다음과 같다(MBTI 결과표 참조).

- ISTJ: 신중하고 조용하고 집중력이 강하며 매사에 철저하고 사리분별력이 뛰어나다. 회계, 법률, 생산, 건축, 의료, 사무직, 관리직 등에서 능력을 발휘한다.
- ISFJ: 조용하고 차분하고 친근하며 책임감이 있고 헌신적이다. 의료,

간호, 교직, 사무직, 사회사업에 적합하다.

- INFJ: 인내심이 많고 통찰력과 직관력이 뛰어나며 양심이 바르고 화합을 추구한다. 직관력과 사람중심의 가치를 중시하는 분야, 즉 성직, 심리학, 심리치료와 상담, 예술과 문학 분야에 적합하며, 테크니컬한 분야로는 순수과학, 연구개발 분야가 적합하다.

- INTJ: 사고가 독창적이고 창의력과 비판분석력이 뛰어나며 내적 신념이 강하다. 직관력과 통찰력이 활용되는 분야, 즉 과학, 엔지니어링, 발명, 정치, 철학 등의 분야에 적합하다.

- ISTP: 조용하고 과묵하고 절제된 호기심으로 인생을 관찰하며 상황을 파악하는 민감성과 도구를 다루는 뛰어난 능력이 있다. 연장, 도구, 기계를 다루는 데 뛰어나며 사실들을 조직화하는 재능이 많으므로 엔지니어 법률, 경제, 마케팅, 판매통계 분야에 적합하다.

- ISFP: 말 없이 다정하고 온화하고 친절하며 연기력이 뛰어나고 겸손하다.

- INFP: 정열적이고 충실하고 목가적이며 낭만적이고 내적 신념이 깊다. 인간 이해와 복지에 기여할 수 있는 일을 하기를 원하며, 언어, 문학, 상담, 심리학, 과학, 예술 분야에 적합하다.

- INTP: 조용하고 과묵하며 논리와 분석으로 문제를 해결하기를 좋아한다. 지적 호기심을 발휘할 수 있는 분야, 즉 순수과학, 연구, 수학, 엔지니어링 분야나 추상적 개념을 다루는 경제, 철학, 심리학 분야에 적합하다.

- ESTP: 현실적인 문제해결에 능하고 적응력이 강하며 관용적이다.

- ESFP: 사교적이고 활동적이고 수용적이며 친절하고 낙천적이다. 물질적 소유나 운동 등의 실생활을 즐기며, 상식과 실제적 능력을 필요로 하는 분야, 즉 의료, 판매, 교통, 유흥업, 간호직, 비서직, 사무직, 감독직, 기계를 다루는 분야에 적합하다.

- ENFP: 따뜻하고 정열적이고 활기에 넘치며 재능이 많고 상상력이 풍부하다. 상담, 교육 과학, 저널리스트, 광고, 판매, 성직, 작가 등에 적합하다.
- ENTP: 민첩하고 독창적이고 안목이 넓으며 다방면에 관심과 재능이 많다. 발명가, 과학자, 문제해결사, 저널리스트, 마케팅, 컴퓨터 분석 등의 분야에 적합하다.
- ESTJ: 구체적이고 현실적이고 사실적이며 활동을 조직화하고 주도해 나가는 지도력이 있다. 사업가, 행정관리, 생산 건축 등의 분야에 적합하다.
- ESFJ: 마음이 따뜻하고 이야기하기를 좋아하며 양심이 바르고 인화를 잘 이룬다. 사람을 다루고 행동을 요구하는 분야, 즉 교직, 성직, 판매, 특히 동정심을 필요로 하는 간호나 의료 분야에 적합하다.
- ENFJ: 따뜻하고 적극적이고 책임감이 강하며 사교성이 풍부하고 동정심이 많다. 사람을 다루는 교직, 성직, 심리상담 · 치료, 예술, 문학, 외교, 판매 등의 분야에 적합하다.
- ENFJ: 열성이 많고 솔직하고 단호하며 지도력과 통솔력이 있다.

6) K형 다면척도

G형에 이어 최근에 개발된 K형은 MBTI 각 유형에 대해 좀 더 상세한 정보를 제공한다. K형 검사의 다면척도는 〈표 16-1〉에 제시되어 있으며 이에 관해 좀 더 자세히 설명하면 다음과 같다(김정택 외, 2002).

첫째, 외향-내향 지표의 다면척도에서 먼저 능동성-수동성(initiating-receiving)은 외향-내향 양극지표의 핵심적인 다면척도로서 다른 이들과 의사소통하고 관계를 맺을 때 개인이 갖게 되는 기본적인 지향성을 설명한다. 능동성은 사회적 관계를 추구하며, 수동성은 일과 관계에 쉽게 뛰어들지 않는 경향을 의미한다.

표현적-보유적(expressive-contained) 척도의 초점은 감정상태나 느낌, 관심사, 경험에 대하여 타인과 의사소통하는 방식에 있다. 표현적 특성은 정서적 감정표현인 자유로움을, 보유적 특성은 감정을 안으로 삭이는 것을 의미한다.

다양한 관계-밀접한 관계(gregarious-intimate) 척도는 능동성-수동성 다면척도의 일부 측면에 초점을 맞춘 것으로서 개인이 타인과 관계를 맺을 때 있어서의 폭과 깊이에 중점을 두고 있다. 다양한 관계는 사교적이며 다수와의 관계를 선호함을, 밀접한 관계는 일대일의 관계를 선호함을 의미한다.

참여적-반추적(participative-reflective) 척도는 개인이 여가활동, 사회화, 학습과 관련된 일반적인 환경과 어떻게 상호작용하는지에 초점을 둔다. 참여적 특성은 집단활동에 적극적임을, 반추적 특성은 조용하게 반추하며 개인의 내적 활동에 적극적임을 나타낸다.

마지막으로 열성적-정적(enthusiastic-quiet) 척도는 표현적-보유적 척도와 매우 유사해 보이나, 표현적-보유적 척도가 사람들 간에 교환되는 대상의 내용을 강조한다면, 열정적-정적 척도는 타인과의 교환에 사용하는 에너지의 강도와 종류를 더 강조한다. 열성적 척도는 생동감 있고 활동적인 것을, 정적인 척도는 조용하고 고적함을 즐기는 것을 나타낸다.

둘째, 감각-직관 지표의 다면척도 가운데 구체적-추상적(concrete-abstract) 척도는 감각-직관 지표의 핵심적인 다면척도로서 세상에 대한 개인의 일반적인 지각과 개인이 어떠한 일에 주의를 기울이는지를 측정하는 광범위한 척도다. 구체적 특성은 정확한 사실에 근거한 정보를 선호하며, 추상적 특성은 사실보다는 그 이면의 가치를 중시한다.

현실적-창의적(realistic-imaginative) 척도에서 현실적 척도는 사실에 근거한 상식을 중요시하며, 창의적 척도는 추론에 의한 혁신과 변화를 선호

〈표 16-1〉 K형의 4가지 선호지표 및 20개의 다면척도

선호지표	다면척도 명칭		핵심 용어
외향–내향(E–I)	능동성	수동성	행동표현
	표현적	보유적	정서표현
	다양한 관계	밀접한 관계	대인관계
	참여적	반추적	학습 및 여가
	열성적	정적	의사소통
감각–직관(S–N)	구체적	추상적	정보 근거
	현실적	창의적	인식태도
	실용적	추론적	인식내용
	경험적	이론적	의미 부여
	전통적	독창적	사회적 선호
사고–감정(T–F)	논리적	정서적	이상적 의사결정 양식
	이성적	감성적	실제적 의사결정 양식
	질문지향	협응지향	의사결정 첫 단계
	비평적	허용적	의사결정 태도
	강인한	온건한	사회적 태도
판단–인식(J–P)	체계성	유연성	과제처리 방법
	목표지향적	개방적	미래과업과의 관련성
	조기착수형	임박 착수형	시간관리 태도
	계획성	자발성	과업처리 태도
	방법적	과정적	현재 과업과의 관련성

한다. 실용적–추론적(practical-inferential) 척도에서 실용적 특성은 실제적 결과에 중점을 두는 데 반해, 추론적 특성은 이론이나 지식 자체에 관심을 둔다.

경험적–이론적(experiential-theoretical) 척도에서 경험적 척도는 사실적 경험을 선호하는 성향을 측정하며, 이론적 척도는 이론 자체가 하나의 현실임을 수용하는 태도를 선호한다.

마지막으로 전통적–독창적(traditional-original) 척도는 어떠한 사회적 맥락을 더 선호하는지를 측정하는 것이다. 전통적 척도는 전해 내려오고

익숙한 것을, 독창적 척도는 새로운 것을 선호함을 의미한다.

셋째, 사고−감정 지표의 다면척도 가운데 논리적−정서적(logical-empathetic) 척도는 사고−감정 지표의 핵심적인 다면척도로서 판단을 내릴 때 사용하는 기준에 초점을 둔다. 논리적 척도는 의사결정 시 논리를, 정서적 척도는 의사결정 시 정서를 선호함을 측정한다.

이성적−감성적(resonable-compassionate) 다면척도는 개인이 사고형이나 감정형의 판단을 내릴 때 어떤 기준에 따라 타인과의 관계를 유지하는지를 다루는 척도다. 이성적 척도는 정의와 공평을 선호하는 것을, 감성적 척도는 헌신적이고 동정적인 경향을 선호하는 것을 의미한다.

질문지향−협응지향(questioning-accommodating) 척도에서 질문지향은 다른 사람과 의견이 달라도 본인의 의견을 고수하는 것을, 협응지향은 타인이 동의하는 것에 자기를 맞추는 선호도를 측정한다.

비평적−허용적(critical-accepting) 척도는 개인이 일단 만들어진 초기의 결정에 대하여 무엇을 하는지 설명하는 것이다. 비평적 척도는 잘못된 것을 밝히고 지적하는 경향을, 허용적 척도는 양쪽 모두 이기는 상황을 선호하는 경향을 측정한다.

마지막으로 강인한−온건한(tough-tender) 척도에서 강인한 척도는 개인의 확고하고 강인한 마음을 선호하는 경향을, 온건한 척도는 개인의 유연하고 부드러운 마음을 선호하는 경향을 측정한다.

넷째, 판단−인식 지표의 다면척도 중에서 체계성−유연성(systematic-casual) 척도는 판단−인식 지표의 핵심적인 다면척도다. 체계성 척도는 질서정연하고 조직화된 상황에 대한 선호를, 유연성 척도는 되어 있는 그대로의 상황을 즐기는 것에 대한 선호를 측정한다.

목표지향적−개방적(planful-open ended) 척도는 여가활동에 관한 계획을 주로 다룬다. 목표지향적 척도는 즉흥적 행동과 계획에 없는 행동을 싫어하는 것을, 개방적 척도는 유연성 있게 계획을 짜는 것에 대한 선호를 측정한다.

　조기착수형-임박착수형(early start-pressure prompted) 척도는 데드라인과 관련된 시간관리라는 협소한 영역에 주로 초점을 둔다. 조기착수형은 미리 시작하는 것을, 임박착수형은 마지막 순간까지 미루는 것을 선호한다.

　계획성-자발성(scheduled-spontaneous) 척도는 주로 개인이 일상활동을 얼마나 구조화하는가를 강조한다. 계획성은 일상적인 일을, 자발성은 일상적인 것에 대해 불편해하고 오히려 기대치 않았던 상황을 선호한다.

　마지막으로 방법적-과정적(methodical-emergent) 척도는 체계성-유연성 척도보다 더 협소한 영역을 다루는데, 더 큰 프로젝트를 완수하기 위해 해야만 하는 소규모 과업들을 어떻게 배열하는가에 초점을 둔다. 방법적 척도는 조직화되고 정교한 계획에 대한 선호를, 과정적 척도는 계획 없이 일하는 과정에서 해결책을 유도하는 것에 대한 선호를 측정한다.

7) 주기능, 부기능 계산

　MBTI 유형에서는 네 가지 선호유형 차원 중에서도 특히 가운데 있는 감각(S)-직관(N)과 사고(T)-감정(F)을 더 중시한다. 사람의 성격유형에서 기본적으로 외부에서 정보를 어떻게 받아들이고(감각-직관과 관련) 이 정보를 통해 어떤 결론에 도달하느냐(사고-감정과 관련)가 중요하기 때문이다.

　개인의 성격유형에 따라 이러한 네 가지 기능(감각, 직관, 사고, 감정) 가운데 어떤 기능을 더 많이 사용하거나 적게 사용하는데, 그 사용 정도에 따라 다음과 같은 네 가지 기능으로 구분하고 있다.

- 주기능: 가장 많이, 능숙하게 사용하는 기능
- 부기능: 주기능보다는 약하지만 잘 사용하는 기능
- 삼차기능: 세 번째로 사용하는 기능(부기능의 반대유형)
- 열등기능: 가장 잘 사용하지 않는 기능(주기능의 반대유형)

만약 부기능이 감각형이면 삼차기능은 그 반대인 직관형이 되고, 주기능이 사고형이면 열등기능은 그 반대인 감정형이 된다. 따라서 개인의 유형 가운데 어떤 기능이 주기능, 부기능, 삼차기능 그리고 열등기능인지를 알기 위해서는 무엇이 주기능이고 부기능인지만 알면 된다. 어떤 유형이 주기능이고 부기능인지를 판단하기 위해서는 첫 유형인 E−I와 마지막 유형인 J−P가 중요하다. 만약 외향형인 경우에는 마지막이 인식형(P)이라면 외부에서 정보를 받아들이는 것이 주가 되기 때문에, 두 번째 유형인 S나 N이 주기능이고 세 번째 유형인 T나 F가 부기능이 된다. 마지막 유형이 판단형(J)이라면 정보를 통해 판단 또는 결정을 내리는 것이 주가 되기 때문에, 세 번째 유형인 T나 F가 주기능이 되고 두 번째 유형인 S나 N이 부기능이 된다.

만약 내향형이라면 모든 것이 반대된다고 생각하면 된다. 즉, 마지막이 인식형(P)인 경우 두 번째가 아닌 세 번째인 T나 F가 주기능이 되고 두 번째인 S나 N이 부기능이 된다. 마지막이 판단형(J)인 경우도 세 번째가 아닌 두 번째인 S나 N이 주기능이 되고 세 번째인 T나 F가 부기능이 된다.

예를 들어, 어떤 사람이 ESTP라고 한다면 이 사람은 외향형이고 인식형이기 때문에 두 번째 유형인 S가 주기능이고 세 번째인 T가 부기능이 된다. ESTJ라고 한다면 외향형이고 판단형이기 때문에 세 번째인 T가 주기능이고 S가 부기능이 된다.

그러나 ISTP형의 경우에는 내향형이기 때문에 반대가 되어 마지막이 인식형이지만 S가 아닌 T가 주기능이 되고 S가 부기능이 된다. ISTJ인 경우에도 T가 아닌 S가 주기능이 되고 T가 부기능이 된다.

이러한 기능유형에 관한 정보가 중요한 이유는 개인의 성격유형을 좀 더 정확하게 판단하는 데 도움을 주기 때문이다. 일반적으로는 주 기능의 점수가 부기능의 점수보다 더 높게 나타나는 경향이 많은데, 그렇지 않은 경우에는 좀 더 자세하게 분석할 필요가 있다. 만약 어떤 사람의 선호점수가 E가 3, S가 30, F가 9, J가 39로 나왔다면 이 사람의 주기능은 F인데 F의 선호점수가 부기능인 S보다 더 낮게 나타났다. 이 경우 E 점수가 낮은데, 만약 I형으로 구분한다면 주기능이 S가 되며 주기능의 점수가 부기능의 점수보다 더 높게 나타나게 된다. 따라서 이 경우 이 사람의 성격유형은 ESFJ보다는 ISFJ로 해석하는 것이 바람직할 수도 있다.

또한 현재 특정 사람의 성격유형에서 무엇이 부족한지를 쉽게 파악할 수 있고 이를 통해 향후 어떤 쪽으로 좀 더 노력을 해야 하는지 방향을 잡는 데 도움을 줄 수 있다. 예를 들어, INTJ인 경우 주기능인 직관이고 내향형이기 때문에 직관기능을 주로 내부 세계에서 사용하게 되며 사고기능은 주로 외부 세계에서 사용하게 된다. 따라서 직관력과 통찰력이 강하며 이를 논리적으로 외부에 전달하는 성향이 강하다고 볼 수 있다. 이 경우 삼차기능과 열등기능을 너무 등한시하게 되면 지나치게 큰 그림이나 추상적인 것에만 매달리게 되어, 세부사항에 대해서는 무시하게 되고 다른 사람에게 어떤 영향을 주게 되는지를 충분히 깨닫지 못하게 될 가능성이 높아진다. 따라서 성격유형을 좀 더 긍정적으로 발전시켜 나가기 위해서는 다른 사람의 얘기를 좀 더 들어보고 자신의 결정이 다른 사람에게 어떤 영향을 미치게 될 지를 다시 한 번 생각해 보는 노력을 기울일 필요가 있다.

8) 유형별 선호점수 계산

피검사자가 답한 내용을 컴퓨터로 처리할 수 있으나 G형의 경우에는 자가 채점도 가능하다. 피검사자가 응답한 답안지에 나와 있는 방식에 따라 스스로 각 유형에 따른 원점수를 계산하여(각 유형에 속한 대안에 자신이 체크한 것을 합산하면 됨), 이 원점수를 선호점수로 바꾸어 주면 된다. 원점수를 선호점수로 바꿔 주는 공식은 다음과 같다.

서로 상반되는 두 유형 중 높은 점수가 I, S, T, J일 때: (높은 점수−낮은 점수) × 2 − 1

서로 상반되는 두 유형 중 높은 점수가 E, N, F, P일 때: (높은 점수-낮은 점수) × 2 + 1

서로 상반되는 두 유형의 점수가 동일할 때: 유형은 E, N, F, P로 하며 점수는 바로 위의 공식(0×2 + 1)에 의해 1점이 됨.

예를 들어, A라는 사람의 MBTI 원점수가 다음과 같이 나왔다고 하자.

E: 20, I: 10, S: 20, N: 14, T:10, F: 20, J: 15, P:20

이 경우 A의 MBTI 유형과 환산점수는 먼저 E-I형에서 E형의 원점수가 더 크므로 E형이 되고 선호점수는 (20-10)×2+1 = 21이 된다. S와 N형에서는 S의 원점수가 더 크므로 S형이 되고 선호점수는 (20-14)×2-1 = 11이 된다. T와 F형에서는 F의 원점수가 더 크므로 F형이 되고 선호점수는(20-10)×2+1 = 21이 된다. 마지막으로 J와 P형에서는 P형의 원점수가 더 크기 때문에 P형이 되고 선호점수는 (20-15)×2+1 = 11이 된다.

9) 유형별 연속점수 계산

한편, MBTI 결과를 통해 다른 변인과의 상관계수를 구하려고 할 경우 선호점수는 비연속점수이기 때문에 연속점수로 수정해야 한다. 물론 컴퓨터로 결과를 처리하면 쉽게 자료를 구할 수 있지만 자가 채점한 결과를 연속점수로 환산할 경우 다음과 같은 환산공식을 이용하여 수정해야 한다.

E, S, T, J 유형인 경우 각 유형별 연속점수: 100-각 유형에서의 선호 점수

I, N, F, P 유형인 경우 각 유형별 연속점수: 100+각 유형에서의 선호 점수

여기서 주의해야 할 것은 특정 개인이 E형이든 I형이든 모든 사람은 E-I

형에서 하나의 연속점수를 갖는다는 점이다. 즉, E형의 연속점수와 I형의 연속점수가 따로 있는 것이 아니라 E-I형이라는 하나의 연속선상에서 개인별로 특정 점수를 갖게 된다.

위의 예를 통해 설명하면 A는 E형이므로 E-I 연속선상에서의 연속점수는 100-21 = 79가 된다. 만약 B라는 사람이 I형이고 선호점수가 30이 나왔다고 한다면 이 사람의 연속점수는 100+30 = 130이 된다.

다른 유형에서의 연속점수도 이와 동일하게 계산되기 때문에 개인별로 모두 4개의 연속점수(E-I, S-N, T-F, J-P)가 계산된다. 따라서 연속점수에서 점수가 높을수록 그 사람은 I형, N형, F형, P형에 가깝게 되며 반대로 점수가 낮을수록 E형, S형, T형, J형에 가깝게 된다.

MBTI와 다른 변인(예: 흥미유형) 간의 상관연구를 할 경우 흥미유형에서 예술형의 점수와 MBTI에서 네 가지 유형의 연속점수 간의 상관이 −.32, .55, .30, .25와 같이 계산되었다고 한다면, 이는 예술형에 대한 흥미가 강할수록 성격에서는 외향형, 직관형, 감정형 및 인식형이 높다고 해석할 수 있다.

3. 검사평가

1) 검사의 신뢰도 및 타당도

MBTI의 신뢰도와 타당도에 관한 연구를 살펴보면, 먼저 신뢰도에서 다양한 표집을 대상으로 실시한 연구에서 나타난 크론바 α계수는 EI 척도의 경우 .74에서 .83, SN 척도의 경우 .74에서 .85, TF 척도의 경우 .64에서 .82, 그리고 JP 척도의 경우 .78에서 .84였다(Myers & McCaulley, 1985).

Harvey(1996)는 MBTI 매뉴얼(Myers & McCaulley, 1985)에 나와 있는

다양한 신뢰도계수를 토대로 남녀 각각에 대해 메타분석을 실시하여 반분
신뢰도를 계산하였다. 남성의 경우 EI 척도는 .82, SN 척도는 .83, TF 척
도는 .82, 그리고 JP 척도는 .87이었으며, 여성의 경우 EI 척도는 .83, SN
척도는 .85, TF 척도는 .80, 그리고 JP 척도는 .86이었다.

검사-재검사 신뢰도도 다양한 표집과 다양한 기간을 토대로 계산한 결
과, SN 척도의 경우 .93에서 .69, EI 척도의 경우 .93에서 .75, JP 척도의
경우 .89에서 .64, 그리고 TF 척도의 경우 .89에서 .48까지의 값을 보였다
(Myers & McCaulley, 1989). 최근 Capraro와 Capraro(2002)의 메타연구
결과 나타난 MBTI의 평균 크론바 α계수와 검사-재검사 신뢰도 계수도
만족할 만한 것으로 나타났다.

MBTI의 타당도는 일반적으로 다른 성격검사와의 상관을 통해 수렴타당
도를 보여 주는 방법으로 입증하고 있다(Myers & McCaulley, 1985). 일부
연구들은 요인분석을 통하여 4요인 구조 모형이 바람직한 것임을 보여 주
고 있다(Thompson & Borrello, 1986; Tischler, 1994).

MBTI의 타당도를 간접적으로 보여 주는 직업 선택과의 관련성을 살펴
본 의대생을 대상으로 한 종단적 연구(McCaulley, 1977)에 따르면, 외향형
은 정형외과, 산부인과 및 부인과 소아과에 좀 더 관심을 가졌고, 내향형은
병리학, 마취학 심리치료 분야를 선택한 것으로 나타났다. 또한 감각형은
마취학, 산부인과 및 부인학을 선택했으며, 직관형은 병리학, 신경학 및
심리치료를 전공으로 선택하는 경향이 있었다.

MBTI는 국내에서 김정택과 심혜숙(1990)에 의해 표준화 과정을 거쳐서
현재 폭넓게 사용되고 있다. 표준화 과정에서 나타난 한국판 MBTI의 신뢰
도계수는 반분법을 사용한 경우 EI 척도는 .77, SN 척도는 .81, TF 척도는
.78, 그리고 JP 척도는 .82로 나타났다. 또한 검사-재검사법을 사용한 경
우 EI 척도는 .86, SN 척도는 .85, TF 척도는 .81, 그리고 JP 척도는 .88로
전반적으로 높게 나타났다.

2) 해석 시 주의할 점

MBTI가 다른 성격검사와 가장 다른 점(Quenk, 2000)은 이 검사는 개인이 특정 성격특성을 얼마나 가지고 있는지를 측정하는 성격특성검사가 아니라는 점이다. 예를 들어, 대부분의 성격특성을 측정하는 검사는 특정 성격특성(예: 성실성)이 있다고 가정하고 개인이 그 특성을 얼마나 가지고 있는지를 측정하게 되며, 각 사람의 점수를 그래프로 그리면 중간 점수가 가장 많은 정규분포를 이룬다는 가정을 하게 된다. 즉, 양적 정보에 크게 의존하게 된다.

그러나 MBTI는 질적인 정보에 더 의존하게 된다. 즉, 질적으로 차이가 있는 범주가 있다고 가정하고 개인이 어떤 범주를 더 선호하는지를 측정하여 개인을 특정 범주에 포함시키게 된다. 따라서 점수도 정규분포를 가정하지 못하며, 오히려 중간보다는 양 끝에 점수가 더 많이 분포되는 모양을 갖게 된다.

또한 일반 성격특성검사에서 개인의 점수는 해당 특성을 얼마나 가지고 있는지를 의미하게 되는데, MBTI에서 개인의 점수는 해당 범주로 분류된 정확도가 얼마나 높은지를 나타내는 것으로 해석된다. 따라서 MBTI에서는 점수가 중간에 있을 경우(MBTI 선호점수로는 0점에 가까움) 개인의 성격유형이 어떤 범주인지 분류하기가 어렵다는 의미로 해석된다.

MBTI는 개인 및 직업 상담을 포함하는 다양한 상황에서 폭넓게 사용되고 있다(Provost & Anchors, 1988). 여러 조사에 따르면 MBTI는 대학의 경력상담가뿐(Graff et al., 1991) 아니라 조직상황에서도 전직상담과 경력개발을 위해(Sample & Hoffman, 1986) 가장 많이 사용하고 있는 검사 중 하나인 것으로 나타났다.

MBTI는 직업에 대한 정보를 제공하는 도구로서 충분히 활용될 수 있으나, 직업을 결정하기 위해 MBTI 결과에만 의존하는 것은 바람직하지 못하다(McCaulley & Martin, 1995). 또 주의해야 할 점은 MBTI는 개인의 역량을 측정하는 것이 아니라 개인의 선호경향을 나타내기 위해서 개발된 검사라는 점이다. 따라서 MBTI는 누가 더 성숙한 성격의 소유자이고 누가 부족한 성격의 소유자인지를 측정하는 검사가 아니라는 점에 주의를 기울일 필요가 있다.

제17장

흥미검사

이 장에서는 흥미검사 가운데 세계적으로 가장 많이 사용되는 검사 중의 하나인 스트롱 흥미검사에 대해 설명하고자 한다. 스트롱 흥미검사에 관한 다음의 내용은 주로 Campbell(1971)의 저서인 『스트롱 직업흥미검사』와 Harmon, Hansen, Borgen 및 Hammer(1994)의 『스트롱 흥미검사: 응용 및 실무 지침서』를 주로 참고하였다.

1. 개발과정 및 구성척도

스트롱 흥미검사(Strong Interest Inventory)는 개인의 흥미를 측정하여 그에 적합한 직업에 관한 정보를 주기 위해 개발된 검사다. 스탠퍼드 대학의 심리학자였던 Strong이 1927년에 처음으로 스트롱 직업흥미검사(Strong Vocational Interest Blank: SVIB)를 개발하였고, 1933년에는 여성을 위한 SVIB−W을 개발한 이래 여러 번의 개정을 통해 오늘에 이르고 있다.

처음에는 특정 직업에 속하는 사람들의 흥미를 파악하는 직업척도 (Occupational Scale: OS) 개발부터 시작해서 기본흥미척도(Baisic Interest Scale: BIS), 일반흥미유형(General Occupational Theme: GOT) 등을 차례로 개발하였다. 그리고 1994년의 개정판(Harmon et al., 1994)에서는 개인 특성척도(Personal Style Scale: PSS)를 추가하였다. 각 척도에 대한 내용을 차례로 설명하고자 한다.

1) 직업척도

흥미검사와 관련된 최초의 흥미 문항은 카네기 공대(지금의 카네기멜론 대학)의 Yoakum이 1919년 대학원 학생들과 함께 흥미검사 개발을 위해 1,000개의 흥미 문항을 개발한 것에서 출발한다(Campbell, 1971). 실제로 1921년에 카네기 흥미검사(Carnegie Interest Inventory)가 개발되었다. 1923년 카네기 공대의 산업심리 프로그램이 없어짐에 따라 이 검사는 더 이상 발전되지 못했지만 이때 개발된 문항들은 스트롱 흥미검사를 비롯해 다른 흥미검사 개발에도 영향을 미쳤다.

스트롱 흥미검사는 Strong이 1923년 스탠퍼드 대학에 교수로 부임한 후, 지도학생 중의 하나였던 Karl Cowdery가 물리학자, 엔지니어, 법률가 등의 흥미에 관한 석사논문을 쓰면서 시작된다. 그들은 공학을 전공할 생각을 갖고 있는 대학 1·2학년생, 공학을 전공하고 있는 3·4학년생, 대학원에서 공학을 전공하고 있는 집단, 근속연수가 5년 미만인 엔지니어 집단, 근속연수가 5년 이상인 엔지니어 집단의 5개 집단의 흥미를 비교하였다. 이 5개 집단은 엔지니어 흥미척도에서 거의 동일한 점수를 기록했다. 이를 통해 엔지니어에 대한 흥미는 실제 엔지니어 훈련을 받거나 실무경험을 하기 전에도 존재하며, 이러한 흥미가 직업 선택으로 연결되는 것이지 직업 선택으로 인해 흥미가 새롭게 발생하는 것은 아니라는 결론을 내렸다.

최초 개발 시에는 단순히 10개의 직업척도(Occupational Scales: OS)로 출발하였다. Strong은 당시 군사심리학자(military psychologist)로 알려져 있었으며 처음에는 군대에서 병과 배치하는 데 흥미검사를 사용했다고 한다. 예를 들어, 조리병과 운전병은 좋아하는 활동에서 차이가 있을 것이기 때문에 이 흥미검사를 통해 개인에게 적합한 병과에 관해 안내해 주려고 했다. Strong은 어려운 여건 속에서도 조금씩 직업 수를 늘려가면서 각 직업에 종사하는 사람들이 좋아하는 활동이 무엇인지를 알아내는 작업을 계속하였으며, 결과적으로 일반인들의 직업흥미를 측정하여 적합한 직업정보를 제공하는 검사로 발전시켰다.

이 과정에서 흥미 있는 사실은 Strong이 직업 수를 점점 늘려감에 따라 많은 직업들을 몇 개의 직업군으로 묶을 필요성을 느끼게 되었고, 이 문제를 해결하기 위해 그 당시 요인분석 기법을 실시하고 있었던 Thorndike에게 자료를 주고 분석을 부탁했던 적이 있었다는 점이다. Thorndike는 당시에 요인분석을 실시하여 5개의 직업군으로 묶을 것을 제시한 바 있었다(Campbell, 1971).

이와 같이 스트롱 흥미검사는 개인의 응답을 기존에 이미 조사한 다양한 직업에 종사하는 사람들의 반응(흥미)과 비교하여, 개인의 흥미유형과 비슷한 사람들의 직업을 그 개인에게 적합한 직업으로 제공한다. 또한 개인에게 계속해서 새로운 직업정보를 제공하기 위해 주기적으로 새로운 직업을 조사하여 해당 직업 종사자들의 흥미를 알아내는 작업을 해 나가고 있다. 이 과정에서 Strong은 직업별로 구분이 잘되지 않는 일반적인 문항을 가능한 배제하고 해당 직업과 관련된 문항을 만들려고 노력했다.

이와 같은 문항 개발방법을 경험적 방법이라고 한다. 즉, 처음에 문항을 만들고 적합한 문항을 선택하는 데 있어서 어떤 이론적인 틀을 토대로 한 것이 아니라, 단순히 다양한 문항을 특정 직업에서 잘하고 있는 사람들에게 실시한 후 피검사자의 응답과 특정 직업 종사자의 응답을 비교하여 개인에게 그 직업이 적합한지 아닌지를 안내해 주게 된다. 예를 들어, 엔지니어들이 '좋아한다'고 응답한 문항들에 대해 특정 피검사자는 상당수 문항들에 대해 '좋아하지 않는다'고 응답했다면, 그 피검사자는 엔지니어 척도에서 낮은 점수를 받게 되고 엔지니어는 적합하지 않은 것으로 검사결과가 나타나게 된다.

만약 특정 문항이 '낚시'라고 가정해 보자(실제 검사에서 엔지니어에 속하는 문항은 아님). 많은 성공한 엔지니어들이 이 문항을 좋아한다고 했으나 특정 피검사자는 낚시를 싫어한다고 대답했으면, 그 사람은 엔지니어 척도에서 낮은 점수를 받게 되며 엔지니어는 그 사람에게 적합하지 않은 직업으로 나타나게 된다.

이 경험적 방법의 문제점은 왜 '낚시'가 엔지니어들이 좋아하는 활동인지에 대한 이론적 근거가 부족하다는 점이다. 그냥 자료를 경험적으로 분석해 봤더니 일반 피검사자와 엔지니어가 좋아하는 것이 같거나 다르기 때문에 해당 피검사자에게 엔지니어 직업이 적합 또는 부적합하다는 단순한 논리를 토대로 적합직업을 제공한다.

스트롱 흥미검사에서 직업척도라고 부르는 특정 직업군에 속하는 문항을 선정하는 과정을 좀 더 자세히 설명하면 다음과 같다(Harmon et al., 1994). 기본적인 아이디어는 해당 직업에 속하는 사람들로 하여금 문항에 응답하게 한 후, 응답내용이 전체 모집단을 대표하는 일반 규준집단(general reference sample)의 응답내용과 다를 경우 그 문항을 특정 직업군에 속하는 문항으로 선정하였다.

예를 들어, 직업 A, 직업 B, 직업 C 그리고 일반 규준집단 사람들의 '조깅'이라는 문항에 대한 응답내용이 〈표 17-1〉과 같다고 가정하자. 표에서 보듯이 직업 A에 속하는 사람들 가운데 조깅을 좋아하는 사람들(90%)이 싫어하는 사람들(5%)보다 훨씬 더 많다. 이를 일반 규준집단의 응답과 비교하면, 조깅을 좋아하는 사람들은 더 많고(90% 대 45%) 싫어하는 사람은 더 적다(5% 대 45%). 반면에 직업 B에 속하는 사람들은 조깅을 싫어하는 사람들(70%)이 좋아하는 사람들(20%)보다 더 많다. 이를 일반 규준집단과 비교하면, 조깅을 좋아하는 사람들은 더 적고(20% 대 45%) 싫어하는 사람들은 더 많다(70% 대 45%).

즉, '조깅' 문항은 직업 A와 직업 B에 속하는 사람들을 일반 규준집단과 구분되게 하는 문항으로 볼 수 있으며, 직업 A와 직업 B에 속하는 문항으로 선정할 수 있다. 그러나 각 직업에서 이 문항에 배정하는 가중치는 다르게 된다. 직업 A에 속하는 사람들은 일반 규준집단에 비해 조깅을 좋아하는 사람이 더 많은 반면, 직업 B에 속하는 사람들은 일반 규준집단에 비해 조깅을 싫어하는 사람이 더 많기 때문이다. 따라서 직업 A의 경우 '조깅' 문항에 사람들이 좋아한다고 응답하면 +1을, 싫어한다고 응답하면 −1의 가중치를 배정한다. 직업 B의 경우는 반대로 사람들이 좋아한다고 응답하면 −1을, 싫어한다고 응답하면 +1의 가중치를 배정한다.

한편, 직업 C의 경우 일반 규준집단과 비교하면 조깅을 좋아하는 사람들의 비율(43% 대 45%)과 싫어하는 사람들의 비율(42% 대 45%)이 거의 비슷하다. 따라서 '조깅' 문항은 직업 C에 종사하는 사람들과 일반 규준집단의

〈표 17-1〉 스트롱 흥미검사에서의 문항 선정 및 가중치

일반 규준집단을 활용하는 척도

문항	좋아함(%)	무관심(%)	싫어함(%)
조깅			
직업 A	90	5	5
직업 B	20	10	70
직업 C	43	15	42
일반 규준집단	45	10	45
A와 규준집단의 차이	45	5	−40
B와 규준집단의 차이	−25	0	25
C와 규준집단의 차이	−2	5	−3

사람들을 구분해 주지 못하는 문항으로 볼 수 있으며, 직업 C에 속하는 문항으로 포함시킬 수 없게 된다.

1963년 미네소타 대학에 흥미측정연구소가 개설되어 Strong이 스탠퍼드 대학에서 연구했던 자료들이 모두 이곳으로 옮겨지게 되었다. 당시 Strong은 병으로 인해 연구활동을 할 수 없는 처지가 되었다. 그 해 겨울 Strong이 죽고 난 후 미네소타 대학의 흥미측정연구소에서 Campbell의 주도하에 스트롱검사의 개정판이 개발되기 시작하였다(Campbell & Borgen, 1999). 그리하여 1966년에는 남성용이 개정되었고(Campbell, 1966), 1969년에는 여성용이 개정되었다(Campbell, 1969). 1966년도에 개정된 남성용 스트롱 흥미검사에서 Campbell은 직업척도에 대한 해석의 폭을 넓히기 위해 기본흥미척도(Basic Interest Scales: BIS)를 처음으로 도입하였다.

2) 기본흥미척도(BIS)

직업척도에서 문제가 되는 것은 특정 직업에 속하는 모든 흥미 문항이 다른 직업에 속하는 모든 흥미 문항과 다르지 않다는 점이다. 만약 각 직업에 속하는 흥미 문항이 다 다르고 직업척도마다 중복되는 문항이 없다면 개인에게 특정 직업이 적합하다는 정보를 주기가 쉬울 것이다. 그러나 실제로 상당수의 흥미 문항들이 한 직업에서만 좋아하는 것으로 나타나는 것이 아니라 다른 직업에서도 좋아하는 것으로 나타나고 있다. 또한 수많은 직업들을 다 조사하는 것은 불가능하기 때문에 일부 문항에 대한 응답을 토대로 조사하지 않은 다른 직업에도 흥미가 있을 것이라는 추론을 하는 것이 필요하게 되었다. 마지막으로 직업의 수가 많아짐에 따라 피검사자가 각 직업에 적합한지 아닌지를 모든 직업을 대상으로 정보를 제시하는 것은 복잡하기 때문에 간편하게 결과를 제시할 수 있는 방법을 모색하게 되었다.

　이러한 이유로 인해 기본흥미척도가 개발되었다. Campbell은 이 척도 개발을 위해 모든 문항들 간의 상호 상관계수를 계산하였으며, 상관이 높은 문항들끼리 하나의 군으로 묶는 작업을 하였다. 전반적으로 상관계수가 그다지 높지 않기 때문에 상관계수 0.3 이상을 높은 상관으로 간주하고 동일군으로 분류하였다. 남자의 경우 25개 군으로 분류할 수 있었고 이를 기본흥미척도라고 명명하였다. 예를 들어, '치과의사' '약사' '내과의사' '외과의사' '생리학자' '동물학자' '응급치료 도움주기' 등의 문항들의 상호 상관이 높았으며, 이 문항들을 묶어서 '의료봉사'라는 기본흥미척도를 만들어 내었다.

　이 과정에서 단순히 상관계수의 크기만 가지고 군으로 묶은 것이 아니라 연구자들의 주관적 판단도 반영하였다. 예를 들어, '조각가'는 과학과 관련된 문항들과 상관이 높았으나 실제 내용면에서 판단할 때 과학과 관련성이 낮기 때문에 과학 관련 군에 포함시키지 않았다. 또한 특정 문항이 특정 기본흥미척도에만 포함되지 않고 다른 척도에도 포함되는 경우가 있었기 때문에 기본흥미척도를 완전히 독립적인 것으로는 볼 수 없었다. 일부 기본흥미척도들은 서로의 상관이 0.8 정도 되는 경우도 있었으나 연구진이 주관적으로 판단하여 다른 기본흥미척도로 구분하는 것이 바람직하다고 생각되면 독립적인 척도로 간주하였다.

　개인이 각 기본흥미척도에서 얻은 점수를 해석하기 위해 전체 규준집단(남성집단의 경우 647명)의 각 기본흥미척도에서의 평균점수를 계산하고 이를 표준점수인 T점수로 변형하였다. 각 피검사자의 기본흥미척도에서의 점수는 각 기본흥미척도에서의 규준점수와 비교하여 각 척도에서 얼마나 흥미가 높은지 또는 낮은지가 T점수를 통해 결과표에 제시되도록 설계하였다.

　각 기본흥미척도에서 직업척도들의 점수를 T점수로 변형하여 서열순으로 정리한 결과, 대략 58~59점 이상의 점수를 얻은 직업들은 해당 기본흥미척도에서 중요하고 의미가 큰 것으로 간주할 수 있었으며, 42~43점 이

하의 직업들은 해당 기본흥미척도에서 적합하지 않은 직업으로 간주할 수 있었다. 따라서 58점 이상의 점수는 흥미가 '높은 것'으로, 42점 이하의 점수는 흥미가 '낮은 것'으로 간주하였다.

　기본흥미척도와 직업척도의 관계는 그렇게 단순하지만은 않다. 일반적으로 특정 기본흥미척도에서의 점수가 높을수록 그 척도와 관련 있는 여러 직업척도에서의 점수도 높게 나타나는 경향이 있으나 반드시 그렇지만은 않다. 예를 들어, '수학' 기본흥미척도에서의 점수가 높게 나왔다 하더라도 '수학자'라는 직업척도에서의 점수는 낮게 나올 수 있다. 기본흥미척도는 이미 설명한 바와 같이 기본적으로 서로 상관이 높은 동질적인 소수(5~25개 사이)의 문항들로 구성되어 있다. 그러나 직업척도는 이와는 달리 문항의 내용이 동질적이지 않으며 문항 수도 많다(예: 수학자의 경우 86개). 특정 직업척도의 문항은 그 직업에 종사하는 사람들과 일반 규준집단의 비교를 통해 차이가 있을 때 해당 직업에 속하는 문항으로 선정된 것이기 때문에 경우에 따라서는 상당히 이질적일 수 있다. 따라서 기본흥미척도에서의 결과와 직업척도에서의 결과가 일관되지 않게 나타날 가능성이 있다.

　기본흥미척도의 신뢰도를 계산하기 위하여 2주에서 31년간의 기간에 걸쳐 검사-재검사 신뢰도가 사용되었으며 전체적으로 높게 나타났다. 이는 기본흥미척도의 안정성이 높다는 것을 의미한다. 그러나 직업척도의 신뢰도와 비교할 때는 전반적으로 다소 낮게 나타났다.

　타당도 검증을 위해 공존타당도와 예언타당도 분석을 실시하였다. 공존타당도 분석을 위해서는 각 기본흥미척도에서 다양한 직업 종사자들의 점수를 비교하였다. 그 결과 전반적으로 의미가 있는 것으로 나타났다. 예를 들어, '군사활동' 기본흥미척도에서 가장 높은 점수를 받은 직업은 '군장교'였으며, '배우'와 '예술가'가 가장 낮은 점수를 받았다. '종교활동' 척도에서도 '성직자'의 점수가 가장 높았으며, '예술가'와 '심리학자'의 점수가 가장 낮게 나타났다. 경영대 교수들을 대상으로 한 연구(Rhode, 1969;

Campbell, 1971에서 재인용)에서도 전체적으로 '가르치기' '글쓰기' '법과 정치' '공공연설' 등의 척도에서 가장 높은 점수를 얻었다. 그들을 세부 전공으로 구분하여 분석한 결과에서도 마케팅 전공 교수는 '상품판매'에서 점수가 가장 높았고, 경영관리 전공 교수는 '경영관리'에서 방법론 전공 교수는 '수학'에서, 가장 점수가 높게 나타나 기본흥미척도의 공존타당도를 입증하였다.

예언타당도 분석을 위해 실시한 미네소타 대학생을 대상으로 한 연구 (Berdie, 1960; Schletzer, 1963; Campbell, 1971에서 재인용)에서 고등학교 3학년 때 실시한 기본흥미척도에서의 점수와 대학 입학 후 그들이 선택한 전공 사이에는 밀접한 관계가 있는 것으로 나타났다(Berdie, 1960). 그리고 대학 졸업 후 그들이 선택한 직업과도 깊은 관계가 있는 것으로 나타났다 (Schletzer, 1963).

3) 일반흥미유형(GOT)

Holland의 여섯 가지 흥미유형인 현장형(realistic: R), 탐구형(investigative: I), 예술형(art: A), 사회형(social: S), 진취형(enterprising: E), 사무형 (conventional: C)을 측정하는 일반흥미유형(General Occupational Theme: GOT)은 1972년부터 스트롱 흥미검사에 포함되었다. 기본흥미척도 개발에서도 기술하였듯이 직업의 수가 늘어남에 따라 다양한 직업들을 동질적인 군으로 분류하고자 하였다. 그러나 20개가 넘는 기본흥미척도는 나름대로 의미가 있지만 이론적인 틀을 제시하기에는 너무 수가 많았기 때문에 Holland의 여섯 개의 일반흥미유형을 스트롱 흥미검사의 이론적 틀로 받아들였다.

Holland가 1965년 여섯 가지 흥미유형을 제시한 후 이 유형은 직업심리 분야에서 크게 활용되기 시작했으며 대부분의 흥미검사에서 기본 모형으로 사용되었다. 이 여섯 유형에 관해 설명하면, 먼저 현장형인 사람은 사물, 도구, 기계, 동물 등을 다루는 활동을 선호하고 사람을 접하는 활동을 싫어한다. 탐구형의 사람은 물리나 생물 또는 문화 관련 현상을 관찰하고 창의적으로 탐구하는 활동을 선호하는 반면에 설득이나 사회활동 또는 반복적인 활동을 싫어한다. 예술형은 자유롭고 모호하며 비체계적인 활동을 선호하지만 명확하고 순서화 또는 정형화되어 있는 활동을 싫어한다. 사회형은 현장형의 반대가 되는 유형으로서 누군가를 훈련시키고 개발시키고 깨우치게 하는 것과 같이 타인을 다루는 활동을 선호하나 도구나 기계를 다루는 활동을 싫어한다. 진취형은 탐구형의 반대가 되는 유형으로서 조직의 목표나 경제적 이익을 얻기 위해 타인을 다루는 활동을 선호하지만 관찰하고 체계적인 활동을 싫어한다. 마지막으로 사무형은 예술형과는 반대되는 유형으로서 자료를 정리하고 기록을 남기는 것과 같이 자료를 명확하고 체계적으로 다루는 활동을 선호하지만 모호하고 체계적이지 못한 활동을 싫어한다.

이 흥미유형은 육각형 모형(hexagon model)이라고도 불리는데, 그 이유는 [그림 17-1]에서 보듯이 여섯 유형이 육각형 모양을 하고 있기 때문이다. 이 모형에서 서로 마주 보고 있는 흥미유형이 반대되는 유형이며, 서로

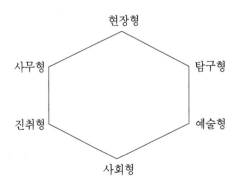

[그림 17-1] Holland의 육각형 모형

가까운 거리에 있는 유형일수록 비슷한 정도가 더 크게 된다. 예를 들어, 현장형의 반대 유형은 사회형이며, 현장형은 그 특성에 있어서 예술형보다는 탐구형과 더 유사하고 진취형보다는 사무형과 더 유사하다.

Holland(1985)는 개인의 직업흥미는 성격을 반영한다고 주장하였으며, 여섯 가지 흥미유형과 관련된 성격특성에 대해 기술하였다. 그에 따르면 현장형은 일반적으로 비사교적이고 융통성이 부족하며 실용적이고 통찰력이 부족한 성향이 있다. 탐구형은 분석적이고 호기심이 많으며 지적이고 합리적인 성향이 있다. 예술형은 상상력이 풍부하고 강압적이며 규칙에 따르지 않고 개방적이다. 사회형은 사교성이 있고 동정적이며 설득적이고 책임감이 있다. 진취형은 야심이 있고 호의적이며 외향적이고 자신감이 높은 성향이 있다. 마지막으로 사무형은 순응적이고 융통성이 부족하며 질서가 있고 실용적인 성향이 있다.

Campbell은 Holland의 이론적 모형을 스트롱 흥미검사에 적용하기 위해, 여섯 가지 유형에 적합한 문항을 기존의 스트롱 흥미검사 문항에서 유형별로 20개씩 선정하였다(Campbell & Holland, 1972). 선정하는 과정은 주로 문항 간 상호 상관과 문항척도상관의 통계방법을 사용하였으며 각 흥미유형에 대표적인 직업과 관련된 문항들도 포함하였다.

일반흥미유형의 규준은 처음에는 평균연령 34.3세인 600명의 남녀로 구성된 표집에서 얻어졌다. 남녀의 점수분포에 차이가 있었기 때문에 피검사에게 점수결과를 제공할 때는 피검사자의 성별에 따라 다른 규준점수가 사용되었다. 달리 말해, 피검사자가 6개의 일반흥미유형에 대해 어느 정도의 흥미가 있는지에 관한 정보를 제공할 때, 예를 들어 '높은 흥미'에 해당하는 규준점수는 남녀에 따라 차이가 있었다. 전체적으로 현장형, 탐구형 및 진취형에서는 남성의 점수가 높았고, 예술형과 사회형에서는 여성의 점수가 높았다. 사무형에서는 남녀 간에 차이가 거의 없었다.

이러한 일반흥미유형이 개발됨으로써 각 유형에 적합한 기본흥미척도와 직업척도를 구분하는 작업이 병행되었다. 먼저 각 기본흥미척도가 어떤 일반흥미유형에 포함되는지를 결정하기 위해 모든 기본흥미척도와 일반흥미유형 간에 상관계수를 구하였다. 특정 기본흥미척도와 6개의 일반흥미유형 간의 상관 가운데 상관계수가 가장 크게 나타난 일반흥미유형을 해당기본흥미척도가 속하는 흥미유형으로 분류하였다. 남녀 간에 차이 없이 동일한 기본흥미척도는 동일한 일반흥미유형과 가장 크게 관련되었다. 예를 들어, 기본흥미척도 가운데 하나인 '농업'은 남녀 차이 없이 '현장형'과 가장 크게 관련되어 현장형에 포함시켰으며, '수학'은 남녀 차이 없이 '탐구형'과 가장 크게 관련되어 탐구형에 포함시켰다.

직업척도의 경우 각 직업에 속하는 사람들이 6개의 일반흥미유형에서 얻은 점수를 비교하여 어떤 일반흥미유형에서 높은 점수를 얻었는지를 파악한 후, T점수가 53점 이상일 때 해당 일반흥미유형의 코드를 할당하였다. 모든 직업척도에서 하나 이상의 코드가 나타났으며, 53점 이상인 일반흥미유형이 3개일 경우에는 해당되는 3개의 코드를 할당하였다. 해당 코드는 점수 순서대로 정리하였다. 예를 들어, 심리학자의 경우 남녀 모두 IAS의 3개 코드가 할당되었다. 즉, 남녀 심리학자 모두 탐구형, 예술형 그리고 사회형에서 점수가 높게 나타났다.

각 직업척도에 해당되는 일반흥미유형 코드를 할당한 후 코드의 순서를 Holland의 육각형 모형에서의 순서(R-I-A-S-E-C)와 비교해 본 결과, 전체 162개 직업척도 가운데 9개에서 육각형 모형에서 대각선으로 마주 보는 코드 유형(예: IE/EI, AC/CA, SR/RS 등)이 나타났다. 앞서 설명했듯이 Holland의 육각형 모형([그림 17-1] 참조)에서는 코드가 서로 근접해 있을수록 흥미유형이 서로 비슷함을 말해 주며, 코드가 서로 멀리 있을수록 흥미유형이 서로 다름을 말해 준다. 특히, 대각선에서 마주 보고 있는 유형은 서로 반대되는 흥미유형으로 간주할 수 있다. Campbell과 Hansen이 1981년에 개발한 스트롱 흥미검사에서는 대부분의 직업척도에서 Holland의 육각형 순서에 맞게 서로 근접한 코드 유형이 나타났다. 예를 들어, 심리학자의 경우 Holland의 순서에 맞게 서로 근접한 IAS가 나타났다.

일반흥미유형과 기본흥미척도의 관계에서 동일한 유형에 속하는 개인이라 하더라도 그 속에서 어떤 기본흥미척도에서 점수가 높으냐에 따라 다른 직업안내 정보가 제공된다. 예를 들어, 두 명이 현장형에서 점수가 제일 높다 하여도 한 사람은 현장형에 포함되는 여러 기본흥미척도 가운데 농업 관련 기본흥미척도에서 점수가 가장 높을 수 있으며, 다른 사람은 운동경기 관련 기본흥미척도에서 점수가 가장 높을 수 있다. 이 경우 두 명은 동일한 현장형에 속한다 하더라도 각기 다른 직업정보가 제시될 수 있다. Hansen과 Johansson(1972)은 Strong의 여성용 흥미검사에도 Holland의 이론을 적용하여 동일한 결과를 얻었다.

1974년에는 미국에서 불기 시작한 여권운동의 여파로 인해 흥미검사를 여성용과 남성용으로 구분하는 것은 여성을 차별하는 것이라는 비판이 일면서 남성과 여성 모두에게 적용될 수 있는 통합판이 개발되었다(Campbell & Borgen, 1999). 이는 스트롱-캠벨 흥미검사(Strong-Campbell Interest Inventory: SCII)라고 명명되었다(Campbell, 1974). 이 검사에서 문항 수는 325개로 줄어들었다. 또한 기본흥미척도보다 더 구체적인 직업정보를 제공하는 직업척도의 수가 207개로 늘어났다.

4) 개인특성척도(PSS)

스트롱 흥미검사는 계속 새로운 직업을 추가하면서 몇 차례의 개정이 이루어졌는데(Campbell & Hansen, 1981; Hansen & Campbell, 1985), 가장 최근의 개정은 1994년에 이루어졌다(Harmon et al., 1994). 이 검사는 스트롱 흥미검사(Strong Interest Inventory: SII)로 명명되었다. 문항의 수는 317개, 기본흥미척도의 수는 25개로 증가하였으며, 직업척도의 수도 새롭게 생긴

직업들을 추가하여 211개로 증가하였다. 한편, 이 검사에서 개인의 특성을 측정하는 4개의 척도로 구성된 개인특성척도(Personal Style Scales: PSS)가 추가되었다.

1994년에 개정된 스트롱 흥미검사의 가장 큰 특징은 전에는 없었던 개인특성척도가 추가되었다는 점이다. 개인특성척도는 업무유형, 학습유형, 리더십 유형 그리고 모험심 유형의 네 가지 하위척도로 구분된다. 이 가운데 업무유형 척도는 업무처리를 하는 방법에서 혼자 일하는 것을 선호하는지, 아니면 남들과 함께 일하는 것을 선호하는지의 정도를 측정한다. 점수가 낮으면 혼자 일하는 것을, 반대로 점수가 높으면 함께 일하는 것을 선호하는 것을 의미한다. 이 척도는 남녀 간의 점수에서 다소 차이가 있는 것으로 나타났다. 여성은 다른 사람과 함께 일하는 것을 좀 더 선호하는 반면, 남성은 혼자 일하는 것을 좀 더 선호하는 것으로 나타났다. 다른 사람과 같이 일하는 것을 선호하는 사람들은 사람지향적인 직업과 활동에 긍정적으로 반응하며, 이 점수가 높은 사람들의 대표적인 직업의 예로는 보육교사, 항공기승무원, 고등학교 상담교사, 사회복지사 등이 있다. 이 척도에서 점수가 낮은 사람들은 사람이 아닌 자료와 사물을 다루며 혼자 시간을 보내는 경우가 많은 직업과 활동을 선호한다. 그러한 사람들의 대표적인 직업의 예로는 생물학자, 화학자, 수학자, 컴퓨터 관련, 물리학자 등이 있다.

학습유형 척도는 선호하는 학습활동에서의 차이를 측정하는 것으로서 실용적이고 실무적인 학습을 선호하는 사람과 이론개발과 같은 학문적인 학습을 선호하는 사람을 구분하기 위해 사용된다. 이 척도에서는 남녀 차이가 거의 없는 것으로 나타났다. 이 척도에서 점수가 낮을수록 실용적 환경을 선호하며, 반대로 점수가 높을수록 학문적 학습환경을 선호한다. 학문적 학습환경을 선호하는 사람들은 교수, 문화, 언어, 연구에 대한 흥미가 강하며, 직업의 예로는 대학교수, 지리학자, 변호사, 물리학자, 심리학자 등이 있다. 실용적 환경을 선호하는 사람들은 사무, 기술, 신체적 활동에 흥미가 강하며, 직업의 예로는 자동차정비사, 치과위생사, 농업 종사자, 이·미용사, 간호사 등이 있다.

리더십 유형 척도는 다른 사람들 앞에 서서 그들을 이끌고 나아가는 것을 선호하는지, 아니면 타인의 지시를 받는 것을 더 선호하는지의 정도를 측정한다. 이 척도에서 남녀 간의 점수 차이는 없는 것으로 나타났다. 점수가 높을수록 다른 사람을 지휘하는 것을 선호하며, 반대로 낮을수록 다른 사람의 지시를 받는 것을 선호함을 의미한다. 다른 사람을 이끌고 나가는 것을 선호하는 사람들은 사람을 만나서 설득하고 이끌어 나가고 조직에서 주도권을 쥐고 자신이 책임지는 것을 선호한다. 대표적인 직업의 예로는 방송인, 성직자, 선출된 공무원 등이 있다. 타인의 지시를 받는 것을 선호하는 사람은 타인에 대해 책임지는 것을 부담스럽게 생각하기 때문에 남에게 시키기보다는 스스로 과제를 진행하는 것을 선호하는 경향이 있다. 자동차정비사, 화학자, 농부, 수학자, 수의사 등의 직업이 이에 해당된다.

마지막으로 모험심 유형 척도는 욕심을 부리지 않고 안전 위주로 가면서 안정적인 상황을 유지하려는 것을 선호하는지, 아니면 모험을 선택해서 위험을 무릅쓰고서라도 새로운 상황에 도전하는 것을 선호하는지의 정도를 측정한다. 이 척도에서는 남녀 간에 점수 차이가 있었다. 남성의 점수가 더 높게 나타나 위험을 감수하려는 경향이 높았고, 여성은 상대적으로 점수가 더 낮게 나타나 안정을 추구하는 경향이 높은 것으로 나타났다. 위험을 감수하려는 사람들은 계획에 없던 일을 갑자기 하거나 임의적으로 행동하는 경향이 있으며 독립심과 자기 신념이 강한 성향을 보인다. 직업의 예로는 탐험가, 운동감독, 전기기술자, 경찰관 등이 있다. 반대로 안정을 선호하는 사람들은 신중하며, 가능성이 낮은 활동은 시도하지 않으려는 성향이 강하다. 일반적으로 치과위생사, 사서, 간호사, 병리학자 등의 직업이 이에 해당된다.

네 척도 간의 관계에서는 업무유형과 리더십 유형 간의 상관이 가장 높게 나타나며(남성 .61, 여성 .52), 다른 상관들은 전반적으로 낮게 나타났다.

이 개인특성척도는 여섯 가지 일반흥미유형과 어느 정도 관련성이 있다. 상관분석 결과 업무유형은 사회형이나 진취형과 정적 상관이 높게 나타났고, 현장형이나 탐구형과는 부적 상관이 높게 나타났다. 학습환경은 현장형과는 부적 상관이 높고 탐구형과는 정적 상관이 높았다. 리더십 유형은 진취형과 정적 상관이 높았으나 현장형과는 부적 상관이 높았다. 마지막으로 모험심 유형은 현장형과 정적 상관이 높게 나타났다. 전반적으로 사무형과는 특별한 관련이 없는 것으로 나타났다.

이러한 개인특성을 측정하는 문항은 흥미 문항 이외에 별도로 있는 것이 아니고 기존의 흥미 문항 가운데 이러한 개인특성과 관련 있는 문항들을 선택한 것이다. 따라서 개인특성척도에 속하는 문항들은 각 흥미유형을 측정하는 문항들로도 활용된다.

대학생을 대상으로 1개월 간격으로 실시해서 얻은 이 척도의 검사-재검사 신뢰도는 모두 높게 나타났다(.83~.91 사이). 각 척도에서 직업별 점수를 비교한 결과 업무유형에서는 보육교사가, 학습환경에서는 사회학자가, 리더십 유형에서는 선출된 공무원이, 그리고 모험심 유형에서는 경찰관이 가장 높은 점수를 얻은 것으로 나타났다. 이는 척도의 공존타당도가 있음을 간접적으로 입증한다.

5) 현재의 스트롱 흥미검사

현재 가장 최근의 개정판은 1994년에 개정된 스트롱 흥미검사다(Harmon et al., 1994). 국내에서 현재 사용되는 스트롱 흥미검사도 이 개정판을 토대로 표준화되었다. 1994년 개정판의 특징을 좀 더 자세히 살펴보면, 우선 규준집단으로 사용된 표집의 크기가 크게 늘어 남성 9,484명, 여성 9,467명 등 모두 18,951명으로 구성되어 전에 비해 좀 더 정확한 정보를 제공할 수 있게 되었다.

문항에서는 1985년판에 비해 282개 문항은 동일하거나 일부 내용만이 변경되었고(예: 타이피스트 → 워드프로세서) 35개 문항은 새롭게 만들어졌다. 변경되거나 새롭게 만들어진 문항들은 과거에 비해 보다 대중화된 직업(예: 컴퓨터프로그래머 추가), 활동(예: 음식에 대해 보다 잘 알기), 과목(예: 컴퓨터공학)을 반영한 것이다.

각 일반흥미유형에 해당하는 문항은 전과 마찬가지로 20개 정도로 구성되었으며, 규준집단이 다름에 따라 일부 다른 문항들이 각 유형을 대표하는 문항으로 선정되었다. 1개월 간격으로 재검사를 실시하여 검사-재검사 신뢰도를 구한 결과 6개 흥미유형 척도 모두 .80 이상으로 나타났다. 각 유형척도에서 점수가 가장 높게 나타난 직업을 분석한 결과 R형에서는 자동차정비사, I형에서는 물리학자, A형에서는 미술교사, S형에서는 외교관, E형에서는 상점경영인, 그리고 C형에서는 상업교사로 나타났다. 이는 일반흥미유형 척도의 공존타당도를 보여 주는 것으로 해석할 수 있다.

기본흥미척도에서는 4개가 새로 생겨났다. 이는 예술형에서 응용미술과 가정/가사의 2개 흥미척도, 사무형에서 컴퓨터 관련 활동과 자료관리의 2개 흥미척도다. 기본흥미척도를 6개의 흥미유형에 할당하는 과정은 이미 기술한 바 있다. 1994년 개정판에서도 동일한 과정을 거쳐 25개 기본흥미척도를 6개 흥미유형으로 구분하다. 그 결과는 1985년 검사와 거의 동일하다.

각 흥미유형에 속하는 기본흥미척도를 간략하게 정리하면 다음과 같다(김정택, 김명준, 심혜숙, 2001 참조).

① 현장형(R): 농업, 자연, 군사활동, 운동경기, 기계 관련 활동
② 탐구형(I): 과학, 수학, 의학
③ 예술형(A): 음악/드라마, 미술, 응용미술, 글쓰기, 가정/가사

④ 사회형(S): 교육, 사회봉사, 의료봉사, 종교활동

⑤ 진취형(E): 대중연설, 법/정치, 상품유통, 판매, 조직관리

⑥ 사무형(C): 자료관리, 컴퓨터 활동, 사무활동

25개 기본흥미척도의 검사-재검사 신뢰도 또한 매뉴얼에 보고된 바에 따르면 .78을 넘는 것으로 나타났다. 각 기본흥미척도에서 높은 점수를 얻은 직업을 분석한 결과, 해당 기본흥미척도와 관련 있는 직업들이 높은 점수를 받은 것으로 나타났다. 이는 기본흥미척도의 공존타당도를 보여 주는 결과로 해석할 수 있다.

각 기본흥미척도에서 가장 높은 점수를 받은 직업(괄호 안에 제시)만을 열거하면 다음과 같다. 즉, 농업(농업교사), 자연(원예업자), 군사활동(직업군인), 운동경기(체육교사), 기계 관련 활동(자동차정비사), 과학(물리학자), 수학(수학자), 의학(의학자), 음악/드라마(음악가), 미술(미술교사), 응용미술(의료도해가), 글쓰기(영어교사), 가정/가사(가정교사), 교육(학교행정가), 사회봉사(고등학교 상담교사), 의료봉사(간호사), 종교활동(간호사), 대중연설(선출된 공무원), 법/정치(선출된 공무원), 상품유통(구매업자), 판매(부동산중개업자), 조직관리(구매대리인), 자료관리(공인회계사), 컴퓨터 활동(비서), 그리고 사무활동(상업교사)이다.

6) 한국판 스트롱 흥미검사

국내에서는 2000년대에 들어서 스트롱 흥미검사가 번안되어 사용되었다. 김정택, 김명준 및 심혜숙(2001)은 1994년에 수정·개발된 스트롱 흥미검사(SII: Harmon et al., 1994)를 국내에서 처음으로 표준화하였다. 1994년에 수정·개발된 미국의 스트롱 흥미검사는 앞서 기술하였듯이 모두 317개의 문항으로 구성되어 있으며, 이 문항들은 6개의 일반흥미유형(현장형, 탐구형, 예술형, 사회형, 진취형, 사무형), 25개의 기본흥미척도, 211개의 직업

척도, 그리고 4개의 개인특성척도로 구성되어 있다.

이 문항들을 번안하는 과정에서 먼저 전체 317개 문항을 그대로 번안하였고, 이 과정에서 국내 상황에 적합하지 않다고 판단된 문항은 가장 적합한 내용으로 대체되었다. 예를 들어, 스트롱 검사 문항 중 특정 직업을 좋아하는지를 물어보는 135개 직업 문항의 경우 노동부에서 발간한 『한국직업사전』에 수록된 직업 명칭을 참고하여 번안하였다. 또한 김정택 등은 교과목에 해당되는 문항의 경우 국내 중·고등학교 및 대학교에서 일반적으로 개설되어 있지 않은 과목은 국내 현실에 적합하게 수정하였다. 예를 들어, '라틴어'는 '한문'으로, 'English literature'는 '작문'으로 대체하였다. 또한 여가활동에서도 국내에서는 다소 생소하거나 대중화되어 있지 않은 활동은 국내 상황에 적합하게 수정하였다. 예를 들어, '미식축구'는 '축구'로 수정하였다. 따라서 한국판 스트롱 흥미검사도 모두 317개 문항으로 구성되었다.

문항내용은 직업, 교과목, 활동(예: 시계수리, 보고서 작성과 같은 다양한 활동), 여가활동, 사람유형, 선호하는 활동(두 가지 활동 중에 더 좋아하는 활동을 선택), 개인의 특성 그리고 선호하는 일의 세계의 총 8개 영역으로 구성되어 있다. 직업, 교과목, 활동, 여가활동 및 사람유형의 문항에 대해서는 '좋아한다' '싫어한다' '관심 없다' 가운데 하나를 선택하도록 되어 있다. '선호하는 활동'과 '선호하는 일의 세계' 문항에 대해서는 제시되는 두 활동 중에서 왼쪽 활동을 선호하면 '왼쪽', 오른쪽 활동을 선호하면 '오른쪽', 그리고 차이 없으면 '차이가 없다' 가운데 하나를 선택하도록 되어 있다. 개인의 특성 문항들에 대해서는 자신에 대해 맞으면 '맞다', 틀리면 '틀리다', 그리고 결정할 수 없으면 '?'를 선택하도록 되어 있다.

한국판 스트롱 흥미검사에서는 6개의 흥미유형, 25개의 기본흥미척도, 그리고 4개 유형의 개인특성이 미국의 스트롱 흥미검사와 동일하게 제공되고 있으나 직업척도는 제공되고 있지 못하다. 직업척도가 제공되고 있지 않은 이유는 직업척도가 경험적 방법에 의해 개발되었기 때문이다. 흥미유형이나 기본흥미척도는 이미 개발된 문항을 이용해서 문항 간 상관분석 등을 통해 서로 유사한 내용의 문항들을 묶어서 집단으로 구분한 것이다. 그러나 직업척도는 처음부터 각 직업에 종사하는 사람들(평균 약 200명 정도)을 표집하고 그 집단 사람들의 각 흥미 문항에 대한 응답이 일반 규준집단 사람들의 응답과 차이가 클 경우, 해당 문항을 특정 직업에 속하는 문항으로 포함시킨 것이다. 따라서 직업척도를 구성하기 위해서는 한국에서도 각 직업에 종사하는 사람들에게 문항을 실시한 후 규준집단과 차이가 있는 문항을 선정해야 하는데, 아직 그러한 자료가 축적되지 않았기 때문에 직업척도를 제시하지 못하고 있다.

한국판 스트롱 흥미검사 표준화 과정을 위해서 모두 8,865명의 전국 대학생에게 검사를 실시하였으며, 여기서 얻은 자료를 분석하여 규준을 정하였다. 6개 흥미유형에서의 평균점수는 미국의 자료와 비교했을 때 거의 비슷하게 나타났다.

개인특성척도에서도 미국판 스트롱 흥미검사와 유사한 결과가 나타났다. 업무유형과 모험심 유형에서는 남녀 간에 점수 차이가 있었다. 업무유형에서는 여성이 다른 사람과 같이 일하는 것을 선호하는 성향이 높았고, 모험심 유형에서는 남성의 위험감수 선호 성향이 높게 나타났다. 각 척도간의 상호 상관계수와 일반흥미유형과의 상관도 미국판 스트롱 흥미검사에서의 결과와 유사하게 나타났다.

대학생 400명에게 한 달 간격으로 재검사를 실시하여 계산한 검사-재검사 신뢰도는 일반흥미유형의 경우 .77(진취형)에서 .88(탐구형)까지로 높게 나타났고, 기본흥미척도의 경우 .70(판매)에서 .88(과학)까지로 역시 높게 나타났으며, 개인특성척도의 경우도 .83(리더십 유형)에서 .88(업무유형)까지의 분포를 보였다.

2. 스트롱 흥미검사 활용 및 적용 사례

　스트롱 흥미검사는 다양한 환경에서 활용될 수 있다. 가장 일반적으로는 자신에게 적합한 직업이 무엇인지 잘 모르는 사람에게 기본 정보를 제공할 수 있기 때문에 고등학생, 대학생, 그리고 직업을 바꿀 생각을 하는 일반 성인에게도 도움을 줄 수 있다. 직업과 대학 전공과 관련성이 높기 때문에 대학 전공을 선택하는 데 어려움을 겪는 중 · 고등학생들에게도 도움이 될 수 있다. 또한 자신이 대학에서 무엇을 하겠다고 결심한 학생에게도 자신의 결심이 자신에게 맞는 것인지를 확인할 수 있는 정보를 제공하기 때문에 도움이 될 수 있다.

　예를 들어, 부모가 모두 의사인 환경에서 자라난 현재 고등학교 2학년 학생의 경우를 가정해 보자. 이 학생의 경우 부모가 모두 의대에 진학하는 것을 바라고 본인도 어려서부터 그런 환경에서 자라왔기 때문에 의대에 진학하는 것을 자연스럽게 받아들여 왔다. 그러나 스트롱 흥미검사를 받아 본 결과 예술형에서 높은 점수가 나왔고, 기본흥미척도에서도 미술 분야에서 높은 점수가 나왔으나 의학과 관련 깊은 탐구형에서의 점수는 낮게 나왔다. 상담가와 상담을 해 본 결과 이 학생이 실제로는 성격적으로도 자유분방하고 융통적인 삶을 살아가기를 원하는 것을 알 수 있었고 예술 방면에 많은 흥미가 있었으나 차마 부모에게 말을 하지 못했던 것으로 나타났다.

　이 경우 대학 전공을 어떤 분야로 정하는 것이 이 학생에게 가장 바람직하겠는가? 이 학생의 지금까지의 성적으로는 의대나 미대 또는 디자인 계통으로의 진학이 모두 가능하다고 가정하자. 만약 이 학생이 자신의 흥미와 맞지도 않는 의대에 진학해서 공부를 한다고 하면 얼마 지나지 않아 학업을 포기할 가능성이 충분히 있을 것으로 판단할 수 있다. 이 상황에서 상담자는 학생의 부모와 상담을 하여, 검사결과와 학생과의 면접결과를 보여 주면서 가능한 학생이 원하는 분야로 진로를 결정하도록 설득하는 것이 바람직할 것이다.

좀 더 이해를 돕기 위해서 스트롱검사 매뉴얼(Harmon et al., 1994)에 나오는 두 가지 사례를 설명하고자 한다. 첫 번째는 17세 고등학생의 사례로 연예 및 방송 분야에서의 직업을 꿈꾸고 있다. 이 학생은 수학 과목에서 큰 어려움을 겪고 있다. 이 학생은 일반흥미유형에서는 진취형과 예술형의 점수가 가장 높았고 기본흥미척도에서는 글쓰기가 가장 높았고 그 다음은 음악/드라마였다. 이러한 결과는 이 학생이 현재 원하는 직업 분야와 일치하는 것이다. 법/정치, 상품유통의 기본흥미척도에서도 평균 이상의 흥미가 나왔는데, 이는 학생 자신도 관심 있는 분야라고 생각하고 있었다. 그러나 판매에서도 평균 이상으로 나온 결과에 대해서는 자신의 관심 분야가 아니라고 응답하였다. 예술형과 관련된 대학 전공으로는 신문방송, 문예창작, 언론, 광고, 홍보 등이 있으며, 이 학생의 스트롱 흥미검사 결과는 이 학생이 전공하기 원하는 것과 일치하게 나타났다.

두 번째는 17세 고 3 여학생의 사례로 이미 대학 전공과 향후 직업을 결정한 상태였다. 이 학생은 이미 대학에 응시하였고 심리학이나 스페인어를 전공해서 임상심리학자가 될 생각이다. 이 분야의 전공을 선택한 이유는 심리학은 학교에서 수업을 들은 적이 있었고, 스페인어는 중학교 때부터 5년 동안이나 공부를 해 왔기 때문이었다. 학교에서는 우등생이었지만 이 학생이 대학에 가려는 이유는 대학에 가야 사회적으로 인정을 받을 수 있기 때문이었다. 일부러 열심히 공부하지 않아도 졸업을 할 수 있는 곳으로 선택하였다.

그러나 스트롱 흥미검사 결과 이 학생은 진취형에서 가장 높은 점수를 받았고, 심리학과 관련 있는 유형인 탐구형에서는 평균점수를 받았으며, 사회형에서는 낮은 점수를 받았다. 기본흥미척도에서는 '상품유통' 과 '판매' 에서 가장 높은 점수를, '운동' 에서도 높은 점수를 받았다. 따라서 흥미검사 결과에 의하면 이 학생에게는 스포츠 분야에서의 판매나 마케팅과 관련된 직업이 더 적합한 것으로 보인다.

또한 상담을 통해 임상심리학자가 되기 위해서는 석사 또는 박사 학위가 필요한 것을 알게 되었는데, 이 학생은 학부만 졸업하기를 원했다. 따라서 상담자는 이 학생에게 진취형에 적합한 사업이나 상품판매, 또는 마케팅 분야의 전공을 권유하였다.

한편, 직장인의 경우 현 직무에 대한 불만족이 클 때 흥미검사를 통해 그 이유를 파악하는 데 도움을 줄 수 있다. 예를 들어, 회계법인에 근무하는 공인회계사가 자신의 업무에 대한 불만이 커서 스트롱 흥미검사를 해 봤더니 예술형에서 흥미가 높게 나왔다면, 자신의 흥미와 업무가 서로 부합되지 않기 때문에 업무에 대한 불만이 큰 것임을 이해할 수 있다. 이 경우 현실적으로 공인회계사 업무를 그만두기는 어렵고 직장을 예술과 관련된 회사로 옮겨 유사한 업무를 한다거나, 시간이 날 때 예술과 관련된 취미활동을 함으로써 업무로 인한 불만을 어느 정도 상쇄할 수 있을 것이다.

21세기 들어서 일반 회사에서의 경력개발 패러다임이 바뀌어 가고 있다. 전통적인 상위직으로의 승진을 의미하던 경력개발은 수평 조직구조로의 변화와 함께 점차 사라져 가고 있다. 따라서 앞으로는 자신이 일하는 분야에서 전문성을 쌓아서 자신의 역량을 지속적으로 키워 나가는 것이 무엇보다 경력개발 차원에서 중요하다.

이를 위해서는 조직 내에서 자신에게 적합한 분야의 업무가 무엇인지를 정확하게 파악해야 할 필요가 있고, 스트롱 흥미검사는 이러한 정보 제공을 위해 유용하게 활용될 수 있다. 조직 내의 모든 직무들을 GOT 코드를 이용해 분류해 놓고 개인의 흥미검사 결과와 연결시킴으로써 개인에게 어떤 부서가 적합한지에 관한 정보를 제공할 수 있을 것이다.

3. 스트롱 흥미검사의 신뢰도 및 타당도

스트롱 흥미검사에 관한 최초의 타당도 연구는 Strong이 스탠퍼드 대학 졸업생을 대상으로 실시한 종단적 연구라고 볼 수 있다(Campbell, 1971). Strong은 1927년 156명의 스탠퍼드 대학 4학년생들에게 흥미검사를 실시하고 1년 후 그들이 어떤 직업을 선택했는지를 조사하였다. 그 결과 46%의 졸업생이 흥미검사에 가장 높은 점수가 나온 직업을 선택한 것으로 나타났으며, 20%는 검사에서 두 번째로 점수가 높게 나온 직업을 선택한 것으로 나타났다.

또한 1920년대 중반 성직자와 회계사를 대상으로 실시한 신뢰도 연구에서도 최초의 흥미검사 점수와 1년 반 후 실시한 흥미검사 점수를 비교한 결과 성직자 집단에서는 상관이 .74, 회계사 집단에서는 상관이 .90으로 높게 나타났다.

스탠퍼드 대학생들을 대상으로 20년간의 종단연구를 통해 조사한 연구 결과에서도 1920년대 후반에 조사한 대학생들의 흥미와 20년이 지나 1940년대 말에 조사한 직업이 밀접한 관련이 있는 것으로 나타났다. 내과의사가 된 132명 가운데 53%가 대학 때 내과의사 직업척도에서 A(점수가 높았다는 것을 의미함)를 받은 것으로 나타났다.

스트롱 흥미검사의 타당도는 이미 많은 연구에서 입증된 바 있다(Hansen & Swanson, 1983; Harmon et al., 1994). 또한 이 검사의 타당도에 대한 비교문화 연구도 많이 진행되었다. 즉, 미국 내의 다른 인종에게 실시했을 경우(예: 흑인, Swanson, 1992; 히스패닉계, Fouad, Cudeck, & Hansen, 1984; 다양한 인종, Lattimore & Borgen, 1999), 영어를 읽을 수 있는 다른 국가 국민에게 실시했을 경우(예: 캐나다, 뉴질랜드, 남아프리카, Lonner & Adams, 1972; 멕시코, Fouad & Dancer, 1992), 그리고 다른 국가의 언어로 번안되어 실시했을 경우(예: 스페인어, Fouad, Cudeck, & Hansen, 1984; Fouad & Hansen, 1987)가 그것이다. 대부분의 타당도 연구들은 다차원척도 (Multidimensional Scaling: MDS) 분석을 통해 스트롱 흥미검사가 Holland 의 육각형 모형을 지지하는지에 토대를 두고 실시되었다. 즉, 다차원척도 분석방법을 통해서 앞의 [그림 17-1]에서 보여 주는 육각형 모형이 나타나는지, 그리고 육각형 모형에서 R-I-A-S-E-C의 순서가 올바르게 나타나는지를 분석하였다.

한국판 스트롱 흥미검사에 대한 타당도 연구는 많지 않은 실정이다. Tak(2002)은 한국 대학생을 대상으로 한국판 스트롱 흥미검사를 실시하여 다차원척도 분석을 통해 육각형 모형이 본래의 모형과 유사하게 그려지는 것을 보여 주었다. 또한 육각형 모형에서의 RIASEC 순서도 동일하게 나타났다.

4. 스트롱 흥미검사에서 유의할 점

1) 유형코드 설명

스트롱 흥미검사 결과에서는 일반적으로 피검사자에게 6개의 흥미유형 가운데 흥미유형 점수(T점수)가 높은 상위 3개의 흥미 코드가 제공된다. 그러나 점수가 높은 상위 3개 유형 중 특정 유형에서 피검사자의 점수가 낮아 '보통흥미' 미만의 점수가 나올 경우, 그 유형에 해당하는 흥미 코드는 제공되지 않고 나머지 2개의 흥미 코드만 제공된다. 만약 2개 유형에서 점수가 '보통흥미' 미만일 정도로 낮다면 1개의 흥미 코드만 제공되며, 모든 상위 3개 유형의 점수가 '보통흥미' 미만이라면 어떠한 흥미 코드도 제공되지 않는다. 하나의 흥미 코드도 제공되지 않는 경우는 매우 드물기는 해도 경우에 따라 나올 수 있다.

2) 타당도 지수

스트롱 흥미검사와 같이 특별한 정답이나 시간 제한이 없고 주어진 문항에 대해 '예' 또는 '아니요'로 답하는 검사의 경우, 검사결과가 어떤 목적으로 사용되느냐(특히, 선발목적으로 사용되는 경우)에 따라 응답자들이 솔직하게 답하지 않는 경우가 있다. 또는 문항 수가 317개로 많기 때문에 문항을 제대로 읽지 않고 적당히 응답할 가능성도 있다. 응답자들이 얼마나 제대로 반응했는지를 파악하기 위해 스트롱 흥미검사 결과표에 몇 가지 지수가 제시되고 있다.

(1) 총응답(total resopnse: TR) 지수

피검사자가 전체 317개 문항에 대해 응답한 문항 수를 의미한다. 일반적으로 300이 안 될 경우 혹시 모르고 응답하지 않은 부분이 있는지 확인할 필요가 있다.

(2) 희귀응답(infrequent response: IR) 지수

피검사자의 각 문항에 대한 응답이 일반 규준집단 사람들의 응답과 얼마나 특이한지의 정도를 나타내는 지수다. 예를 들어, 피검사자가 여성인데 규준집단 여성의 대부분이 '싫다'고 대답한 '자동차정비사' 문항에 '좋다'라고 답했다면 이 피검사자의 응답은 특이한 것으로 볼 수 있다. 이 지수는 이러한 경우가 얼마나 발생했는지를 말해 준다. 이 지수는 점수가 낮을수록 특정 피검사자가 동일한 성별집단과 다르게 응답한 경향이 높도록 점수화되었다. 따라서 점수가 낮을수록 해당 피검사자가 독특한 사람이거나, 아니면 정상적인 사람인데 제대로 문항을 읽지 않고 답했기 때문에 그러한 결과가 나온 것으로 해석할 수 있다.

(3) 문항반응 요약

피검사자의 응답을 각 문항영역별로 구분하여 '좋아함' '무관심' '싫어함'으로 응답한 비율을 요약한 것이다. 특정 영역에서 점수가 너무 높게 나타난 경우, 피검사자의 검사동기를 확인할 필요가 있으며 해석 시 신중을 기할 필요가 있다.

한국판 스트롱 흥미검사에서 각 영역에서 일반적으로 나타나는 점수분포는 다음과 같다.

① '좋아함(LP)' 지수: 13~58%
② '무관심(IP)' 지수: 15~48%
③ '싫어함(DP)' 지수: 11~56%

이러한 점수분포를 벗어날 경우 피검사의 특성 자체가 특이해서 나타난 결과일 수도 있으나, 성실하게 반응하지 않았기 때문에 나타난 결과일 수도 있기 때문에 피검사자의 검사동기를 파악할 필요가 있다.

3) 상담 시 유의사항

상담자가 일반흥미유형에서의 점수를 해석할 때 유의할 사항에 관해 몇 가지만 설명하고자 한다.

(1) 차별성

앞에서도 기술하였지만 스트롱 흥미검사 결과표에는 개인의 여섯 가지 유형의 점수를 토대로 상위의 3개 흥미유형 코드가 개인에게 제시된다. 이 때 세 가지 흥미유형 코드만을 살펴보고 다른 유형은 무시하는 경우가 많은데 이는 바람직하지 못하다. 특정 개인에 따라서는 제시된 세 가지 유형 뿐 아니라 다른 유형에서도 점수가 높게 나타날 가능성이 있기 때문이다. 즉, 흥미의 폭이 넓은 사람에게서 이러한 경우가 나타날 수 있는데, 이 경우 어떤 흥미유형이 이 사람에게 가장 분명한 것인지를 얘기해 주기 어렵기 때문에 차별성이 낮은 것으로 볼 수 있다. 이에 이러한 사람들에 대한 상담 시 어려움이 있게 된다.

이런 상황에서는 단순히 흥미만 가지고 적합한 직업을 찾기가 어렵기 때문에 내담자와의 충분한 상담을 통해 자신이 진정으로 좋아하는 유형은 무엇인지를 정확히 파악하고, 그 사람의 과거 생활사 등에 관한 충분한 상담을 통해 개인에게 가장 적합한 직업을 찾는 것이 바람직하다.

만약 흥미 코드 이외의 다른 흥미유형에서의 점수가 낮다면 차별성이 높은 것으로 볼 수 있으며, 이 경우 흥미 코드를 토대로 개인에게 적합한 직업을 안내해 주면 된다.

(2) 유사성

흥미코드 해석 시 또 하나 고려해야 할 사항은 개인에게 제공된 흥미 코드가 서로 얼마나 유사한지를 파악하는 것이다. 다시 말하지만 육각형 모형에서 각 흥미유형은 바로 옆에 있는 유형과 유사하고, 거리가 멀수록 유사성이 약해지며, 마주 보고 있는 흥미유형은 특성에서 정반대가 된다.

흥미 코드가 서로의 유사성이 클수록(예: RIA) 개인에게 적합한 직업을 찾는 것이 좀 더 쉬우며, 왜 그 직업이 개인의 흥미 코드에 적합한 것인지를 설명하는 것도 좀 더 쉽게 된다. 그러나 경우에 따라서는 흥미 코드가 서로 반대되는 유형만 나타낼 수도 있다(예: SR). 이 경우 왜 이렇게 반대가 되는 흥미 코드가 나왔는지를 설명하는 데도 조심해야 하며, 어떤 직업이 적합한지를 제시하고 그 이유를 설명하는 데도 어려움이 있을 수 있다. 예를 들어, SR과 같은 경우에는 운동선수가 되고 싶은 것이 아니라 운동을 배운 후 이를 토대로 사람들을 가르치는 것을 목표로 하는 직업(예: 보디빌딩 코치)이 있을 수 있다. 상담자는 S와 R이 서로 반대되는 유형이기는 하지만 그에 적합한 직업이 있을 수 있다는 것을 내담자가 충분히 이해할 수 있도록 설명해 줄 수 있는 역량을 키워야 한다.

다양한 심리검사의 예

이 책은 서론에서 기술한 바와 같이 심리검사를 개발하는 과정에 초점을 두었기 때문에 개발과정에서 거쳐야 하는 다양한 분석(문항, 신뢰도, 타당도 분석 등)방법을 자료와 함께 충분히 제시하였다. 그러나 현재 사용되고 있는 다양한 종류의 심리검사에 관한 설명은 상대적으로 부족한 편이다. 따라서 이 부록에서는 현재 사용되는 많은 종류의 심리검사 가운데 대표적인 검사들을 선정하여, 검사내용에 대해 간략히 소개하고 검사의 일부 문항을 제시함으로써 독자들의 심리검사에 대한 이해를 보다 폭넓게 하는 데 기여하고자 한다.

1. 성격검사

1) 미네소타 다면적 성격검사

미네소타 다면적 성격검사(Minnesota Multiphasic Personality Inventory: MMPI)는 1943년에 처음 발표된 이래 지금까지 가장 널리 사용되고 가장 많이 연구된 성격검사라고 할 수 있다. MMPI 문항은 경험적 접근방법에 의해서 개발된 대표적인 예다. 예를 들어, '나는 슬플 때가 많다.'라는 문항에서 우울증으로 진단받은 환자들의 반응과 정상집단의 반응에서 차이가 있다면(예: 우울증 환자 가운데 80%가 '예'로 대답하고, 정상인 가운데 단지 10%만이 '예'라고 대답한다면) 이 문항을 우울척도의 문항으로 포함시키는 방법을 사용한다.

MMPI는 모두 550개 문항, 10개의 임상척도로 구성되어 있다.

건강염려증(hypochondriasis: Hs)　　　우울증(depression: D)

히스테리(hysteria: Hy)　　　반사회성(psychopathic deviate: Pd)

남성성–여성성(masculine-feminine: Mf)　　　편집증(paranoia: Pa)

강박증(psychasthenia: Pt)　　　정신분열증(schizophrenia: Sc)

경조증(hypomania: Ma)　　　내향성(social introversion: Si)

10개의 임상척도 외에 MMPI는 응답자들이 얼마나 솔직하고 성실하게 검사문항에 반응하였는지를 알아보기 위하여 허위(lie: L) 척도, 타당도 (validity: F) 척도 및 교정(correction: K) 척도의 세 가지 척도를 만들었다. 거짓말 척도는 응답자들이 무조건 사회적으로 바람직한 방향으로 반응하는 경향을 측정하기 위한 문항으로 구성되어 있는데, 예를 들면 '나는 나쁜 짓은 결코 하지 않는다.'와 같은 문항이다. 타당도 척도는 응답자들이 문항을 제대로 읽지 않고 대충 반응하는 경향을 측정하기 위한 척도다. 교정 척도는 응답자들이 좋게 또는 나쁘게 보이려는 경향을 측정하기 위한 것이다.

MMPI의 해석은 그렇게 간단하지 않다. 각 임상척도에서 원점수를 T점수로 전환한 값이 70을 넘으면 일단 그 임상척도에서 위험한 수준에 있다고 볼 수 있다. 그러나 우울척도에서의 T점수가 75라고 해서 그 사람을 자동적으로 우울증으로 진단해서는 안 된다. MMPI에서 개인의 임상진단은 각 척도에서의 점수를 연결한 프로파일을 토대로 해석하게 된다. 따라서 전문적인 임상경험을 쌓은 임상심리학자가 MMPI의 결과를 해석해야 하며, 초보적인 심리학 지식을 갖고 있는 자가 각 임상척도에서의 점수만을 기준으로 해석해서는 안 될 것이다.

국내에서는 한국심리학회 산하 임상심리학회에서 MMPI를 표준화하여 한국가이던스사를 통해 시판하고 있다.

MMPI의 문항을 몇 가지 소개하면 다음과 같다.

검사 예

다음의 문항을 읽고 각 문항이 자신을 잘 나타내고 있거나 자신의 생각과 같으면 '그렇다'에, 자신을 잘 나타내지 않거나 자신의 생각과 다르면 '아니다'에 까맣게 칠하십시오(■).

	예	아니요
• 식욕이 좋다.	☐	☐
• 아침에 일어나면 대개 기분이 상쾌하고 몸이 거뜬하다.	☐	☐
• 조그만 소리에도 쉽게 잠이 깬다.	☐	☐
• 나는 신문의 범죄 기사를 즐겨 읽는다.	☐	☐
• 목에 무언가 꽉 막힌 것 같은 때가 많다.	☐	☐

2) EPPS

에드워즈 성격선호검사(Edwards Personal Preference Schedule: EPPS)는 Allen Edwards에 의해 1954년 발표된 15개의 성격욕구를 측정하는 검사도구다. 이 15개 욕구를 간단히 설명하면 다음과 같다.

- 성취(achievement): 성공하고 어려운 문제를 해결하며 남보다 더 잘하려 함.
- 양보(deference): 타인의 제안을 받아들이고 다른 사람이 어떻게 생각하는지 알려고 함.
- 순서, 준비성(order): 어려운 일을 하기 전에 계획을 세움. 글을 말끔하고 정리되게 씀.
- 재능의 발휘(exhibition): 재치 있고 영리하게 말하고, 재미있는 농담과 이야기를 하며, 다른 사람의 눈에 띄도록 행동함.
- 자율성(autonomy): 하고 싶은 대로 행동하고, 하고 싶은 말을 하며, 새로운 일을 함.
- 유친(affiliation): 친구에게 충실하고, 집단모임에 참석하며, 친구를 위한 일을 함.
- 타인의 이해(intraception): 자신의 동기와 감정을 분석하며, 타인을 관찰하고 타인의 행동을 분석함.
- 구원(succorance): 남들에게서 도움을 받으려 함.
- 지배(dominance): 자신의 견해를 관철하려 함. 리더가 되려 함. 타인을 설득하고 영향력을 행사하려 함.
- 자기비하(abasement): 잘못했을 때 죄의식을 느끼고 비난을 받아들임.
- 양육(nurturance): 친구가 어려움이 있을 때 도와주며, 불행한 사람을 도와줌. 타인에게 친절하게 함.
- 변화(change): 새롭고 다른 것을 하려 함. 여행을 하고 신기한 것을 경

험하려 함. 새 직무를 경험하려 함.

- 성실/인내(endurance): 일을 다 끝낼 때까지 계속 그 일을 함. 일을 마치기 위해서 열심히 일함.
- 이성에 대한 욕구(heterosexuality): 이성과 데이트를 하고 이성과의 관계를 즐김.
- 공격(aggression): 자신과 반대되는 의견을 반박함. 타인을 비난함.

이 검사는 사람들이 사회적으로 바람직한 방향으로 반응하는 경향을 감소시키려는 목적을 가지고 만들어졌다. 이를 위하여 Edwards는 다음의 예에서 보듯이 사회적으로 모두 바람직한 두 문항을 주고 개인이 더 좋아하는 문항을 선택하게 하였다. 전체 225개 문항 가운데 일부를 소개하면 다음과 같다.

| 검사 예 |

다음의 문항은 하나의 쌍으로 되어 있습니다. 한 쌍의 문항 중에서 당신이 더 좋아하는 쪽에 동그라미 하십시오.

1. (a) 친구가 곤경에 빠졌을 때 돕는다.
   (b) 내가 맡은 일에 최선을 다한다.
2. (a) 맡은 일을 잘 해낸다.
   (b) 새로 우정을 맺는다.
3. (a) 친구들과 함께 일한다.
   (b) 새로운 일을 해 본다.

3) 16성격요인검사

MMPI가 본래 정신적으로 장애가 있는 사람들의 진단을 위해서 만들어진 성격검사인 데 비해서, Cattell이 개발한 16성격요인검사(Sixteen Personality Factor Questionnaire: 16PF)는 정상인들의 성격을 측정하기 위한 검사다. Cattell은 사람에게 적용할 수 있는 수많은 형용사들을 토대로 여러 단계의 요인분석을 거쳐 최종적으로 성격의 핵심을 이루는 16개 기본 특성을 발표하였다. 각 요인의 명칭과 각 요인에서의 점수를 해석하는 방법을 간단하게 정리하면 〈표 18-1〉과 같다.

〈표 18-1〉 16개 요인과 해석

요 인	낮은 점수	높은 점수
A	냉정한, 비사교적인	따뜻한, 사교적인
B	낮은 지능	높은 지능
C	정서적으로 불안한	정서적으로 안정된
E	복종적, 온순한	지배적, 공격적
F	진지한, 신중한	열정적, 경솔한
G	규칙을 무시하는, 방탕한	규칙을 준수하는, 도덕적
H	수줍은, 망설이는	뻔뻔한, 대담한
I	강인한, 둔감한	유연한, 민감한
L	신뢰하는, 수긍하는	의심하는, 회의적인
M	상상력이 없는, 현실적	상상력이 풍부한, 비현실적
N	꾸밈없는, 단순한	계산적인, 약삭빠른
O	자신감 있는, 자신에 만족하는	걱정하는, 자신을 비난하는
Q1	보수적, 전통적	진보적, 개방적
Q2	타인의 의견을 듣는	혼자 결정하는
Q3	통제력이 약한, 태만한	통제력이 강한, 부지런한
Q4	이완된, 평온한	긴장된, 좌절된

이 검사는 국내에서 염태호와 김정균에 의해 표준화되어 한국심리적성 연구소에서 시판하고 있다. 16PF의 문항을 몇 가지 소개하면 다음과 같다.

검사 예

다음의 문항을 읽고 아래의 요령에 의해 적합한 번호에 까맣게 칠하십시오.

1: 전혀 아니다,   2: 아니다,   3: 중간이다,   4: 그렇다,   5: 아주 그렇다

1. 나는 사람들의 이름을 잘 기억하는 편이다.   1 2 3 4 5
2. 어려운 일에 부딪혀도 좀처럼 좌절하지 않는다.   1 2 3 4 5
3. 남의 의견이나 생각에 대한 비판을 되도록 삼간다.   1 2 3 4 5
4. 나는 쾌활하고 떠들썩한 편이다.   1 2 3 4 5
5. 나는 사람은 좋은데 좀 덜렁거린다는 평을 듣는다.   1 2 3 4 5

4) 성격평가 질문지(PAI)

성격평가 질문지(Personality Assessment Inventory: PAI)는 1991년 미국의 심리학자 Morey에 의해 개발된 객관형 성격검사로서 임상적으로 매우 중요한 변인들을 다루고 있는 자기보고형 질문지다. 검사는 총 344문항이며 4개의 타당도척도, 11개의 임상척도, 5개의 치료고려척도, 2개의 대인관계척도의 4개 척도군으로 구성되어 있다. 이 중 10개 척도는 해석을 용이하게 하고 복잡한 임상적 구성개념을 포괄적으로 다루기 위해 개념적으로 유도한 3~4개의 척도를 포함하고 있다.

〈표 18-2〉 성격평가질문지(PAI)의 척도구성

타당도척도	비일관성, 저빈도, 부정적 인상, 긍정적 인상
임상척도	신체적 호소, 불안, 불안관련장애, 우울, 조증, 망상, 정신분열병, 경계선적 특징, 반사회적 특징, 알코올 문제, 약물 사용
치료고려척도	공격성, 자살관념, 스트레스, 비지지, 치료 거부
대인관계척도	지배성, 온정성

국내에서는 김영환, 김지혜, 오상우, 임영란, 홍상황(2001)에 의해 표준화되어 학지사심리검사연구소에서 판매하고 있다. PAI는 원래 18세 이상인 성인의 임상적 문제를 평가하기 위한 것이었으나 한국판 표준화 과정에서 김영환, 김지혜, 오상우, 이수정, 조은경, 홍상황(2006)은 원판 PAI의 척도구성을 그대로 유지하고 일부 문항을 수정하여 중·고등학생 및 비행 청소년 집단의 규준을 포함시킨 청소년용 성격평가 질문지(Personality Assessment Inventory-Adolescent: PAI-A)를 제작하였다.

PAI는 기존의 성격검사와는 다른 여러 가지 특징을 가진다. ① 환자집단의 성격 및 정신병리적 특징뿐 아니라 정상성인의 성격평가에 매우 유용하다. ② 대부분의 질문지형 성격검사가 '그렇다-아니다'의 이분법적 반응양식으로 되어 있으나 PAI는 4점 평정척도로 이루어져 있어서 행동의 손상정도 또는 주관적 불편감 수준을 정확히 측정하고 평가할 수 있다. ③ PAI의 각 척도는 3~4개의 하위척도로 구분되어 있어서 장애의 상대적 속성을 정확히 측정하고 평가할 수 있다. ④ 문항을 중복시키지 않아서 변별타당도가 높고 꾀병지표, 방어성 지표, 자살가능성 지표 등과 같은 여러 가지 제표를 제공한다. ⑤ 청소년용 성격평가 질문지의 경우 비행청소년 규준이 별도로 마련되어 있어서 상호 비교 연구가 가능하다. ⑥ 채점판을 사용하지 않고 채점을 할 수 있어 채점이 용이하고 프로파일 기록지를 이용하면 일일이 규준표를 찾아야 하는 번거로움이 없다.

PAI의 문항을 몇 가지 소개하면 다음과 같다.

검사 예

이 검사지에는 당신이 일상생활에서 경험하는 여러 가지 문제들을 항목별로 모아 두었습니다. 이 항목들을 하나하나 읽어 가면서 자신을 가장 잘 나타내 주는 대답을 하나 골라서 ●해 주십시오.

⓪ 전혀 그렇지 않다 ① 약간 그렇다 ② 중간이다 ③ 매우 그렇다

1. 필요할 때 도움이 될 만한 친구들이 있다.
2. 나는 문제가 될 만한 내적 갈등을 겪고 있다.
3. 건강 때문에 활동에 제약이 있다.
4. 어떤 상황에서는 너무 긴장해서 지내기가 매우 힘들다.
5. 어떤 일을 하더라도 내 방식대로 하지 않으면 불안해진다.
6. 아무 이유 없이 슬퍼질 때가 많다.
7. 내 말과 생각이 너무 빨라서 다른 사람들이 이해하지 못하는 경우가 많다.
8. 내가 아는 사람들은 대부분 믿을 수 있다.
9. 때때로 내 자신에 관한 것도 기억하지 못할 때가 있다.
10. 다른 사람들이 이상하게 생각하는 아이디어를 가지고 있다.

2. 적성검사

사람이 어떠한 분야에 능력이 있는지를 파악하는 데 사용되는 적성검사는 주로 학교나 산업체에서 많이 활용된다. 즉, 대학 진학 시 어떠한 전공을 선택하는 것이 좋은지를 결정할 때, 또는 조직에서 사람을 선발할 경우 응시자가 특정 분야에 적성이 있는지를 파악하려 할 때 사용된다. 많은 적성검사 가운데 가장 많이 알려진 적성검사는 일반적성검사(General Aptitude Test Battery: GATB)라고 할 수 있다. GATB는 크게 인지요인(어휘력, 수리력, 일반학습능력), 지각요인(공간지각, 형태지각, 사물지각) 및 정신운동(psychomotor)요인(예: 운동협응, 손가락 민첩성 등)을 측정하고 있다. 여기서는 국내에서 실시되고 있는 적성검사 가운데 GATB와 유사한 적성종합검사(코리안테스팅센터에서 발간)에서 나오는 문항의 예를 들어보기로 한다.

1) 적성종합검사

이 검사는 모두 8개의 하위검사로 이루어져 있다. 각 하위검사의 문항을 간단히 살펴보면 다음과 같다.

(1) 언어추리

다음 문제는 낱말과 낱말의 뜻의 관계를 나타내는 문제들입니다. 앞의 ( )에는 ①, ②, ③, ④ 중에서 가장 적당한 낱말 하나를 고르고, 뒤의 ( )에는 A, B, C, D 중에서 하나를 고르시오.

1. ( ): 시간 = 저울: ( )

   ① 흐르다　　② 시계　　③ 정확　　④ 과거
   Ⓐ 무게　　Ⓑ 추　　Ⓒ 가볍다　　Ⓓ 재다

2. ( ): 단순 = 곤란: ( )

   ① 소박　　② 편리　　③ 복잡　　④ 순서
   Ⓐ 안락　　Ⓑ 용이　　Ⓒ 권태　　Ⓓ 어려움

(2) 수리력

다음 문제는 다양한 계산능력을 알아보기 위한 문제입니다. 정답을 골라 번호에 동그라미 하시오.

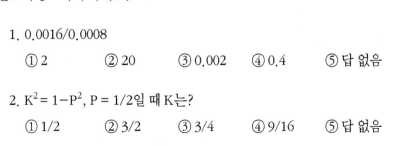

1. 0.0016/0.0008

   ① 2　　② 20　　③ 0.002　　④ 0.4　　⑤ 답 없음

2. $K^2 = 1 - P^2$, $P = 1/2$일 때 K는?

   ① 1/2　　② 3/2　　③ 3/4　　④ 9/16　　⑤ 답 없음

3. a−(a−4)는?

   ① 4   ② −(a2−4a)   ③ a2+4a

   ④ −4   ⑤ 답 없음

(3) 추리력

다음의 글자 줄은 어떠한 순서에 따라 적은 것입니다. 줄마다 어떠한 순서로 되어 있는지를 파악한 후에 <u>제일 끝의 글자 다음에 올 글자</u>를 골라 답안지에 표시하시오.

1. 15 16 14 17 13 18

   ① 16   ② 15   ③ 14   ④ 13   ⑤ 12   ⑥ 11

2. 가 나 가 다 라 다 마 바 마 사 아 사 자 차

   ① 사   ② 아   ③ 자   ④ 차   ⑤ 카   ⑥ 타

3. 6 4 8 5 15 11 44

   ① 39   ② 40   ③ 41   ④ 49   ⑤ 55   ⑥ 60

(4) 지각속도

다음의 문제에서 왼쪽과 오른쪽 양쪽의 숫자, 글자 또는 그림의 순서와 모양이 같은지 또는 다른지를 빠르고 정확하게 가려내어 답하시오.

1. 8263528702 − 8263528102   같다   다르다

2. ㅎㅍㅌㅋㅊㅈㅁㅂㄱㄴ−ㅎㅍㅌㅋㅊㅈㅁㅂㄷㄴ   같다   다르다

(5) 어휘력

이 검사는 당신이 짧은 시간 내에 얼마나 많은 낱말을 생각해 낼 수 있는

지를 알아보기 위한 것입니다. 예를 들면, 'ㄴ'으로 시작되는 낱말에는 '나무' '냄새' '느긋한' '날아간다' '넘어' 등 어떤 것이든 상관없습니다. 그러나 어미변화를 시켜서 한 낱말을 여러 개로 만들어서는 안 되고 또 인명과 지명 등의 고유명사도 사용할 수 없습니다.

1. 'ㅁ'으로 시작되는 낱말을 적으시오.

(6) 수공능력

이 검사는 여러분이 주어진 동그라미 안에 점을 얼마나 정확하게 **빨리** 찍는지를 알아보기 위한 것입니다.

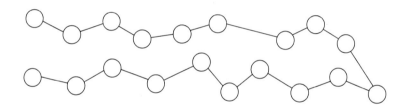

(7) 공간지각

1. 다음의 그림에서 왼편에 펼쳐 그려 놓은 그림을 오려 접으면 오른편에 있는 네 개의 그림 중 어느 것이 되는지 정답에 동그라미 하십시오.

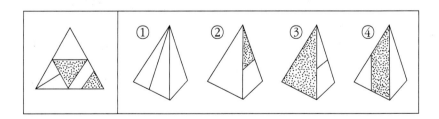

2. 다음과 같이 크기와 모양이 똑같은 나무토막을 쌓아놓은 그림에서 나무토막이 몇 개나 되는지 정답에 동그라미 하십시오.

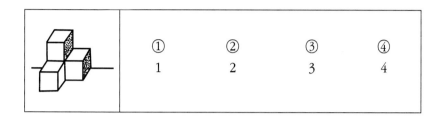

| | ① 1 | ② 2 | ③ 3 | ④ 4 |

3. 흥미검사

흥미는 특정 개인이 좋아하거나 싫어하는 활동으로 정의된다(Strong, 1960). 대부분의 흥미검사는 취미, 여가활동, 직업, 기타 여러 활동에 대해 개인이 좋아하는지 또는 싫어하는지를 표시하도록 하고 있다. 이러한 정보를 토대로 흥미검사는 개인이 만족할 만한 직업을 찾도록 도와주는 데 큰 기여를 한다. 다양한 흥미검사 가운데 여기서는 가장 널리 사용되는 스트롱 흥미검사(Strong Interest Inventory)를 소개한다.

1) 스트롱 흥미검사

스트롱 흥미검사는 제17장에서 자세히 설명하였으므로 여기서는 문항만 간단히 제시하고자 한다.

• 1부: 직업(135개 문항)

다음의 다양한 직업에 대해 당신이 그러한 일을 하는 것에 대해 좋아하면 '좋'에, 싫어하면 '싫'에, 관심 없으면 '무'에 동그라미 하십시오.

  1. 배우   2. 소설가

• 2부: 교과목(39개 문항)

다음의 다양한 과목에 대해 좋아하면 '좋'에, 싫어하면 '싫'에, 관심 없으면 '무'에 동그라미 하십시오.

  1. 미술   2. 체육

• 3부: 활동(46개 문항)

다음의 여러 활동에 대해 좋아하면 '좋'에, 싫어하면 '싫'에, 관심 없으면 '무'에 동그라미 하십시오.

  1. 연설   2. 요리

• 4부: 여가활동(29개 문항)

다음과 같은 여가활동에 대해 좋아하면 '좋'에, 싫어하면 '싫'에, 관심 없으면 '무'에 동그라미 하십시오.

  1. 축구   2. 미술관 관람

• 5부: 사람유형(20개 문항)

다음에 제시된 유형의 사람들과 일상적 접촉을 하는 것에 대해 좋아하면 '좋'에, 싫어하면 '싫'에, 관심 없으면 '무'에 동그라미 하십시오.

  1. 고등학교 교사   2. 노인

• 6부: 선호하는 활동(30개 문항)

다음에는 다양한 활동의 쌍이 제시되어 있습니다. 각 쌍에서 왼쪽 활동을 더 좋아하면 '왼'에, 오른쪽 활동을 더 좋아하면 '오'에, 차이 없으면 '='에 동그라미 하십시오.

  1. 계획 세우기-계획 실행하기

2. 육체적 활동 −정신적 활동

• 7부: 개인의 특성(12개 문항)

다음은 당신의 특성에 대한 문항입니다. 자신에 대해 맞으면 '맞'에, 틀린 설명이면 '틀'에, 결정할 수 없으면 '?'에 동그라미 하십시오.

1. 집단활동은 보통 내가 이끄는 편이다.

• 8부: 선호하는 일의 세계(6개 문항)

다음은 일반적인 일의 세계를 6개로 짝을 지은 것입니다. 각 문항을 읽고 왼쪽의 것을 더 좋아하면 '왼'에, 오른쪽의 것을 더 좋아하면 '오'에, 차이 없으면 '='에 동그라미 하십시오.

1. 아이디어 −자료

4. 지능검사

이 책을 읽는 독자의 대부분은 이미 중·고등학교 시절 집단용 지능검사를 받아 본 경험이 있을 것이다. 따라서 여기서는 개인별로 실시하는 개인용 지능검사인 성인용 웩슬러 지능검사를 소개하고자 한다.

1) 웩슬러 성인지능검사

웩슬러 성인지능검사는 1955년 Wechsler에 의해 만들어진 세계적으로 가장 많이 사용되는 개인용 지능검사로서 1981년 개정(Wechsler Adult Intelligence Scale-Revised: WAIS−R)되어 지금에 이르고 있다. 이 검사는 모두 11개의 하위검사로 구성되어 있으며, 크게는 언어성 검사(Verbal Scale)와 동작성 검사(Performance Scale)로 구분된다. 언어성 검사는 모두 여섯 가지 하위검사로 구성되어 있고, 동작성 검사는 모두 다섯 가지 하위 검사로 구성되어 있다. 국내에서는 한국가이던스사가 WAIS-R을 한국 실 정에 알맞은 내용으로 문항을 보완하여 K-WAIS라는 이름으로 판매하고 있다. K-WAIS에 포함된 11가지 하위검사에 대한 문항을 간단히 소개하 면 다음과 같다.

(1) 언어성 검사

- 기본 지식문제(29개)

  개인이 갖고 있는 기본 지식의 정도를 측정한다.

  1. 운명교향곡의 작곡자는 누구입니까?

  2. 1년은 며칠입니까?

- 숫자 외우기(14개)

  청각적 단기기억과 주의력을 측정하는 검사로서 검사자가 숫자를 불 러 주면 수검자가 이를 바로 따라서 말하거나 거꾸로 따라서 말하면 된다.

  1. 5-3-1-4-9

- 어휘문제(35개)

  학습능력과 일반 개념의 정도를 측정하는 검사로서 검사자가 단어의 뜻을 물어보면 수검자가 답하도록 되어 있다.

  1. 목도리

- 산수문제(16개)

  수개념의 이해와 주의집중력을 측정한다.

  1. 사과 4개에 사과 5개를 더하면 모두 몇 개입니까?

- 이해문제(16개)

  일상경험의 응용능력이나 도덕적 · 윤리적 판단능력을 측정한다.

  1. 옷은 왜 빨아서 입습니까?

- 공통성 문제(14개)

  유사성의 관계 파악능력과 추상적 사고능력을 측정한다.

  1. 붕어와 명태의 공통점은 무엇입니까?

(2) 동작성 검사

- 빠진 곳 찾기(20개)

  사물의 본질적인 부분과 비본질적인 부분을 구별하는 능력과 시각적 예민성을 측정하는 검사로서, 수검사는 그림이 그려 있는 카드를 보고 그림에서 무엇이 빠져 있는지를 맞혀야 한다.

  1. 꼬리가 없는 돼지 그림카드 제시

- 차례 맞추기(10개)

  전체 상황에 대한 이해력과 계획능력을 측정하기 위한 검사로서, 수검자는 순서가 뒤섞인 여러 장의 그림카드를 보고 올바른 순서대로 배열해야 한다.

  1. 이 그림들은 인부가 집을 짓고 있는 이야기입니다. 그런데 그림의 순서가 잘못되어 있습니다. 이야기가 되도록 바른 순서대로 배열하십시오.

- 토막 짜기(9개)

  지각구성능력과 시각-운동 협응능력을 측정하기 위한 검사로서, 수검자는 모두 9개의 토막(각 토막에는 빨간색 또는 흰색이 칠해져 있음)을 이용해서 검사자가 보여 준 카드의 모양대로 만들어야 한다.

- 모양 맞추기(4개)

  지각능력과 재구성 능력, 시각-운동 협응능력을 측정하는 검사로서, 수검자는 배열된 여러 조각들을 이용해서 올바른 모양으로 만들어야 한다.

- 바꿔 쓰기(93개)

  단기기억 능력 및 민첩성, 시각-운동 협응능력을 측정하는 검사로서, 수검자는 주어진 숫자 바로 밑의 공란에 그 숫자를 다른 기호(예: '1'은 'ㅡ', '2'는 'ㅗ')로 바꾸어 써야 한다.

2) 카우프만 아동용 지능검사(K-ABC)

K-ABC(Korean Kaufman Assessment Battery for Children)는 전통적인 지능검사들이 지닌 여러 가지 문제점을 수정 보완하여 아동의 지능과 습득도를 사정하기 위해 개발된 종합 지능검사다. 이는 전통적인 지능검사들과 달리 16개의 하위검사 중 아동의 인지발달 수준에 따라 최대 13개의 하위검사가 실시되며 연령에 따라 검사의 형태와 내용이 달라진다. 또한 기존의 지능검사가 좌뇌를 측정하는 하위검사로 이루어진 반면 K-ABC는 좌뇌와 우뇌의 총체적인 지능을 사정하기 위한 도구로서 내용중심의 검사가 아닌 처리중심의 검사결과로 아동의 수행에 대한 설명이 가능하다. K-ABC는 순차처리척도, 동시처리척도, 인지처리과정종합척도 및 습득초척도의 4개 하위척도로 구성되어 있고 각 하위척도는 평균 100, 표준편차 15의 표준점수를 산출하도록 되어 있다. 한국판 K-ABC는 2세 6개월~12세 5개월 아동을 대상으로 1997년 문수백, 변창진이 표준화하고 학지사심리검사연구소에서 제작하여 판매하고 있다. K-ABC에 포함된 16가지 하위검사를 간단히 소개하면 다음과 같다.

- 마법의 창(동시처리, 2세 6개월~4세 11개월)

  좁은 창문을 통해 부분적으로 연속해서 사물이나 그림을 제시한 다음 그 사물이 무엇인지 이름을 말할 수 있는 능력을 측정한다.

  1. 낙엽, 나뭇잎   2. 시계

- 얼굴기억(동시처리, 2세 6개월~4세 11개월)

  짧은 시간 동안 한 명 또는 두 명의 얼굴사진을 보여 준 다음 다른 집합사진 중에서 다른 포즈로 찍힌 사람들 중에 먼저 보았던 얼굴을 찾아내게 함으로써 아동의 면밀한 주의력을 측정한다.

- 손동작(순차처리, 2세 6개월~12세 5개월)

  탁자 위에서 검사자에 의해 제시된 일련의 손동작을 정확한 순서로 재생하는 능력을 측정한다.

- 그림통합(동시처리, 2세 6개월~12세 5개월)

  아동에게 미완성된 사물의 잉크얼룩 그림을 제시하면 아동은 마음속으로 그림의 빠진 부분을 채운 다음 그 그림의 이름을 말하거나 설명할 수 있는 능력을 측정한다.

  1. 얼굴, 남자, 아버지   2. 카메라, 사진기

- 수회생(순차처리, 2세 6개월~12세 5개월)

  검사자가 소리를 내어 읽어 준 숫자들을 순서대로 기억하여 복창하는 능력을 측정한다.

  1. 5-8   2. 3-9-5-2

- 삼각형(동시처리, 4세 0개월~12세 5개월)

  여러 개의 동일한 모양의 삼각형 조각(한쪽 면은 파란색이고 반대쪽 면은 노란색)을 조립해서 제시된 그림 속의 모델과 같게 조립할 수 있는 능

력을 측정한다.

- 단어배열(순차처리, 4세 0개월~12세 5개월)

  검사자가 몇 개의 사물의 이름을 소리를 내어 읽어 주면 아동은 실루엣으로 그려진 선택지 중에서 검사자가 읽어 준 이름에 해당되는 그림을 찾아 차례대로 가리키는 능력을 측정한다.

  1. 새   2. 집-별-손-컵

- 시각유추(동시처리, 5세 0개월~12세 5개월)

  시각유추는 2×2 시각유추문제를 가장 잘 완성하기에 적합한 그림이나 도형의 모양을 선택하는 능력을 측정한다.

- 위치기억(동시처리, 5세 0개월~12세 5개월)

  무선적으로 배치된 그림의 위치를 재생하는 능력을 측정하는 검사다.

- 사진순서(동시처리, 6세 0개월~12세 5개월)

  어떤 사건을 보여 주는 사진들을 아동에게 무선적으로 배열해 주었을 때 그 사진들을 사건이 일어나는 시간적 순서에 따라 조직할 수 있는 능력을 측정한다.

- 표현어휘(습득도, 2세 6개월~4세 11개월)

  사진에 찍혀 있는 사물의 이름을 올바르게 말하는 능력을 측정한다.

  1. 의자   2. 가위

- 인물과 장소(습득도, 2세 6개월~12세 5개월)

  이야기 속의 인물, 유명한 인물 또는 잘 알려진 명소의 그림의 이름을 말할 수 있는 능력을 측정한다.

  1. 산타클로스   2. 세종대왕

• 산수(습득도, 3세 0개월~12세 5개월)

아동이 숫자를 읽거나, 수를 세거나, 계산하는 능력이나 수학적 개념
의 이해를 측정한다.

1. 자, 여기 영철이네 가족들이 모두 모여 있습니다. 모두 몇 사람인지
  세어 보세요.

• 수수께끼(습득도, 3세 0개월~12세 5개월)

구체적 또는 추상적인 언어적 개념에 대한 몇 가지 속성이 주어질 때
주어진 속성으로부터 구체적 개념이나 추상적 개념의 이름을 추론해
내는 능력을 측정한다.

1. 날개가 두 개이고 깃털이 있으며 하늘을 나는 것은 무엇일까요?

• 문자해독(습득도, 5세 0개월~12세 5개월)

아동에게 문자나 단어를 보여주고 그것을 소리 내어 읽게 하는 검사
다. 아동이 문자를 보고 발음하는 능력을 측정한다.

1. 꽃잎

• 문장의 이해(7세 0개월~12세 5개월)

문장에 의해 주어진 지시를 동작으로 표현함으로써 아동이 읽기의 이
해를 동작으로 표현하는 능력을 측정하는 것이다.

1. 일어서세요.

참고문헌

김정택, 심혜숙(1990). 성격유형검사의 한국표준화에 관한 연구. **한국심리학회지: 상담과 심리치료**, 3, 44-72.

김정택, 김명준, 심혜숙(2001). Strong 직업흥미검사 매뉴얼. 한국심리검사연구소.

김정택, 심혜숙, 김명준(2002). MBTI Form K 안내서. 한국심리검사연구소.

동아일보(1995). 공기업 여성채용 5% 가산. 1995년 11월 7일자.

이순묵(1990). **공변량 구조분석**. 서울: 성원사.

이순묵(1995). **요인분석 I**. 서울: 학지사.

탁진국(1995). 자존심과 학업성취도 간의 관계에 관한 연구. **학생생활연구논문집**, 5, 5-14. 광운대학교 학생생활연구소.

탁진국, 유태용, 서용원, 김명소, 강혜련(2000). 성인용 적성검사 개발 최종보고서.

한덕웅, 전겸구, 탁진국, 이창호, 이건효(1993). 생활 부적응에 영향을 미치는 생활사건과 개인차 변인. **학생지도연구**, 10, 1-35. 성균관대학교 학생생활연구소.

한종철, 이기학(1997). 진로태도 측정도구의 타당화를 위한 도구. **진로교육연구**, 8, 219-255.

American Psychological Association. (1981). Ethical principles of psychologists. *American Psychologists, 36*, 633-638.

Arrindel, W. A., & Ende, V. D. J. (1985). An empirical test of the utility of the observation-to variables ratio in factor and components analysis. *Applied Psychological Measurement, 9*, 165-178.

Arvey, R. D. (1979). *Fairness in selecting employees*. Reading, MA: Addison Wesley.

Barrett, P., & Kline, P. (1981). The observation to variable ratio in factor analyses. *Journal of Personality and Group Behavior, 1*, 23-33.

Berdie, R. F. (1960). Strong Vocational Interest Blank scores of high school seniors and their later occupational entry. *Journal of Applied Psychology, 44*, 161-165.

Campbell, D. P. (1966). *Manual for the Strong Vocational Interest Blank*. Stanford, CA: Stanford University Press.

Campbell, D. P. (1969). *Manual, Strong Vocational Interest Blanks*. Stanford, CA: Stanford University Press.

Campbell, D. P. (1971). *Handbook for the Strong Vocational Interest Blank*. Stanford University Press. Stanford: CA.

Campbell, D. P. (1974). *Manual for the Strong-Campbell Interest Inventory*. Stanford, CA: Stanford Univ. Press.

Campbell, D. P., & Borgen, F. H. (1999). Holland's theory and the development of interest inventories. *Journal of Vocational Behavior, 55*, 86-101.

Campbell, D. P., & Hansen, J. C. (1981). *Manual for the Strong-Campbell Interest Inventory* (3rd ed.). Stanford, CA: Stanford University Press.

Campbell, D. P., & Holland, J. L. (1972). A merger in vocational interest research: Applying Holland's theory to Strong's data. *Journal of*

Vocational Behavior, 2, 353-376.

Campbell, J. (1990). Modeling the performance prediction problem in industrial and organizational psychology. In M. Dunnette and L. Hough (Eds.), *Handbook of industrial and organizational psychology* (2nd ed., pp. 687-732). Palo Alto, CA: Consulting Psychologist Press.

Capraro, R. M., & & Capraro, M. M. (2002). Myers-Briggs Type Indicator score reliability across studies: A meta-analytic reliability generalization study. *Educational and Psychological Measurement, 62*, 590-602.

Cattell, R. B. (1966). The scree test for the number of factors. *Multivariate Behavioral Research, 1*, 245-276.

Cicchetti, D., Showalter, D., & Tyrer, P. (1985). The effect of number of rating scale categories on levels of interrater reliability: A Monte Carlo investigation. *Applied Psychological Measurement, 9*, 31-36.

Comrey, A. L. (1973). *A first course in factor analysis.* New York: Academic Press.

Cortina, J. M. (1993). What is coefficient alpha? An examination of theory and applications. *Journal of Applied Psychology, 78*, 98-104.

Crocker, L., & Algina, J. (1986). Introduction to classical and modern test theory. New York: Holt, Rinehart and Winston.

Cronbach, L. J. (1951). Coefficient alpha and the internal structure of tests. *Psychometrika, 16*, 297-334.

Cronbach, L. J., & Gleser, G. C. (1965). *Psychological tests and personnel decisions* (2nd ed.). Urbana, IL: University of Illinois Press.

Cronbach, L. J., Gleser, G. C., & Rajaratnam, N. (1963). Theory of generalizability. A liberalization of reliability theory. *British Journal* of Mathematical and Statistical Psychology, 16, 137-173.

Ebel, R. L. (1965). Measuring educational achievement. Englewood Cliffs, N.J.: Prentice-Hall.

Eysenck, H. J., & Eysenck, S. G. B. (1975). The Eysenck Personality Questionnaire. Sevenoaks, Hodder & Stoughton.

Fechner, G. T. (1860). Elements of psychophysics. In W. Dennis (Ed.). Readings in the history of psychology. New York: Appleton-Century-Crofts, 1948.

Ferguson, L. W. (1935). The influence of individual attitudes on construction of and attitude scale. Journal of Social Psychology, 6, 115-117.

Fouad, N. A. (1993). Cross-cultural vocational assessment. Career Development Quarterly, 42, 4-13.

Fouad, N. A., & Dancer, L. S. (1992). Cross-cultural structure of interests: Mexico and the United States. Journal of Vocational Behavior, 40, 339-348.

Fouad, N. A., & Hansen, J. C. (1987). Cross-cultural predictive accuracy of the Strong-Campbell Interest Inventory. Measurement and Evaluation in Counseling and Development, 4, 1-8.

Fouad, N. A., Cudeck, R., & Hansen, J. C. (1984). Convergent validity of the Spanish and English forms of the Strong-Campbell Interest Inventory for bilingual Hispanic high school students. Journal of Counseling Psychology, 31, 339-348.

French, J. R. P., & Raven, B. (1959). The bases of social power. In D. Cartwright & A. Zander (Eds.), Group dynamics (pp. 150-167). New York: Harper & Row.

Gleser, G. C., Cronbach, L. J., & Rajaratnam, N. (1965). Generalizability of scores influenced by multiple sources of variance. Psychometrika,

30, 395-418.

Gorsuch, R. L. (1983). *Factor analysis*. Hillsdale, N. J.: Erlbaum.

Gottfredson, L. S. (1988). Reconsidering fairness: A matter of social and ethical priorities. *Journal of Vocational Behavior, 33*, 293-319.

Graff, R. W., Larrimore, M., Whitehead, G. I., & Hopson, N. W. (1991). *Career counseling practices: A survey of college/university counseling centers*. Poster presented at the annual meeting of the American Psychological Association, San Francisco, CA.

Greenberg, J. (1987). A taxonomy of organizational justice theories. *Academy of Management Review, 12*, 9-22.

Griggs v. Duke Power Co., 401 U.S. 424 (1971).

Guilford, J. P. (1956). *Psychometric methods*. New York, McGraw-Hill.

Guion, R. M. (1977). Content validity: Three years of talk-what's the action? *Public Personnel Management, 6*, 407-414.

Guion, R. M. (1980). On trinitarian doctrines of validity. *Professional Psychology, 11*, 385-398.

Guttman, L. (1941). The quantification of a class of attributes: A theory and method of scale construction. In P. Horst (Ed.), *The prediction of personal adjustment* (Bulletin No. 48, pp. 319-348). New York: Social Science Research Council.

Guttman, L. (1944). A basis for scaling qualitative data. *American Sociological Review, 9*, 139-150.

Guttman, L. (1950). The basis for scalogram analysis. In S. A. Stouffer et al., *Measurement and Prediction*. Princeton, N. J.: Princeton University Press.

Hansen, J. C., & Campbell, D. P. (1985). *Manual for the SVIB-SII* (4th ed.). Palo Alto, CA: Stanford Univ. Press.

Hansen, J. C., & Swanson, J. L. (1983). Stability of interest and the predictive and concurrent validity of the 1981 Strong-Campbell Interest Inventory for college majors. *Journal of Counseling Psychology, 30,* 194-201.

Harmon, L. W., Hansen, J. C., Borgen, F. H., & Hammer, A. L. (1994). *Strong Interest Inventory: Applications and technical guide.* Consulting Psychologist Press, Inc. Palo Alto: CA.

Hartigan, J. A., & Wigdor, A. K. (1989). *Fairness in employment testing: Validity generalization, minority issues, and the General Aptitude Test Battery.* Washington, DC: National Academy Press.

Harvey, R. J. (1996). Reliability and validity. In A. L. Hammer (Ed.), *MBTI applications: A decade of research on the Myers-Briggs Type Indicator* (pp. 5-29). Palo Alto, CA: Consulting Psychologist Press.

Himmelfarb, S. (1993). The measurement of attitudes. In A. H. Eagly & S. Chaiken (Eds.), *The psychology of attitude.* Orlando: HBJ.

Hinckley, E. D. (1932). The influence of individual opinion of construction of an attitude scale. *Journal of Social Psychology, 3,* 283-296.

Hinkin, T. R., & Schriesheim, C. A. (1989). Development and application of new scales to measure French and Raven (1959). Bases of social power. *Journal of Applied Psychology, 4,* 561-567.

Holland, J. L. (1985). *Making vocational choices: A theory of vocational personalities and work environments* (2nd ed.). Englewood Cliffs, NJ: Prentice-Hall.

Hopkins, K. D., Stanley, J. C., & Hopkins, B. R. (1990). *Educational and psychological measurement and evaluation.* Englewood Cliffs, N.J.: Prentice-Hall.

Hovland, C. I., & Sheriff, M. (1952). Judgmental phenomena and scales of attitude measurement: Item displacement in Thurstone scales.

Journal of Abnormal and Social Psychology, 47, 822-832.

Hulin, C. L., Drasgow, F., & Parsons, C. K. (1983). *Item response theory.* Homewood Il.: Dow Jones-Irwin.

Hunter, J. E., & Hunter, R. F. (1984). Validity and utility of alternate predictors of job performance. *Psychological Bulletin, 96*, 72-98.

Hunter, J. E., & Schmidt, F. L. (1982). Fitting people to jobs: The impact of personnel selection on national productivity. In M. Dunnette & E. Fleishman (Eds.), *Human performance and productivity: Human capability assessment.* Hillsdale, NJ: Erlbaum.

Hunter, J., Schmidt, F., & Hunter, R. (1979). Differential validity of employment tests by race: A comprehensive review and analysis. *Psychological Bullentin, 86*, 721-735.

Jenkins, G., & Taber, T. (1977). A Monte Carlo study of factors affecting three indices of composite scale reliability. *Journal of Applied Psychology, 62*, 392-398.

Jensen, A. R. (1980). *Bias in mental testing.* New Yrok: Free Press.

Joreskog, K. G., & Sorbom, D. (1988). *LISREL 7: A guide to the program and applications.* Chicago: SPSS Inc.

Joreskog, K. G., & Sorbom, D. (1993). *LISREL 8: Structural equation modeling with the SIMPLIS command language.* Hillsdale, NJ: Erlbaum.

Kuder, G. F., & Richardson, M. W. (1937). The theory of the estimation of test reliability. *Psychometrika, 2*, 151-160.

Lattimore, R. R., & Borgen, F. H. (1999). Validity of the 1994 Strong Interest Inventory with racial and ethnic groups in the United States. *Journal of Counseling Psychology, 46*, 185-195.

Likert, R. (1932). A technique for the measurement of attitude. *Archives of Psychology, 140*, 44-53.

Lonner, W. J., & Adams, H. L. (1972). Interest patterns of psychologists in nine Western nations. *Journal of Applied Psychology, 56*, 146-151.

Lord, F. M. (1959). Test norms and sampling theory. *Journal of Experimental Education, 27*, 247-263.

Lord, F. M. (1980). *Applications of item response theory to practical testing problem.* Hillsdale, N. J.: Lawrence Erlbaum.

McCaulley, M. H. (1977). *The Myers longitudinal medical study.* Gainesville, FL: Center for Applications of Psychological Type.

McCaulley, M. H., & Martin, C. R. (1995). Career assessment and the Myers-Briggs Type Indicator. *Journal of Career Assessment, 3*, 219-239.

Messick, S. (1981). Test validity and the ethics of assessment. *American Psychologist, 35*, 1012-1027.

Mowday, R. T., & Steers, R. M. (1979). The measurement of organizational commitment. *Journal of Vocational Behavior, 14*, 224-247.

Murphy, K. R., & Daridshofer, C. O. (1991). *Psychological Testing: Principles and Applications.* Englewood Cliffs, New Jersey: Prentice-Hall.

Myers, I. B., & McCaulley, M. H. (1985). *Manual: A guide to the development and use of the Myers-Briggs Type Indicator* (2nd ed.). Palo Alto, CA: Consulting Psychologists Press.

Nunally, J. C. (1967). *Psychometric Theory.* McGraw-Hill, New York.

Nunnally, J. C. (1978). *Psychometric theory* (2nd ed.). New York: McGraw-Hill.

Osgood, C., Suci, G., & Tannenbaum, P. (1957). *The measurement of meaning.* Urbana: University of Illinois Press.

Pedhazur, E. J., & Schmelkin, L. P. (1991). *Measurement, Design, and analysis: An integrated approach.* Hillsdale, N. J.: Lawrence Erlbaum

Associates.

Peterson, R. C., & Thurstone, L. L. (1970). *Motion pictures and the social attitudes of children.* New York: Arno Press and the New York Times. (Orginal work published 1933)

Provost, J. A., & Anchors, S. (1988). *Applications of the Myers-Briggs Type Indicator in higher education.* Palo Alto, CA: Consulting Psychologists Press.

Quenk, N. L. (2000). *Essentials of Myers-Briggs Type Indicator Assessment.* New York, NY: John Wiley & Sons, Inc.

Radloff, L. S. (1977). The CES-D scale: A self-report depression scale for research in the general population. *Applied Psychological Measurement, 1,* 385-401.

Rajaratnam, N., Cronbach, L. J., & Gleser, G. C. (1965). Generalizability of stratified parallel tests. *Psychometrika, 30,* 39-56.

Rhode, J. G. (1969). *Vocational interests of Business Administration professors.* Unpublished doctoral dissertation, University of Minnesota.

Rosenberg, M. (1965). *Society and the adolescent self-image.* Princeton, N.J.: Princeton University Press.

Saffir, M. A. (1937). A comparative study of scales constructed by three psychophysical methods. *Psychometrika, 2,* 179-198.

Sample, J. A., & Hoffman, J. L. (1986). The MBTI as a management and organizational development tool. *Journal of Psychological Type, 11,* 47-50.

Schletzer, V. M. (1963). *A study of the predictive effectiveness of the Strong Vocational Interest Blank for job satisfaction.* Unpublished doctoral dissertation, University of Minnesota.

Schmidt, F. L., & Hunter, J. E. (1977). Development and a general solution to the problem of validity generalization. *Journal of Applied Psychology, 62*, 529-540.

Schmidt, F. L., Hunter, J. E., & Urry, V. W. (1976). Statistical power in criterion-related validity studies. *Journal of Applied Psychology, 61*, 473-485.

Schmidt, F. L., Hunter, J. E., McKenzie, R. C., & Muldrow, T. W. (1979). Impact of valid selection procedures on work-force productivity. *Journal of Applied Psychology, 64*, 609-626.

Shrock, S. A., & Coscarelli, W. C. C. (1989). *Criterion-referenced test development.* Addison-Wesley Publishing Company.

Snook, S. C., & Gorsuch, R. L. (1989). Component analysis versus common factor analysis: A Monte Carlo study. *Psychological Bulletin, 106*, 148-154.

Spearman, C. (1907). The proof and measurement of association between two things. *American Journal of Psychology, 15*, 72-101.

Spielberger, C. D., & Gorsuch, R. L., & Lushene, R. E. (1970). *Manual for the state-trait anxiety inventory.* Palo Alto, Calif: Consulting Psychologist Press.

Standards for educational and psychological testing (1985). Washington, DC: American Psychological Association.

Stevens, S. S. (1946). On the theory of scales of measurement. *Science, 103*, 677-680.

Stewart, D. W. (1981). The application and misapplication of factor analysis in marketing research. *Journal of Marketing Research, 18*, 51-62.

Stouffer, S. A., Guttman, L., Suchman, E. A., Lazarsfeld, P. F., Star, S. A., & Clausen, J. A. (1950) *Measurement and Prediction* (pp. 60-90). Princeton, NJ: Princeton University Press.

Swanson, J. L. (1992). The structure of vocational interests for African-American college students. *Journal of Vocational Behavior, 40*, 144-157.

Tabachnick, B. G., & Fidell, L. S. (1989). *Using multivariate statistics*. New York: Harper & Row.

Tak, J. (2003). Structure of vocational interests for Korean college students. *Journal of Career Assessment, 12*(3), 298-311.

Tak, J., & Lee, K. (2003). Development of the Korean Career Indecision Inventory. *Journal of Career Assessment, 11*(3), 328-345.

Taylor, H. C., & Russell, J. T. (1939). The relationship of validity coefficients to the practical effectiveness of tests in selection. *Journal of Applied Psychology, 23*, 565-578.

Thompson, B., & Borrello, G. M. (1986). Construct validity of the Myers-Briggs Type Indicator. *Educational and Psychological Measurement, 60*, 174-195.

Thorndike, R. L. (1949). *Personnel selection*. New York: Wiley.

Thurstone, L. L. (1927). A law of comparative judgment. *Psychological Review, 34*, 273-286.

Thurstone, L. L. (1928). Attitudes can be measured. *American Journal of Sociology, 33*, 368-389.

Thurstone, L. L., & Chave, E. J. (1929). *The measurement of attitude*. Chicago: University of Chicago Press.

Tieger, P. D., & Barron-Tieger, B. (1995). *Do what you are: Discover the perfect career for you through the secrets of personality types*. Little Brown & Co.

Tischler, L. (1994). The MBTI factor structure. *Journal of Psychological Type, 31*, 24-31.

Togerson, W. S. (1958). *Theory and methods of scaling*. New York:

John Wiley.

Weber, E. H. (1846). The sense of touch and common feeling. In W. Dennis (Ed.). *Readings in the history of psychology*. New York: Appleton-Century-Crofts, 1948.

찾아보기

내 용

저자 소개

탁진국

캔자스주립대학교 심리학과 석사 및 박사(산업 및 조직심리전공)
한국 심리학회 총무이사
한국 산업 및 조직심리학회장
미국 오하이오주립대학교 및 미시간주립대학교 심리학과 방문교수
인크루트 경력개발연구소장
현 광운대학교 산업심리학과 교수

〈논문〉
'Development of the Korean Career Indecision Inventory'
'Structure of Vocational Interests for Korean College Students' 외 70여 편

2판

심리검사
−개발과 평가방법의 이해−

1996년 7월 20일 1판 1쇄 발행
2006년 3월 10일 1판 9쇄 발행
2007년 2월 10일 2판 1쇄 발행
2022년 4월 20일 2판 11쇄 발행

지은이 • 탁진국
펴낸이 • 김진환
펴낸곳 • (주)학지사
　　　　　04031 서울특별시 마포구 양화로 15길 20 마인드월드빌딩
대표전화 • 02)330-5114　　　　팩스 • 02)324-2345
등록번호 • 제313-2006-000265호

홈페이지 • http://www.hakjisa.co.kr
페이스북 • https://www.facebook.com/hakjisabook

ISBN 978-89-5891-436-5 93180

정가 16,000원

출판 · 교육 · 미디어기업 학지사

간호보건의학출판 학지사메디컬 www.hakjisamd.co.kr
심리검사연구소 인싸이트 www.inpsyt.co.kr
학술논문서비스 뉴논문 www.newnonmun.com
교육연수원 카운피아 www.counpia.com